조동오위 연구

김 호 귀

생각의 바른 길잡이

TOPAMIN

머리말

　인도에서 기원전 5-6세기에 발생은 불교는 오백여 년이 지난 후에 기원을 전후로 동전(東傳)하여 중국에 전래되었다. 그로부터 다시 오백여 년이 지난 6세기 초에는 보리달마(菩提達磨)를 시작으로 하는 중국의 선법이 연원하였다. 이에 보리달마가 파종한 선법의 종자는 이백여 년이 지나면서 대통신수(大通神秀: 606-706)와 조계혜능(曹溪慧能: 638-713)에 의하여 소위 중국적인 토착화를 이루었다.

　이후 조계혜능의 선풍으로 남종선(南宗禪)의 전개와 더불어 9세기 중반부터 10세기 중반까지 백여 년간에 걸쳐서 당말(唐末) · 오대(五代)에는 위앙종(潙仰宗), 임제종(臨濟宗), 조동종(曹洞宗), 운문종(雲門宗), 법안종(法眼宗)의 선종오가(禪宗五家)가 출현함으로써 선의 번성기를 구가하였다.

　이 가운데 조동종은 혜능 - 청원행사(靑原行思) - 석두희천(石頭希遷) - 약산유엄(藥山惟儼) - 운암담성(雲岩曇晟) - 동산양개(洞山良价) - 조산본적(曹山本寂)과 운거도응(雲居道膺)의 법맥을 중심으로 출현하여 오늘에 이르기까지 면면히 계승되고 있다.

　중국 조동종의 근본 교의 가운데 하나인 편정오위(偏正五位)의 용어는 정중편 · 편중정 · 정중래 · 편중지 · 겸중도이다. 더욱이 북송 시대에는 대양경현(大陽警玄)에 의하여 오위의 확장으로서 소위 「십팔반묘어(十八般妙語)」가 출현하였다. 「십팔반묘어」에서는 18종의 용어를 오위의 용어로 치환하여 제시해주었다. 이것은 편정오위의 또 다른 모습으로 등장한 것이 곧 「십팔반묘어」임을 말해준 것인데, 오위사상이 발전되고 확장되면서 전승된 성격이고 특징이기도 하다. 곧 오위는 정(正)·편(偏)·중(中)의 삼단구성으로 이루어져 있음에 비하여, 「십팔반묘어」는 그 전체를 금(今, 今時)과 중(中, 自己)과 고(古, 那邊)의 3시(時), 연(緣)과 사(思)와 종(宗)의 3단(段), 정(正)과 편(偏)과 진(眞)의 3위(位)의 조합으로 표현한 것이다. 이와 같은 중국의 조동종은 10세기를 전후로 하여 신라 말기·고려 초기에 우리나라에 전래되었고, 12세기 말에는 일본에도 전래되었다.

조동종이 선종의 독립적인 종파로서 출현한 지 천여 년이 지나도록 오늘날까지 존속된 조동종의 선리(禪理)는 석두희천의 『참동계(參同契)』, 동산양개의 『보경삼매(寶鏡三昧)』, 『오위현결(五位顯訣)』, 『삼종삼루(三種滲漏)』, 조산본적의 『삼종타(三種墮)』, 『오위군신지결(五位君臣旨訣)』, 『사종이류(四種異類)』, 『팔요현기(八要玄機)』 등이 전개하고 있다. 이들 선리에 의거하여 송대 중기에는 새로운 선수행법으로 묵조선(黙照禪)을 출현시켰다.

그로부터 조동종은 중국을 비롯한 한자문화권에서 선사상과 선수행법과 선법맥 등 다양한 측면에서 임제종에 버금가는 중요한 역할을 전개해왔다. 특히 동산양개와 조산본적에 의하여 창출되고 다져진 조동의 교의로서 조동오위(曹洞五位)의 출현과 전개와 전승은 가장 독특한 선법이었다. 조동오위는 선수행법의 원리뿐만 아니라 그 실천적인 양상으로 전개되었다는 점에서 조동종에 국한하지 않고 선종의 일반에 널리 영향을 끼쳤다. 그 결과 임제종의 측면에서도 조동오위를 수용하여 나름대로 수행법의 일환으로 확장하고 변용시켜갔다.

본서는 조동종에서 출현하여 형성하고 전개되며 전승되었던 조동오위에 대하여 그 연원인 『참동계』를 비롯하여 중국에서 전개된 조동오위의 원리와 구조를 중심으로 그 전승과 변용 그리고 우리나라에 전래되어 고려 및 조선 시대에 전승되었던 일련의 면모에 대하여 천착한 연구서이다.

제1장에서는 선종의 역사에서 중국 조동종의 형성과 그 흐름에 대하여 법맥과 종풍을 중심으로 접근하였다. 이로써 중국 조동종의 개요를 이해할 수가 있을 것이다.

제2장에서는 중국 조동종의 사상적인 기초를 형성하고 있는 텍스트로서 『참동계』, 『보경삼매』, 『오위현결』에 고찰하여 조동오위의 사상적인 틀의 형성에 기초를 담당하고 있는 원리를 고찰해보았다. 실로 조동오위는 이들 텍스트에서 보여주고 있는 원리를 바탕으로 형성되었음을 이해할 수 있을 것이다.

제3장에서는 본격적으로 조동오위에 대하여 그 구조에 대하여 살펴보았다. 특히 오위의 사상적인 원리에 해당하는 것으로 『주역』의 원리에서 삼첩(三疊)·오변(五變)의 원리를 원용하여 그 열린관계와 닫힌관계의 양상을 살펴봄으로써 오위가 지니고 있는 유동적인 원리를 이해할 수 있을 것이다.

제4장에서는 우리나라에 수입되고 전개된 조동종과 오위에 대하여 그 역사와 인물을 고찰해보았다. 나아가서 고려 시대에 일연(一然)에 의하여 전개된 정통조동오위의 모

습에 대하여 『중편조동오위』를 통하여 그 당위성과 특징을 살펴보았다. 또한 조선 후기에도 여전히 주목되었던 조동 오위에 대하여 백파긍선 안목에 대하여 『선문오종강요사기(禪門五宗綱要私記)』의 문헌을 통하여 고찰해보았다.

　본서에서 고찰해본 조동오위에 대한 선리는 좁게는 조동종의 교의에 국한하지만, 넓게는 선종의 전체에 걸친 선리로서 역할로 기능하였다. 무엇보다도 실제의 수행을 중심으로 전승해왔던 선종에서 묵조선(黙照禪) 수행의 이론뿐만 아니라 그 실천의 원리로서 조동오위가 지니고 있는 의의를 잘 보여주고 있다.

2023년 10월

<목 차>

머리말

제 I 장 조동종의 형성과 성립

1. 조동종맥의 원류

1) 혜능대사의 수제자 - 청원행사

청원행사(靑原行思: ?-740)는 길주 안성 사람으로 성은 유(劉)씨었다. 육조혜능 대사를 뵙고 여쭈었다.

"마땅히 어떻게 수행해야 수행의 지위에 집착하지 않을 수 있습니까."

혜능대사가 물었다.

"그대는 이전에 어떤 수행을 했는가."

"성제제일의(聖諦第一義)의 수행에 대해서도 집착이 없습니다."

"그래서 그대는 어떤 지위에 올랐는가."

"성제제일의의 수행에조차 집착이 없는데 무슨 지위에 머물러 있겠습니까."

이에 혜능대사는 행사가 법기(法器)임을 알아보고 언제나 대중의 우두머리로 삼았다. 이것은 마치 혜가가 아무런 말을 하지 않아도 달마대사가 자신의 골수를 얻었다고 인가(印可)한 것과 마찬가지였다. 후에 혜능의 입적이 가까워졌을 무렵 한 사미가 찾아왔다. 그러나 혜능은 세상의 인연이 다한 줄 알고 사미를 끝까지 거두어주지 못함을 안타깝게 여겼다. 이에 사미가 여쭈었다.

"화상께서 열반에 드시면 저는 누구를 의지해야 하겠습니까."

"내가 없는 대신에 그대는 행사를 찾아가거라."

그 사미가 곧 후에 청원행사의 법을 계승한 석두희천(石頭希遷: 700-790)이었다. 청원행사는 석두희천에게 법을 전하고 법당에서 설법을 마친 후에 가부좌의 자세로 열반에 들었다. 희종황제가 홍제선사(弘濟禪師)라는 시호를 내리고 탑호를 귀진(歸眞)이라 하였다.[1]

2) 청원행사의 전법제자 - 석두희천

석두희천(石頭希遷: 700-790)은 길주 청원행사의 법을 이었고 남악에서 살았다. 단주(端州)의 고요(高要) 사람으로 성은 진(陳) 씨이고 이름은 희천이다. 태중에 있을 때 어머니가 비린내와 누린내를 끊었고 탄생할 때 방안에 광명이 가득하였다. 당시에 그 마을에서는 모두가 미신을 숭상하여 희생물을 바치면서 복을 빌었는데 희천은 제단을 헐고 희생물을 빼앗으며 미신의 행위를 부정하였다. 이후 십여 년이 지나니 모두가 절로 돌아와 더욱 깨끗한 업을 닦기 시작했다.

이때 육조혜능은 정법을 펴고 계셨는데 희천은 혜능대사가 거주하는 신주(新州)로부터 가까운 곳에서 살았으므로 자주 찾아가서 뵐 기회가 있었다. 육조께서 한 번 보자마자 기뻐하고 머리를 만지면서 말했다.

---

1) 『景德傳燈錄』卷5,(大正藏51, p.240上-下) 참조.

"그대가 나의 참 법을 잇게 될 것이니라."

　그리고는 공양을 함께 하면서 출가하기를 권하여 머리를 깎고 속세를 떠났다. 개원(開元) 16년(728)에 나부산(羅浮山)에서 구족계를 받고 율부(律部)를 공부하다가 장점과 단점을 발견하고 분연히 다음과 같이 탄식했다.
'자신의 청정한 성품이 계의 본체이다. 부처님들은 지음이 없거늘 어찌 생겨남이 있으랴.'

　이로부터는 조그마한 절제에 구애되지 않고 문자에 얽매이지 않았다. 또 승조(僧肇: 384-414)의 『열반무명론(涅槃無名論)』을 읽다가 '만상(萬像)을 망라하여 자기로 삼는 것은 성인뿐이다.'[2)]는 대목에 이르러 다음과 같이 찬탄했다.
"성인은 자기가 없으되 자기 아닌 것이 없고, 법신은 한량이 없으니 누가 나와 남을 분별하겠는가. 둥근 거울에 비치면 만상(萬像)의 현묘한 본체가 저절로 나타난다. 경계와 지혜가 진실로 하나이거니 어찌 가고 옴이 있으랴. 참으로 장하도다, 이 말씀이여."[3)]

　일찍이 산골 초막에서 잠시 졸다가 꿈을 꾸었는데 자신이 육조와 한 마리의 거북을 타고 깊은 연못 위를 오갔었다. 꿈에서 깨어나 다음과 같이 생각하였다.
'거북이는 신령한 지혜요, 연못은 성품의 바다이니, 나와

---

2) 『肇論』 卷1,(大正藏45, p.161上) "會萬物以成已者, 其唯聖人乎"
3) 『祖堂集』 卷4,(大藏經補編25, p.372中) "因讀肇公涅槃無名論云 覽萬像以成己者, 其唯聖人乎 乃歎曰 聖人無己, 靡所不己；法身無量, 誰云自他 圓鏡虛鑒於其間, 萬像體玄而自現。境智真一, 孰為去來 至哉斯語也"

우리 스님은 함께 성품의 바다에 왕래한 지가 오래되었다.'

육조께서 임종하실 때 선사께서 물었다.

"화상께서 입적하신 뒤에는 저는 누구에게 의지해야 합니까."

육조께서 대답했다.

"사(思)를 찾거라."

육조께서 입적하시자 곧바로 청량산 정거사(靜居寺)로 청원행사 스님을 찾아뵙고 정성을 다하여 인가를 받았다. 당나라 천보 연간 초에 형산의 남사(南寺)에 추거되어 그것에 주석하였다. 절의 동쪽에 넓은 바위가 있었는데 거기에 초암을 짓고 살았으므로 석두화상(石頭和尙)이라고 불렸다.

어느 날 다음과 같은 상당(上堂)[4]하여 설법하였다.
"내 가르침은 예전부터 부처님께서 전수해주신 것이다. 그래서 선정과 정진에 집착하여 논함이 없이 불지견을 통달하면 곧 그 마음이 부처가 된다. 그래서 본래의 청정한 마음과 부처와 중생과 보리와 번뇌가 이름만 다르지 그 본체는 동일하다. 그대들은 잘 알아야 한다. 자기의 마음은 신령스러운 체성으로 본래 단상(斷常)을 벗어나 있어 그 성품에 더럽다든가 청정하다는 분별이 없고 담연하고 원만하여 범부와 성인이 똑같아서 그 작용에 방소가 없고 심의식(心意識)을 벗어나 있다. 그리고 삼계(三界)와 육도(六道)는 모두 자심이 드러난 것으로 마치 물 위에 비친 달의 모습과 거울에 비친 자기의 형상과 같은 것이니 어찌 생멸이 있겠는가. 그대들이 이와 같은 도리를 자각하기만 하면 본래부터 갖추지 못함이 없다."[5]

---

4) 上堂은 ① 粥飯을 위해 僧堂에 올라가는 것. ② 說法堂에 올라가 설법하는 것. ③ 처음에는 매일 아침과 저녁으로 실행되었지만, 나중에는 四節上堂, 五參上堂 등 定時의 아침에 실행되었다. 朝參, 大參, 普說, 陞座라고도 한다. ③ 승당의 내부에서 上間을 가리킨다. 下間은 下堂이라고 한다. ④ 祝國上堂, 祝聖上堂, 晋山上堂, 晋山儀式의 의미로도 쓰인다.
5) 『景德傳燈錄』卷14,(大正藏51, p.309中) "師一日上堂曰。吾之法門先

11

약산이라는 스님이 꼿꼿하게 앉은 자세로 좌선을 하고 있었다. 이에 석두대사가 물었다.

"여기서 무엇을 하는가."

약산이 대답했다.

"아무것도 하지 않습니다."

"그렇다면 한가롭게 앉아 있는 것이로구나."

"한가롭게 앉아있다는 것도 역시 어떤 행위를 하는 것이 되는 것입니다."

"그러면 그대는 아무것도 하지 않는다는데 아무것도 하지 않는다는 그것은 도대체 무엇인가."

"아무것도 하지 않는 그 도리는 천 명의 성인조차 모르는 겁니다."

이에 선사께서 게송으로 찬탄하였다.

이전부터 함께 있었건만 이름조차 모르는데
　　　　　　　從來共住不知名
제멋대로 언설과 형상으로 무엇을 어찌하랴
　　　　　　　任運相將作摩行
예로부터 성현들조차 알지 못하는 도리인데
　　　　　　　自古上賢猶不識
수행경력이 미천한 무리들이 어찌 알겠는가
　　　　　　　造次常流豈可明6)

선사께서 당의 정원(貞元) 6년에 입적하시니 세수가 91

佛傳[7]授。不論禪定精進。[8]達佛之知見即心即佛。心佛眾生菩提煩惱名異體一。汝等當知。自己心靈體。離斷常性非垢淨。湛然圓滿凡聖齊同。應用無方離心意識。三界六道唯自心現。水月鏡像豈有生滅。汝能知之無所不備"

6)『景德傳燈錄』卷14,(大正藏51, p.311中) 참조.

세이고 법랍은 63세였다. 희종황제는 무제(無際)라는 시호
를 내리고 탑호는 견상(見相)이라 하였다.

3) 석두희천의 전법제자 ─ 약산유엄

약산유엄(藥山惟儼: 745-828)은 석두의 법을 이었고
낭주에서 살았다. 이름은 유엄이고 성은 한(韓)씨이며 강
주(江州)에 살다가 나중에 남강으로 이사하였다. 17세에
조주(潮州)의 서산혜조(西山慧照) 선사를 섬긴 후에 형악
(衡岳)에서 희조(希澡) 율사에게 계를 받았다. 이후 심법
을 터득하고자 석두 대사를 뵙고 현묘한 뜻을 은밀히 이
어받았다. 선사는 정원(貞元) 초에 예양(澧陽)의 작약산
(芍藥山)에 살았기 때문에 약산 화상이라 불렸다.

유엄스님은 처음에 거주지가 없어서 마을의 외양간을 얻
어 승당(僧堂)을 만들어 좌선수행에 힘썼다. 얼마 가지 않
아 스무 명 정도가 모였다. 소문을 듣고 점차 사람들이 모
여들자 장소가 비좁아 뒷산에 올라가 조그마한 암자를 짓
고 약산스님을 상석에 모시고 설법을 들었다.

정승이었던 이고(李翶: 772-841)가 화상을 뵈러 왔는
데 화상은 경전만 보고 돌아본 체도 하지 않으니, 이고는
예배도 하지 않고 비꼬는 말을 던졌다.

"얼굴을 보니 천 리에서 듣던 소문과는 영 딴판이로구나."

이에 선사가 이고를 불렀다. 이고가 엉겁결에 "예." 하고
대답을 하자, 선사가 말했다.

"어째서 그대는 귀만 소중히 여기고 눈은 천하게 여기는

13

가."

이고가 얼른 절을 하고 물러나서 물었다.

"어떤 것이 도입니까."

선사께서 하늘을 가리켰다가 다시 물병을 가리키고서 말했다.

"구름은 하늘에 떠 있고 물은 물병에 들어 있소."

그러자 이고가 예배를 드리고나서, 다음과 같은 게송을 읊어 찬탄하였다.

수행으로 다진 몸 학처럼 고상하고	練得身形似鶴形
천 그루 솔밭엔 몇 권의 경 뿐이네	千株松下兩函經
스님께 도를 물으니 말씀 없으시고	我問師道無餘說
구름은 청천에 물은 물병이라 하네	雲在靑天水在瓶[7]

약산의 다른 제자였던 천황도오(天皇道悟)는 백장의 제자로 있는 운암담성(雲岩曇晟)에게는 속가의 친형이었다. 그러나 동생이었던 운암이 먼저 출가하여 백장회해(百丈懷海)의 제자로 있었다. 늦게 출가한 도오는 약산의 제자로 있으면서 운암에게 편지를 썼다.

"석두는 순금 가게[眞金鋪]이고 마조(백장의 스승)는 잡화 가게[雜貨鋪]인데, 그대는 거기에 뿌리를 내리고 무엇을 하려는가. 바라건대 속히 이곳으로 오시게나."

운암이 이 편지를 받고 근심에 사로잡혀 있으니 백장이 물었다.

"네게 무슨 일이 있기에 얼굴이 거칠고 여위어 마치 배고

---

7) 『景德傳燈錄』 卷14,(大正藏51, p.312中) 참조.

픈 사람 같은가. 아프거든 말을 하라.”

“아무 일도 없습니다.”

“그렇다면 도오의 편지를 받은 것이 아니냐.”

이리하여 백장은 운암의 성품으로 보아 약산의 제자가 되면 크게 출세할 것을 알고는 약산에게 보냈다. 이로써 운암은 약산의 제자로서 인가를 받았다.

운암이 약산선사께 목욕을 하시라고 청하니 선사께서 대답했다.

“나는 목욕을 않겠다.”

“어째서 목욕을 않겠다는 겁니까.”

“때가 없기 때문이다.”

“때가 없어도 목욕은 하셔야 됩니다.”

“이 중생아, 글쎄 때가 없다는데 번거롭게 목욕은 해서 무엇하겠는가.”

이에 운암이 말했다.

“그러나 온 몸에 더러운 것이 끊임없이 흘러나오는 여러 구멍이 있으니 어찌한단 말입니까.”

선사께서 태화 8년 어느 날 대중에게 다급하게 외쳤다.

“법당이 쓰러진다. 법당이 쓰러진다.”

대중이 그 뜻을 헤아리지 못하고 무서워서 얼른 물건을 들고 나가 버렸다. 그러자 선사께서 손벽을 치면서 깔깔 웃고 말했다.

“그대들은 내 말의 뜻을 모르는구나.”

그리고는 열반에 드시니 세수가 84세이고, 법랍은 65세였다. 시호는 홍도대사(弘道大師)이고 탑호는 화성(化城)

이었다.8)

4) 약산유엄의 전법제자 – 운암담성

운암담성(雲岩曇晟: 782－841)은 약산의 법을 이었고 담주의 예릉현(澧陵縣)에 있었다. 이름은 담성(曇晟)이고 성은 왕(王) 씨이며 본시 종릉(鍾陵)의 건창현(建昌縣) 사람이었다. 석문(石門)에서 출가하였고 처음 백장(百丈)에게 참문하여 십여 년 간 입실하였으나 백장의 배려로 약산에게 참문했다.

어느 날 약산이 운암에게 물었다.

"듣자하니 그대는 사자를 잘 데리고 논다던데 그게 사실인가."

운암이 대답하였다.

"예, 사실입니다."

"그러면 사자를 데리고 노는 재주가 몇 가지나 되는가."

"여섯 가지의 재주를 가지고 있습니다."

"나도 그대처럼 사자를 데리고 놀 줄 안다."

"화상께서는 몇 가지 재주가 있는 겁니까."

"나는 딱 한 가지뿐이다."

"그 하나가 곧 여섯이고 여섯이 곧 하나입니다."

운암이 건당을 한 후에 여러 제자를 거느리고 있었다. 어느 날 신발을 삼고 있는데 동산이라는 제자가 물었다.

"저는 화상에게 눈동자를 얻으러 왔는데, 저한테 하나 나

---

8)『景德傳燈錄』卷14,(大正藏51, pp.311中－312下) 참조.

누어 주시겠습니까.”

“그대의 눈동자는 누구에게 주고서 나한테서 찾는단 말인
가.”

“저한테는 본래 없었습니다.”

“본래 있었을 터인데 그것을 어디에 두고 여기에서 찾는단
말인가. 그리고 설령 내가 그대에게 나누어준들 어디에 붙
인단 말인가.”

　그러자 동산은 아무런 말도 하지 못했다. 이에 운암이
다시 말했다.

“그대가 나한테 눈동자를 달라고 한 것이 정작 사물을 보
는 눈을 말함이었더냐.”

“그런 눈이 아니었습니다.”

　그러자 운암이 크게 꾸짖으면서 내쫓았다. 그래서 동산
이 하직을 고하자 운암선사가 물었다.

“어디로 가려는가.”

“비록 화상을 하직을 고하지만 아직 머무를 곳을 정하지는
못했습니다.”

“호남(湖南)으로 가려는 것이 아닌가.”

“아닙니다.”

“그러면 속가로 돌아가려는 것이 아닌가.”

“아닙니다.”

　이에 선사께서 소리를 높여 말했다.

“어떻든 빨리 다시 돌아오너라.”

“화상과 함께 길이 머무를 명분이 생기면 그때 다시 돌아
오겠습니다.”

"이제, 이렇게 헤어진 뒤로는 다시 만나기 어렵겠구나."

이에 동산(洞山)이 그렇다는 시늉을 하였다.

"이제 이렇게 헤어진 뒤로는 만나지 않기 어렵겠습니다."

동산이 행각을 하던 중에 위산영우(潙山靈祐: 771-853)를 친견하고 물었다.

"제가 예전에 들은 바에 의하면 남양혜충 국사께서 무정설법(無情說法)을 말씀하셨다고 합니다. 그 말을 들은 뒤로는 항상 그 깊은 뜻을 찾고자 했는데 이제 그 소원이 여기서 이루어지게 되었습니다."

위산이 돌아보고 빙그레 웃으면서 말했다.

"그대는 어디서 그 말을 들었는가."

동산이 그간의 사정을 자세히 설명하자 위산이 말했다.

"나에게도 무정설법이 조금은 있다. 그러나 그 무정설법을 감당할 사람을 만나지 못했을 뿐이지 내가 법에 인색해서가 아니니라."

"그렇다면 지금 저에게 보여주십시오."

"부모의 인연으로 생긴 입으로는 말할 수가 없느니라."

이에 동산이 정색을 하고 물었다.

"화상처럼 도를 흠모하신 분이 또 계십니까."

위산이 대답했다.

"여기서 예릉현 가까이 가면 석실과 마주 인접한 곳에 운암이라는 도인이 있다. 그러니 만일 부지런히 찾아가면 반드시 그대가 존중할 사람이 될 것이다."

이에 동산이 운암을 찾아가 물었다.

"무정설법은 도대체 어떤 사람이 듣습니까."

"무정설법은 무정물이 듣느니라."

"그러면 화상께서는 들으셨습니까."

"내가 만일 들었다면 그대는 나를 보지 못했을 것이니라."

"그렇다면 저는 결국 화상의 설법을 들을 수 없다는 말입니까."

"나의 설법도 알아듣지 못하거늘 하물며 무정의 설법인들 들을 수 있겠는가."

　동산이 이에 의심을 해결하고는 깨침을 얻었다.

　동산은 운암이 입적하신 뒤에 재를 지내기 위해 밀사백(密師伯, 神山僧密) 사형과 함께 위산으로 가는 도중에 담주에 이르러 큰 개울을 건너게 되었다. 밀사백 사형이 먼저 건너고 동산은 아직 개울을 다 건너기 전이었는데 우연히 물에 어려 비췬 자기 그림자를 보고 예전 일을 크게 깨쳤다. 그리고는 안색이 평소와는 달리 크게 변하면서 깔깔거리고 웃었다. 이에 밀사백 사형이 물었다.

"무슨 일인데 웃는 것인가."

"돌아가신 스승님의 고요한 힘을 터득하였습니다."

"그렇다면 그에 대한 시가 있어야 하겠구려."

　이에 동산이 과수게(過水揭)로 알려진 자신의 오도송(悟道頌)을 읊었다.9)

　운암은 회창 신유년 초에 병환의 모습을 보이셨다가 10월 27일 입적하셨다. 시호는 무주대사(無住大師)이고 탑호는 정승(淨勝)이었다.10)

---

9) 동산양개의 오도송인 「過水揭」는 선종사에서 그 최초로 알려져 있다. 「과수게」의 내용은 이하 주석 14) 참조.

2. 조동종맥의 형성

1) 운암의 전법제자 - 동산양개

동산양개(洞山良价: 807-869)는 회계(會稽) 출신으로 성은 유(兪) 씨이고 이름은 양개이다. 어린 나이에 집 가까운 절에 가서 스님을 따라 『반야심경』을 암송하다가 안 · 이 · 비 · 설 · 신 · 의(眼·耳·鼻·舌·身·意)가 없다는 부분에 이르러 갑자기 자기의 얼굴을 만지면서 스님에게 물었다. "저한테는 눈 · 귀 · 코 · 혀 · 몸 · 생각 등이 모두 있는데 어째서 없다고 하는 겁니까."

스님은 깜짝 놀라서 답변하지 못하고 오설산(五洩山)의 영묵(靈黙: 747-818) 대사에게 소개하여 머리를 깎게 하였다. 이로써 21세에는 숭산에 가서 구족계를 받았다.[11]

이후 제방으로 유행을 하다가 남전보원(南泉普願: 748-834)을 참례하였다. 마침 남전의 스승인 마조도일(馬祖道一: 709-788) 대사의 기일이어서 재를 준비하고 있었는데, 남전이 대중에게 물었다.
"내일 마조스님의 재를 지내는데 스님이 이 자리에 찾아오실지 모르겠구나."

대중이 아무런 말이 없으니 동산납자가 말했다.
"동반자가 있으면 오시겠지요."

---

10) 『景德傳燈錄』卷14,(大正藏51, pp.314下-315中) 참조.
11) 『瑞州洞山良价禪師語錄』,(大正藏47, p.519中) 참조.

　　남전스님이 말했다.

"이 납자는 잘 다듬으면 쓸 만하겠구나."

　　동산이 말했다.

"스님께서는 양민을 짓밟아서 천민으로 만들지 마십시오."

　　이에 동산은 다시 만행을 떠나 위산영우(771-853)를 참례하였다. 거기에서 남양혜충 국사의 무정설법에 대한 문답을 통하여 운암담성(雲岩曇晟: 782-841) 스님을 찾아뵈었다. 이로써 다시 무정설법에 대한 문답을 통하여 깨친 바가 있어 다음과 같은 게송을 지었다.

참으로 기이하구나 참으로 기이하구나	也大奇　也大奇
무정물의 설법이여 참으로 부사의로다	無情解說不思議
귀로 듣는다면 끝내 들을 수조차 없네	若將耳聽聲不現
눈으로 소리를 들어야만 알 수 있으리	眼處聞聲方可知[12]

　　그리고는 운암을 모시고 수행을 계속하였다.

　　어느 날 동산이 운암에게 물었다.

"저는 아직 번뇌를 다 없애지 못하였습니다."

　　운암이 말했다.

"그대는 지금까지 무슨 수행을 했는가."

　　동산이 답했다.

"성제제일의(聖諦第一義)에 대해서도 추구하지 않았습니다."

　　운암이 말했다.

"그래, 환희는 맛보았는가."

---

12) 『景德傳燈錄』 卷15.(大正藏51, p.321下)

동산이 답했다.

"환희를 맛보았는데 그 환회라는 것은 거름밭에서 일과명주(一顆明珠)를 찾은 것과 같았습니다."[13]

동산은 어느 날 운암의 휘하를 떠나면서 물었다.

"화상께서 입적하신 후에 누가 스님의 영정에 대하여 묻는다면 뭐라고 답변해야 합니까."

운암은 양구(良久)하고 나서 말했다.

"그저 그렇게 살았다고 말하거라."

이에 동산이 그게 무슨 뜻인지 생각에 잠기자 운암이 말했다.

"양개 수좌야, 내가 말한 도리가 무슨 뜻인지 잘 살펴보고 알아차려야 한다."

그러나 동산은 아직도 무슨 의미인지 의문에 휩싸여 있었다. 그런 뒤에 개울을 건너가다가 물에 어려 비취는 자기의 모습을 보고서 운암스님이 말씀하신 뜻을 대오하였다. 그리고 다음과 같은 과수게로 알려진 오도송을 지었다.

남을 따라서 찾으려 하지 말라	切忌從他覓
점점 더 자신과 멀어지고 만다	迢迢與我疏
나는 이제 또 홀로 걸어가는데	我今獨自往
가는 곳마다 항상 그를 만난다	處處得逢渠
저것은 지금 바로 내가 되는데	渠今正是我
나는 지금 바로 그것이 아니네	我今不是渠
응당 다시 이와 같이 터득해야	應須恁麼會
바야흐로 진여세계 계합하리라	方得契如如[14]

---

13) 『瑞州洞山良价禪師語錄』,(大正藏47, p.520上)
14) 『景德傳燈錄』卷15,(大正藏51, p.321下)

이 게송은 사(事)와 편(扁)을 의미하는 아(我)와 이(理)와 정(正)을 의미하는 거(渠)가 상즉상융(相卽相融)한 도리인 제법실상의 측면을 드러낸 게송이다. 이런 점에서 위의 과수게(過水偈)는 이후에 더욱 구체적으로 발전하여 동산양개의 사상뿐만 아니라 조동선 교의의 바탕이 되었다.

곧 동산에게서 정위각편(正位却偏)·편위각정(偏位却正)·정위중래(正位中來)·편위중래(偏位中來)·상겸대래(相兼帶來)의 이론적인 정편오위설(正偏五位說)이 출현하였고, 향(向)·봉(奉)·공(功)·공공(共功)·공공(功功)으로서 실천적인 공훈오위설(功勳五位說)이 출현하여 본격적인 동상오위설(洞上五位說)이 형성되었다. 그래서 정편오위는 교상문(教相門)의 측면으로 선의 이론과 사상의 성격이 강하고, 공훈오위는 관심문(觀心門)의 측면으로 선의 실천과 체험의 성격이 농후하다. 동산의 조동교의는 바로 이 둘의 관계가 상호에 열린 관계[回互]와 닫힌 관계[不回互]의 입장으로 승화된 것이었다.

후에 동산양개가 운암스님의 기일에 재를 올리는데, 어떤 승이 물었다. "운암스님께서는 스님에게 어떤 것을 가르쳐주셨습니까." 동산이 말했다. "비록 운암스님을 모시기는 했지만 아무런 가르침도 받지 못했다." "가르침을 받지 못했다면 재는 뭣하러 지내드리는 겁니까." "어찌 운암스님을 저버리겠는가." "스님은 처음에 남전스님께 배웠는데 어째서 운암스님께 재를 드리는 겁니까." "나는 운암스님의 도덕과 불법을 중시하는 것이 아니다. 다만 나한테 설법해주지 않은 점을 소중하게 여기는 것뿐이다." "그렇다면 스승에게 재를 드리는데 스승을 믿는 겁니까." "절반은 믿고 절반은 믿지 않는다." "어째서 전체를 믿지 못하는 겁니까." "전체를 믿어버리면 스승을 저버리는 꼴이 되어버리기 때문이다."[15]

---

15) 『景德傳燈錄』卷15,(大正藏51, p.322上)

후에 동산양개는 당나라 대중 말년부터 신풍산(新豊山)에서 후학을 지도하였기 때문에 신풍노인이라고 불렸다. 그리고 예장(預章) 고안(高安)이 동산(洞山)에서 가르침을 크게 펼쳤다. 이후 동산양개라는 명칭이 붙었다. 그 가운데서 조산본적(曹山本寂: 840-901)과 운거도응(雲居道膺: ?-902) 등 훌륭한 제자를 배출하였다. 이로부터 동산양개의 현묘한 가풍이 천하에 퍼졌으므로 제방에서는 그 선풍을 가리켜 동상종(洞上宗) 혹 동산종(洞山宗) 혹 조동종(曹洞宗)이라 불렀다.

　　입적이 다가오자 동산양개는 제자들에게 머리를 깨끗이 깎고 목욕을 시키며 가사를 걸치게 하고는 마침내 종을 울려 대중에게 이 세상의 작별을 고하였다. 그리고는 단정하게 가부좌를 한 채로 입적하셨다. 그때 대중들이 스승의 열반에 대하여 오랫동안 슬프게 통곡하자 동산양개 스님이 홀연히 다시 눈을 뜨더니 대중에게 말씀하셨다.

"출가사문이라면 마음에 걸리는 것이 없어야 진정한 수행이다. 죽는 것은 괴로움 삶을 마감하는 것인데 그리도 소란스럽게들 야단을 떨어 무슨 도움이 되겠느냐."

　　그리고는 대중에게 어리석음을 깨우치고 수행을 경책하는 우치재(愚癡齋)를 준비하도록 하였다. 그래도 대중이 스승의 입적에 대하여 연연해하자 7일 동안 삶을 연장하였다. 7일 후에 우치재의 준비가 끝나자, 다음과 같이 말씀하셨다.

"승가대중이 무사하려면 모름지기 세상을 떠날 때 야단법석을 떨지 말아야 한다."

그리고는 방장실로 돌아가서 단정히 앉아서 입적하셨다.
이때가 869년 3월이었다. 세수 63세이고 법랍은 42세였
다. 시호는 오본선사(悟本禪師)이고 탑호는 혜각(慧覺)이
다.16)

2) 동산의 전법제자 - 조산본적

조산본적(曹山本寂: 840-901)은 천주(泉州) 포전(蒲
田)에서 태어났으며, 성은 황(黃) 씨이고 이름은 탐장(耽
章)이다. 19세 때 복주(福州)의 영석산(靈石山)으로 출가
하였고 25세 때 구족계를 받았다. 이후 고안(高安)으로 가
서 동산양개 대사를 친견하고 10여 년 동안 사사하였다.
스승의 곁을 떠나려 하니 종문에서 은밀하게 전승되어
온 「보경삼매(寶鏡三昧)」와 「오위현결(五位顯訣)」을 부촉
하며 전법하였다. 후에 조산은 스승의 가르침을 받고 그에
게송을 붙여 「정편오위송」과 「오위군신게」를 완성하였다.
나아가서 「삼삼루(三滲漏)」17), 3수의 「강요게(綱要偈)」, 「
삼종타(三種墮)」18), 「사종이류(四種異類)」19), 「팔요현기

16)『瑞州洞山良价禪師語錄』.(大正藏47. p.526中)
17) 滲漏는 三滲漏의 하나이다. 삼삼루는 동산양개가 납자들이 빠지기 쉬
운 폐해를 세 가지 항목으로 정리하여 제시한 것이다. 見滲漏는 아직
아견이 남아 있다는 뜻으로 사고가 知的인 대상에 집착하여 진실을
보지 못하는 것이다. 情滲漏는 아직 情識이 남아 있다는 뜻으로 이것
은 취하고 저것은 버리는 대립적인 사고방식이 아직 사라지지 않은 것
이다. 語滲漏는 어구에 막혀서 문자 곧 경론은 깨침의 수단에 불과하
다는 것을 모르고 쓸데없이 문자와 언어의 해명에 고심하는 것이다.
동산은 이 삼종삼루로써 납자의 眞僞를 판별하였다.
18) 三種墮는 조산본적이 제시한 교의 가운데 하나이다. 조산은 불조의

(八要玄機)」20) 등을 제시하여 조동선의 교의를 널리 현창

혜명을 올바르게 계승하려는[正命食] 자라면 모름지기 삼종타를 갖추어야 한다고 말했다. 첫째는 털을 뒤집어쓰고 뿔을 받아 태어나는 것, 곧 축생으로 태어나는 보살의 變易生死이다.[披毛戴角, 沙門墮] 둘째는 소리와 색깔 등 감각세계를 배제하지 않은 채 그대로 자유롭게 수용하는 것이다.[不斷聲色, 類墮, 隨類墮] 셋째는 음식을 받아먹지 않는 것, 곧 나한이 되어 분별심을 내지 않는 것이다[不受食, 尊貴墮] 『撫州曹山元證禪師語錄』,(大正藏47, pp.533下-534中)

19) 四種異類 : 조산본적에게는 수행납자를 위하여 제시한 네 가지 경계 곧 四種異類의 가르침이 있다. 異類는 중생이 깃들어 살고 있는 일체의 세간을 말한다. 곧 수행납자가 어떤 세간에 태어나더라도 그곳에 집착이 없이 깨침을 터득해야 할 것을 강조한 가르침이다. 첫째, 往來異類는 온갖 중생세간을 자유롭게 變易生死로 왕래하는 것이다. 둘째, 菩薩同異類는 보살이 자신을 깨우치고나서 그 능력으로 이류세계에 태어나 그곳의 중생을 깨침으로 이끌어가는 자리이타의 보살행의 경계이다. 셋째, 沙門異類는 출가의 본분사를 밝혀서 어느 경지에도 구애되지 않는 헌헌대장부의 경지를 터득하는 것이다. 넷째, 宗門中異類는 자신이 터득한 향상의 경지에 안주하지 않고 집착도 없으며 자유자재한 작용을 구사하는 것이다.

20) 曹山本寂의 교화방편에서 「八要玄機」는 여덟 가지 현묘한 기관을 의미한다. 기관은 공안의 구조를 설명함에 있어서 그 공안의 체계화를 가장 잘 나타내고 있는 용어 가운데 하나이다. 여덟 가지의 현묘한 기관이란 回互·不回互·宛轉·傍參·樞機·密用·正按·傍提를 말한다. 「회호」는 열린 관계로서 피와 차가 서로 융통하기 때문에 저것(彼) 속에 이것(此)이 들어 있고 이것(此) 속에 저것(彼)이 들어있어서 피가 곧 차가 되고 차가 곧 피가 되는 도리이다. 곧 오위로 말하자면 정중편과 편중정의 모두를 가리키는 말이다. 「불회호」는 닫힌 관계로서 피와 차가 각각의 존재로서 피는 피이고 차는 차로서 서로가 완연한 존재가 되는 도리이다. 곧 오위로 말하자면 정중래와 편중지의 모두이다. 「완전」은 회호하기도 하고 불회호하기도 하는 자유자재의 경지로서 피는 피이면서 동시에 차이고 차는 차이면서 동시에 피가 되는 도리이다. 곧 오위로 말하자면 겸중도이다. 「방참」은 그윽한 진리의 세계를 차별적인 현상 속에서 事의 측면으로 취해 나타내는 도리이다. 곧 오위로 말하자면 편중지이다. 「추기」는 현상으로 나타나는 작용의 근본으로서 주체적인 원리이다. 곧 오위로 말하자면 정중래이다. 「밀용」은 주도면밀하고 몰종적한 작용으로서 객체적인 원리이다. 곧 오위로 말하자면 정중편이다. 「정안」은 진리를 추기의 상태 그대로 현성하는 원리이다. 곧 오위로 말하자면 정중정이다. 「방제」는 진리를 일상의 차별현상(事)

하였다.

　동산을 하직하고 조산은 조계의 탑을 참배하고 나천(螺川)으로부터 임천(臨川)에 이르러 그곳의 아름다운 산수를 보고 그 산을 조계혜능을 경모하는 의미로 조산으로 고쳐 부르고 주석하였다. 조산이 다음과 같은 상당설법을 하였다.

> 법복을 걸친 출가사문이라면 모름지기 향상사(向上事)를 깨우치는 일을 등한시해서는 안 된다. 그래서 설령 어떤 도리를 터득했다손 치더라도 모든 성인조차도 무시해버리는 의기가 있어야만 진정한 자유를 얻을 것이다. 만약 그렇지 못한다면 설사 궁극의 경지를 터득했더라도 얌전하게 차수하고 기다려야 할 것이다. 그러나 만약 저기의 전체를 과감히 버릴 줄 안다면 일체의 장애를 만나더라도 스스로 주재할 수가 있다. 설사 진흙속에서 허우적거릴지라도 스스로 주재할 수가 있을 것이다.[21]

　후에 남주(南州)의 장수 남평종왕(南平鍾王: ?−906)이 조산의 선풍을 경모하여 극진한 예우로 모시고자 하였다. 그러나 조산은 애써 사양하고 다음과 같은 시를 보냈을 뿐이다.

메마른 나무등걸은 시다림에 의지하여	摧殘枯木倚寒林
몇 차례 봄이 와도 한결같은 마음일세	幾度逢春不變心
나무꾼조차 일부러 잘라가지도 않는데	樵客見之猶不採
안목있는 목수가 어찌 애써 찾겠는가	郢人何事苦搜尋[22]

신유년 여름밤 입적에 이르러 지사(知事)에게 물었다. "오

속에서 理의 측면으로 은밀하게 현성하는 원리이다. 곧 오위로 말하자면 편중편이다. 『曹山錄』卷下,(大正藏47, p.544中)
21) 『撫州曹山元證禪師語錄』,(大正藏47, p.530上)
22) 『撫州曹山元證禪師語錄』,(大正藏47, p.531中)

늘이 며칠인가." "6월 15일입니다." "나는 일평생 행각을
하였는데 가는 곳마다 한 철은 역시 90일이었다. 그러니
내일 오전 8시에 떠나겠노라." 8시가 되자 향을 사르고 편
안하게 앉은 채로 입적하였다. 세수가 62세이고 법랍이
37세였다. 제자들이 입적한 몸 그대로 다비에 붙여 서쪽
비탈진 곳에 안치하였다. 탑호는 복원(復元)이다.

3) 동산의 전법제자 – 운거도응

운거도응(雲居道膺: ?-902)은 유주(幽州) 계문옥전(薊
門玉田 河北省 津海道 玉田縣)에서 태어났다. 속성은 왕
(王) 씨이고 이름은 도응(道膺)이다. 출생한 연도는 분명
하지 않지만 당나라 태화 2년(828)으로 짐작된다. 어려서
부터 다른 아이들보다 뛰어났다. 회창(會昌)의 파불(破佛)
이전 개성 2년(837) 10세 때 고향인 유주의 연수사(延壽
寺)에서 출가하고, 파불 이후 대중 6년(852) 25세 때 범
양(范陽)의 연수사에서 구족계를 받았다. 이 해는 동산양
개가 신풍산에 들어간 때이다.
그후 소승계율을 배웠으나 인간의 근원적인 본질을 구속
하는 것이라고 생각하여 그때까지 배우던 경·율·론을
그만두고 선을 시작하였다. 널리 유행하다가 장안(長安)의
종남산(終南山)에 있는 취미산(翠微山)에서 우선 단하천연
(丹霞天然: 739-824)의 제자인 광조대사(廣照大師) 무학
(無學)의 휘하에서 3년 동안 머물렀다. 그러던 중 강서성
의 예장(予章)에서 온 스님으로부터 동산양개의 법석에 관

해 듣고 동산으로 갔다. 그때는 대중 9년(855), 운거 28
세이고 동산양개 49세였다.

거기에서 머물다가 동산이 입적하기 2년 이전, 운거 42
세 때까지 15년간 사사하였다. 이후 삼봉산(三峰山)에 들
어가서 거기서 11년 동안 머물렀다. 이후 중화 3년(883)
에 운거산에 들어가 19년간 머물면서 많은 교화를 폈기
때문에 운거(雲居)라는 명칭을 얻었으며, 902년 정월 3일
인시(寅時)에 입적하였다. 사법제자로는 28명이 있었다.
시호는 홍각(弘覺 혹은 宏覺)이고 탑호는 원적(圓寂)이었
다.23)

운거도응이 참하자 동산이 물었다. "어디에서 왔는가." 운거가 말했다.
"취미에서 왔습니다." "취미는 어떤 언구로 제자를 가르치던가." "취
미스님께서 나한에게 공양을 올리시길래 제가 나한에게 공양을 올리면
나한이 옵니까라고 물었습니다. 그러자 취미스님은 그럼 그대는 매일
무엇을 먹느냐고 물으셨습니다." "정말 그렇게 말했던가." "예." "선지
식을 참한 것이 헛되지는 않았구나."24)

운거의 설법에 주로 나타난 내용을 보면 다음과 같다.
첫째는 몰종적(沒蹤跡)과 주도면밀(周到綿密)한 수행이
다. 둘째는 제일의제(第一義諦)와 본래무일물(本來無一物)
의 본증(本證)이다. 셋째는 바로 그 자리에서 터득하는 직
하승당(直下承當)과 현성공안(現成公案)의 체험 등으로 요
약된다.
첫째의 몰종적과 주도면밀한 수행으로는 동산을 참하고

---

23) 『祖堂集』卷8.(大藏經補編25, p.449上) 참조.
24) 『筠州洞山悟本禪師語錄』.(大正藏47, p.513上)

서 주고받은 대화에서 다음과 같이 말하고 있다.

> 동산이 물었다. "그대의 이름이 무엇인가." 운거가 아무개라고 이름을
> 말하니, 동산이 다시 물었다. "향상의 입장에서 다시 말해 보라." "향
> 상의 입장에는 아무개라고 이름할 것이 없습니다."[25]

향상사(向上事)의 입장에서는 그 무엇으로도 형언할 길
이 없는 언어도단의 경지이므로 설령 무슨 이름을 말했다
고 해도 그것은 한낱 이름에 불과한 것이다. 운거라는 명
칭은 운거 곧 구름처럼 공허한 두 글자를 빌어 나타난 것
에 지나지 않는다. 그래서 모름지기 자신이 스스로 그 자
체가 되지 않으면 안 되는 것을 다음과 같이 말한다.

> 대저 출가한 사람은 다만 스스로 결택해야지, 절대 밖에서 찾으려 해
> 서는 안 된다. 그러므로 거룩한 스승을 대하듯 조심스러워야 한다. 결
> 택할 때에는 모름지기 얇은 얼음을 밟듯이 부지런히 지극한 도를 구해
> 야 한다. 이것은 마치 머리에 붙은 불을 끄듯이 해야지 달리 무슨 여
> 가가 있겠는가. 또한 불길이 몸을 덮치는 것과 같으니, 일체의 것을
> 버리고 급히 그 속에 뛰어들어 몽땅 취하되, 모름지기 두두물물에 널
> 리 이르고 두루 통해야 한다.[26]

출가수행하는 마음자세는 불도를 이루는 것이다. 불도를
이루는 것은 자기를 이루는 것이다. 자기를 이루는 것은
자신을 잊는 것이다. 자신을 잊는 것은 만법을 증득하는
것이다. 만법을 증득하는 것은 자기의 몸과 마음 및 타인
의 모모가 마음까지도 탈락하는 것이다. 따라서 자기의 일

---

25) 『景德傳燈錄』 卷17,(大正藏51, p.334下) "洞山問曰闍梨名什麼。曰道
   膺。洞山云。向上更道。師云。向上道即不名道膺"
26) 『祖堂集』 卷8,(大藏經補編25, pp.449中-450上)

체를 걸고 수행하는 입장에서는 그만큼 치열하지 않을 수
가 없다. 이처럼 고심참담 수행하는 데에는 물론 그 상
(相)을 남겨서는 안 된다는 것을 다음에서 말하고 있다.

> 운거스님이 설법하였다. "어떤 사람이 돈 백관을 가지고 사냥개를 샀
> 는데 흔적 있는 것만 알 뿐이었다. 그러다가 홀연히 영양이 뿔을 나무
> 에 걸어둔 것을 만나면 흔적은커녕 낌새도 모른다." 한 승이 물었다.
> "영양이 나무에 뿔을 걸어둘 때는 어떻습니까." 운거스님이 말했다.
> "6×6은 36이다." 그리고는 말했다. "알겠는가." 그 승이 말했다. "모
> 르겠습니다." 운거스님이 말했다. "그래서 흔적이 없다고 하지 않았던
> 가." 그 승이 이 이야기를 조주에게 가서 전하자 조주가 말했다. "운
> 거스님은 참 훌륭하시구나." 그 승이 조주스님에게 물었다. "영양이
> 나무에 뿔을 걸어둘 때는 어떻습니까." 조주스님이 말했다. "6×6은
> 36이다."27)

여기에서 영양(靈羊)은 영양(羚羊)으로서 영(靈)과 영
(羚)은 호환되는 글자다. 영양은 잠을 잘 때에 다른 동물
로부터 습격을 피하기 의해서 자신의 뿔을 나뭇가지에 걸
치고 매달려 있으면 아무런 흔적도 남지 않아 안전하게 잠
을 잘 수 있다는 동물이다. 마찬가지로 수행에 있어서도
수행이라는 종적마저도 남겨두지 않는 것을 운거는 이렇게
표현하고 있다. 이야말로 몰종적하고 주도면밀한 행태를
잘 말해주고 있다.

예로 '달리 순 돌 뿐인 산에서 초목이 어디에서 자라겠
는가.'라는 물음에 대하여 '본래 완전한 것이어서 손대지
않으면 도리가 어긋남이 없다.'고 답변한다. 그러나 거기에
어떤 조작을 가하면 공연한 일이 되어버려 곧 어긋나고 만

---

27)『景德傳燈錄』卷17,(大正藏51, p.335中)

31

다고 말한다. 이것에도 운거 나름대로 진리에 대하여 크게 긍정하는 사람과 크게 부정하는 사람의 차이에 대하여 말한 것이다. 곧 향상사마저도 쓰레기처럼 여기면서 공훈에 집착하지 않는 것과 자기의 몸이 있다고 보아 그 공훈의 굴레에 떨어지는 것과의 차이를 말한다. 이것이야말로 동산의 의도를 이어받고 있다.

이 밖에도 향상사는 제아무리 현묘한 경우라 하더라도 거기에 미치지 못한다는 것이라고 하면서 마음의 번뇌를 끊는 데에는 모든 번거로운 인연을 다 쉬어버리라고 말한다. 그리하여 그 몰종적하고 주도면밀한 수행에 끝까지 방일하지 말 것을 고구정녕하게 일관하고 있다.

운거가 병석에 눕게 되자 같은 설법을 하였다.
"그대들은 이제 멀고 가까움일랑은 대강 알고 있을 것이다. 그리고 살고 죽는 일은 늘상 있는 일이니 과히 걱정하지 말라. 못을 끊고 무쇠를 자르는 굳은 신념으로 불법을 어기지 말고, 나고 죽음에 임해서도 불법을 저버리지 말라. 마땅히 번거롭게 하지 말고 제각기 해결하도록 하라."

이처럼 자신의 수행에 철저할 것은 자신뿐만이 아니라 제자의 접화에 있어서도 마찬가지였다.

한편 본래무일물과 같은 제일의제에 있어서도 철저한 본증(本證)의 입장에 근거하고 있다. 석존이 설산에서 6년을 고행한 것도 스스로 드러나 있는 뜻을 세우려는 것이었지 그 밖의 무엇에 의지하려는 것이 아니었다고 하여, 일찍이 무엇을 얻었다든가 본래 중생이었다가 부처가 되었다는 등의 내용이 아니라 모두가 중생구제의 방편으로서 모습을

나타내고 각각의 근기에 맞추어 시설한 화현으로서의 수행
자였다고 한다. 그래서 어느 것이 조사의 뜻이고 어느 것
이 중생의 뜻이고 하는 분별이 따로 있을 수가 없다는 것
이다.

> 하루는 동산에게 물었다. "어떤 것이 조사의 뜻입니까." 동산이 말했
> 다. "그대가 훗날 어떤 지방에 주석하게 될 때 홀연히 누가 와서 그렇
> 게 묻는다면, 그대는 뭐라고 답하겠는가." 운거가 말했다. "제가 잘못
> 했습니다."[28]

운거의 번득이는 납자다운 기지가 엿보이는 대목이다.
진제의 입장에서 보면 무엇인들 조사의 뜻이 아니겠는가.
굳이 경전의 어구를 인용하여 그것이 조사의 뜻이라고 한
다면 그것은 운거 자신의 위선이 될 뿐이다. 석존의 고행
과 달마의 면벽과 혜능의 방아 찧는 행위가 아니더라도 바
로 운거 앞에 펼쳐지고 있는 동산과의 문답 속에 조사들의
뜻이 담겨 있음을 말해 준다.

이러한 근거에서 운거는 다시 그것이 진리로서만 내재되
어 있는 것이라면 크게 도움이 되지 않음을 알고 있었다.
그래서 그것을 우리의 눈앞에 현전시키는 체험이 필요함을
역설하고 있다. 그래서 바로 그 자리에서 체득하고 인정하
는 것이 만법에까지 두루 퍼져가야 함을 가리키고 있다.
곧 진리가 우뚝 솟아 현현해 있건만 면전에 있는 바로 그
것을 알아차리지 못할 뿐이며, 또한 온 세상이 다 진여 아
님이 없다고 한다.

제법의 성품은 본래 원만하여 각각 나름대로 진리를 최

---

28) 『景德傳燈錄』 卷17,(大正藏51, p.334下)

대한도로 만끽하고 있다는 것이 법계의 성품이고 보면 어느 시간, 어느 장소, 어느 상황에서도 진여를 만날 수가 있다. 그래서 저 과수게(過水偈)로 알려진 동산의 「오도송」에서는 가는 곳마다 그 진리를 터득한다는 말을 하고 있다. 이에 흔히 막상 지나버렸다고 생각하기 쉬운 과거의 상황도 마찬가지로 항상 현전해 있다는 것은 운거한테서도 여실하게 나타나 있다. 달마가 나타나기 이전에도 여전히 지금 그 자리에 있었음을 말하며, 또한 과거의 지나버린 겁을 이끌어내어 문답하고 있다.

한 승이 물었다. "어떤 것이 지난 겁의 일입니까." 운거가 답했다. "다만 지금과 같을 뿐이다." "지금이란 무엇입니까." "저 지난 겁의 일을 보지 못했는가."[29]

다만 과거가 과거라는 시간상의 끝이 아니라 어디까지나 진리를 표출하고 있는 전체로서의 곧 그 자리에서 터득해야 함을 일깨워 주고 있다. 앞서 말한 바 있는 운거의 말년의 부족에도 나타나 있듯이 시간상의 멀고 가까움은 일상의 생사만큼이나 항상 존재하는 것이므로 거기에 막히지 않아야 함을 말하고 있다. 이것은 실제로 생활 가운데에서 현성해 있는 진리를 어떻게 활용하느냐에 따라 좌우된다.

어떤 거사가 한 승에게 물었다. "저희 집에는 솥이 하나 있는데 평소에 떡을 찌면 세 사람이 먹기에도 부족하지만, 그것을 천 사람이 먹으면 남습니다. 이것을 스님은 어찌 생각하십니까." 승이 대꾸하지 못하자 곁에 있던 운거가 대신 말했다. "다투면 세 사람이 먹어도 부족하

---

29) 『祖堂集』卷8,(大藏經補編25, p.450上)

지만 양보하면 천 사람이 먹어도 남는 법이지."[30]

이것은 운거의 '불법이 아무리 많다손 치더라도 행해야 좋은 것이다. 다만 마음이 곧 부처임을 알면 부처의 말을 모른다고 근심할 필요가 없다. 만약 이와 같은 일을 알고자 하건대 모름지기 이와 같이 행하는 사람을 알아야 한다. 그래서 그 사람을 알게 된다면 무슨 근심이 있으랴.'라는 말에서 더욱 분명해진다. 또한 운거에 대한 그의 성품을 말해주고 있는 내용으로서 다음과 같은 것이 있다.

> 운거스님은 물외종사(物外宗師)이다. 이 땅에서 일곱 번 태어나 선지식이 되었는데, 도덕이 고매하고, 지혜가 넓고 깊었으며, 대자비를 갖추고 항상 천 명의 스님을 거느렸다. 제자들에게 다음과 같이 가르쳤다. '다만 마음이 부처라는 것만 알면 되지 부처에 대해 근심할 필요는 없다. 이 말을 모르는 자는 오늘날 학인들이 오로지 밖으로만 향해 구할 뿐이다. 다만 대승의 말을 배울 뿐 그것을 자신의 마음으로 돌이켜 천진불(天眞佛)을 밝히지 못하는 사람들이다. 만약 이 마음이 부처라는 것을 알게 되면 자연지(自然智)와 무사지(無師智)가 현전한다. 어찌 수고롭게 밖을 향해서 배우랴.'[31]

이것은 바로 현재 있는 모습 그대로가 진리라는 현성공안의 입장에서의 견해를 누구나 지금 지니고 있는 그 마음이 곧 부처라는 말로 대치하고 있을 뿐이다. 그리하여 안으로 살펴 각자의 천진불을 현현시키는 것이 요구되고 있다.

이처럼 면면히 이어져 내려온 인도의 28대 조사가 전승한 부처님의 정법안장의 등불은 보리달마를 통하여 중국에

30) 『祖堂集』 卷8,(大藏經補編25, p.450上)
31) 『宗鏡錄』 卷98,(大正藏48, p.947上)

전승되었고, 이후 6대 조사를 통하여 그 법맥이 청원행사로 계승되었다. 청원행사(靑原行思)의 법맥은 다시 석두회천(石頭希遷) - 약산유엄(藥山惟儼) - 운암담성(雲岩曇晟) - 동산양개(洞山良价) - 조산본적(曹山本寂)·운거도응(雲居道膺) 및 신라의 김장(金藏)으로 이어져 조동종의 선풍이 출현하였다. 조동종의 선풍은 주도면밀(周到綿密)하고 용의주도(用意周到)하며 행지면밀(行持綿密)하고 면수상전(面授相傳)의 방식을 그 특징으로 한다. 조동선의 법맥을 길이 계승한 운거도응의 법맥은 두 갈래로 전승되었다.

첫째는 소위 해동사무외대사(海東四無畏大士)로 알려진 이엄(利嚴)·여엄(麗嚴)·형미(逈微)·경유(慶猷) 및 운주(雲住) 등에 의하여 나말여초에 해동으로 전해졌다. 또한 동산양개 - 소산광인(疎山光仁)에게는 신라인의 제자 경보(慶甫)가 있었는데 해동에서 소위 구산선문 가운데 동리산문의 법을 이었다. 그러나 해동에서 조동종이라는 독립된 종파로 전개되지 못하고 조동선의 사상적인 전승으로 계승되어갔다.

둘째는 동안도비(同安道丕) - 동안관지(同安觀志) - 양산연관(梁山緣觀) - 대양경현(大陽警玄) - 투자의청(投子義靑) - 부용도해(芙蓉道楷) - 단하자순(丹霞子淳) - 굉지정각(宏智正覺)으로 계승되었다. 특히 단하자순(丹霞子淳: 1064-1117)의 제자였던 진헐청료(眞歇淸了: 1188-1151)와 굉지정각은 묵조사상을 현창하여 묵조선의 수행을 출현시켰다.

3. 조동종풍의 성립

중국 조동종은 동산양개(807-869)와 그 제자인 조산본적(840-901)과 운거도응(?-902)에 의하여 형성된 선풍을 가리킨다. 『경덕전등록』에는 동산양개의 법사로서 ① 홍주 운거산도응(828 ? -902), ② 무주 조산본적(840-901), ③ 도전(道全: ?-894), ④ 호남 용아산거둔(龍牙山居遁: 835-923), ⑤ 경조 화엄사휴정(華嚴寺休靜), ⑥ 경조현자(京兆蜆子), ⑦ 균주 구봉보만(九峰寶滿: 835-896), ⑧ 태주 유서도유(幽棲道幽), ⑨ 사건(師虔: ?-904), ⑩ 낙경 백마둔유(白馬遁儒), ⑪ 월주건봉(越州乾峯), ⑫ 길주화산(吉州禾山), ⑬ 명주 천동산함계(天童山咸啓), ⑭ 담주 보개산화상(寶盖山和尙), ⑮ 익주 북원통(北院通), ⑯ 고안 백수본인(白水本仁: ? 902-?), ⑰ 무주 소산광인(疎山光仁: ? 915-?), ⑱ 풍주 흠산문수(欽山文邃), ⑲ 명주 천동산의(天童山義), ⑳ 태원 자성방(資聖方), ㉑ 신라국 김장(金藏), ㉒ 익주 백(白), ㉓ 담주 문수(文殊), ㉔ 서주 백수산화상(白水山和尙), ㉕ 소주서호(邵州西湖), ㉖ 청양통현(靑陽通玄) 등 26명의 이름이 전한다.32)

이들을 통해서 초기 조동종의 교단의 형세를 짐작해볼 수 있다. 그 가운데 조동종의 교단에 큰 영향을 끼친 사람은 운거도응과 조산본적이다. 이들 가운데 고려 초기에 전승한 조동선풍은 운거의 선풍이 절대적이었기 때문에 도응

32) 『景德傳燈錄』 卷17,(大正藏51, pp.334下-340下) 참조.

37

에 국한하여 그 선풍을 살펴보기로 한다. 도응은 28세 무렵에 동산에게 참문한 것으로 보인다. 도응은 828에 하북성 진해도(津海道) 옥전현(玉田縣)에서 왕(王)씨의 가문에서 태어났다.

도응은 회창파불 이전 837년 10세 무렵에 고향인 유주(幽州)의 연수사(延壽寺)에서 출가하였고, 파불 이후 852년 25세 때에 구족계를 받았다. 도응은 소승계를 익혔지만, 인간의 근본적인 본질을 구속하는 것이라고 생각하여 포기하기에 이른다. 그리고 유행하여 장안의 종남산(終南山)에 있는 취미원(翠微院)에서 우선 단하천연(丹霞天然: 739-824)의 제자인 광조대사(廣照大師) 무학(無學)에게 참문하였다. 그 밑에서 3년 동안 있으면서 석실에서 연좌(宴坐)하고 있었을 때 이상한 모습을 한두 명의 관리가 나타나서 남방의 기인(奇人)을 찾아가라고 권유했다고 전해진다. 머지않아 홍주에서 온 승으로부터 동산양개의 선이 왕성하다는 말을 들었기 때문에, 도응은 그 불가사의한 기연을 따라서 동산을 참문하였다.

> 동산이 도응에게 물었다. "그대의 이름은 무엇인가." 도응이 이름을 아무개라고 답하였다. 동산이 말했다. "향상의 입장에서 다시 말해 보라." 도응이 말했다. "향상의 입장에서 말하자면 곧 아무개라고도 말할 수가 없습니다." 동산이 말했다. "내가 운암에 있었을 때의 답변과 조금도 다르지 않군." 동산이 다시 도응에게 물었다. "나는 남악혜사대화상이 일본에서 성덕태자로 환생하였다고 들었는데, 그것이 거짓인가 진실인가." 도응이 말했다. "만약 혜사대화상이라면 부처도 또한 되지 못했는데 하물며 국왕이 되었겠습니까." 이에 동산이 묵묵히 운거를 인정하였다.[33]

---

33) 『祖堂集』 卷8,(大藏經補編25, p.449中) "洞山問, 闍梨名什摩. 師稱名專甲. 洞山云, 向上更道. 師云, 向上道則不名專甲. 洞山云, 如吾在云岩時祇待無異. 洞山又問師, 我聞思大和尚向, 倭国作王, 虛, 實. 師云,

이 문답에서는 도응의 선기가 잘 드러나 있다. 전자의 경우에 향상의 입장에서는 이름은 가명에 불과하기 때문에 자신의 정체성을 무엇이라고 언급할 수 없음을 가지고 답변하고 있다. 후자의 경우에는 선이야말로 항상 현실에 기반하고 있음을 보여준 것이다. 곧 영원한 현재로서 지금·여기·이것일 뿐이지 다른 신분으로 환생한다는 것은 일종의 관념일 뿐이라는 것이다.

도응은 이로써 동산에게 인정을 받고 동산에서 15년 동안 모시고, 입적한 이후에도 탈상할 때까지 2년을 더 동산에 머물러 총 17년 동안 동산에 주석하였다. 이에 동산은 도응을 '실중(室中)의 영수(領袖)'라고 평가하였다.[34] 이후로 도응은 운거산으로 들어가 20년 가까이 주석하면서 천 명이 넘는 대중을 거느렸다. 도응의 선기를 엿볼 수 있는 문답으로 동산과 주고받은 문답을 보면 다음과 같다.

　도응이 동산에게 물었다. "달마가 중국에 온 의도는 무엇입니까." 동산이 말했다. "만약 어떤 사람이 그대한테 묻는다면 그대는 뭐라고 말할 것인가." 도응이 말했다. "제가 잘못했습니다." 어떤 승이 이 일화를 가지고 용아에게 물었다. "동산은 도대체 답변을 한 것입니까." 용아가 말했다. "동산도 말하지 않았고, 도응도 말하지 않았다." 승이 나와서 물었다. "도응이 답변도 하지 않았는데 어떻게 지도자가 된 것입니까." 용아가 말했다. "동산의 가르침을 체득했기 때문이다." 승이 물었다. "동산이 뭐라고 말했습니까." 용아가 말했다. "도응이 들었던 바로 그것이다." 그리고는 다시 말했다. "그것은 육신 그대로 성불한 사람의 말이다."[35]

若是思大, 佛亦不作, 豈況国王乎. 洞山嘿然許之"
34) 『筠州洞山悟本禪師語錄』.(大正藏47, p.513中) "自爾洞山許爲室中領袖"
35) 『祖堂集』 卷8.(大藏經補編25, p.467上-中) "雲居問洞山, 如何是祖師意旨. 洞山答曰, 忽有人問闍梨, 闍梨作摩生道. 雲居曰, 某甲罪過. 有僧持此語問師, 洞山還道得也無. 師曰, 洞山未道, 雲居也未得. 進曰,

용아의 평가에서 운거가 체득하지 못했다고 한 말은 바로 동산의 의지(意旨)를 체득했다는 것을 가리킨다. 이것은 이심전심의 이치로서 언설을 통하여 깨쳤다 내지 깨치지 못했다고 말할 것이 아니라는 것을 보여준 것이다. 더욱이 동산의 경우에도 말하지 않았다고 평가한 경우도 마찬가지로 깨침의 경지에 대하여 말할 수가 없다는 것을 보여준 것이다. 이와 같은 역설적인 문답의 비밀은 일찍이 『단경』에도 엿보인다.

> 어떤 승이 대사에게 여쭈었다. "황매의 의지(意旨)는 누가 터득하였습니까." 대사가 말했다. "불법을 아는 사람이 터득하였다." 승이 물었다. "그러면 화상께서는 터득하셨습니까." 대사가 말했다. "나는 불법을 모른다."36)

'불법을 아는 사람이 터득하였다'는 것은 조사선법의 도리를 터득한 사람이 계승했다는 말이다. 곧 본래성불(本來成佛)의 도리를 심신(深信)하여 무분별과 무차별과 무생(無生)과 무작(無作)의 도리를 터득한 사람으로서 구체적으로는 회(會) 및 불회(不會)를 초월한 무분별의 평상심의 소유자가 홍인의 선법을 계승했다는 것이다. 그리고 '나는 불법을 모른다'는 것은 혜능의 경우에 이미 회(會) 및 불회(不會)의 분별을 초월해 있기 때문에 굳이 회(會)나 불회(不會)의 개념에 걸리지 않는다는 것을 표현한 말이다. 그 때문에 이 경우 승의 질문에 대하여 회(會)라고 말하건

既是未得, 因什摩喚作雲居. 云, 体得洞山意. 云, 洞山道什摩. 師云, 雲居聞底. 又師云, 此是肉身成佛語"
36) 『六祖大師法寶壇經』,(大正藏48, p.358上) "一僧問師云 黃梅意旨 甚麼人得 師云 會佛法人得 僧云 和尙還得否 師云 我不會佛法"

불회(不會)라고 말하건 그것은 상관이 없다. 왜냐하면 그 어떤 답변도 혜능의 무분별심에서 나온 것이기 때문이다.

마찬가지로 여기에서 용아는 지해(知解)로 만족하는 해답을 보여준 것이 아님을 가리킨다. 그것이 곧 육신성불이라는 말이다. 육신성불이라는 말은 육신성불한 당사자가 아니면 알아들을 수가 없다. 이 육체를 가지고 있으면서 그대로 성불했다는 평가야말로 도응의 선기를 단적으로 보여준 말이다. 『조당집』에서는 동산으로부터 도응으로 계승되는 일련의 선풍이 '동산삼로(洞山三路)'와 '괄골선(刮骨禪)'으로 강조되어 있다. 전수(展手)·조도(鳥道)·현로(玄路)의 삼로(三路)에 대한 문답은 다음과 같다.

> 동산이 시중설법을 하였다. "이타를 위하여 손을 펼쳐 불법을 배우고, 깨달음에 흔적을 남기지 않기를 마치 새가 날아가는 길처럼 배우며, 상대를 공하게 하기를 마치 어두운 길을 걸어가듯이 배워야 한다." 보수(寶壽)는 그 설법을 인정하지 않고 법당 밖으로 나와서 말했다. "저 화상은 무슨 일이 있어서 허둥지둥하는 것인가." 도응은 곧 화상이 있는 곳으로 가서 동산에게 물었다. "화상께서 그렇게 말씀하셨는데, 그것을 인정하지 않는 자가 한 사람 있습니다." 동산이 말했다. "인정하는 자를 위해서 설법한 것이었지, 인정하지 않는 자를 위한 설법이 아니다. 인정하지 않는 자가 있거든 그를 데려 오라. 내가 만나보고 싶다." 도응이 말했다. "인정하지 않는 자는 없습니다." 동산이 말했다. "그대가 말하지 않았던가. '인정하지 않는 자가 한 사람 있다.'고. 어째서 그렇게 '인정하지 않는 자가 없다.'고 새삼스럽게 말했는가. 다시 말해 보라." 운거가 말했다. "데려오면 곧 인정하게 될 것이기 때문입니다." 동산이 말했다. "모든 것이 분명해졌다. 인정하는 것이 있으면 곧 인정하지 않는다고 말하고, 나가는 것이 있으면 곧 나가지 않는다고 말한다."[37]

---

37) 『祖堂集』卷6,(大藏經補編25, pp.422中-423上) "問, 承和尚有言, 教人行鳥道, 未審如何是鳥道. 師曰, 不逢一人. 僧曰, 如何是行. 師曰, 足下無絲去. 僧曰, 莫是本來人也無. 師曰, 闍梨因什摩顚倒. 僧云, 学人有何顚倒. 師曰, 若不顚倒, 儞因什摩認奴作郎. 僧曰, 如何是本來人. 師曰, 不行鳥道"

동산삼로(洞山三路)는 불법의 수행이 무집착으로서 공의 실천에 대하여 교묘하게 제시한 동산의 작략이다. 첫째의 조도(鳥道)는 불염오(不染汚)의 수행을 비유한 것으로 어떤 흔적도 남겨두지 않는 자유무애한 납자의 수도로서 분별이 초월된 몰종적(沒蹤迹)이고 집착이 단절된 단소식(斷消息)이다. 새가 허공을 날아가도 그 종적이 전혀 남아 있지 않은 모습이다.

   둘째의 현로(玄路)는 현묘한 길을 의미하는데, 유무 및 미오 등 이견(二見)을 초월한 공적한 길을 가리킨다.

   셋째의 전수(展手)는 유인하여 접화하는 방편으로서 중생을 화익(化益)하는 것을 의미한다.

   이들 낱낱의 선리는 향상의 이치를 설한 가르침에 해당한다. 여기에서 보수(寶壽)는 임제문하의 보수소(寶壽沼)이다.[38] 동산과 도응은 이 문답에서 불향상(佛向上)의 실천자로서 보수소를 인정하고, 또한 동산과 도응의 선풍도 불향상에 있음을 보여주고 있다. 전수·조도·현로의 삼로라고 편의상 분류했을 뿐이지 그것이 절대적인 것으로 이해해서는 안 된다. 단지 방편에 불과하다는 것을 보여준 것이다. 특히 몰종적을 가리키는 비유로서 조도가 설해진 것은 깨달음마저도 흔적을 남겨두지 않는 자유자재한 동산의 종풍을 의미한다.

   나아가서 '괄골선(刮骨禪)'이라는 용어는 조동종 선리의 성격을 잘 보여주는 개념이다. 이것은 동산가풍의 특징으로 언급되고 있는 주도면밀(周到綿密)과 용의주도(用意周到)의 정신을 나타낸다. 일상의 행위에서 매사에 소홀함이

---

38) 『景德傳燈錄』 卷12,(大正藏51, p.294下)

없이 여법하게 용심하는 모습이 없이 마치 뼈를 깎아내듯 이 엄격한 수행과 자기 자신에 대한 의지의 자립을 강조한 말이다.

이와 같은 동산양개의 괄골선은 운거도응으로 계승되었 다. 괄골선은 일상에서 사용하고 있는 분별의 언어에 대한 집착을 배제하고 누구나 자신만의 언어를 지니고 그것을 진실하게 자각할 것을 강조하는 선풍이다. 마치 몸속에 든 독은 뼈를 쪼개서 도려내지 않으면 안 되는 것과 같은 점 에 비유한 것이다. 독이란 분별의 번뇌인데 언어로 표현되 는 관념을 특별히 중시하고 있는 점을 보여준다.

> 어떤 승이 도응에게 물었다. "동산화상은 '우리 선원에서는 뼈를 깎아 내는 선이 있을 뿐이다.'라고 말했습니다. 육체가 공(空)인데 어떻게 깎는단 말입니까." 도응이 말했다. "바로 깎아내야 한다." 승이 물었 다. "골수가 공(空)인데 어떻게 깎는단 말입니까." 도응이 말했다. "그 렇기 때문에 깎아줄 수가 있다." 승이 물었다. "깎은 후에는 어찌 되 는 것입니까." 도응이 말했다. "곧장 뼈와 골수가 없어진다."[39]

동산이 말한 괄골(刮骨)이란 일체의 관념에 대하여 공의

실천을 이루어가는 것을 말한다. 그리하여 궁극에는 괄골 할 것이 없는 불괄골(不刮骨)의 입장을 지향한다. 납자들 이 지니고 있는 분별심을 제거해주는 방편으로서 분별사식 (分別事識)의 번뇌라는 독(毒)이 골수까지 배어들어 중생 심으로 접근하고 있는 어리석은 납자의 속성에 대하여 그 들의 골수까지 깎아서 올바른 상태로 되돌려놓으려는 것이 다.[40] 그렇지만 분별독에 젖어 있는 골수조차도 어디까지

---

39) 『祖堂集』 卷8,(大藏經補編25, p.453上) "問, 古人道, 我這裏有刮骨 禪. 身也無如何刮. 師云, 直須刮. 僧曰, 髓也無如何刮. 師云, 始得刮. 僧曰, 刮後如何. 師云, 則非骨髓"

나 본래 공이므로 설령 깎아낸다고 해도 자기의 진실한 존재방식을 자각시키는 것에 해당한다. 그것이 바로 깎아내지 않는다는 불괄(不刮)의 의미로서 명의는 손을 대지 않고도 치유한다는 말에 해당한다. 이 때문에 도응은 지속적인 수행의 필요성을 설하였는데 그것이 곧 주도면밀한 마음으로서 일상의 일거수일투족의 행위를 어느 것 하나 소홀하게 간주하지 않는 조동의 가풍 그것에 해당한다.

이와 같은 조동의 가풍을 납자들은 생사일대사의 문제까지 결택해야 한다. 결택할 때에는 대단히 신중하고 간절하며 철저해야 한다. 출가납자로서 자기의 주체성을 확립할 것과 생사일대사의 해결이 중요함을 고구정녕하게 설하고 있다. 의·식·주와 행·주·좌·와의 전반에 걸쳐 일상의 수행생활과 밀착된 구체적인 질문을 들어서 가르치고 있는 것을 보면 도응이 지도했던 교단의 남다른 점이 엿보인다.

당대 말기 조사선이 팽배해져 가던 시절에 독특한 교화수단으로 출현한 방(棒) 및 할(喝)에 대한 오해 및 선자들 특유의 입담을 통하여 허세 등을 꾸짖는 동산의 준엄한 선풍으로 출현한 것이 바로 괄골선이었다. 그리고 수행으로 얻게 되는 결과로서 공훈에 떨어지는 것, 이를테면 깨침의 세계에 안주하는 것까지도 강하게 경계하였다. 깨침에 안주하는 것마저 경계한 것은 이후로 조사선풍의 전통으로 정착되었다.

---

40) 이시이 슈도 저, 김호귀 옮김, 『송대선종사연구』, (서울: 민족사, 2018) p.242

동산이 시중설법을 하였다. "제방에서는 사람들을 놀래키는 언설로 설법을 하고 있지만, 우리 선원에서는 **뼈**를 깎아내는 언설이 있을 뿐이다." 어느 때 한 승이 동산에게 물었다. "소문에 의하면 화상께서는 '제방에서는 사람들을 놀래키는 언설로 설법을 하고 있지만, 우리 선원에서는 **뼈**를 깎아내는 언설이 있을 뿐이다.'고 말했다고 들었는데, 사실입니까." 동산이 말했다. "그렇다. 하나의 **뼈**를 가지고 오라. 그러면 내가 그대를 위해 깎아주겠다." 승이 말했다. "모든 곳에서 제발 깎아주십시오." 동산이 말했다. "깎아주지 않겠다." 승이 물었다. "훌륭한 손재주를 가지고 있으면서 어째서 깎아주지 않는 것입니까." 동산이 말했다. "그대도 알고 있을 것이다. '명의는 손을 쓰지 않는다'는 말을."[41]

여기에 보이는 삼로와 괄골선은 결국 용의주도하고 주도면밀한 조동의 행지를 지향하는 가풍을 드러낸 것으로서 동일한 선풍을 다른 말로 표현한 것이다. 이것이야말로 동산 − 도응의 종풍은 결국 동산이 오랫동안 공부했던 남전보원(南泉普願: 749−835)의 선법을 계승한 것과 차별되는 것으로, 동산이 운암담성의 선법을 계승했음을 보여주고 있다. 그것은 조동가풍의 경우에 깨달음에 안주하려는 사람에 대한 철저한 거부의 성격이 있었는데 그것이 다름 아닌 불향상인(佛向上人)의 추구였다.

어떤 승이 도응에게 물었다. "철저하게 자기를 긍정한 사람과 철저하게 자기를 부정한 사람은 같습니까. 다릅니까." 도응이 말했다. "다른 사람이다." 승이 물었다. "어느 쪽이 가볍고 어느 쪽이 무겁습니까." 도응이 말했다. "철저하게 자기를 긍정한 사람이 무겁고 철저하게 자기를 부정한 사람이 가볍다." 승이 물었다. "철저하게 자기를 긍정한 사람을 어째서 무겁다고 하는 것입니까." 도응이 말했다. "그 사람은

41)『祖堂集』卷6,(大藏經補編25, p.422上-中) "師示衆云, 諸方有驚人之句, 我這里有刮骨之言. 時有人問, 承和尚有言, 諸方有驚人之句, 我這裏有刮骨之言. 豈不是. 師曰, 是也. 將來與儞刮. 僧曰, 四方八面,請師刮. 師曰, 不刮. 僧曰, 幸是好手, 爲什摩不刮. 師曰, 汝不見道, 世医拱手."

자기의 향상사(向上事)를 보는데 부정물(不淨物)이라고 간주한다. 그러므로 깨달음의 세계에 머물러있지 않는다. 그러나 철저하게 자기를 부정한 사람이 되면 육체가 있음을 보지 않게 되는 것을 가지고 좋은 것으로 간주해버리기 때문에 깨달음의 세계를 지향한 것이 된다. 그런데 어찌 가볍지 않겠는가."42)

불향상인이란 깨침의 세계에마저도 집착하지 않고 지속적으로 수행으로 일관하는 자세를 말한다. 이러한 점은 조사선의 사상적인 근간을 형성하고 있는 본래성불의 개념을 철저하게 실천하고 있는 선풍이기도 하다. 조동종풍의 특색 가운데 하나는 공훈에 떨어지는 것을 강하게 경계한다는 점이다. 보다 엄밀하게 도응의 설을 말하자면, 자기를 그저 긍정한다는 입장을 말하고 있는 것이 아니라 철저하게 자기를 지속적으로 긍정해갈 것을 가르쳐주고 있다.

이와 관련해서는 일찍이 『묵조선연구』를 통해서 운거도응의 선풍에 대하여 첫째는 몰종적과 주도면밀한 수행, 둘째는 제일의제와 본래무일물의 본증, 셋째는 직하승당과 현성공안의 체험 등으로 파악할 수 있음이 논의된 것이 있다.43) 특히 불향상인의 입장에서는 운거(雲居)라는 이름의 경우도 구름이 잠시 머물다 가는 것처럼 공허한 두 글자를 빌어 나타난 것에 지나지 않는다는 의미로 활용하고 있다.

중국 선종의 조동선(曹洞禪)44)이라는 명칭은 동산양개

---

42) 『祖堂集』卷8,(大藏經補編25, pp.450中-451上) "問, 大肯底人與大舍底人, 是一是二. 師云, 是二. 僧曰, 阿那个是輕, 阿那个重. 師云, 大肯是重, 大舍是輕. 僧曰, 大肯底人, 爲什摩却重. 師云, 此人見自己向上事, 似不淨物. 所以不落功勳邊. 大舍底人, 則不見有身則是也. 所以属向去勳邊事. 豈不是輕"

43) 김호귀, 『묵조선 연구』, (서울: 민족사, 2001) pp.369-375

44) 『宏智禪師廣錄』卷5,(大正藏48, p.58下) "만약 본래의 근본을 안다면 일체심이 모두 그 심이고 일체법이 모두 그 법으로서 태연자약하

(洞山良价: 807－869)와 그 제자인 조산본적(曹山本寂: 840－901)으로부터 유래되었다. 『동산어록』에는 '동상(洞上)의 현묘한 가풍이 천하에 퍼지게 되었으므로 제방의 종장(宗匠)들이 모두 추존하여 조동종풍 내지 조동선풍이라 하였다.'는 말이 있다. 처음에는 동조종(洞曹宗)이라 했던 것을 발음상 조동종(曹洞宗)이라 부르게 되었다. 법안문익(法眼文益: 885－958)은 『종문십규론(宗門十規論)』에서 조동종을 비롯하여 임제종 · 위앙종의 특색을 언급하고 있다.

이 『종문십규론』은 940 내지 950년 무렵에 출현하였는데, 이 책을 쓰기 이전에 법안은 30년 동안 제방을 행각하면서 각 지역의 선지식들로부터 임제 · 위앙과 나란히 조동이라는 명칭을 사용하였다. 그러므로 910년 내지 920년 무렵에는 이미 조동종 내지 조동선이라는 명칭이 사람들 사이에 회자되고 있었다.

조산본적은 901년에 입적하였고, 그 사형이었던 운거도

게 평등하고 온전히 구족하여 곧 '果가 만족 되면 보리가 원만해지고 꽃이 피면 세계가 흥기한다'는 말을 알게 된다. 만약 이렇듯이 완성이 되는 시절에는 그대 선자들과 오늘날의 사람들조차 오히려 '조동선에는 허다한 언어가 없고 묵묵한 경지가 바로 그것이다.'고 말할 것이다. 그러나 나 꿩지는 '그대들의 그러한 경지에 이르면 흐리멍덩한 것이다.'고 말하고, 나 꿩지는 '그대들은 그런 시간에 복탁(卜度)할 뿐이다.'라는 것을 안다. 그렇지만 의외로 虛이지만 신령스럽고, 空이지만 미묘하다. 若識得本來頭。一切心皆是箇心。一切法皆是箇法。坦然平等。恰恰具足。便知道。果滿菩提圓。花開世界起。若恁麼十成時。好箇禪和子。而今人却道。曹洞禪沒許多言語。默默地便是。我也道。儞於箇時莽鹵。我也知。儞向其間卜度。殊不知虛而靈。空而妙"; 『大慧普覺禪師普說』卷2.(卍正藏59, p.850上－中) "姦生癡人面前不得說夢 豈可曹洞禪不許臨濟下會 臨濟禪不許溈仰下為 溈仰禪不許雲門下會 雲門禪不許法眼下會 這箇盡是熱大不緊山僧 最是參禪底精五家宗派都理會來"

응(雲居道膺: ?-902)은 902년에 입적하였으며, 그 사제였던 용아거둔(龍牙居遁: 835-923)은 923년에 입적하였다. 조동종이라는 명칭은 조산과 운거가 입적한 이후 얼마 지나지 않아 불리게 되었으며, 용아의 생존시에 이미 세상에 퍼졌음을 알 수가 있다.

분양선소(汾陽善昭: 947-1024)는 자신의 어록에서 조동종을 동산종(洞山宗) 내지 동상종(洞上宗)이라 부르고 있다. 조동종은 종단 내부의 자칭이 아니라 먼저 그 이외의 선지식들로부터 불렸기 때문에 그만큼 객관성이 확실하다. 그러나 동산의 훌륭한 제자에는 조산본적 - 조산혜하(曹山慧霞) - 광휘(光輝)의 법계 이외에 운거도응의 법계가 있다. 조산의 계통은 불과 4세로 단절되었다. 이로써 동산의 법은 조산보다는 오히려 운거 계통에서 길이 전승되었다. 그 때문에 오늘날 전승된 법맥은 운거의 계통에 속한다. 이런 점에서 조동종은 운거파(雲居派)라고도 하여 동산의 법계를 조산으로만 대표성을 부여하지는 않는다.

그런데 조동종 내지 조동선이라는 종명이 조계혜능(曹溪慧能: 638-713)과 동산양개(洞山良价)로부터 유래되었다는 일설이 있다. 조산은 조계혜능을 경모했기 때문에 조계의 조(曹)라는 글자를 따서 자신이 주석하는 산의 명칭을 삼았기 때문에 조동종풍의 조(曹)는 간접적으로는 조계의 조(曹)를 의미한다는 것이다. 그래서 조계와 동산에 의하여 조동(曹洞)이라는 종명이 된 것은 이처럼 간접적인 이유가 아니라 직접 조계로부터 유래되었다는 것이다. 이와 같은 견해는 주로 조동종의 내부에서 주장되는 견해로서 역사적인 사실보다는 주로 신앙에 근거한 주장이다.

중국의 조동종풍은 그 초창기에 지극히 미미하였지만, 송대 중기부터 점차 세력을 만회하였다. 조동종풍의 특색은 다음과 같다.

첫째는 인간은 모두 태어나면서부터 불심을 구비하고 있다는 본래성불(本來成佛)을 깊이 믿는다.

둘째는 좌선을 강조하는 지관타좌(只管打坐)를 통하여 본래부터 구비하고 있는 불심의 신령스러운 작용을 현실화하는 것이다.

셋째는 행지(行持) 지해(知解) 항상 일치하여 실천과 지식이 반드시 일치한다.

넷째는 행지면밀(行持綿密)을 종지로 하여 일상생활에서 그 본래성을 드러내는 것이다.

다섯째는 항상 전일(全一)한 입장을 견지하여 치우침이 없다.

조동종풍의 초기 곧 동산양개, 조산본적, 운거도응, 동안도비(同安道丕) 시대는 남창(南昌) 부근에서 주도면밀한 종풍을 선양하였다. 이후 양산연관 시대는 동정호(洞庭湖)의 서쪽까지 교세를 확보하였고, 대양경현 시대는 동정호의 서북쪽인 양양(襄陽)까지 진출하여 조동의 종풍을 진작하였다.

투자의청(投子義靑: 1032－1088) 시대는 남경(南京)과 구강(九江) 사이 곧 안경(安慶) 근처까지 진출하여 동정호의 동남쪽으로 교세를 확장하였다. 그리고 부용도해 시대는 낙양(洛陽)과 개봉(開封) 곧 동정호의 북쪽까지 진출하였다. 그래서 단하자순 시대는 바로 여기 동정호의 북쪽 지역을 중심으로 조동의 가풍을 다졌으며, 진헐청료(眞歇

淸了: 1088-1151) 시대는 강소성(江蘇省) 방향으로 남하하여 남송 시대에는 절강성을 그 주요 무대로 삼아 화엄사상을 배경으로 하는 선풍을 발전시켰다.

이후의 조동종풍은 절강성의 명주지방을 중심으로 크게 발전하였다. 굉지정각(宏智正覺: 1091-1157)은 순일하게 좌선수행을 지속하고 묵조선(黙照禪)45)을 주창하고 오위사상(五位思想)을 펼쳐 조동의 선풍을 크게 진작하였다. 또한 설두지감(雪竇智鑑: 1105-1192)은 천성이 순박하고 성격이 온후하여 수행에 힘써 사명(四明) 지역을 벗어나지 않았지만, 그 명성은 천하에 알려졌다.

---

45) 黙照禪에서 黙은 寂黙인데 묵묵하게 좌선하는 것이고, 照는 照用인데 심성의 영묘한 작용이다. 곧 묵묵하게 좌선하는 가운데 영묘한 마음의 작용이 깃들어 있다는 의미이다. 이 말은 남송의 大慧宗杲가 조동종파의 사람들 가운데 일군의 무리가 단지 묵묵하게 面壁坐禪하고 있는 종풍을 매도하여 부른 것으로부터 유래하였다. 그러나 黙照禪者의 좌선은 本來自性淸淨의 입장에서 실행하고, 兀兀하게 坐定할 뿐이지 大悟를 기대하지 않는다. 無所得이고 無所悟인 본래성으로 살아가는 자기에 철저한 것이다. 이에 묵조선의 수행은 자기의 본래성을 절대적으로 믿는 것에 입각한다. 묵조선과 비교하여 看話禪은 大疑를 바탕으로 하여 大悟하는 것으로, 화두를 수단으로 삼아 자기의 究明을 도모하는 것이다. 대혜는 묵조선을 黙照邪禪이라고 신랄하게 비판하였지만, 조동종의 측에서는 거의 반박하지 않았다. 양자의 종풍의 차이는 본래면목을 성취하는 방식의 차이이기도 하다. 묵조선은 중국 조동종 제10세 眞歇淸了와 宏智正覺 등에 의하여 本覺思想에 근거하여 本證自覺, 只管打坐, 身心脫落, 現成公案 등을 중심으로 확립되었다.

제Ⅱ장 조동오위의 사상적 연원

1. 『참동계』의 원리

육조혜능의 법을 이은 제자는 43인이라 한다. 그 가운데 흔히 청원행사 · 영가현각 · 남악회양 · 남양혜충 · 하택신회 등 5인이 정통제자로 일컬어진다. 이 가운데 청원행사는 육조혜능의 제자들 가운데 언제나 우두머리의 지위에 있었던 것이야말로 혜능의 정통을 계승한 인물로 알려져 있다. 나아가서 조동종파의 개조인 조산본적은 조계의 정통을 계승했다는 의미에서 조산이라는 명칭을 강조한 것도 사실이다.

그 청원행사의 전법제자에 석두희천이 있다. 석두희천이 그 저술인 『참동계』에서 제시한 열린관계[回互]와 닫힌관계[不回互]의 개념은 이후 조동선의 기본적인 교의를 구성하게 되었다. 석두의 사상을 엿볼 수 있는 것으로는 우선 『참동계』 및 『초암가』 등을 들 수가 있다.

이 가운데에서 먼저 『참동계』의 내용은 다음과 같다.

竺土大仙心　천축나라 부처님의 마음 법은
東西密相付　동과 서로 은밀히 부촉되었다
人根有利鈍　사람의 근기는 비록 다양해도
道無南北祖　깨침에는 남북의 돈점이 없다
靈源明皎潔　신령스런 근원은 밝고 맑은데
枝派暗流注　지말의 현상은 그윽히 흐른다
執事元是迷　현상에 집착하는 것 미혹이고
契理亦非悟　도리에 계합해도 깨침 아니다
門門一切境　눈 귀 코 혀 몸의 일체경계는
回互不回互　회호도 하고 불회호도 한다네
回而更相涉　회호할 경우엔 또 섭수하지만

51

不爾依位住	그렇지 않으면 제자리 머문다
色本殊質象	색상은 형질과 모양이 달라도
聲元異樂苦	소리는 원래 고락을 떠나있다
暗合上中言	어둠은 상언과 중언 합치되고
明明淸濁句	밝음은 청구 탁구로 분별된다
四大性自復	사대의 성품 자체로 돌아감이
如子得其母	어린아이가 엄마 찾는 격이다
火熱風動搖	불은 뜨겁고 바람은 움직이며
水濕地堅固	물은 촉촉하고 땅은 단단하며
眼色耳音聲	눈은 색 보고 귀는 소리 듣고
鼻香舌鹹醋	코는 냄새 맡고 혀는 맛 본다
然於一一法	그러면서도 낱낱 일체의 법은
依根葉分布	근본과 지엽에 두루 의존한다
本末須歸宗	근본과 지말도 응당 궁극으로
尊卑用其語	귀천을 가리지 않고 돌아간다
當明中有暗	밝음에 본래부터 어둠 있으니
勿以暗相遇	어둠의 상으로 헤아리지 말라
當暗中有明	어둠에도 본래 밝음이 있기에
勿以明相覩	밝음의 형상으로 찾으려 말라
明暗各相對	밝음과 어둠 서로간의 관계는
比如前後步	걸음걸이와 같아 앞뒤가 없다
萬物自有功	만물은 애초부터 공능이 있어
當言用及處	본래 작용과 용처가 있으려니
事存函蓋合	상자와 뚜껑이 들어맞듯 하고
理應箭鋒拄	화살끝이 서로 부딪치듯 하다
承言須會宗	언어를 통해서 종지 얻어야지
勿自立規矩	말이나 규범을 따르지 말아라
觸目不會道	눈으로 보고도 도를 모른다면
運足焉知路	걸음이 어찌 목적지 알겠는가
進步非近遠	무심히 나아가니 원근 없지만
迷隔山河固	미혹하면 앞뒤가 막히고 만다
謹白參玄人	이에 그대들 참학인에 권하니
光陰莫虛度	부디 열심히 정진하기 바라네[46]

  석두희천이 『참동계』를 저술한 이유는 이전 시대부터 있
던 도교의 명칭을 빌려 자파의 가르침으로 삼으려는 뜻이

---

46) 『景德傳燈錄』卷30,(大正藏51, p.459中)

있었다. 곧 『참동계』라는 제목은 위나라 백양(伯陽)이 쓴
『참동계』 3권의 선서(仙書)에서 따온 것이었다. 백양의 제
목의 뜻을 보면 천(天)·지(地)·인(人)이 참(參)이고,
그것이 하나로 합하여 끝이 없는 것을 동계(同契)라 하여
그 원리를 자연에서 빌려온 것이다. 그러나 석두희천의 『
참동계』는 그와는 다르다. 단지 말만 빌렸을 뿐이지 그 내
용을 완전히 바꿔버렸다. 곧 석두의 『참동계』에서는 뜻을
오직 불법의 대의인 만법일여(萬法一如)와 연기무생(緣起
無生)의 도리에 바탕을 두고 있었다.

『참동계』의 제목인 참·동·계라는 세 글자는 전편의
대의이기도 하다. 참(參)은 삼라만상과 성문과 연각과 보
살과 부처의 사성(四聖) 및 천상과 인간과 수라와 아귀와
축생과 지옥의 육범(六凡) 일체가 각각 차별의 모습으로
나타나 있는 것이다. 동(同)은 일체가 현상으로 보면 각각
천차만별이지만 본체로 보면 추호도 차이가 없는 제법평등
의 원리를 지니고 있다. 계(契)는 앞의 참(參)의 차별적인
현상과 동(同)의 제법평등의 원리가 서로 상즉(相卽)하고
상입(相入)하는 묘용을 나타낸다.

이리하여 참(參)은 차별적인 만유현상의 모습으로 형상
을 의미하고, 동(同)은 그 현상의 이면에 깔려있는 본체로
서의 근본을 말하는 바탕을 의미하며, 나아가서 계(契)는
이러한 차별적인 현상과 그 동일성으로서의 본체를 열린관
계[回互]와 닫힌관계[不回互]의 원리로 수용하는 차별이
곧 평등이고 평등이 곧 차별이라는 만법의 묘용에 배대된
다.

이처럼 석두의 『참동계』는 내용에 있어서 백양의 『참동

계』와는 사뭇 다른 설명을 하고 있다. 석두는 이러한 만법평등의 원리에 입각하여 당시 남돈북점(南頓北漸)이라는 남종과 북종 사이의 상호 배격을 일소하여 평등일여(平等一如)의 대도를 천명하려는 의도를 지니고 있었다.

본 내용을 보면 처음 4구는 사람에게는 근기의 차별이 따로 있을지라도 부처님의 마음은 본래부터 남돈북점이 없이 일미평등(一味平等)하다는 말이다. 이것은 출발부터 당시에 팽배해 있던 남종(南宗) 및 북종(北宗)이라는 분별심을 지양하는 입장이다.

그리고 이후부터는 일미평등한 불법의 도리를 일곱 단락으로 나누어 하나의 근원이 온갖 현상으로 드러나며[一源卽萬派], 온갖 현상은 결국 한 가지 근원이라는[萬派卽一源] 도리를 방편과 진실로서 설명한다. 이와 같은 진실한 깨침은 언설의 현상을 초월한 것으로 그 근본종지를 꿰뚫어야 한다는 것이다. 나아가서 마지막 부분에서는 몸소 왕삼매(王三昧)의 체험을 통한 부처의 마음은 바로 다름이 아니라 법은 본래 동일하다는 것이다.

이 법의 동일성이야말로 영원한 불법으로 통하는 열린관계 참(參)과 동(同)과 계(契)의 본래의 의미를 더욱 확실하게 보여주고 있다. 따라서 『참동계』가 드러내고 있는 하나의 근원이 온갖 현상으로 드러나는[一源卽萬派] 도리와 열린관계이면서 동시에 닫힌관계이기도 한 회호즉불회호(回互卽不回互)의 일미평등한 원리는 이하 동산양개(洞山良价)와 조산본적(曹山本寂)에 있어서 오위사상의 기초를 제공해 주고 있다.

　　다음으로 『참동계』의 열린관계의 입장에서 석두희천은 자신이 몸소 일상에서 구현했던 삶의 모습을 『초암가(草庵歌)』로 보여주었다. 이 『초암가』는 진실한 수행에 힘쓰고 있는 납자의 본분을 안빈낙도와 깨침에 대한 자긍심으로 가득차 있는 시이다. 여기에서 유위(有爲)에 떨어지지 않는 초탈하고 탈속한 조동의 종지를 엿보기에 충분하다.

띠풀로 엮어 만든 움막은 치장할 것도 없다네	吾結草庵無寶貝
여기에서 밥 먹고 잠을 자니 참으로 가뿐하네	飯了從容圖睡快
지어놓고 보니 지붕의 띠 풀 새것처럼 보여도	成時初見茆草新
낡아 흐트러지면 그 위에 새로운 띠 얹는다네	破後還將茆草蓋
초암에 깃들어 사는 사람 영원을 딛고 살면서	住庵人 鎭常在
중간이나 내외의 어디에도 배속하지 않는다네	不屬中間與內外
이처럼 세상사람이 사는 곳에 나는 살지 않고	世人住處我不住
세상 사람이 좋아하는 것 나는 좋아하지 않네	世人愛處我不愛
초암이 비록 좁더라도 우주법계를 머금었기에	庵雖小 含法界
방장스님이 거동하기에 조금도 불편함이 없고	方丈老人相體解
최상승보살도 전혀 옹색하지 않음을 믿는다네	上乘菩薩信無疑
그렇지만 중하근기는 그것을 이해하지 못하고	中下聞之必生怪
초암이 언제라도 무너질까 궁금하여 묻는다네	問此庵 壞不壞
무너지건 말건 간에 주인은 본래 그곳에 있고	壞與不壞主元在
동서남북의 어디에도 치우쳐 머물지 않는다네	不居南北與東西
초막이 자리잡은 여기야말로 견고함 최고이고	基址堅牢以爲最
푸른 소나무 그늘 밑에 밝은 창 하나 나 있어	靑松下 明窓內
화려한 궁전 으리한 누각에 비할 바 아니라네	玉殿朱樓未爲對
몸에 걸치고 머리에 두른 것 모두 던져버리니	衲被蒙頭萬事休
바로 이 때는 내사 모든 것 알 바가 아니라네	此時山僧都不會
초암에는 갖가지 분별심조차 일어나지 않으니	住此庵 休作解
누가 법석 베풀어 납자를 제접한다 말 하리요	誰誇鋪席圖人買
회광반조하여 본래의 근본도리 깨우치고 보면	廻光返照便歸來
신령스런 근원 통달하여 긍정부정을 초월하네	廓達靈根非向背
눈 밝은 조사를 참하여 친히 가르침을 받아서	遇祖師 親訓誨
나 혼자 암자를 지어놓고 퇴굴심 없이 지내며	結草爲庵莫生退
한평생 없는 셈치고 수행하여 뜻을 얻고 나니	百年抛却任縱橫
손 놓고 일 없어도 전혀 어그러지지 않는다네	擺手便行且無罪
천 가지 갖가지 언설장구와 만 가지 분별심은	千種言 萬般解

다만 참학납자를 가르치려는 방편일 뿐이라네　只要敎君長不昧
초암에 살고 있는 깨친 사람을 알고자 하거든　欲識庵中不死人
어찌 지금의 육신을 떠나 다른 곳에서 찾으랴　豈離而今這皮袋[47]

---

47)『景德傳燈錄』卷30,(大正藏51, p.461下)

2. 『보경삼매』의 비유

1) 동상양개와 오위의 명칭

『보경삼매(寶鏡三昧)』는 중국 선종의 오가칠종(五家七宗) 가운데 소위 조동종의 개조로 불리는 동산양개(洞山良价: 807-869)가 가 저술한 것으로서 일종의 선리(禪理)를 게송의 형태로 간략하게 서술한 것이다. 이 제목에서 보여주는 바 '보경'은 비유(譬喩)이고 '삼매'는 법(法)이다. 따라서 '보경삼매'는 달리 '금강삼매(金剛三昧)'라고도 하고, 『열반경』에서 말하는 '조경삼매(照鏡三昧)'[48]와 같은 의미를 내포하고 있다.

여기에서 '보경삼매'는 보배거울[寶鏡]이 영롱하게 비추어 꿰뚫[照徹]는 것과 같아서 일찍이 만상(萬象)의 흔적을 남긴 적이 없는 모습이다. 마치 추호의 의심이나 번뇌도 남아 있지 않는 명경지수(明鏡止水) 같은 본증(本證)의 비유이다. 거울의 작용이 이처럼 묘심(妙心)으로써 오랑캐[胡]와 본방(本邦)의 사람[漢]을 구별하지 않고, 좋고[好]와 싫음[醜]을 변별함에 있어서도 서로 어긋나지 않는 것을 '보경삼매'라고 하였다.

우리의 마음도 순일무잡하게 되면 어느 것이나 있는 그대로 비추어 낸다. 형(形)과 영(影)은 본질과 현상으로서 같으면서도 다르다. 소위 전동전별(全同全別)로서 열린 관계[回互]와 닫힌관계[不回互]의 세계이다. 이 '보경삼매'의

---

48) 『大般涅槃經』 卷14.(大正藏12, p.448中) "得二十五三昧壞二十五有…中略…得照鏡三昧壞淨居阿那含有"

법인[印]을 받아지니면 이른바 편정(偏正)·군신(君臣)·부자(父子) 등 공위(功位)의 일체를 아울러 비추어도 서로 방해가 없이 열린관계[回互]가 완전(宛轉)함을 가지고 자종(自宗)의 참된 보경(寶鏡)으로 삼았다.

이보다 앞서 석두희천(石頭希遷: 700-790)은 『참동계(參同契)』를 지어 참(參)과 동(同)이 서로 계합(契合)하는 논리로써 조동가풍의 열린관계[回互]의 원천적인 도리를 일찍이 설한 적이 있었다. 이제 동산양개가 그 도리를 이어받아 '보경삼매'의 뜻으로서 후학납자들을 지도하는 하나의 표준으로 삼기 위하여 그 이치를 널리 편 것이 본 『보경삼매』 1수이다.

그러나 이 『보경삼매』의 저자에 관하여 예로부터 갖가지 이설이 있었다. 혹자는 약산유엄(藥山惟儼: 745-828)이라 하고, 혹자는 운암담성(雲岩曇晟: 782-841)이라 하였다. 또한 표제에 대해서도 '보경삼매'라든가 '보경삼매가(寶鏡三昧歌)'라고 불려왔다. 흔히 『보경삼매』는 동산양개의 저술로 간주되고 있지만, 그의 스승인인 운암담성의 저술이라는 설은 각범혜홍(覺範慧洪: 1071-1128)의 『임간록(林間錄)』에서 다음과 같이 말하고 있다.

> 조산탐장(曹山耽章)이 동산오본(洞山悟本, 동산양개)의 휘하를 떠나려 하자, 동산오본이 말했다. '내가 스승인 운암담성 스님의 휘하에 있을 때 친히 보경삼매를 인가받고 그 적요(摘要)를 궁구하였다. 이제 그대에게 그것을 전해주니, 그대는 잘 호지하여 단절되지 않게 하여 참다운 법기(法器)를 만나면 그때 전해주어라. 그러나 반드시 비밀로 하여 드러내서는 안 된다. 세간에 유포되면 우리의 종문(宗門)이 단절될까 염려된다.'49)

---

49) 『林間錄』 卷上,(卍續藏148, p.599下) "曹山耽章禪師 初辭洞山悟本 本曰 吾在雲巖先師處 親印寶鏡三昧 事窮摘要 今付授汝 汝善護持無令

고래로 선종에서는 법을 전수함에 있어 사자상승(師資相承)이 원칙으로 되어있었지만, 서로 은밀하게 전했다는 사실이 특히 이 경우에는 두드러지게 나타나 있다. 이것이 바로 저자에 대한 이설의 발단을 낳게 한 원인이기도 하다. 또한 『선림승보전(禪林僧寶傳)』「조산장」에서도 다음과 같이 말하고 있다.

> 한밤중에 스승 운암담성이 전해 준 보경삼매 · 오위현결 · 삼종삼루 등을 받아 마치고는 왜사숙이 목을 내밀고 말했다. '동산의 선이 내 손아귀에 들어왔다.'[50]

왜사숙(矮師叔)은 운암담성이 동산양개에게 법을 전해준다는 사실을 미리 알고서 마루 밑에 들어가 숨어 있다가 법의 전수가 끝났을 때 위와 같이 쾌재를 불렀던 것이다. 이것이 사실인지 아닌지는 알 길이 없으나, 운암담성이 동산양개에게 『보경삼매』를 전했다는 것을 엿볼 수 있는 암시가 되어있다. 그러나 이러한 사실은 『고승전』이나 『전등록』에는 실려 있지 않다. 혜홍은 이어서 「조산장」의 말미에서 다음과 같이 말하고 있다.

> 보경삼매는 그 언사가 요묘(要妙)하여 운암이 동산에게 준 것이기는 하지만 다분히 약산유엄이 지은 것이 아닌가 의심된다. 고인이 그것을 도리에 어긋나게 세간에 전파하면 도리어 법보를 더럽힐 염려가 있어 그것을 비장하여 다른 사람들에게 보이지 않았던 것이다. 그리하여 무릇 오위게 및 삼종삼루라는 말만 선문헌에 보였다. 그러나 대관(송 휘종대의 연호)2년 겨울에 현모각 대제인 주언세영(朱彦世英)이 신주 백

斷絶 遇眞法器 方可傳委 直須秘密 不得影露 恐屬流布 喪滅吾宗"
50) 『禪林僧寶傳』 卷1,(卍新續藏79, p.492中) "中夜授章先雲巖所付 寶鏡三昧 五位顯訣 三種滲漏畢 矮師叔引頸呼曰 洞山禪入我手矣"

화엄사의 노승에게서 그것을 얻어 다음 해에 나(혜홍)에게 보여주었
다.51)

이렇듯 혜홍은 『보경삼매』의 저자에 대하여 운암담성을
넘어 약산유엄에게까지 소급시켜 생각하고 있다. 그러나
운암은 스스로 이러한 사실을 언급한 적도 없다. 또한 그
내용으로 보아도 운암의 저술이라는 것은 맞지 않는다. 도
리어 동산의 종교체험을 통해 이 글이 나온 것이라 보아야
할 것이다.52) 한편 고려의 일연은 저자가 운암이라는 사실
에 대해 강하게 부정하고 『보경삼매』가 동산양개의 저술임
을 다음과 같이 주장하고 있다.

비록 보경삼매 · 오위현결 · 삼삼루 등의 내용이 약산으로부터 유래되
었다 할지라도 문(文)을 짓고 오위를 시설하여 총림에 유포한 것은 처
음 동산으로부터 시작된 것이다. 또한 친히 법을 이어받은 조산의 부
자가 다 '오위현결'이라 부르고 있는 것도 이것을 증명해 준다. 그런데
왜 하필 후대에 나온 설을 따를 필요가 있겠는가. 다만 조사들께서는
그것을 비밀히 간직하여 세상에 유포하는 것을 염려하였으나, 동산대
사께서는 문을 활짝 열어 보여주는데 거리낌이 없었다. 이에 명(名)을
세우고 위(位)를 정하여 그것을 시설하는데 주저하지 않았다. 그러므로
이로써 '오위현결'의 의미를 가히 알 수 있으리라. 혹자는 '보경삼매는
약산스님께서 짓고 그 밖의 것은 동산스님께서 이어받아 저술한 것이
다. 마치 아버지가 기초를 닦고 자식이 이룩한 것과 같다.'라고 말한
다. 이 말은 그럴 법하게 들린다. 그러나 약산의 문하에는 두 갈래가
있다. 하나는 도오원지(道吾圓智)로부터 석상경제(石霜慶諸)와 구봉도
건(九峰道虔)으로 이어지는 것으로 대부분이 군신오위(君臣五位)와 부
자오위(父子五位)를 말하고 있다. 다른 하나는 운암담성으로부터 동산
양개와 조산본적 부자로 이어져 내려오는 것으로 편정오위를 말하면서

---

51) 『禪林僧寶傳』 卷1,(卍新續藏79, p.494中) "寶鏡三昧其詞要妙。雲巖
以受洞山。疑藥山所作也。先德懼屬流布。多珍秘之。但五位偈。三種
滲漏之語。見於禪書。大觀二年冬。顯謨閣待制朱彦世英。赴官錢塘。
過信州白華巖。得於老僧"
52) 常盤義伸,「白隱慧鶴の'偏正回互秘奧'理解と'隻手音聲'公案」,(『花園大
學研究紀要』23, 1991. p.63)

아울러 군신오위도 포함하고 있다. 만약 『보경삼매』가 약산유엄 때에 이미 있었다면 정편회호(正偏回互) 등 몇몇 설자(說者)가 지혜를 감추면서 전하지 않고 홀로 운암담성만이 그 가풍을 사용한 것이 되어 사실과 다르게 되어버리는데, 그것은 어인 까닭인가. 또한 동산이 지은 것이 아니라면 어떻게 처음 동산이 그것을 부르짖었다는 말이 있을 수 있겠는가. 그런즉 '보경삼매'의 작자에 대한 의심은 이로써 해결되는 것이다. '오위현결'과 '삼삼루'는 동산오본대사께서 조산탐장에게 부촉하여 드날린 것이다. 그러니 『선림승보전』에서 근거없는 것을 가지고 의문을 갖게 한 것은 안타까운 일이다.53)

이 일연의 『중편조동오위』는 당시까지 내려오던 조동오위에 관한 집대성54)이라 할 만한 것으로서 조동오위는 동산양개의 『오위현결』로부터 시작된 점은 주지의 사실이다. 그런데 동산양개가 『오위현결』을 창출하게 된 직접적인 의

---

53) 『重編曹洞五位』晦然 序.(韓佛全6, p.218中-下) "寶鏡三昧 五位顯訣 三滲漏 又贊曰寶鏡三昧 其詞要妙 雲岩以授洞山 疑藥山所作也 先德懼 屬流布 多珍秘之 但五位偈三滲漏之語 見於禪書 據此則三昧顯訣 逐位 頌三漏等文卷上第一張 皆似出於藥山 與此不同 以何爲正 今以3)管豹 窺之 寶鏡顯訣三漏之旨 雖皆稟於藥嶠 至於4)着文設位 流布叢林 則創 自洞山 故天下稱洞山五位 又親承克家曺山 父子皆云 洞山顯訣 此爲明 證 何必惑於後來之說乎 但祖上秘之 慮成路布 洞山大開戶牖 無嫌底法 逐乃立名定位 施設不疑耳 故云顯訣意可知矣 或云寶鏡三昧是藥山之作 餘皆洞山相承而述 父基子構 其殆庶幾然 藥山門下 有二宗途 道吾下至 於石霜末山即九峰也而去 多以君臣父子用之 雲岩下至於 曺洞父子而來 多以偏正用之 而兼含君父 若使寶鏡三昧藥山已有 正偏回互三五之說者 秘於智而不傳 獨私於晟 使家風乃爾 不同何哉 又洞山不合 得首唱之名 是可疑也 然則寶鏡之作 闕疑可也 至於顯訣三滲漏卷上第二張 則悟本 之囑 耽章彰彰矣 寶傳中含胡爲文 致生疑豫惜矣"

54) 一然의 『重編曹洞五位』가 당시까지의 오위사상의 집대성이라는 것은 그 속에 실려 있는 내용으로 보아 충분히 짐작할 수 있다. 최초 오위 사상의 원류라 할 수 있는 동산양개의 『오위현결』과 그에 대한 동산의 제자인 조산본적이 거기에 「揀」을 붙여 편집하였다. 이에 다시 조산본 적의 제자인 曹山慧霞가 「序」를 붙여 편집한 것을 다시 혜하의 제자 인 光輝가 「釋」을 붙여 편집하였다. 이것을 모아 일연이 다시 거기에 다 「補」를 붙이고, 아울러 寶鏡三昧와 諸家의 五位頌 및 주석을 모아 3권으로 편찬하였다.

도로서는 동산이 『보경삼매』 속의 '편정회호(偏正回互)'라는 용어의 의미를 보다 명확하게 해석하기 위한 것이었다55)고 볼 수 있기 때문이다. 또한 천장화상(千丈和尙)은 그의 『표복편(杓卜篇)』에서 『보경삼매』에 대한 서두의 설명에서 '여시비거(汝是非渠) 거정시여(渠正是汝)'라는 구절을 언급하여 그것이 동산양개의 과수오도(過水悟道)의 게송과 일치한다는 점에서 동산양개의 저술임을 못박고 있다.56)

한편 『전등록』 말미부분에 있는 『보경삼매가』 및 『동산록』에 있는 『보경삼매가』57) 등에 '가(歌)'자가 붙어 있는 것으로 보아도 혜홍이 전한 『보경삼매』라는 명칭은 '가'자가 누락된 것으로 볼 수 있을 것이다. 이 보경삼매에 대한 『취창(吹唱)』에서 일본의 면산서방(面山瑞方)은 다음과 같은 주장으로 혜홍의 말을 부정하고 있다.

'가(歌)'는 영(詠)으로서 길게 소리를 끌면서 읊조리는 것으로서 높낮이의 절(節)이 있다. 따라서 처음 보경삼매에 '가'라는 글자를 붙여 저술되었던 점을 생각한다면 불조께서 은밀히 부촉한 삼매를 널리 조야(朝野)에 퍼뜨려 승속이 모두 그것을 가영(歌詠)으로 읊어 자연스레 항간에 퍼져가는 것을 의도한 자비의 발로였다 할 것이다. 가령 영가현각의 「증도가(證道歌)」, 석두희천의 「초암가(草庵歌)」 등도 같은 맥락에서 이해할 수 있을 것이다. 그런데 각범혜홍이 『임간록』에서 '반드시 비밀로 하여 드러내서는 안 된다. 세간에 유포되면 우리의 종문이 단절될까 염려된다'라는 (동산의 말에 의탁)한 것은 참으로 가소로운 일이다58).

---

55) 若山超關은 「曹洞五位說について」,(『佛教研究』 2号. 大東出版社, 1938. p.110)라는 논문에서 五位의 主唱은 『寶鏡三昧』 속의 '偏正回互'라는 句를 해석하기 위한 것에서 비롯되었다고 주장하고 있다.
56) 『千丈巖和尙語錄』 卷之下,(『曹洞宗全書』 語錄5, pp.115下-116上)
57) 『筠州洞山悟本禪師語錄』,(大正藏47, p.515上-中)
58) 面山瑞方 著, 慧苗等 編, 『寶鏡三昧吹唱』,(『續曹洞宗全書』 註解2,

그런데도 각범혜홍이 『선림승보전』 권1 「조산본적장」에서 주언세영(朱彦世英)으로부터 얻은 원본에 '가'자가 탈락되었던 것을 그대로 기록한 이후 운외(雲外), 영각(永覺), 행책(行策) 등도 그대로 답습하여 『보경삼매』라고만 기록하였다. 이것이 후대에 『보경삼매』라는 이름으로 수록되어 전해져 지금은 보통 『보경삼매』라고만 불리고 있다. 그러나 이 속에는 어조(語調)로 볼 때 '가'의 의미가 포함된 것으로 보아야 옳을 것이다.

2) 구성과 5가지의 비유

『보경삼매』는 4언, 94구, 376자로 이루어져 있는 고체(古體)의 게송이다. 이 게송의 의미는 동산 자신의 오도송인 과수오도(過水悟道)의 게와 상통해 있다. 따라서 근본적인 내용은 정편회호의 묘지(妙旨)를 설한 것이지만 그와 함께 수행의 방법과 교화의 요체를 보여주고 있다. 그 도리를 서술함에 있어 법(法)을 배열하면서 적절한 곳에 비유를 통해 접근하고 있다. 우선 제목에서 볼 수 있듯이 '보경'은 비유이고 '삼매'는 법이다. 이와 같은 것을 법유하성(法喩合成)이라 한다. 동산은 보경을 사람마다 구족하고 있는 본래부터 불매(不昧)한 묘심(妙心)에 비유한 것이다. '보'는 존중한다는 뜻으로서 위없이 귀중하다는 의미이고, '경'은 허명하게 능히 만상을 비추어 내어 털끝만치의 차이도 없는 것으로서 대원경지(大圓鏡智)라 칭할 수 있다. 거울은 그 자체가 본래 아무것도 지니고 있지 않은 것이라서

p.401)

63

때가 끼지 않는다면 조금의 호오(好惡), 미추(美醜), 취사(取捨)가 없다. 특히 동산이 든 보경의 비유는 이후 조동가풍에서 내세우는 본증묘수(本證妙修)라는 중요한 주제의 상징이기도 하다.

(1) 전체의 구성

  편의상 4언을 1구의 단위로 94까지의 일련번호를 삼기로 한다.59) 그리고 이것들을 나름대로 속성[體] · 비유[相] · 묘용[用] 등으로 배대시켜 보면 다음과 같다.

1.-4. 보경삼매의 전체적인 대의
5.-8. 1의 비유
9.-10. 1의 묘용
11.-12. 9-10의 속성
13.-14. 9-10의 비유
15.-16. 9-10의 속성
17.-18. 1의 묘용
19.-20. 1의 묘용
21.-24. 보경의 총체적 비유
25.-32. 보경의 개별적 비유
33.-36. 보경의 개별적 비유
37.-38. 보경의 개별적 비유
39.-40. 보경의 개별적 비유

---

59) 『筠州洞山悟本禪師語錄』의 『寶鏡三昧歌』,(大正藏47, p.515上-中)를 저본으로 한다.

41.-42. 보경의 속성

43.-44. 보경의 속성

45.-48. 보경의 묘용

49.-52. 보경의 비유

53.-56. 보경의 묘용

57.-58. 보경의 묘용

59.-62. 보경의 비유 (정편의 회호)

63.-68. 1의 묘용

69.-72. 1의 부촉

73.-74. 1의 비유

75.-78. 1의 비유

79.-82. 1의 비유

83.-86. 1의 비유

87.-90. 1의 속성 (정편의 회호)

91.-94. 보경의 속성

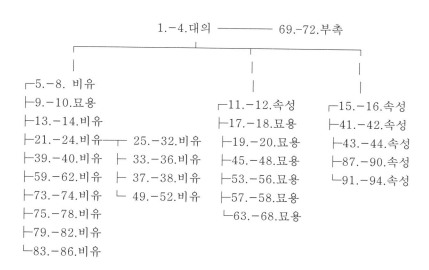

(2) 비유에 나타난 내용

총 13회의 비유를 보면 보경에 대한 것과 전체의 대의라 할 수 있는 처음 구절인 '여시지법'에 대한 것으로 이루어져 있다. 우선 그 처음 비유인 2.-5.를 보기로 하자. 2.-3.은 은주발과 눈[雪], 명월과 해오라기는 모두 흰색이라는 점에서는 동일하다. 그러면서도 은주발은 은주발이고 눈은 눈이며 달은 달이고 해오라기는 해오라기로서 각기 다른 존재이다. 그래서 4.-5.에서 유사하면서도 같지 않고 서로 섞여 있으면서도 각기 제자리를 지키고 있다고 말한다. 곧 평등하면서도 차별이요, 차별이면서도 평등한 도리를 설한 것으로서 여시의 묘법을 나타낸다.

둘째의 비유인 13.-14.는 대화취(大火聚)이다. 이 불덩어리는 무엇이든지 태워 없애버리는 것으로서 『대지도론』에서는 반야바라밀의 비유로 쓰이기도 한다.[60] 그러나 불을 멀리 하고서는 추위에 견딜 수 없고 음식물을 제대로 섭취할 수가 없다. 이처럼 여시의 묘법은 언설로도 심(心)으로도 배(背)할 수도 없고 촉(觸)할 수도 없는 언어도단(言語道斷) 심행처멸(心行處滅)의 경지이다. 이것을 다시 17.-18.에서는 깜깜한 밤이 도리어 밝고 밝은 새벽이 도리어 어둡다고 표현한다. 암중명(暗中明)이고 명중암(明中暗)으로서 현상이 곧 본체이고 본체가 곧 현상임을 말한다.

셋째 비유인 23.-24.부터 일곱째의 비유인 40.에 이르

---

60) 『大智度論』 卷6,(大正藏25, p.104上) "偈說 是實知慧 四邊叵捉 如 大火聚 亦不可觸 法不可受 亦不應受"

기까지는 소위 다섯 가지 비유 가운데 처음으로서 사자상
승(師資相承)과 편정의 열린관계[回互]와 닫힌관계[不回
互]로 이루어져 있다. 또한 향상문(向上門)과 향하문(向下
門), 상구보리(上求菩提)와 하화중생(下化象生)까지 설하
고 있다.[61] 23.의 보경은 『보경삼매』라는 본문의 제목이
되는 비유이다. 이 보경을 통하여 나타나는 형(形)과 영
(影)을 바로 동산의 오도게인 '여불시거(汝不是渠) 거정시
여(渠正是汝)'라는 말로 나타낸다. 이 구절은 동산이 스승
인 운암담성의 휘하를 떠나 행각에 나섰을 때 개울을 건너
가다가 물속에 어려비춘 자신의 모습을 보고 깨친 오도송
이다.

> 남을 통해서 찾지 말라 더욱 자기와 멀어질 뿐이다
> 나 이제 홀로 가나니 가는 곳마다 그것을 만난다네
> 그것은 바로 나인데 또 나는 바로 그것이 아니라네
> 응당 이와 같이 깨쳐야 진리에 계합할 수 있으리라[62]

자기의 본래면목을 타인에게서 찾아서는 안 된다. 그렇
다고 타인이 자기가 아닌 것은 아니다. 바로 타인이 자기
이다. 왜냐하면 타인은 바로 자기의 그림자이기 때문이다.
영(影)은 자기의 형(形)이 투영된 것이다. 그러나 자기는
아픔을 느끼지만 그림자는 아픔을 느끼지 않는다. 이것을
'그것은 바로 나이지만 나는 바로 그것이 아니라네' 라고
한다. 그래서 자기와 타인은 같지 않으면서도 형(形)을 떠
나서는 영(影)이 없고 영(影)을 떠난 형(形)은 있을 리 없

61) 東郁雄, 「寶鏡三昧と偏正五位」,(『宗學研究』29. 駒澤大學, 1987)
62) 『洞山錄』,(大正藏47, p.508上-中) "切忌從他覓 迢迢與我疎 我今獨自
往 處處得逢渠 渠今正是我 我今不是渠 應須與麼會 方始契如如"

다. 일심만법(一心萬法)이요 만법일심(萬法一心)으로서 물(物)과 심(心)의 관계는 마치 형(形)이 물속에 비취는 관계와 같다. 형(形)과 영(影)의 열린관계요 닫힌관계이다. 동산은 이것을 '보경에 임한 듯이 형과 영이 서로 비춘다'라고 한다.

넷째는 27.의 영아의 비유로서 다섯 가지 비유 가운데 두 번째이다. 이것은 『열반경』 「영아행품」63)의 비유이다. 어린이는 비록 어른과 마찬가지로 모든 기관을 갖추고는 있지만 아직 그것이 가고[去] · 오며[來] · 일어서고[起] · 머물며[住] · 말하는[語] 등 온전한 작용을 하지 못한다. 안(眼) · 이(耳) · 비(鼻) · 설(舌) · 신(身)의 다섯 가지의 감각기관의 모습을 하나의 몸에 지니고 있으면서 가고[去] · 오며[來] · 일어서고[起] · 머물며[住] · 말하는[語] 것이 온전하지 못한 것은 바로 무위(無爲)의 교도화익(敎導化益)이요 무작(無作)의 묘용(妙用)을 말한다. 달리 말하자면 오상즉일신(五相卽一身)이고 일신즉오상(一身卽五相)의 관계를 나타낸다.

다섯째 35.−38.은 다섯 가지 비유의 세 번째로서 그 첫째가 보경(寶鏡)이고, 둘째가 영아(嬰兒)라면 셋째는 역(易)의 비유이다. 특히 역의 괘를 빌려 정(正)과 편(偏)의

---

63) 『大般涅槃經』 卷20,(大正藏12, p.485中) "善男子 云何名嬰兒行 善男子 不能起住來去語言 是名嬰兒 如來亦爾 不能起者 如來終不起諸法相 不能住者 如來不著一切諸法不能來者 如來身行無有動搖不能去者 如來已到大般涅槃 不能語者 如來雖爲一切衆生演說諸法實無所說 何以故 有所說者名有爲法 如來世尊非是有爲是故無說 又無語者猶如嬰兒語言未了 雖復有語實亦無語 如來亦爾 語未了者卽是諸佛秘密之言 雖有所說衆生不解故名無語 又嬰兒者名物不一未知正語 雖名物不一未知正語 非不因此而得識物 如來亦爾 一切衆生方類各異所言不同 如來方便隨而說之 亦令一切因而得解"

열린관계[回互]를 설명하려 한 것은 이『보경삼매』의 내용
가운데 가장 핵심이라 할 수 있다. 이 35.-38.의 네 구절
을 더욱 상세히 설명하려 한 것이 이후의『오위현결』이라
는 것은 주지의 사실이다.[64] 중리육효(重離六爻)는 역의
64괘 가운데 이(離 ☲)를 거듭 위아래로 겹쳐놓은 모습
(☲/☲)의 여섯 개의 효(爻)를 말한다. 이것을 가지고 아
래로부터 첫째를 둘째 위에, 셋째를 넷째 위에, 다섯째를
여섯째 위에 올려놓으면 태(兌 ☱)의 괘가 된다. 이 겉의
태의 괘를 전부 제거하고 보면 속에 있던 손(巽 ☴)의 괘
가 나온다. 그런데 이 손의 윗쪽에 앞의 태를 올려놓고 보
면 즉 택풍대과(澤風大過 ☱/☴)의 괘가 된다. 또 이 여섯
개의 효를 앞의 경우처럼 하나씩 위에 겹쳐놓고 보면 손의
괘가 되어 태의 괘가 그 아래에 놓이게 된다. 이것을 앞처
럼 다시 내려놓고 보면 즉 풍택중부(風澤中孚 ☴/☱)의 괘
가 된다. 또 이 여섯 효를 하나씩 위에 겹쳐놓으면 즉 이
(離 ☲의) 괘가 된다. 그것을 다시 앞처럼 세 효를 아래로
내려놓으면 원래의 중리(☲/☲) 괘가 된다. 이것은 여섯
효를 아래로부터 위로 겹쳐 변환시킨 것이지만 이외는 반
대로 위로부터 아래로 겹쳐 변환시켜도 마찬가지이다. 중
리(☲/☲)괘를 위로부터 하나씩 내려 겹치면 손(☴)이 된
다. 겉에 있는 그 세 효를 내려놓으면 택풍개돠(澤風大過
☱/☴)의 괘가 된다. 또 이 효를 하나씩 아래로 겹쳐놓으
면 태(☱)의 괘가 되고 손(☴)의 괘가 그 아래에 놓이게
된다. 이것을 다시 위 세 효를 아래로 내리면 풍택중부(風

---

64) 若山超關, 「曹洞五位説について」,(『佛敎硏究』 2号, 大東出版社,
   1938. p.110)

澤中孚 ☱/☴)의 괘가 된다. 다시 이 여섯 혀를 하나씩 아래로 겹치면 이(☲)가 된다. 다시 겉의 세 효를 아래로 내려놓으면 원래의 중리(☲/☲)가 된다. 이처럼 아래로부터 위로 겹쳐도, 위로부터 아래로 겹쳐도 마찬가지가 된다. 겹치는 것은 세 효이지만 그것이 변환하면서 다섯 가지 모습을 나타낸다. 이것이 무한히 반복되는 것을 37.-38.의 첩이위삼(=疊而爲三) 변진성오(變盡成五)이다. 그것을 오위에 배대시켜 보면 각각 중리(☲/☲)는 겸중도, 손(☴)은 정중편, 택풍대과(☱/☴)는 정중래, 태(☱)는 편중정, 풍택중부(☴/☱)는 편중지가 된다. 이것이 일신즉오상 오상즉일신처럼 일위즉오위(一位卽五位) 오위즉일위(五位卽一位)의 열림관계[回互]이다. 이 오위는 우주만유가 평등의 본체를 떠나지 않는 이른바 색즉시공 공즉시색으로서 차별 그대로 평등이고 평등 그대로 차별임을 나타낸다. 한편 운외운수(雲外雲岫: ?-1324, 원대 임제종)가 주석한 『보경삼매현의(寶鏡三昧玄義)』에서는 다음과 같이 말한다.

> 첩이위삼(疊而爲三)의 삼(三)은 정중편 · 편중정 · 정중래이고, 변진성오(變盡成五)의 오(五)는 앞의 셋에다 겸중지 · 겸중도를 합친 것이다. 삼(三)은 곧 점(漸)으로부터 돈(頓)에 이르는 것이고 오(五)는 돈(頓)으로부터 점(漸)에 이르는 것인데 둘 다 모두 중생을 교화하여 열반에 이르게 하는 것이다.[65]

여섯째와 일곱째인 39.-40.의 치초미(荎草味)와 금강저(金剛杵)는 모두 다섯이라는 의미를 지니고 있다. 치초(荎草)는 그 열매가 다섯 가지 맛이 난다고 하여 오미자(五味子)라고도 한다. 즉 그 피질과 과육은 단맛과 신맛, 그 핵

---

65)『重編曹洞五位』卷下,(韓佛全6, pp.238下-239上)

은 맵고 쓴맛, 그리고 전체적으로는 짠맛이 난다. 금강저(金剛杵)도 양쪽의 방향으로 두 갈래씩 갈라져 있어 네 끝과 가운데를 합해 다섯 지점을 지니고 있다. 이리하여 앞서 영아의 오상(五相), 중리의 오성(五成), 치초(茎草)의 오미(五味), 금강저(金剛杵)의 오고(五鈷)는 각각 일즉오(一卽五) 오즉일(五卽一)로서 일심만법(一心萬法)이고 만법일심(萬法一心)이다.

여덟째는 62.의 망아지와 쥐의 비유이다. 59.-60.에서 종지를 훤칠하게 꿰뚫고 있어도 아직 미세번뇌를 다 없애지 못하면 겉은 조용해도 속은 아직 동요가 있다는 것이다. 이것은 마치 묶어 놓은 망아지와 엎드려 있는 쥐처럼 언제 일어설지 모르는 불안정한 상태이다. 과거의 훈습이 아직 다 없어지지 않는 상태이다.66) 이것은 수행자의 실천이 진실로 순청(純淸)하여 한 점의 번뇌도 남김없이 명경지수(明鏡止水)와 같아 본래무일물(本來無一物)의 경지에 들어야 함을 말한다.

아홉째는 73.-74.의 호랑이와 말의 비유이다. 호랑이는 사람을 한 명 잡아먹으면 귓불이 한 번 찢어진다는 것이다. 그래서 사람을 상해하는 그 횟수만큼 귀가 찢어지는 수도 비례한다.67) 이것은 우리가 살아가면서 천진무구(天眞無垢)한 몸에 결함을 남긴다는 것으로서 본래의 자연불성(自然佛性)을 상실함을 말한다. 또한 말의 왼쪽 뒷다리가 흰 것을 주(馵)라 하고, 오른쪽 뒷다리가 흰 것을 양(驤)이라 하며, 앞쪽 두 다리가 모두 흰 것을 혜(騱)라 하

66) 위의 책, p.239中.
67) 위의 책, p.239下.

고, 뒷쪽 두 다리가 모두 흰 것을 우(羽馬)라 하며, 네 발굽이 모두 흰 것을 전(騸)이라 한다. 이것은 수행하면서 증과(證果)에 집착한 나머지 자유로이 해탈할 수 없는 모습을 말한 것이다. 둘 다 수행을 해나감에 있어 천진본연의 본구불성(本具佛性)을 상실하지 말고 유위유루(有爲有漏)의 공훈에 얽매이지 말것을 경계한 내용이다.

열째 77.-78.은 잘 알려진 『법화경』「신해품」에 나오는 비유이다. 보살이 중생교화에 나서 근기에 맞추어 점차 이끌어 올리는 방편으로 임한다는 것이다. 우선은 쉽고 천한 것부터 갖추어 보이면서 점차 자기에게 가까이 불러 깨침의 길로 나아가게 하는 접화이다. 이류중행(異類中行)하면서 어느 근기나 어느 차제에 막힘이 없이 자유자재하게 묘용을 구사하는 가운데 흑우(黑牛)를 백우(白牛)로 바꾸어 간다.

열한 번째 79.-82.는 여시지법(如是之法)의 묘용을 고사를 들어 비유한다. 방편으로 이끌어 어느 정도 경지에 올려놓는다. 그 수행자가 더욱 가열찬 수행을 쌓아 마침내 천진묘도(天道妙道)에 이르러서는 스승의 방편을 의용(依用)하지 않는다.68) 오직 마음으로 스스로 긍정한 이후에야 말을 붙일 수 있을 뿐이다. 공력(功力)으로는 예측할 바가 아니다. 불조(佛祖)가 응화(應化)하여 묘용(妙用)을 자유로이 사용하면서도 교력(巧力)과 묘술(妙術)을 초월한 몰종적(沒蹤跡)한 모습이다. 이것을 굉지정각은 다음과 같이 표현한다.

---

68) 千丈實巖, 『枓卜編』,(『曹洞宗全書』 語錄5, p.122下)

불불(佛佛)의 요기(要機)와 祖祖의 기요(機要)는
사(事)에 접촉하지 않고도 알고
연(緣)을 상대하지 않고 비춘다.
사(事)에 접촉하지 않고도 아는 것은
그 지(知)가 대상과 합일하며
연(緣)을 상대하지 않고 비추는 것은
그 조(照)가 오묘하다.[69]

열두 번째 83.-84.는 허수아비와 석녀(石女)의 비유이
다. 앞의 비유가 향상향하(向上向下)에 자유자재하는 묘용
의 극치였으나 아직은 사려분별의 모습이었다. 이제 여기
의 비유는 정식(情識)이나 분별이 아예 없는 무심(無心)의
묘용을 비유한 것이다.[70] 천진무구한 증과의 현현이다. 착
의끽반(着衣喫飯) · 행주좌와(行住坐臥) · 어묵동정(語黙
動靜) · 견문각지(見聞覺知)가 다 그대로의 진개(眞個)의
활동으로 덕을 베푸는 모습이다. 굉지정각은 다음과 같이
말한다.

언어분별을 초월한 세계는 좌선속에 있고
그 속에서 나온 깨달음이 끝없이 세계를 비춘다.
언어분별을 초월한 세계의 존재모습은
반야지혜가 밝게 드러나 어둠을 물리치는 모습이다.
묵조(黙照)의 도는 인경탈락(人境脫落)의 근본에 있다.
인경탈락을 철견하면 뛰어난 준기(棭機)가 된다.
정과 편이 막힘없이 열려있고 밝음과 어둠이 서로 의지한다.
서로 의지하지만 능소가 따로 없고 그러한 때에 상즉하게 된다.[71]

---

69) 『坐禪箴』,(大正藏48, p.98上-中) "佛佛要機 祖祖機要 不觸事而知 不
   對緣而照 不觸事而知 其知自微 不對緣而照 其照自妙"
70) 『重編曹洞五位』卷下,(韓佛全6, pp.239下-240上)
71) 『黙照銘』(大正藏48, p.100上-中) "妙存黙處 功忘照中 妙存何存 惺
   惺破昏 黙照之道 離微之根 徹見離微 金梭玉機 正偏宛轉 明暗因依 依
   無能所 底時回互"

열세번째 85.-87.은 현실로 돌아와 즉생활적(卽生活的)
인 일상생활에서의 묘용을 비유한 것이다. 출세간의 불도
가 현실에서 피어나 군신(君臣)과 부자(父子)와 형제(兄
弟)와 부부(夫婦)와 사제(師弟)와 붕우(朋友) 간에 이루어
지는 도리임을 역설한다. 이것이 바로 여시지법의 법이연
한 모습이다. 오위로 말하면 열린관계와 닫힌관계를 떠난
제오위 겸중도라 할 수 있다. 여기에는 연꽃이 피고 버들
은 푸르며 꽃은 붉은 현상 그대로여서 그 이상도 이하도
관계없다. 오직 입전수수(入纏垂手)하는 교화속에 더불어
살아가는 모습이다. 이것이 바로 주중중(主中賓)·빈중주
(賓中主)·빈중빈(賓中賓)·주중주(主中主)가 상호간에
격별없이 섞여 있는 참선변도(參禪弁道)의 단계이다.

여기에서 든 비유는 더욱 구체적으로는 보경삼매에 대한
체·상·용을 말한다. 체의 입장에서는 그것이 여시지법
의 속성으로서 열린관계를 말하고, 상의 입장에서는 현상
을 통해 인지되는 법의 구체적인 예를 언급한 것이며, 용
의 입장에서는 보경의 작용을 통해 나타난 여시지법의 활
용면을 제시한 것이다. 이 가운데 보경삼매의 주류를 이루
고 있는 열린관계[回互]의 사상은 어떻게 전개되고 있는지
를 다섯 가지의 비유를 중심으로 살펴보기로 한다.

(3) 편정오위

위에서 살펴본 비유들 가운데 이른바 다섯 가지의 비유
란 다음 다섯 가지를 가리킨다.

첫째, 23.-26.의 여림보경 형영상도 여시비거 거정시여
둘째, 27.-28.의 여세영아 오상완구
셋째, 35.-38.의 중리육효 편정회호 첩이위삼 변진성오
넷째, 39.의 여치초미
다섯째, 40.의 여금강저

　이들 다섯 가지의 비유는 정과 편의 다섯 가지 위상을
암시하는 바로서 『보경삼매』 내에서 가장 흔히 언급되고
있다. 우선 편정회호의 정과 편에 대해 말하면 정은 주관
(主觀), 주체(主體), 이(理)의 측면으로 성립하고, 편은 객
관(客觀), 객체(客體), 사(事)의 측면으로 성립한다. 그러
나 이 양자는 각각의 분리상태로는 어느 것도 온전하게 성
립하지 못한다. 양자는 각각 그 자체의 본질상으로 보면
타자이면서 동시에 자기인 열린관계와 닫힌관계의 구조이
다. 다시말해 서로 합일관계에 있으면서 동시에 긍정과 부
정이라는 한정적인 관계이다. 바로 이 합일관계이면서 한
정관계야말로 진리를 현현시키는 중요한 실천적 계기가 된
다. 동산양개는 이러한 정과 편을 오위라는 철학적인 실천
논법을 구성함에 있어 특히 '중(中)'이라는 용어를 개입시
켜 놓고 있다. 여기에서 '중'은 정과 편의 동적인 매개체이
면서 전체를 구체화한 합일체이다. 즉 동용중(動用中)의
정을 한정하여 편으로 만들고, 현상의 편을 합일시켜 열린
관계와 닫힌관계로 이끌어 간다. 이리하여 오위는 정과 편
과 중이라는 삼자에 의하여 언어도단(言語道斷) 언전불급
(言詮不及)의 진여를 상징화하는 계기가 된다. 그래서 정

을 흑원(●)으로 나타내는 것에 상대하여 편을 백원(○)으로 나타낸다.

그리하여 오위를 간략하게 설명하면 다음과 같다. 즉 정중편은 정의 본체로부터 편의 현상으로의 전개로서 정과 편의 열린관계이고, 편중정은 편의 현상으로부터 정의 본체로 나아가는 전개로서 편과 정의 열린관계이며, 정중래는 순수한 정인 본체만의 전개로서 닫힌관계이고, 편중지는 순수한 편인 현상만의 전개로서 닫힌관계이며, 겸중도는 정과 편인 본체와 현상을 잃지 않으면서 정과 편을 초월하여 수행이 완성된 실천적 승화이다. 그러나 이 오위는 수행의 다섯 가지 측면을 나타내는 것이지 수행의 단계를 나타내는 것은 아니다. 동산은 이 정과 편이 열린관계라는 입장을 구체적으로 다음과 같이 나타낸다.

> 은주발에 소복히 담긴 눈과 밝은 달아래 깃든 해오라기로다. 색깔은 비슷하나 같지 않고 섞여 있으나 제자리를 안다.[72]

은주발과 눈과 달과 해오라기는 모두 같은 흰색이면서 각기 다른 존재이다. 이것은 다름[異] 속에 같음[同]이 있고 같음 속에 다름이 있는 이치다. 조산본적은 정과 편을 가리켜 '정위(正位)는 공계(空界)로서 본래 아무것도 없고, 편위(偏位)는 색계(色界)로서 만물의 형상이 있다.'[73]고 말한다. 그래서 정과 편으로 말하자면 정중편이요 편중정의 원리이다. 동산은 다시 17.-18.에서 한밤중이 밝고 새

---

72) 『寶鏡三昧』,(大正藏47, p.515上) "銀盌盛雪 明月藏鷺 類之不齊 混則知處"
73) 『撫州曹山本寂禪師語錄』卷上,(大正藏47, p.536下) "正位卽空界本來無物 偏位卽色界有萬物形"

벽이 어둡다는 말을 한다. 이것은 암(暗)과 명(明)의 대비
이다. 평등한 空의 세계 그대로가 차별이고 차별 그대로가
평등한 공의 세계이다. 석두희천의 '어둠에 당하여 밝음이
있고 밝음을 당하여 어둠이 있다.'74)는 말을 상기시킨다.

다섯 가지 비유 중 첫째인 '보경에 임하여 형체와 그림
자가 서로 비추니 여(汝)는 거(渠)가 아니나 거(渠)는 바
로 여(汝)이다.'라는 것은 보경에 비친 형(形)과 영(影)을
정과 편으로 보아 '여는 거가 아니나'는 정편의 닫힌관계이
고 '거는 여이다'는 정편의 령린관계를 말한다. 동산의 오
도송을 그대로 옮겨 놓은 것이지만 오도송의 '아(我)' 대신
'여(汝)'를 대비시킨 점은 오도(悟道)하는 순간의 '아'의
입장과 이후 제자를 접화하는 스승이라는 입장에서의 제자
에 대한 '여'라 할 수 있다.

둘째 비유의 '어린아이가 다섯 가지의 모습을 완전하게
갖추고 있는 바와 같다.'라는 것은 어린아이가 갖추고 있는
가고[去]·오며[來]·일어서고[起]·머물며[住]·말하
는[語] 등 다섯 가지가 아직 완전하게 발휘되지 못하고 있
는 점을 말한 것이다. 이것은 아직 사려와 분별이 일어나
기 이전의 본래면목이다. 그 다섯 가지가 한 몸에 갖추어
져 있음은 하나가 곧 다섯이고 다섯이 곧 하나인 원융무애
이다. 정과 편이 서로 열린관계와 닫힌관계로 변환하면서
정중편·편중정·정중래·편중지·겸중도의 오위를 성
취하는 입장이다.

셋째 비유의 '중리(重離)의 여섯 가지 효가 편과 정으로

---

74) 『參同契』,(大正藏47, p.697上-中 ; 大正藏48, p.459中) "當明中有暗
當暗中有明"

열린관계가 되어 포개면 셋이 되고 변환하여 다섯이 된다.'
라는 것은 역(易)의 괘를 가지고 편과 정이 회호하는 원리
를 보인 것이다. '포개면 셋이 되고'라는 것은 중리(重離)
가 중손(重巽)이 되고, 중손(重巽)이 중태(重兌)가 되며,
중태(重兌)가 다시 중리(重離)가 되는 것으로서 흔히 '궁
하면 통한다[窮卽通]'는 의미를 말한다. 그리고 '변환하여
다섯이 된다'는 것에 대해서는 자세한 것은 앞서 언급하였
는데, 『오위현결원자각』75)에서는 이에 대하여 설명하고 있
다.

　넷째 '치초의 다섯 가지 맛'이라는 것은 그 피질과 과육
은 단맛과 신맛, 그 핵은 맵고 쓴맛, 그리고 전체적으로는
짠맛이 난다. 이 가운데 단맛, 신맛, 매운맛, 쓴맛, 짠맛의
다섯은 '변환하여 다섯이 된다'를 나타내고, 피질과 과육,
핵, 전체 등 셋은 '포개면 셋이 되고'를 나타낸다. 그리하
여 한 열매에서 다섯 가지의 맛이 나는 것은 일즉오(一卽
五)이고 오즉일(五卽一)의 열린관계[回互]이다. 다섯째의
'금강저의 다섯 지점'이라는 것은 다섯 가지 형태[五形],
다섯 가지 색깔[五色], 다섯 가지 방위[五方], 다섯 명의
부처[五佛], 다섯 가지 지혜[五智] 등을 말한다. 이 다섯
가지의 조목은 따로 있는 것이 아니라 하나의 금강저에 깃
들어 있는 다섯 가지 속성으로서 '치초의 다섯 가지 맛'과
마찬가지로 일즉오이고 오즉일의 열린관계이다.

---

75) 全苗月湛, 『五位顯訣元字脚』,(『曹洞宗全書』 註解5, pp.564下-565上)
　　☰/☰重離六爻　● 兼中到　理事未分
　　☰/☰重巽下斷　◐ 正中偏　理事體用
　　☰/☰重兌上缺　◑ 偏中正　事理用體
　　☰/☰上兌下巽　● 正中來　全分體
　　☰/☰上巽下兌　○ 偏中至　全分用

　　이상 『보경삼매』에 대하여 저자와 명칭, 그리고 비유를 통한 오위에 접근을 시도해 보았다. 특히 다섯 가지의 비유와 앞의 5.－8.의 비유를 통하여 정과 편이 오위의 행태로 전개되는 원리를 간략하게 살펴보았다.

　『보경삼매』는 동산양개의 다른 게송의 작품인 『신풍음』·『현중명』·『오위현결』·『강요송』·『공훈오위송』 등과 함께 그의 철학적이고 형이상학적인 사상을 사상에 그친 것이 아니라 그 저변에는 반드시 수행의 실천적인 측면을 강조하였다. 단순한 언어유희나 깨침의 기쁨을 토로하는 데에 그치는 게송이라면 그것은 하나의 문학작품에 불과할 것이다.

　그러나 동산의 게송이 당시에 철학시(哲學詩), 수도게(修道偈)의 금과옥조로서 제자들에 대한 접화 및 수행의 지침으로 부촉된 바로 자신이 깨친 오묘한 선리(禪理)를 비유를 통하여 표현하면서 그것을 실천수행으로 나아가게 겨냥했다는 점에서 특기할 만한 일이다.76)

---

76) 이 『보경삼매』에 관한 주해서로는 다음과 같은 것들이 있다. ① 洞山良价 述, 『寶鏡三昧』,(『續藏經』2-16-2 ; 『大正藏』47 『洞山悟本禪師語錄』) ② 如瑞光 撰, 『寶鏡三昧演若多子』1卷. 1740년 述,(『續曹洞宗全書』「註解」2) ③ 雲外雲岫 著, 宏智派. 『寶鏡三昧玄義』1卷,(『續藏經』2-16-2) ④ 雲淙淨訥 著, 『寶鏡三昧原宗辨謬說』1卷,(『續藏經』2-16-2) ⑤ 卍山道白 撰, 『寶鏡三昧書紳稿』,(『續曹洞宗全書』「註解」2) ⑥ 面山瑞方 著, 慧苗等 編, 『寶鏡三昧吹唱』1卷,(『寶鏡三昧吹唱 附歌論』). 1762刊,(『續曹洞宗全書』「註解」2) ⑦ 斧山玄金出 撰, 『寶鏡三昧吹唱聞解』1卷,(『洞山大師寶鏡三昧歌永福老人吹唱序聞解』),(『續曹洞宗全書』「註解」2)

3. 『오위현결』과 정편오위

1) 오위의 원형

동산양개(洞山良价: 806-869)는 불조(佛祖)의 혜명(慧命)을 계승하는 수행방법의 하나로 오위(五位)라는 독특한 가풍을 전수(傳授)하였다. 이것을 그의 제자인 조산본적이 계승하여 하나의 사상으로 정립한 것이 이른바 '편정오위(정편오위)'이다. 이 편정오위는 조동종의 기본사상으로 정착되어 달리 '조동오위'라 불리기도 한다. 이것은 조동종의 가장 중요한 교의의 하나로서 수행인이 진리를 터득하는 행태를 정과 편을 가지고 다섯 항목으로 나타낸 것이다.

그런데 이 오위에도 고래로부터 4종오위가 설해져 있다. 즉 편정오위(偏正五位), 공훈오위(功勳五位), 군신오위(君臣五位), 왕자오위(王子五位) 등이다. 이 가운데 동산양개의 공훈오위[77], 조산본적의 군신오위[78], 석상경제의 왕자오위[79] 등은 모두 동산의 『오위현결(五位顯訣)』[80] 속의 편정오위에 기초하여 나온 것들이다.

그런데 동산양개가 『오위현결』을 창출하게 된 직접적인 의도로는 동산이 그의 『보경삼매』 속의 '편정회호'라는 용어의 의미를 보다 명확하게 해석하기 위한 것이었다[81]고

---

77) 『筠州洞山悟本禪師語錄』,(大正藏47, p.516上). 이 밖에 같은 명칭으로 永嘉欽의 『功勳五位』(續佛敎大藏經3, pp.864下-865上)도 있다.

78) 『撫州曹山元證禪師語錄』,(大正藏47, p.527上-下)

79) 『人天眼目』卷3,(續佛敎大藏經3, pp.863上-864下)

80) 『撫州曹山元證禪師語錄』,(大正藏47, pp.531中-532下)

81) 若山超關은 「曹洞五位說について」,(『佛敎硏究』2号, 大東出版社, 1938. p.110)에서 五位의 主唱은 『寶鏡三昧』 속의 '偏正回互'라는 句를 해석하

볼 수 있다. 바로 오위사상의 근본이 되는 이 『보경삼매』[82])도 동산양개의 창설로 공인되어 있지만, 이에 대하여 전혀 이의가 없었던 것은 아니다. 혜홍은 다음과 같이 『보경삼매』를 운암담성의 저술로 기록하여 운암으로부터 시작되었다고 한다.

> (조산이) 하직하자, 양개스님이 말했다. "삼경이 되면 오너라. 그대에게 비밀한 뜻을 전해 주리라" 그때 왜사숙이라는 자가 그 사실을 알고 승상(繩床) 밑에 엎드려 숨어 있었다. 양개스님은 이 사실을 알아차리지 못한 채 밤중에 선사(先師) 운암스님으로부터 가르침을 받은 '보경삼매'와 '오위현결'과 '삼종삼루'를 전해 주었다. 그리하여 (조산이) 거듭 절을 올리고 나가려는데 그때 왜사숙이 머리를 내밀고 말했다. "동산의 선법이 내 손 안에 들어왔다."[83)

또한 『임간록』 권상 「조산장」에서는 다음과 같이 기록하고 있다.

> 조산탐장선사가 동산오본선사에게 처음 작별을 고하자 마침내 동산스님이 부촉하였다. "내가 스승 운암스님의 휘하에 있을 때 친히 보경삼매를 얻었다는 인가를 받고 요점을 애써 공부해 왔다. 그런데 이제 내가 그대에게 이것을 전해 주노니 그대는 이것을 잘 보호하여 단절되지 않도록 하라. 그리고 참다운 법기를 만나면 그때 전해 주어야 한다. 그러나 반드시 비밀로 하고 드러내서는 안 된다. 그것은 세간에 유포되면 우리의 종문이 없어질까 염려가 되기 때문이다."[84)

기 위한 것에서 비롯되었다는 주장을 하고 있다.

82) 『瑞州洞山良价禪師語錄』,(大正藏47, pp.525下-526上)

83) 覺範慧洪, 『禪林僧寶傳』 卷1 「曹山章」,(卍續藏137, p.443下) "將辭 去 价曰 三更當來 授汝曲折 時矮師叔者知之 蒲伏繩床下 价不知也 中夜授章 先雲巖所付寶鏡三昧 五位顯訣 三種滲漏畢 再拜趨出 矮師叔引 頸呼曰 洞山禪入我手矣"

84) 『林間錄』 卷上,(卍續藏148, p.599下). "曹山耽章禪師 初辭洞山悟本 本曰 吾在雲巖先師處 親印寶鏡三昧 事窮摘要 今付授汝 汝善護持無令 斷絶 遇眞法器 方可傳委 直須秘密 不得影露 恐屬流布 喪滅吾宗". 그러나 이것은 『瑞州洞山良价禪師語錄』(大正藏47, p.525下)의 "師因曹

그러면서도 그의 다른 저서인 『임간록』 권상 「동산장」에
서는 다음과 같이 말하고 있다.

지난날 동산오본스님은 오위편정으로써 대법(大法)의 표준을 삼았고,
세 가지 번뇌를 기준으로 납자를 제접하였다. 이것은 억측으로 단정하
거나 구차스럽게 한 것이 아니라 모두가 부처님께서 본래 전하신 뜻이
다.85)

이로써 보면 '편정오의'는 직접 동산오본으로부터 비롯했
다는 것이 되어『보경삼매』와 '편정오위'의 관계가 별도의
것인 양 기록하고 있다. 그러나 편정오위의 모체는 동산양
개의 『보경삼매』이며, 편정오위의 직접적인 전적(典籍)은
동산의 『오위현결』과 이에 대한 그의 「축위송(逐位頌)」86)
에서 찾아볼 수 있으므로 편정오위가 동산으로부터 비롯되
었다는 것을 인정하는 것이 가장 설득력을 지닌다.

이 오위의 내용은 현상과 본체, 그리고 현상과 본체의
열린관계[回互]와 닫힌관계[不回互]의 모습 등이 상징적으
로 서술되어 있다. 따라서 이 오위의 뜻을 드러내어 수행
자들의 안목으로 삼으려는 것이 동산의 『오위현결』 1편이
었다. 이것을 기초로 한 오위사상은 이후에 대단히 활발하
였다. 심지어 임제종에서도 조동종 못지않게 유행하였
다87). 그리고 동산에게는 편정오위 이외에도 『공훈오위송

山辭 遂囑云 吾在雲巖先師處 親印寶鏡三昧 事窮摘要 今付於汝"에서
인용한 것으로 보인다.
85) 『林間錄』 卷上,(卍續藏148, p.610下) "昔洞山悟本禪師 立五位偏正
以標準大法 約三種滲漏 以辨衲子非意斷苟爲皆本佛之遺意"
86) 『撫州曹山元證禪師語錄』,(大正藏47, pp.532下-533中)
87) 臨濟宗 제6세인 汾陽善昭의 五位(『人天眼目』 卷3. 續佛教大藏經3,
p.859上-下)로는 正中來·正中偏·偏中正·兼中至·兼中到가 있으며, 汾陽
의 제자인 石霜楚圓(『人天眼目』 卷3. 續佛教大藏經3, p.862下)에게도

(功勳五位頌)』 5수가 있다는 것은 앞서 언급한 바 있다[88]. 게다가 동산을 이은 조산본적에게는 『오위군신지결(五位君臣旨訣)』 1편[89]과 『오상게(五相偈)』 5수[90], 『오위지결(五位旨訣)』 1편[91], 『해석동산오위현결(釋解洞山五位顯訣)』 1편[92], 『축위송병별간(逐位頌幷別揀)』 1편[93] 등을 저술하여 동산대사의 오위에 관한 사상을 집대성하였다.

이후 송대에는 안국(安國)이 『오위보협론(五位寶篋論)』 1편[94], 명대 말기에는 영각원현(永覺元賢: 1578-1657)의 『동상고철(洞上古轍)』 2권[95] 등이 저술되었다. 이에 그치지 않고 동산양개의 겸중도중심설은 정중래중심으로, 그리

正中偏·偏中正·正中來·兼中至·兼中到가 있다. 이후 中國에서의 五位의 傳承은 거의 石霜楚圓의 것을 따르게 되었다. 그러나 五位의 각 용어에 있어 曹洞宗 계통에서는 제사위의 명칭이 偏中至로 통일되어 있지만, 임제종 계통에서는 兼中至로 불리고 있다. 다만 覺範慧洪은 임제종 계통이면서 偏中至라는 용어를 사용하고 있다. 요컨대 慧洪覺範의 五位名의 순서는 正中來·偏中至·正中偏·偏中至·兼中到로서 第3位(正中偏)와 第4位(偏中正)가 열린관계이므로 앞의 제이위는 제일위(正中來)와 不回互의 관계를 나타내는 偏中至가 와야 한다는 敎學的인 입장이었다. 그래서 兼中至를 사용한 것은 그 의미조차도 모르는 것이라고 다음과 같이 심하게 나무라고 있다. '今其道愈陵遲 至於列位之名件亦訛亂不次 如正中偏偏中正及正中來偏中至 然後以兼中到總成五 今乃偏中至爲兼中至矣 不曉其何義耶 而老師大衲亦恬然不知怪 爲可笑也'(『石門文字禪』卷25). 이에 대한 자세한 논증은 志部憲一,「『重編曹洞五位』について」,(『宗學研究』28, 駒澤大學, 1986. pp.236-240)를 참조.

88) 『筠州洞山悟本禪師語錄』,(大正藏47, p.516上)
89) 『撫州曹山元證禪師語錄』,(大正藏47, p.527上-下)
90) 위의 책,(大正藏47, p.527上)
91) 위의 책,(大正藏47, p.533中-下)
92) 위의 책,(大正藏47, pp.531中-532下)
93) 위의 책,(大正藏47, pp.532下-533中)
94) 一然, 『重編曹洞五位』,(韓佛全卷6, pp.234上-236中)
95) 永覺元賢 著, 爲霖道霈 編, 『洞上古轍』2卷,(『曹洞宗全書』 註解5)

고 그 내부의 명칭도 편중지와 겸중지의 혼용 등으로 오위
상전사상(五位相傳史上)의 변화를 거치면서 계속되었다.
특히 명대 영각원현이 저술한 『동상고철』은 종래의 오위에
관한 평(評)과 소(疏)의 오류를 바탕으로 그 올바른 뜻을
천명하기에 힘쓴 하나의 예이다[96].

한편 오위에 관한 저술이 우리나라에서는 고려 시대 일
연선사의 『중편조동오위(重編曹洞五位)』 3권[97] 이외에는
아직 나타나지 않고 있다. 그러나 일연의 『중편조동오위』
는 종래 유행하던 조동종의 오위사상의 집대성이라 할 만
한 것으로 주목할 필요가 있다.[98]

  2) 『오위현결』의 구조

  동산양개의 사상을 이해하는 데 있어 가장 중요한 자료
로는 그의 어록인 『동산록』[99]이다. 그 속에 실려 있는 『
보경삼매』, 『현중음(玄中銘)』, 『신풍음(新豊吟)』 등의 가
송은 동산의 사상의 핵심을 엿볼 수 있는 좋은 자료들이
다. 그리고 동산의 사상을 파악하는 데 있어 가장 흔히 언
급되는 것 중의 하나가 『보경삼매』[100]이다. 그 가운데 '편

---

96) 永覺元賢은 『洞上古轍』에서 慧洪覺範의 兼中到 중심의 偏中至에 대
해 正中來 중심의 兼中至를 주장했다. 즉 金剛杵의 비유를 들어 제삼
위인 正中來를 중심으로 양쪽의 두 位가 서로 대응해야 한다고 주장
했다.(『曹洞宗全書』 註解5, p.286上-下)

97) 『重編曹洞五位』 3권,(韓佛全6, pp.217-244) 수록.

98) 日本에서는 一然의 『重編曹洞五位』를 그대로 再編한 『重編曹洞五位
顯決』 三卷 및 五位에 관한 많은 著述과 그에 대한 註釋書들이 나왔
다. 그러나 모두가 一然 이후의 저술이다.

99) 이에는 『筠州洞山悟本禪師語錄』(大正藏47, pp.507-519) 및 『瑞州洞
山良价禪師語錄』(大正藏47, pp.519-526)이 있다.

정(偏正)'이라는 용어에 대한 그 열린관계[回互]와 닫힌관계[不回互]의 형상(形相)을 다섯 항목으로 설한 것이 『오위현결』이었다. 이제 그 『오위현결』의 전문을 들어보면 다음과 같다.

① 정위(正位)의 입장으로서 물(物)을 상대하지 않는다. 그러나 편(偏)을 향해 나아가 이해[辨得]하므로 정과 편의 두 의미가 원만하다. ② 편위(偏位)는 편위이면서 정과 편의 두 의미가 원만한 것은 반연[緣], 즉 용(用) 가운데서 이해[辨得]하면서도 무물(無物)이고 불촉(不觸)이기 때문이다. 그래서 유어중무어(有語中無語)라 할 수 있다. ③ 순수한 정위(正位)만 있어 반연을 의지하지 않는 가운데서 진리를 드러내므로 무어중유어(無語中有語)라 할 수 있다. ④ 단지 편위(偏位)만 있어 반연을 겸대(兼帶)한 가운데서 진리를 드러내므로 유어중무어(有語中無語)라 할 수 있다. ⑤ 정과 편이 함께 하여 진리를 드러낸다. 이 가운데에는 유어(有語)니 무어(無語)니 하는 것을 따로 분류하지 않고 그대로 진리를 향하므로 원전(圓轉)하지 않음이 없다. 그러므로 이것저것 분별하는 것은 모두 병통(病痛)이다. 유어니 무어니 분별하지 말고 마땅히 곧장 진리를 향해 나아가야 한다. 훌륭한 선지식에게 언어가 없을 수는 없다. 그러나 언어의 있고 없음에 걸리지 않을 뿐이다. 그것을 일컬어 언어를 겸대(兼帶)하면서도 전혀 그것에 떨어지지 않는다고 말하는 것이다. 저 도오원지(道吾圓智) 스님이 입적에 즈음하여 대중에게 말씀하셨다. '그때 운암스님은 (약산스님의 말씀을) 이해하지 못하였다. 당시에 내가 일러주지 않은 것이 후회스럽구나. 그렇긴 하지만 (운암스님이) 약산스님의 뜻을 거스른 것은 아니었다'. 저 도오원지 스님의 간절한 노파심을 보라. 남전(南泉) 스님이 말씀하신 이류중행(異類中行)을 신산승밀(神山僧密)도 아직 모르는구나.101)

---

100) 洞山良价, 『寶鏡三昧』,(大正藏47, p.515上) 본래는 『寶鏡三昧歌』였지만 覺範慧洪이 『禪林僧寶傳』 卷1 「曹山本寂章」에서 '歌'字를 떼고 『寶鏡三昧』라고만 기록하였다. 이후부터 『寶鏡三昧』라고 불렸다.

101) 『解釋洞山五位顯訣』,(大正藏47, p.541下) "正位却偏 就偏辨得是圓兩意 偏位雖偏亦圓兩意 緣中辨得是有語中無語 或有正位中來者 是無語中有語 或有偏位中來者 是有語中無語 或有相兼帶來者 這裡不說有語無語 語裡直須正面而去 這裡不得不圓轉 事須圓轉 然在途之總是病 夫當人先須辨得語句正面而去 有語是恁麼來 無語是恁麼去 作家中不無言語 不涉有語無語 這箇喚作兼帶語 全無的的也 他智上座臨遷化時向人道 雲巖不知有 我悔當時不向而說 雖然如是 且不違於藥山蔡子 看他

여기에서는 오위의 명칭이 ① 정위각편(正位却偏), ② 편위수편역원양의(偏位雖偏亦圓兩意), ③ 정위중래(正位中來), ④ 편위중래(偏位中來), ⑤ 상겸대래(相兼帶來) 등으로 기록되어 있어 아직은 구체적으로 정립되어 있지 않은 상태다. 흔히 말하는 오위라는 명칭은 통산의 제자인 조산본적이 동산의 정편오위설의 원형인 『오위현결』에 「간(揀)」을 붙여 정중편, 편중정, 정중래, 편중지, 겸중도 등으로 정형화시킨 후로부터 소위 '편정오위'라는 용어로 알려지게 되었다. 따라서 동산설의 '정편오위(正偏五位)'와 조산설의 '편종오위(偏正五位)'는 명칭만 다를 뿐 내용에는 아무런 차이가 없다. 이처럼 오위는 조동종의 두 조사로부터 유래되었기 때문에 일반적으로 '조동오위'라는 말이 보다 보편적으로 사용되고 있다.

우선 정위의 '정(正)'은 대상적(對象的)인 존재로서는 파악할 수 없는 본질로서 항상 동용(動用) 속에 있는 근본태(根本態)이다. 그것은 물[水]과 파도의 비유에서 물 그 자체[水性]에 해당한다. 파도의 본질은 물이기 때문에 파도는 물을 떠나서는 존재할 수 없는 바와 같다. 이러한 의미에서 '정'은 진공(眞空), 진실재(眞實在), 본질(本質)로서 현상의 배후에 감추어져 있다. 따라서 관념론적인 내재론(內在論)의 본질류(本質類)이면서 나아가 그러한 형이상학적인 실체(實體)에 머무르지 않고 오히려 일체의 현실을 현실이게끔 하는 동적인 근원자(根源者)이다. 그래서 '정'은 흑원(●)으로 상징되고 있다.

동산은 '정'의 위(位)에 대하여 스스로 그의 『축위송』에

智上座合作麼生老婆也 南泉喚作異類中行 且密闍梨不知"

서 삼경(三更), 초야(初夜), 월명전(月明前)이라는 말처럼 본체적인 입장의 암흑으로 나타낸다. 곧 위의 정위는 동용중(動用中)의 '정'이다. 그래서 동용중의 '정'은 동용하여 만물이 되고 현상이 되어있는 상태여서 이미 '편'으로 나타나 있다. 다시 말해 '정'은 그대로 자체가 '정'의 상태이지만 그것은 동용중의 '정'이므로 이미 '편'이 되어 있다. 따라서 '정'과 그 동용중의 '정' 즉 '편'의 상태는 물[水]과 파도의 관계와 같다. 동용중의 물[水]이 다름 아닌 파도이기 때문이다. 파도는 물[水]의 현상적인 형태로서 진공묘유(眞空妙有)이며 눈 앞에 펼쳐진 삼라만상이다. 이 파도는 물[水]을 떠나서는 존립할 수 없는 것이므로 파도[偏]가 바로 물[正]이고 물이 바로 파도이다. 이리하여 물과 파도의 부등(不等)의 관계가 원만해진다. 따라서 정을 흑원(●)으로 나타내는 것에 상대하여 편을 백원(○)으로 나타낸다.

이로써 정과 편의 위(位)가 정해져 정은 주관(主觀), 주체(主體), 이( )理의 측면으로 성립하고, 편은 객관(客觀), 객체(客體), 사(事)의 측면으로 성립한다. 그러나 이 양자는 각각의 분리된 상태로는 어느 것도 온전하게 성립하지 못한다. 양자는 각각 그 자체의 본질상으로 보면 타자이면서 동시에 자기인 열린관계[回互]와 닫힌관계[不回互]의 관계에 놓여있다.

다시 말해 서로 합일의 관계에 있으면서 동시에 긍정(肯定)과 부정(否定)이라는 한정적(限定的)인 관계이다. 바로 이 합일의 관계이면서 한정된 관계야말로 진리를 현현시키는 중요한 실천적 계기가 된다. 동산양개는 이러한 정과 편을 오위라는 철학적인 실천의 논법을 구성함에 있어 특히 '중(中)'이라는 용어를 개입시켜 놓고 있다. 여기에서 '중'은 정과 편의 동적인 매개체이면서 전체를 구체화시켜 가는 합일체이다. 즉 동용중의 정을 한정하여 편으로 만들고 현상의 편을 합일시켜 열린관계와 닫힌관계로 이끌어 간다. 이리하여 오위는 '정'과 '편'과 '중'이라는 삼자에 의하여 언어도단(言語道斷)하고 언전불급(言詮不及)의 진여를 상징화하는 계기가 된다. 이제 그 각각의 내용을 살펴보기로 한다.

① 정위각편(正位却偏, 正中偏)

<현결> 정위(正位)의 입장으로서 물(物)을 상대하지 않는다. 그러나 편(偏)을 향해 나아가 이해[辨得]하므로 정과 편의 두 의미가 원만하다.

이 정중편은 이(理)를 버리고[背] 사(事)에 나아가[就]는 것이다. 즉 정(正: 理, 眞如, 眞性)이 차별적인 사(事: 偏, 現象, 存在)를 떠난 다른 것이 아니라 우리의 눈앞에 존재하는 현상적 사물의 낱낱이 진(眞)의 구상자(具象者)이며 이(理) 그 자체라는 의미다. 결국 정은 편을 여의지 않고 도리어 편에 나아가 파악해야 비로소 정의 원만한 의미가 성취되는 것이다. 이 정중편은 정과 편이 열린관계이고 상죽하는 소식을 정의 입장에서 실천적으로 통일한 것이다. 이에 대해 곧 그의 제자 조산본적은 다음과 같은 해석을 붙이고 있다.

정위가 도리어 편이 된다는 것은 사물을 상대하지 않기 때문이다. 사물을 상대하지 않는 성품이기에 곧 정과 편을 두루 구비할 수 있다.

정 가운데 동(動)이 없는 것을 편이라 하고, 용(用)을 완전하게 되살리는 것을 원(圓)이라 하는데 이것이 정과 편의 두 측면의 의미이다. 그럼 용(用)을 완전하게 되살린다는 것은 무슨 의미인가. 그것은 정과 편으로 열린관계에 있어 서로가 상즉하고 상입함을 깨달은 경지를 말한다. 정위는 명(明)으로부터 오는 것이 아니다. 이 도리는 불(佛)이 출세하건 출세하지 않건 간에 관계없다. 그러므로 천성(千聖)과 만성(萬聖)도 다 이 정위에 안착하여 깨친 것이다.102)

곧 정위는 상대적인 대상을 의지하지 않는 것인데 그것마저 타고 넘어야만 비로소 원만한 정위로 우뚝 서게 되며, 그 '정' 가운데 용(用)이 없으면 '편'으로 나타나고 용(用)을 갖추면 곧 정위가 완전한 정위가 된다는 말이다. 여기에서 '편'은 '정'에 상대되는 개념이지 '정'의 부정을 의미하는 것은 아니다. 즉 정중편은 '정'과 '편'을 '중'으로 초극한 것이다. 이 경우의 '중'은 '정'과 '편'을 열린관계로 만들어주고 구체화시킨다. 말하자면 본체[水]와 현상[波濤]을 본체인 물의 입장에서 통일적으로 파악한 것이다. 그러나 현상을 머금은 본체이기 때문에 '정은 도리어 편이 된다[正位却偏]'고 말한 것이다. 정위는 암(暗)으로도 표현된다. 그 암(暗)은 명(明)으로부터 온 것이 아니다. 그러나 암(暗)은 명(明)이 있음으로 암(暗)이 된다. 그래서 정위를 정위 자체가 아니라 편위인 사(事)에 나아가 생각하지 않으면 안 된다. 조산본적의 '이를 버리고 사에 나아간다[背理就事]'는 것은 바로 이것을 말한다. 그래서 조산은 다시 『오위군신지결』에서 다음과 같이 말한다.

---

102) 『解釋洞山五位顯決』,(大正藏47, p.541下) "正位却偏者 爲不對物 雖不對物 却具 正中無用爲偏 全用爲圓 是兩意 問如何是全 云不顧者得底人也 此正位不明來也 若佛出世也恁麼 若佛不出世也恁麼 所以天聖萬聖皆歸正位承當"

① 정위는 공계로서 본래무물이다. ② 편위는 색계로서 만유의 형상이다. ③ 정중편은 이를 버리고 사에 나아간다. ④ 편중정은 사를 버리고 이에 나아간다. ⑤ 겸대는 그윽이 온갖 반연에 응하면서도 제유(諸有)에 떨어지지 않고 염정(染淨)과 정편(正偏)에 국한되지 않는다.103)

이처럼 동산의 제일명제인 정중편은 삼라만상의 본체가 현상 가운데 있으며, 차별 없는 이체(理體)는 곧 차별상을 갖추고 있기 때문에 이(理)를 알려거든 사(事)에 나아가 살펴보아야 한다는 것이다. 흔히 정중편은 상반이 흑(●)으로 표현된다. 그것은 곧 원(圓), 암(暗), 정(正)의 흑으로부터 편(偏), 명(明)의 현상(現象)에 이르는 것으로 본체즉현상의 진리를 나타낸 것이다. 이에 대해 동산은 다음과 같은 송을 붙이고 있다.

> 삼경 초야 달 밝기 전이라서
> 서로 마주쳐도 몰라보는 것 이상할 것 없다.
> 오히려 은은하게 옛날의 아름다운 추억을 간직하고 있는 것을.104)

삼경(三更)과 초야(初夜)와 월명전(月明前)은 모두 칠흑같은 어둠을 나타낸다. 그 속에서는 아는 사람을 만나더라도 자타가 모두 누구인지를 식별할 수가 없다. 다만 예전의 정의(情誼)를 느낄 뿐이다. 조산은 이것에 다음과 같은 주석을 붙이고 있다.

암흑 속에서 긍정한 입장이다. 흑과 백이 아직 교참하지 않는 때 알아

---

103) 『撫州曹山本寂禪師語錄』 卷上,(大正藏47, pp.536下-537上) "正位卽空界 本來無物 偏位卽色界 有萬象形 正中偏者 背理就事 偏中正者 舍事入理 兼帶者 冥應衆緣 不墮諸有 非染非淨 非正非偏"
104) 『瑞州洞山良价禪師語錄』「洞山五位頌」,(大正藏47525下,) "三更初夜月明前 莫怪相逢不相識 隱隱猶懷舊日妍"

차린 것이다. 그리고 맹아도 아직 나기 이전이라서 시간과 공간을 자리매김할 수가 없다. 망각인 듯하여 어느 세월에는 친분이 없는 듯하고, 기억한 듯하여 어느 세월에는 굉장한 친분이 있는 듯하다. 모두 그런 듯 그렇지 않는 듯 가물거린다. 그래도 오늘에는 자신이 진정 무언가를 분명히 기억하고 있음을 부정할 수가 없다.[105]

② 편위수편역원양의(偏位雖偏亦圓兩意, 偏中正)

<현결> 편위(偏位)는 편위이면서 정과 편의 두 의미가 원만한 것은 반연[緣], 즉 용(用) 가운데서 이해[辨得]하면서도 무물(無物)이고 불촉(不觸)이기 때문이다. 그래서 유어중무어(有語中無語)라 할 수 있다.

이 편중정은 앞의 정중편에 상대하여 사(事)를 버리고[捨] 이(理)에 나아가는[入] 입장이다. 즉 기멸과 변현이 없는 영겁불변의 이(理), 진성(眞性)을 향해 열린관계이다. 이것은 편으로부터 정을 향한다. 사람의 걸음에 비유하자면 먼저 한 발을 앞에 내딛고 몸을 진행시키려면 이미 내딛은 발을 멈추지 말고 후방을 향해 힘껏 버텨 줘야 한다. 그래야만 비로소 몸이 앞으로 전진해 간다. 이처럼 몸보다 발이 먼저 앞에 나아간 뒤에 몸을 이끌어 전진하려는 본의를 실현한다. 즉 현상[발]으로부터 본체[몸]를 옮기려는 본의[正]에 나아간다. 그래서 정중편이 암중명(暗中明)이라면 편중정은 명중암(明中暗)이다.

정위로부터 온 편위[正中偏]가 이제 다시 정위로 향하는 데 있어[偏中正] 정과 편이 각각의 위(位)를 고집함이 없이 서로 열린관계이기 때문에 정과 편이라는 두 위상(位

---

105) 『註釋洞山五位頌』,(大正藏47, p.542中-下) "暗裏點頭 黑白未交是辨取 萌芽未生之時 只今是什麽時 此中無日月 不說前後去也 忘却也 就也 作麽劫中違背來 恁麽則拱手去也 此兩句一意 終不相似 又曰 圓也 又今日重什麽 又云恁麽則不自欺得"

相)을 만족시켜 가면서 본위(本位)를 잃지 않는다. 그 열린관계 속에서 정위로 향하는 모습을 동산은 유어중무어(有語中無語)라고 표현하였다. 이에 대해 조산본적은 다음과 같이 설명하고 있다.

> 용처(用處)로 성립되는 것이 아니다. 그런즉 상용(常用)을 벗어난 입장이다. 편위는 비록 편위의 입장이지만 (정위를 지향하는 편위므로 정과 편의) 두 의미를 원만하게 한다는 것은 용(用) 가운데 물(物)이 없고 촉(觸)이 없다는 것이다. 이것은 빈(賓)과 주(主)가 모두 용(用)이라는 현상으로 설명되지만 서로 상촉(傷觸)이 없기 때문이다. 그러기에 종일 말해도 한마디도 말하지 않는 바와 같다. 또한 편위인 채로 정과 편을 원만하게 구비하는 것은 반연 가운데 처해 있으면서도 서로 상촉(相觸)한 바가 없기 때문이다.106)

편중정에서는 용(用)을 절대적인 그리고 고정적인 목적으로 삼지 않는다. 이처럼 용(用)에 목적을 두지 않게 되면 그로부터 바로 일상의 작용을 벗어나 정위를 향하게 된다. 이리하여 편위가 모습은 비록 편위이지만 정위를 향한 편위이므로 그 작용 가운데에는 편위의 흔적이 없다. 이것이 바로 편위가 편위이면서 정위를 향해 있는 모습이다. 그래서 비록 용중(用中)의 편위이지만 현상을 여읜 편위이므로 언설을 떠나 있다. 언설을 떠나 있으므로 종일 말을 해도 조금도 거스르는 바가 없다. 이미 현상을 초월한 정위 속의 편위이기 때문이다.

위 조산본적의 말대로 편중정은 편으로부터 정에 이르는 작용이다. 편이 편인 까닭은 정의 편으로서의 편이기 때문

---

106) 『解釋洞山五位顯訣』,(大正藏47, pp.541下-542中) "爲用處不立的 不立的則眞不常用也 偏位雖偏偏亦圓者 用中無物無觸 是兩意雖就用中明 爲語中不傷 此乃竟日道如不道一般 又曰 偏位却圓亦具緣中不觸"

이다. 그래서 편으로부터 정으로 향하여 열린관계로서 편과 정이 모두 원만할 수 있는 것이다. 이처럼 편을 편이게끔 하는 정은 이 경우 편 그 자체 즉 온갖 '반연' 속에서도 자신의 정을 잃지 않는다. 만반의 현상을 남김없이 현상으로 관찰하고 나면 본체는 스스로 자명해져 숱한 언설 속에서도 언설을 떠난 당체로 자존해야 함을 스스로 요구한다. 이래서 조산본적은 편중정을 '산은 산이고 물은 물이다[山是山 水是水]'107)라고 표현했다. 본체는 법이연한 본체이기 때문에 본체 그대로 깨달을 수는 없다. 오히려 숱한 현상을 올바로 궁구함으로써 자신의 본체를 밝혀야 한다. '이를 버리고 사에 나아간다[背理就事]'는 것은 바로 이런 의미에서이다. 차별 속에 있으면서 무차별을 행하므로 '본말을 종(宗)으로 되돌린다'는 것이 '유어중무어'의 일례이다. 이처럼 무(無)를 체득하여 절대의 진리에 서 있는 것이 편중정이다. 편중정은 흔히 하반이 흑원(◐)으로 표현된다. 이것은 편으로부터 정을 향하여 실천적으로 회입(會入)하는 형태이다. 편중정은 현상즉본체를 실증하는 제이명제로 나타난다. 이에 대해 동산은 다음과 같은 송을 붙이고 있다.

> 늦잠을 잔 노파가 고경을 들여다보니
> 거울 속에 비취는 모습이 타인은 아니로다.
> 아서라, 거울 속의 그림자를 참자기라 여기는 일.108)

실효(失曉)는 늦잠을 잔다는 말이고, 고경(古鏡)은 무엇

---

107) 『五位旨訣』,(大正藏47, p.533中-下)
108) 『瑞州洞山良价禪師語錄』「洞山五位頌」,(大正藏47525下,) "失曉老婆 逢古鏡。 分明覿面別無真。 休更迷頭猶認影"

하나 남김없이 있는 그대로를 비추어 내는 거울로서 『보경삼매』의 '보경'이라 할 수 있다. 늦잠을 자고 일어난 노파가 거울을 들여다보니 자신의 얼굴이 보이는 듯하나 제대로 파악할 수가 없어 어느 것 하나 분명한 것이 없다. 그러니 자기의 본래면목을 거울 속에서나 찾으려는 일은 그만두는 것이 좋다. 여기에서 노파는 편이고 고경의 작용은 정이다. 그래서 노파가 고경을 들여다보는 것[逢]은 편중정, 즉 편이 정을 향한 열린관계의 모습이다. 이때 노파가 없으면 고경도 필요없고 고경이 없으면 노파가 거울을 들여다볼 일도 없다. 이미 노파와 고경은 각각이면서 하나의 작용을 향해 있어서 각각으로 있는 것은 아무런 의미가 없어지고 만다. 노파는 노파이고 고경은 고경이므로 노파가 고경에 자신의 얼굴을 비추어 찾는다고 해도 고경은 여전히 고경이고 노파는 그대로 노파이다. 편을 기초하면서 그 편을 타고 넘어 편 속에 내재하는 정과 열린관계를 이룬다. 이에 대해 조산본적은 다음과 같은 주석을 붙이고 있다.

반연 속에서 정을 터득하는 것이다. 편위가 현상으로 드러나 있음은 앞서 말한 바 있다. 다시 어떤 모습으로 드러낼 필요가 있으랴. 지금 나타나 있는 그대로가 편위인 것을. 자칫하면 간과하기 일쑤다. 바로 편위 그 속에서 터득하지 못하면 하잘것없는 범부에 불과하다. 본래의 자기 머리를 거울 속에서 찾으려 말라. 그러면 종내 찾지 못할 것이다.[109]

---

109) 『註釋洞山五位頌』,(大正藏47, p.542,中-下) "緣中會也 露也 適來又記得 又是什麽模樣 恁麽則別不呈色 卽今會也 只者箇便是也 失 又恁麽則未有眞時較些子 本來頭 又莫認影卽是 又 終不記得 又恁麽則改不得也"

편[緣] 속에서 정과 열린관계[會]가 된다. 이미 편으로 드러나 있는 모습이므로 달리 드러낼 필요도 없다. 지금의 그대로가 편인 노파의 모습이므로 고경 속에서 얼굴을 찾으려는 것은 어리석은 일이다. 본래의 얼굴을 거울 속에 비추어 본래의 모습을 그대로 파악하기만 하면 된다. 달리 어디서 자기를 찾겠는가.

③ 정위중래(正位中來, 正中來)

<현결> 순수한 정위(正位)만 있어 반연을 의지하지 않는 가운데서 진리를 드러내므로 무어중유어(無語中有語)라 할 수 있다.

앞의 정중편과 편중정은 정과 편의 열린관계를 근거로 한 실천적 명제였다. 그러나 제삼위인 정중래와 제사위인 편중지는 정과 편의 열린관계를 설하는 것이 아니라 오히려 닫힌관계로서 각각을 일방적으로 추구해 간다. 그래서 각각의 독자적인 출발점을 가지고 자기자신을 심화해 가는 위(位)이다. 이에 따라서 '중'의 의미도 심화된다. 이것은 일방구진(一方究盡) 탈체현성(脫體現成)과 같은 불편부당(不偏不黨) 지성독탈(至誠獨脫)110)의 작용을 의미한다.111) 여기에 조산본적은 다음과 같이 해석하고 있다.

---

110) 一方究盡은 일방적으로 하나도 남김이 없이 깔끔하게 마무리하는 것이다. 脫體現成에서 脫體는 부족함도 없고 지나침도 없이 있는 그대로 온전한 모습인데, 깨침이 있는 그대로 드러난 것을 말한다. 이에 탈체현성은 있는 그대로 깨침이 감추어짐이 없이 드러나 있는 모습으로, 천지 및 우주가 모두 깨침이라는 말이다. 달리 全體露現, 全體現前, 全身獨露와 같은 의미이다. 不偏不黨은 어느 한쪽에 치우치지 않아 아주 공정한 모습이다. 至誠獨脫은 지극한 마음을 다하여 일체의 번뇌로부터 훤칠하게 초연한 모습이다.
111) 若山超關, 「'行學一體'の理念と'曹洞五位'の說」,(『愛知學園大學論叢

정위중래는 달리 반연을 의지하지 않는다. 그래서 어떤 언설로도 표현이 되지 않는다. 그러기에 약산유엄은 '아직껏 남에게 발설하지 않은 일구를 지니고 있다'고 말했다. 말해 버리면 벌써 그 일구는 제이의(第二義)에 떨어지고 만다. 구구(句句)가 각각 정위중의 무어(無語)로서 존비(尊卑)를 초월하고 좌우(左右)에 걸리지 않기 때문에 정중래라 한다. 곧 정위라는 반연에도 걸림이 없음을 말한다. 가령 이것은 검은콩이 아직 발아하기 이전이라든가, 호흡을 하지 않는 사람이라든가, 부모미생전본래면목(父母未生前本來面目)의 소식으로서 시방제불의 출신처의 경지이다. 즉 무어중유어(준無語中有語)이다.[112]

이처럼 정중래는 모름지기 그 체물(體物)을 밝히기 위해서조차 편위를 향하지 않는다. 그렇다고 정위에만 머물러 있어서는 안 된다. 그 반연[偏位]을 향하지 않고 자신의 정위를 인득(認得)할 뿐 그것을 공훈(功勳)으로 여겨 향상사(向上事)로 삼아서는 안 된다. 보다 엄격하게 말하자면 정위중래라는 말조차 어색한 표현이다. 순수주관 그 자체가 지성독탈(至誠獨脫)[113]이기 때문이다. 여기에서 '정'은 무상무형(無相無形) 無무념무상(念無想)의 당체로서 현상적인 온갖 반연에 걸리지 않고, 남을 향해 일구도 발설하지 않는 묵묵행(黙黙行)이다. 거기에 바로 모든 잠재적인

禪學研究』3, 愛知學園大學禪學研究所, 1966)

112) 『解釋洞山五位顯決』,(大正藏47, pp.541下-542中) "正中來者 不兼緣 如藥山曰 我有一句者 未曾向人說 道吾曰 相隨來也 此是他妙會得 如湖南觀察使語 此例甚多 事須合出不得混尊卑 呼爲無語中有語 又我有一句者 未曾向人說 此問答家 須就出不得乖角 乖角則不知有故 句句無語不立尊貴 不落左右 故云正中來也 正位來 明正位不涉緣 又引語例者 如黑豆未生芽時作麽生 又如曰有一人無出入息 又曰未具胞胎時還有言句也無 十方諸佛出身處也 此例喚作無語中有語 又有借事 正位中來者 此一位答家 須向偏位中 明其體物 不得入正位明也"

113) 至誠獨脫은 지극한 마음을 다하여 일체의 번뇌로부터 훤칠하게 초연한 모습이다.

공(功)이 현재를 향한 근원태로서 자리잡고 있다. 그래서 정중래는 정중편이 보다 심화된 것이라고도 할 수 있다. 진실로 무공용 속에서 무연대비를 일으켜[無功用海中煥發無緣大悲] 깨침을 추구하면서 교화에 매진하는 원륜[願輪鞭上求菩提下化衆生願輪]이라 할 수 있다.114) 순수주관[正]으로서 본체를 상실하지 않고 그대로를 현현[偏]시키는 공계무물(空界無物)의 즉현(卽現)이다. 여기에서 순수라는 것은 털끝만큼의 사려분별도 가하지 않는 참으로 경험 그 자체의 상태를 말한다. 가령 색을 보고 소리를 듣는 찰나 그것이 외물의 작용인가, 아니면 자신이 그것을 느끼고 있는가 하는 생각이 없을 뿐만 아니라 그 색 및 그 소리는 무엇인가 하고 판단하기 이전의 경험과 같은 것이다.115) 즉 정나나(淨裸裸) 적쇄쇄(赤洒洒) 면목당당(面目堂堂) 진천진지(盡天盡地) 독존무이(獨尊無二) 전신독록(全身獨露, 體露金風) 만법근원(萬法根源) 무구무예(無垢無譽)116)의 경지이다. 따라서 이것을 백원 속의 흑원(◉)으로 도시한다. 현상의 근원에 본체의 정위가 그대로 잠재해 있음을 나타낸다. 이에 대해 동산은 다음과 같은 송을 붙이고 있다.

무어 속에 출진의 길이 있나니,
다만 천자를 저촉하지만 않으면
전왕조의 혀 잘린 사람보다 나으리.117)

114) 石附勝龍, 「偏正五位異說の源流-汾陽慈明兩偏正五位をめぐつて-」, (『宗學研究』12, 駒澤大學, 1970. p.146)
115) 西田幾多郎, 『善の研究』. p.13. 岩波書店, 1993.
116) 『五位旨訣』,(大正藏47, p.544中-下)
117) 『瑞州洞山良价禪師語錄』「洞山五位頌」,(大正藏47525下,) "無中有路隔塵埃。但能不觸當今諱。也勝前朝斷舌才"

무중유로(無中有路)는 무어중유어(無語中有語)로서 이심전심이다. 당금(當今)은 핑지정각의 말을 빌리자면 환중천자(寰中天子)로서 그 어느 누구도 범접할 수 없는 존엄한 신분이다. 무중유로의 이심전심은 탈속[出塵]의 경지로서 지존한 천자의 뜻을 함부로 거역[諱]할 수 없는 바에 비유되고 있다. 진실로 탈속한 깨침의 길이 언어도단인 것은 당시 당대(唐代) 이전, 즉 수대(隋代)에 있었던 단설(斷舌)의 재사(才士)118)가 행한 현하지변(懸河之辯)으로도 미칠 수 없다. 그 모든 것은 정위 속에서 은밀하게 행해지고 있어 겉에 현상으로는 알려지지 않지만 삼라만상이 추이하는 원리가 되어 있다. 이에 조산본적은 다음과 같은 주석을 달고 있다.

개구즉착(開口卽錯)이다. 말 없음 가운데서 터득한다. 이전의 것을 가지고 이러쿵저러쿵하는 비교하는 것은 곁가지밖에 되지 못한다. 진정 말 없음 가운데서 진리를 터득할 줄 알게 되면 제이의(第二義)에 떨어질 사람은 없다. 그러나 치묵(痴黙)은 철저히 단절해야 한다. 절치부심(切齒腐心)하는 정진이 없어서는 안 된다119).

무엇이라고 말을 붙이려고 하면 벌써 어긋나버리고 만다.

---

118) 一然은 그의 『重編曹洞五位』 卷中,(韓佛全6, pp.229-230)에서 다음과 같이 말하고 있다. "林間錄云 無盡居士 嘗向予曰 悟本大師作五位君臣偈 其正中來曰 但能莫觸當今諱 也勝知朝斷舌才 先德之意 雖明妙挾 然知朝斷舌事 矧又曰 知朝尤無謂也 將非後世傳錄之誤耶 予曰舊本曰 也勝前朝舌才意 用隋賀若弼之父敦爲宇文護所忌害之 臨刑戒之曰 吾以舌死 引賀若舌以錐刺之 出血使愼口 隋興唐之前 前朝刺舌 非知朝明矣 然斷舌刺舌意則同耳 無盡屬予記之"

119) 『註釋洞山五位頌』,(大正藏47, p.542中-下) "過也 無句中有句 相隨來也 又從來事作麽生 恁麽則不相借也 傍這箇 早是傍也 自是一般人 恁麽則盡大地無第二人也 非黙 更切於這箇 又終不切齒 恁麽則叮嚀不得者"

그 정위는 무구중유구(無句中有句)이므로 현상의 편위를 따라 추구할 수 없다. 그것이 보통 어리석은 사람들의 생각이지만 그것은 영원히 제이의(第二義)를 벗어나지 못한다. 그렇다고 암묵(暗默)의 치(痴)여서는 더욱 안된다. 더욱 가열찬 수행이 요구되는 것이다.

④ 편위중래(偏位中來, 偏中至)

<현결> 단지 편위(偏位)만 있어 반연을 겸대(兼帶)한 가운데서 진리를 드러내므로 유어중무어(有語中無語)라 할 수 있다.

편중지는 정중래가 정위의 일방적인 구진(究盡)과는 대조적으로 편위의 일방적인 구진(究盡)이다. 따라서 현실적인 모든 현상을 통하여 진리의 절대경지에 이르는 명제이다. 정중래처럼 편중지도 정과 편의 닫힌관계로서 편을 편으로 궁구하여 지성독탈(至誠獨脫)[120]한다. 이리하여 궁극적으로는 편정이 원만한 경지에 이르는 길을 보여주고 있다. 따라서 유위의 현상 속에서 무위의 진제(眞諦)를 실현하므로 유어중무어(有語中無語)라고 한 것이다. 편위중래에 대해 조산본적의 해석은 다음과 같다.

편위중래는 온전히 현상의 반연을 의지한다. … 사대의 성색(聲色)으로부터 왔지만 시비를 두지 않는다. 그러므로 반연하는 가운데서 이해한 것을 달리 편위중래라 한다. 편위중래는 편위를 밝힘에 있어 반연을 의지하지만 그 반연의 본성이라는 체성이 없으므로 정위와 동일하다. 그래서 편위중래는 물(物)에 나아가 진리의 체를 밝히는 입장이라고 할 수 있다.[121]

---

120) 至誠獨脫은 지극한 마음을 다하여 일체의 번뇌로부터 훤칠하게 초연한 모습이다.

편위중래는 곧 반연을 의지한 것이다. 언설은 그 자체가 사대성색(四大聲色)을 반연한 것이므로 시비의 대상이 아니다. 그러므로 반연 가운데서 진리를 체득함을 편위중래라고 한다. 이것은 곧 편, 즉 물(物)에 나아가 진리[體]를 이해하지만 그 반연의 본성은 정위와 마찬가지로 공(空)이다. 곧 반연 가운데서 인득(認得)한 예는 허다히 많다.

이처럼 편중지의 편은 감각적인 만유세계의 모든 반연 및 모든 현상을 가리킨다. 즉 진리는 어느 시처(時處)에도 다 현현해 있다. 그것을 터득해 감에 있어 단순히 현상의 모습만을 보는 것이 아니라 그 자체가 곧 진리의 체현임을 잊지 않는 것이다. 앞의 정중래가 정위즉공계(正位卽空界) 본래무물(本來無物)이라면 편중지는 편위즉색계(偏位卽色界) 만유상형(有萬象形)이다. 그래서 편중지는 흔히 둘레를 흑원(○)으로 도시한다. 현상의 편위가 본체의 정위로 승화됨을 나타낸다. 여기에 동산은 다음과 같이 송한다.

두 칼날이 교차하니 회피할 수가 없도다.
막상막하의 적수를 만나니 불 속에서 핀 연꽃과 같아
그 기운은 마치 하늘을 찌를 듯하구나[122].

검도(劍道)의 두 명인이 대결하면서 칼날이 맞부딪치는 입장이므로 조금의 방심도 허용되지 않는다. 거기에는 승부나 우열이 없다. 이 비장한 모습은 마치 불 속에서 피어

---

121) 『重編曹洞五位』卷中,(韓佛全6, p.222) "偏位中來者則兼緣 … 語從四大聲色中來 不立處所是非 故曰緣中辨得是偏位中來也 偏位來明偏位涉緣 緣性無體 皆同正位 偏位中來者 就物明體"
122) 『瑞州洞山良价禪師語錄』「洞山五位頌」,(大正藏47525下,) "兩刃交鋒不須避。好手猶如火裏蓮。宛然自有冲天志"

나는 연꽃처럼 희한하여 결코 무너지지 않는 절대경지를 나타낸다. 일촌도 틈을 용납하지 않는 그 위용은 마치 하늘을 찌를 듯한 기봉(機鋒)이다.

이것은 일상생활의 어느 것 하나도 소홀히 여기지 않는 선가의 진정한 정신의 발로이다. 또한 불립문자(不立文字)의 선이 단순히 암묵의 선에 떨어지는 것이 아니라 항상 견강불식(堅强不息)하여 선지식을 참문하고 경권(經卷)을 가까이하면서 주야로 참선변도(參禪弁道)에 힘쓰는 모습이 바로 편중지의 입장이다. 이에 대한 조산본적의 주석은 다음과 같다.

유구(有句)만의 것이므로 주객이 서로 저촉하지 않고 각각이 상해(傷害)하지 않는다. 이 모습은 마치 화살의 끝이 서로 맞부딪치고 맥맥이 끊어지지 않아 서로 대적할 대상이 없다. 이러한즉 서로 간섭할 수가 없어 괴멸함이 있을 수 없다. 그러니 누가 강하고 약하여 승부가 있겠는가. 달리 온 바가 없으니 의지할 바가 없고, 달리 본유(本有)가 없으니 어찌 자타가 존(存)이고 유(有)이겠는가.[123]

이 편중지는 편위의 입장에서 진리를 파악한 명제다. 그래서 유구중래(有句中來)이다. 정위와 편위가 상촉(傷觸)을 거부한다. 비유를 들자면 화살촉이 서로 마주치듯 하고 칼날이 서로 번득이는 모습이다. 그 팽팽한 긴장 속에서는 어느 한쪽에도 강약이 없다. 서로 한 치도 물러섬이 없이 전체용(全體用)으로 현성해 있다.

---

123) 『註釋洞山五位頌』.(大正藏47, p.542中-下) "有句中來 主客不相觸 彼彼不傷也 箭箭相拄脈脈不斷 不相敵者 又恁麼則却不相管 壞不得 誰是得便者 弱於阿誰 又恁麼則終不作第二人也 不從入得 又恁麼則不借也 非本有 又恁麼則己亦不存 非己有"

⑤ 상겸대래(相兼帶來, 兼中到)

<현결> 정과 편이 함께 하여 진리를 드러낸다. 이 가운데에는 유어(有語)니 무어(無語)니 하는 것을 따로 분류하지 않고 그대로 진리를 향하므로 원전(圓轉)하지 않음이 없다. 그러므로 이것저것 분별하는 것은 모두 병통(病痛)이다. 유어니 무어니 분별하지 말고 마땅히 곧장 진리를 향해 나아가야 한다. 훌륭한 선지식에게 언어가 없을 수는 없다. 그러나 언어의 있고 없음에 걸리지 않을 뿐이다. 그것을 일컬어 언어를 겸대(兼帶)하면서도 전혀 그것에 떨어지지 않는다고 말하는 것이다. 저 도오원지(道吾圓智) 스님이 입적에 즈음하여 대중에게 말씀하셨다. '그때 운암스님은 (약산스님의 말씀을) 이해하지 못하였다. 당시에 내가 일러주지 않은 것이 후회스럽구나. 그렇긴 하지만 (운암스님이) 약산스님의 뜻을 거스린 것은 아니었다'. 저 도오원지 스님의 간절한 노파심을 보라. 남전(南泉) 스님이 말씀하신 이류중행(異類中行)을 신산승밀(神山僧密)도 아직 모르는구나.

이 겸중도에서는 정과 편을 초극해 있다. 그래서 유어와 무어를 설하지 않으며 그에 얽매임이 없이 자유무애하게 정면으로 나아간다. 이 속에서는 정과 편이 원전(圓轉)한 모습이지만 그 원전에 머물러 있지 않는다. 어느 입장도 취하지 않는다. 즉 정과 편의 열린관계와 닫힌관계의 어느 명제도 부정적으로 내장(內藏)하고 있으면서 각각에게 고유한 생명을 부여한다. 그래서 명안종사(明眼宗師)는 유어와 무어에 초연한 절대적 진리이며 절대적 현상을 언설로 표현하지 않는다. 그대로 전무적적(全無的的)이다. 그래서 조산은 '허(虛)하지도 않고 실(實)하지도 않으며 향(向)과 배(背)도 없다.'[124]고 말했다. 이제 겸중도에 대한 조산본적의 해석을 보면 다음과 같다.

---

124) 『五位旨訣』,(大正藏47, p.533中-下) "正不必虛 偏不必實 無背無向 兼中到"

정과 편이 함께 진리를 드러낸다는 것은 거기에 편정(偏正)이나 존무(存無)가 없다. 조금도 전(全)하면서 부전(不全)하고, 휴(虧)하면서 불휴(不虧)하여 오직 곧바로 진리를 드러낼 뿐이다. 달리 정과 편을 시설하지 않은 짐쇼(至妙)한 입장이면서 현상은 현상 그대로다. 운암스승께서 문수끽다화(文殊喫茶話)에 대어(代語)하여 '그것을 살펴보았느냐.'고 말한 것과, 취미스님께서 '매일 공양종을 치느냐.'고 물으신 것과 같다.125)

겸대(兼帶)는 편(偏)·정(正)·존(存)·무(無)에 걸리지 않아 전(全)하면서 부전(不全)하고 휴(虧)하면서도 불휴(不虧)하다. 그러니 오직 흑백미분(黑白未分) 사리미분(理事未分) 그대로 현현하고 그대로 잠몰한다. 정과 편에 열린관계와 닫힌관계를 용납하지 않는다. 정과 편이 교참하거나 고집하는 것을 떠나 자유무애하다.

조산본적은 이러한 겸중도를 가리켜 '그윽히 온갖 반연에 응하면서도 제유(諸有)에 떨어지지 않아 염(染)·정(淨)·편(偏)·정(正)을 초월한다. 그래서 허현대도(虛玄大道)이고 무착진종(無著眞宗)이다.'고 하였다. 이 때문에 흔히 겸중도는 옅은 흑원(◉)으로 도시한다. 정위가 짙은 흑원(●)으로 표현되는 것과는 구분이 된다. 이에 대하여 동산은 다음과 같이 송한다.

유무를 초월한 자 그 누구인가.
보통사람들은 제각기 깨침을 구하지만
임운자재하게 진속에 화동하네.126)

---

125) 『解釋洞山五位顯決』,(大正藏47, pp.541下-542中) "相兼帶來者 爲語勢不偏不正不存不無 如全不全似虧不虧 唯得正面而去也 去則不立的 不立的則至妙之言 境不圓常情之事也 如先師代文殊喫茶語 曰借取這箇 看得麼 亦如翠微曰 每日噇甚麼"
126) 『瑞州洞山良价禪師語錄』「洞山五位頌」,(大正藏47525下,) "不落有無 誰敢和 人人盡欲出常流 折合終歸炭裏坐"

유무를 초월해 있으니 뉘라서 이것과 화동할 것인가. 명안종사가 아니면 얼토당토않는 말이다. 미혹한 사람들은 정사(正邪) 및 미오(迷悟)를 다투면서 본래면목에 노닐기를 바란다. 그러나 궁좌실제중도상(窮坐實際中道床)의 사람이 아니면 불가능하다. 왜냐하면 심(心)과 경(境)과 사(事)와 이(理)로써 파악할 것이 아니고, 명상(名狀)을 떠나 천진스레 성상(性相)을 잊었기 때문이다.127) 계교(計較) · 대응(對應) · 빈주(賓主) · 범성(凡聖) · 미오(迷悟) 등을 이탈하여 단호하게 대도에 나아가는 것을 절합(折合)이라고 한다. 그래서 대도에서 살아가는 것을 탄리(炭裏)에 앉는다고 말한다. 그래야만 지동획서(指東劃西)하는 어리석음을 범하지 않는다.

그러면 겸중도는 앞의 네 명제가 정과 편을 계기로 구성되어 있는 바 그 구경으로서 완결인가, 아니면 다섯째로서의 그 종합인가. 동산양개가 이 겸중도를 설한 의도는 무엇인가. 이에 대해서 혹자는 다음과 같이 말한다.

원래 정중편과 편중정은 정과 편을 '중'으로 열린관계를 만든 반대대립(反對對立)이다. 그러나 정중래와 편중지는 정과 편을 '중'으로 닫힌 관계를 맡든 모순대립(矛盾對立)이다. 정중래는 정과 정을 '중'으로 하여 일방구진(一方究盡)한 것이고, 편중지는 편과 편을 '중'으로 하여 일방구진(一方究盡)한 것이다. 각각 정이면서 정이어야 할 이유가 없고, 편이면서 편이어야 할 이유가 없이 고차원에 있어서 정과 편이 절대모순의 자기동일에 이른 것이라고 생각한다. 여기에서 반대대립과 모순대립이라는 두 대립은 열린관계와 닫힌관계의 대립이다. 이러한 대립은 실로 단순한 병렬적인 대립이 아니다. 상술한 네 가지 위(位)는 각각 독립한 절대적 진리의 명제임과 동시에 서로 양립할 수 없는 명제로서 배척의 관계였다. 그러나 이러한 부정적인 것마저 다시 부정

---

127) 『五位旨訣』,(大正藏47, p.533中-下) "不是心 不是境 不是事 不是理 從來離名狀 天眞忘性相"

하고, 공(空)까지도 다시 공(空)이게끔 하고, 무(無)마저도 다시 무(無)로 되돌리는 곳에 불교논리의 실천적인 의의가 있다는 것은 주지의 사실이다. 정과 편이라는 그 자체에 이미 상호부정의 계기가 존립하고 있지만, 그 정과 편의 상호부정은 정과 편의 그 자체를 부정함으로써 다시금 정과 편으로 실현되지 않으면 안 될 것이다. 제오위는 진실로 이러한 부정의 부정으로서 독립자존하는 각각 사위의 상호부정을 부정적으로 내포하는 입장에서 취해진 것이기 때문에 '겸중도'라고 불리는 것이다.[128]

위에서 설명하고 있듯이 겸중도는 앞의 네 가지 명제를 대긍정으로 회통한 다섯째의 명제로 보아 좋을 것이다. 그러나 앞서 언급했듯이 동산이 『오위현결』을 저술한 직접적인 이유가 '중리육효(重離六爻) 편정회호(偏正回互) 첩이성삼(疊而成三) 변진위오(變盡爲五)'의 의미를 밝히려 했던 점을 생각한다면 어느 한 명제에 특별한 중요성 내지 통일성을 부여하는 것이 바람직하지는 않을 것이다. 왜냐하면 오위의 하나하나가 수행의 단계적인 향상의 구조가 아니라 실천의 행태를 각각 다섯 가지 입장에서 설한 것이기 때문이다. 그래서 조산은 한 마디로 '묘협(妙挾)'[129]이라고 하였다. 협(挾)은 협(마)이고, 협(마)은 합(合)의 의미가 있어 협(協)으로 통한다. 겸중도가 앞의 네 명제 위에 서 있는 것이 아니라 미묘한 협의(挾義)의 관계에 있다. 이처럼 동산양개의 오위구조를 겸중도중심으로 설정되어 있음을 알 수가 있다.

지금까지 살펴본 동산양개의 『오위현결』의 내용은 다음

---

128) 若山超關, 「'行學一體'의 理念と'曹洞五位'의 說」,(『愛知學園大學論叢 禪學研究』3, 愛知學園大學禪學研究所. 1966)
129) 『註釋洞山五位頌』,(大正藏47, p.542中-下)

과 같이 요약할 수 있을 것이다.

동산은 수행인이 닦아 가는 수행과 그 실천의 행태를 정과 편을 가지고 다섯 가지로 표현하였다. 즉 정위인 본체와 편위인 현상을 열린관계와 닫힌관계라는 실천의 논리를 통해 ① 정위각편(正位却偏), ② 편위수편역원양의(偏位雖偏亦圓兩意), ③ 정위중래(正位中來), ④ 편위중래(偏位中來), ⑤ 상겸대래(相兼帶來) 등으로 분류하였다. 이것을 그의 제자인 조산본적이 ① 정중편－이사체용(正中偏－理事體用), ② 편중정－사리용체(偏中正－事理用體), ③ 정중래－전분체(正中來－全分體), ④ 편중지－전분용(偏中至－全分用), ⑤ 겸중도－이사미분(兼中到－理事未分)이라는 이름으로 체계화시켰다. 조산은 동산의 『오위현결』에 각각 『주석』, 『해석』, 『축위송』 등을 가하여 오위를 사상적으로 대성시켰다.

정중편과 편중정은 정과 편의 어느 한 입장에 서서 구체적 현실을 열린관계로 설한 논리의 입장이다. 이에 반해 정중래와 편중지는 정은 정, 편은 편으로서 일방구진(一方究盡)하여 진리에 이르는 실천의 입장이다. 이에 다시 제오위로서 이론과 실천까지도 초극한 대긍정의 겸중도를 시설하였다. 그러나 오위를 성립시키는 '정'과 '편'과 '중'의 실천적 이해가 소멸되고, 그 진의(眞意)만 따르게 되면 오위는 단순히 형식적이고 론리적인 공론(空論)에 떨어지고 말 것이다. 이 점에 유의하여 동산양개는 『공훈오위』를, 그리고 조산본적은 『군신오위지결』을 지어 실천적인 수행에 힘쓸 것을 도모하였다.

제III장 조동오위의 구조와 전개

1. 조동오위의 구조와 전승

1) 조동오위의 원류

　혜능의 손제자에 해당하는 석두희천에게서는 사(事)와 이(理), 명(明)과 암(暗)의 대립을 초극하는 열린관계[回互]의 원리가 엿보인다. 이에 대하여 『전등록』에서는 곧 심(心)과 불(佛)과 중생(衆生)과 보리(菩提)와 번뇌(煩惱)의 체는 같지만 이름만 다를 뿐이며, 영묘한 마음의 체는 구경원만(究竟圓滿)하다고 말한다. 그리고 현상의 세계도 모두 자기 마음의 모습이라고 한다.130)

　석두는 이것을 더욱 구체적이고 조리정연하게 『참동계(參同契)』를 통해 전개하고 있다. 『참동계』는 그 제목에서도 볼 수 있듯이 차별현상(差別現象, 參)과 평등일여(平等一如, 同)의 실제가 상즉원융(相卽圓融, 契)함을 말한 것이다. 여기에 나타난 상즉과 열린관계의 원리는 조동종 오위의 사상적인 기초가 되어 있다.131)

---

130) 『傳燈錄』 卷14,(大正藏51, p.309中-下) "師一日上堂曰 吾之法門先佛傳授 不論禪定精進 達佛之知見卽心卽佛 心佛衆生菩提煩惱名異體一 汝等當知 自己心靈體 離斷常性非垢淨 湛然圓滿凡聖濟洞 應用無方離心意識 三界六道唯自心現 水月鏡像豈有生滅 汝能知之無所不備 (中略) 大顚問師 古人云 道有道無是二謗 請師除 師曰 一物亦無除箇什麽"

131) 『參同契』,(『傳燈錄』30, 大正藏51, p.459中. 『明覺禪師語錄』 卷4,(大正藏47, p.697上-中) "靈源明皎潔 枝派暗流注 執事元是迷 契理亦非悟 門門一切境 回互不回互 (中略) 依根葉分布 本末須歸宗 尊卑用其語 當明中有暗 勿以暗相遇 當暗中有明 勿以明明覩 明暗各相對 比如

영원(靈源)과 지파(枝派), 이이(理)와 사(事), 본(本)과 말(末), 명(明)과 암(暗) 등이 각각 일체의 경계에서 열린 관계와 닫힌관계를 이룬다. 그러면서도 한 차원 높게 이원 적인 대립으로 끝나는 것이 아니라 열린관계의 논리에 통하고 있다. 마치 그것은 걸음을 걸을 때의 왼발 오른발처럼 서로 전후가 없이 앞선 듯 뒤선 듯 함께 진행해 나아간다.

석두희천은 이러한 원리가 단순한 논리에 그치지 않고 주체적이고 실천적인 계기로 나아갈 것을 요구한다. 즉 『참동계』의 마지막 부분에서 그 '사(事)는 함(函)과 개(蓋)가 부합(符合)하듯 하고, 이(理)는 화살의 끝이 서로 맞닥뜨리듯 한 치의 오류도 없으니, 부디 참학인(參學人)들은 허송세월하지 말라.'고 권하는 내용이 있다.[132] 이러한 석두의 실천논리는 그의 제자 약산유엄에게 전해져 간명직절(簡明直截)한 일구에 의한 단적인 접화방법으로 나타나고 있다.[133]

곧 약산의 선풍은 좌선에 있어서 아무것도 하지 않는 무사량(無思量)의 좌선이 아니라 사량분별을 초월한 비사량

前後步"

132) 『傳燈錄』 卷30,(大正藏51, p.459中) "事存函蓋合 理應箭鋒拄 承言須會宗 勿自立規矩 觸目不會道 運足焉知路 進步非近遠 迷隔山河固 謹白參玄人 光陰莫虛度"

133) 『傳燈錄』 卷14,(大正藏51, p.312上-中) "師坐次有僧問 兀兀地思量 什麼 師曰 思量箇不思量底 曰不思量底如何思量 師曰 非思量 僧問 師書佛字問道吾 是什麼字 吾云 佛字 師云 多口阿師 朗州刺史李翱嚮師玄化屢請不起 乃躬入山謁之 師執經卷不顧 侍者白曰 太守在此 翱性偏急乃言曰 見面不如聞名 師呼太守 翱應諾 師曰 何得貴耳賤目 翱拱手謝之 問曰 如何是道 師以手指上下曰 會麼 翱曰 不會 師曰 雲在天水在缾"

(非思量)의 입장에서 절대진리를 드러내고 있다. 또한 제자들의 질문에 대해 간결하게 일구로 답변하고 있는 것도 바로 비사량의 입장으로 이끌어 들이려는 접화방법으로 볼 수 있다. 이러한 흐름은 바야흐로 당시의 선계(禪界)에 만연해 있던 교의(敎義)를 실천적인 입장에서 제자를 접화하려는 새로운 지도원리의 출현을 암시해 주고 있다.134)

2) 조동오위의 형성

조동오위는 조동종에서 설한 오위라는 의미이다.135) 이 조동오위는 조동종의 기본적인 교의로서 수행인이 닦아가는 수행의 측면을 정과 편을 가지고 다섯 유형으로 나타낸 것이다. 따라서 달리 편정오위라고도 한다. 이 편정오위에 근거하여 이후 오위에도 4종오위로 설해져 갔다. 그것은 편정오위 · 공훈오위 · 군신오위 · 왕자오위 등이다.

그러나 공훈오위 · 군신오위 · 왕자오위 등은 모두 동산의 편정오위에 기초하여 나온 것들이다. 이 가운데 군신오위는 「오위군신(五位君臣)」 곧 일명 조산의 「오위군신지결(五位君臣旨訣)」136)이라고도 일컬어지는 것이다. 이 조산의 「오위군신지결」에는 달리 대양경현(大陽警玄)이 송(頌)을 붙인 것도 아울러 전해지고 있다.137)

---

134) 당시 臨濟義玄의 喝, 德山宣鑒의 棒, 雲門文偃의 一字關으로 대표되는 禪家의 독특한 指導原理도 때를 같이 하고 있다. 따라서 潙仰宗의 圓相과 洞山良价의 五位 및 그에 대한 후학들의 五位에 대한 圖解도 이러한 맥락에서 이해할 수 있다.

135) 여기에서는 편의상 曹洞五位 내지 偏正五位라는 용어를 일반적으로 사용하면서, 경우에 따라서 오위를 주장한 사람의 명칭에 따라 洞山五位, 曹山五位, 石霜五位, 汾陽五位 등의 용어도 아울러 사용하기로 한다.

136) 『人天眼目』 卷3,(大正藏48, pp.313下-314上)

또한 동산의 공훈오위는 「동산공훈오위병송(洞山功勳五位幷頌)」이라고 하여 동산의 「공훈오위」에 대해 대혜종고(大慧宗杲)가 송(頌)한 것이 있다.[138] 또한 취암사종(翠岩嗣宗)은 동산의 「공훈오위」에 문답형식을 빌어 「공훈문답(功勳問答)」이라는 게송을 붙이고 있다.[139]

한편 조산은 동산의 「공훈오위」에 극히 간략한 서(序)와 함께 그것을 「조산오위군신도송병서(曹山五位君臣圖頌幷序)」라고 하여 도형과 함께 게송을 붙이고 있다.[140] 그리고 이와 함께 회암지소(晦巖智昭)는 그가 편집한 『인천안목(人天眼目)』에 위의 편정오위·군신오위·왕자오위·공훈오위 등에 대해 서로 대조하여 다음과 같이 그 제목만을 도식으로 나타내고 있다.[141]

圖式	偏正五位	王子五位	君臣五位	功勳五位	備考
◐	正中偏	誕生內紹	君位	向	黑白未變時
◑	偏中正	朝生外紹	臣位	奉	露
●	正中來	末生隱棲	君視臣	功	無句有句
○	兼中至	化生神用	臣向君	共功	各不相觸
◉	兼中到	內生不出	君臣合	功功	不當頭

이들 가운데 특히 「왕자오위」는 먼저 석상경제가 동산의 오위에 대하여 나름대로의 문답형식을 통하여 거기에 비유

---

137) 『人天眼目』 卷3,(大正藏48, p.314下)
138) 『筠州洞山悟本禪師語錄』,(大正藏48, p.516上)과 『人天眼目』 卷3,(大正藏48, pp.315下-316上)에 실려 있으나 『洞山錄』에는 동산의 게송만 있다.
139) 『人天眼目』 卷3,(大正藏48, p.316上-中)
140) 『人天眼目』 卷3,(大正藏48, p.316中)
141) 『人天眼目』 卷3 「功勳五位圖」,(大正藏48, p.316中)

로써 답한 「석상답오위왕자(石霜答五位王子)」라는 이름으로 『인천안목』권3에 수록되어 있다. 아울러 여기에는 석상경제의 「왕자오위」에 이어 『인천안목』의 편자인 회암지소가 오위에 대한 대혜종고의 설명을 뒷부분에 덧붙이고 있다. 그러나 「왕자오위」에 대한 직접적인 언급은 전혀 들어있지 않고 오위의 도식에 대한 설명뿐이기 때문에 「왕자오위」에 대한 대혜의 견해는 살펴볼 수가 없다. 여기에서도 기본적으로는 오위라는 다섯 가지의 명칭에 빗대어 각각 왕자의 위(位)를 탄생(誕生) · 조생(朝生) · 말생(末生) · 화생(化生) · 내생(內生)으로 상징적으로 나타내고 있다.

그러나 이 편정오위설은 동산양개의 창설로 공인되어 있지만, 이에 대하여 전혀 이의가 없었던 것은 아니다. 각범혜홍(覺範慧洪)의 『선림승보전』의 「조산장」에는 운암으로부터 시작되었다는 기록도 있다[142]. 그러나 편정오위의 모체는 동산양개의 「오위현결」1편으로부터 비롯되었다는 것을 인정하는 것이 가장 설득력을 지닌다.

「오위현결」은 214자의 단편이지만 그것이 포함하고 있는 내용은 현상과 본체, 둘째 현상과 본체의 자기와의 관계 등을 나타내고 있으므로 이후에 오위연구의 성행은 대단히 활발하였다. 심지어 임제종에서도 조동종 못지않게 유행하였다.[143] 따라서 동산에게는 편정오위 이외에도 「공

---

142) 『禪林僧寶傳』卷1「曹山章」. "中夜授章先雲巖所付寶鏡三昧 五位顯訣 三種滲漏畢 矮師叔引頸呼曰 洞山禪入我手矣" 그러나 慧洪의 다른 저서인 『林間錄』卷上에서는 "昔洞山悟本禪師 立五位偏正 以標準大法 約三種滲漏 以辨衲子非意斷苟爲皆本佛之遺意"라고 하여 서로 모순된 의견을 드러내고 있다.
143) 臨濟宗 제6세인 汾陽善昭의 五位는 正中來 · 正中偏 · 偏中正 · 兼

훈오위송」 5수가 있다. 게다가 동산을 이은 조산본적에게는 「오위군신지결(五位君臣旨訣)」 1편과 「오상게(五相偈)」 5수, 「오위지결(五位旨訣)」 1편, 「해석동산오위현결(解釋洞山五位顯訣)」 1편, 「축위송병별간(逐位頌幷別揀)」 1편 등을 저술하여 동산대사의 오위에 관한 주석을 대성시켰다.

이후 송대에는 안국(安國)이 『오위보협론(五位寶篋論)』 1편, 명대 말기에는 영각원현(永覺元賢)의 『동상고철(洞上古轍)』 2권 등이 저술되었다. 이에 그치지 않고 동산의 겸중도 중심설은 정중래 중심론으로, 그리고 그 내부의 명칭도 제4위에 해당하는 편중지는 겸중지로 불리는 경우도 있었다.

한편 오위에 관한 저술이 우리나라에서는 고려 시대 일연선사의 『중편조동오위(重編曹洞五位)』 3권 이외에는 아직 나타나지 않고 있다. 그러나 일연의 『중편조동오위』는 당시까지 유행하던 조동종의 오위사상의 집대성이라 할 만하다.[144]

이와 같은 조동오위의 사상은 열린관계와 닫힌관계의 원융(圓融)으로 집약된다. 그 근원적인 모체로서 들 수 있는 것은 앞서 언급한 석두희천의 『참동계』와 동산양개의 『오위현결』이다. 여기에서 동산이 『오위현결』을 창출하게 된 직접적인 의도도 바로 『보경삼매가』[145] 속의 '편정회호'라

中至 · 兼中到가 있으며, 汾陽의 제자인 石霜楚圓에게도 正中偏 · 偏中正 · 正中來 · 兼中至 · 兼中到가 있다. 宋代 이후에는 주로 石霜楚圓의 五位를 따르고 있다.

144) 一然 이후 日本에서는 五位에 관한 많은 著述과 그에 대한 註釋書들이 있다. 그러나 모두가 一然 이후의 것이다.

145) 「寶鏡三昧」는 처음 洞山이 主唱했을 때는 「寶鏡三昧歌」로 불렸다.

는 용어의 의미를 보다 명확하게 해석하기 위한 것이었음을 상기한다면 『오위현결』의 근본사상은 편과 정의 열린관계에 있음은 분명한 사실이라 할 수 있다.

  3) 조동오위의 구조와 의미

  동산오위에서 오위의 각 명칭은 정위각편(正位却偏) · 편위각정(偏位却正) · 정위중래(正位中來) · 편위중래(偏位中來) · 상겸대래(相兼帶來)로 유통되었다. 이것을 그의 제자 조산본적이 스승의 가르침을 온전하게 이어받아 새로이 오위를 정립함에 있어 오위의 각 위(位)마다 「축위송(逐位頌)」을 지어 정중편 · 편중정 · 정중래 · 편중지 · 겸중도의 용어로 완성시켰다. 조산오위는 이후 그의 제자 조산혜하(曹山慧霞)에게로 전해졌는데, 혜하는 동산오위와 조산오위를 편찬하였다. 다시 거기에 광휘(光輝)가 「석(釋)」을 가하여 『동산오위지결(洞山五位顯訣)』이라는 이름으로 세상에 유포시켰다.146) 여기에 다시 고려의 회연(晦然, 一然)은 「보(補)」를 붙이고 새롭게 『중편조동오위』를 세상에 내놓았다.

  이와 같은 조동오위의 내용에서 그 중심이 된 것은 편과 정이 서로 열린관계로 작용하면서도[回互] 동시에 각각의 위(位)를 상실하지 않고 고수하는[不回互] 점에 있다. 바로 이 열린관계[回互]와 닫힌관계[不回互]는 동산이 납자

  그러나 이후 覺範慧洪이 『禪林僧寶傳』 卷1 「曹山本寂章」에서 「寶鏡三昧」라는 말로 기록하면서부터 이후에는 모두 「寶鏡三昧」라 불리게 되었다.
146) 光輝는 曹山慧霞의 제자인지 曹山慧霞와 同門인지 확실하지 않다.

를 교화하는 교의로 오위를 방편시설하는 데 있어 그 준칙이 되었던 것이다. 동산은 이 열린관계와 닫힌관계의 교섭에 대하여 '류(類)가 제(齊)하지 않고 뒤섞여 있지만 각각의 위치를 알아 현요(玄要)를 잃지 않는다.'는 도리를 중리육효(重離六爻)를 통해서 설명하려고 하였다. 동산은 이 열린관계와 닫힌관계의 원리를 『보경삼매』에서 다섯 가지의 비유로 나타내고 있다. 곧 보경(寶鏡)·영아(嬰兒)·역(易)·치초미(芝草味)·금강저(金剛杵) 등이다. 이 가운데 역(易)의 비유로 나타낸 것이 삼첩(三疊)과 오변(五變)이었다.

그런데 편정오위의 편정이라는 말은 『동산록』의 『보경삼매가』에 그 이름이 나타나 있다. 곧 '중리육효(重離六爻) 편정회호(偏正回互) 첩이위삼(疊而爲三) 변진성오(變盡成五) 여치초미(如芝草味) 여금강저(如金剛杵) 정중묘협(正中妙俠) 고창쌍수(敲唱雙擧)'[147]라고 하여 편과 정의 관계를 서로 다섯 가지로 구분하여 그 원리와 현상을 설명한 동산양개의 설로서 후에 조동종의 오위사상의 근간이 되었다. 이것은 편과 정을 다섯 측면에서 법과 비유를 섞어가면서 설명하고 있다.

비유를 든 까닭은 오위의 원리가 단지 추상적인 것만은 않다는 것을 현실에서 내보여주고 문장에 집착하여 뜻을

---

147) 『洞山錄』,(大正藏47, p.515上) 여기에서 正中이란 正位中에서 이른다는 뜻이다. 正位는 이른바 靈源이고 空界無物의 體이다. 妙挾이란 正位中에 부사의한 自然妙德이 있음을 말한 것이다. 一切有爲諸法의 萬差支派를 지니고 있으면서도 어지럽지[紊] 않은 것이다. 鼓라는 것은 학자[제자]가 와서 스승에게 묻는 것으로 偏을 말한다. 唱은 스승이 학자[제자]의 물음에 답하는 것으로 正을 말한다. 雙擧란 스승과 제자가 投機義合하고 손님과 주인이 交參하는 것이다.

잘못 이해할까 하는 염려 때문이었다. 그 가운데서 '중리육효'의 비유는 '중리육효 편정회호 첩이위삼 변진성오'라 하여 『보경삼매가』의 의미를 가장 함축적으로 나타낸 말이다. 바로 이 어구에 의하여 오위의 원리가 도출되었기 때문이다. 여기에서 '삼첩'과 '오변'은 법수(法數)이지 괘수(掛數)가 아니다. 이와 같은 오위의 의미를 간략하게 다음과 같이 설명하기도 한다.

≡/≡ 중리육효(重離六爻) ● 겸중도 이사미분(理事未分)
≡/≡ 중손하단(重巽下斷) ◖ 정중편 이사체용(理事體用)
≡/≡ 중태상결(重兌上缺) ◗ 편중정 사리용체(事理用體)
≡/≡ 상태하손(上兌下巽) ● 정중래 전분체(全分體)
≡/≡ 상손하태(上巽下兌) ○ 편중지 전분용(全分用)[148]

위에 나타낸 오위의 배열은 단계성을 의미하는 것은 아니다. 상호간에 자신이 처한 입장을 무엇으로 보느냐에 따라 겸중도가 가운데 올 수도 있고 맨 아래에 올 수도 있다. 그래서 세존도 그랬듯이 수행의 출발점을 현실에 두고 본다면 아무래도 정중편·편중정·정중래·편중지·겸중도의 배열이 가능할 것이다. 이것은 상하·좌우·전후의 관계가 아니라 수행자가 바라보는 관점에 따른 위치이다.

4) 오위의 전승

오위의 명칭 가운데 제사위를 편중지로 규정하는 입장은

---

148) 全苗月湛, 『五位顯訣元字脚』,(『曹洞宗全書』 註解5, pp.564下-565上)

이미 동산양개의 용어에 『오위현결』[149] 조산본적이 체계화시켜 정위각편(正位却偏, 正中偏) · 편위수편역원양의(偏位雖偏亦圓兩意, 偏中正) · 정위중래(正位中來, 正中來) · 편위각래(偏位中來, 偏中至) · 상겸대래(相兼帶來, 兼中到)라 명명한 곳에 나타나 있다. 동산의 『오위현결』에서는 아직 후대에 말하는 바와 같은 편정오위의 명칭 즉 정중편 · 편중정 · 정중래 · 편중지 · 겸중도 등이 정형화되어 있지 않았다. 그러나 이 편정오위의 각 명칭에 대해서도 후대에는 약간의 변화가 생기기도 하고, 그에 따라서 오위의 해석에도 차이가 생겨나게 되었다. 특히 다섯 가지 위상 가운데서 순서상 제4위의 용어가 편중지냐 겸중지냐 하는 것이 대표적이었다.

심지어 일본의 의묵현계(宜黙玄契)가 교정한 2권본 『조산록』 권하[150]에 기록되어 있는 「주석동산오위송(註釋洞山五位頌)」[151]에서조차 정중편 · 편중정 · 정중래 · 겸중지 · 겸중도라 하여 겸중지라는 용어를 사용하고 있다. 그

---

149) 洞山의 「五位顯訣」의 내용은 曹山本寂이 「五位顯訣」에 붙인 「解釋洞山五位顯訣」 속의 내용으로 살펴볼 수 있다.(『撫州曹山本寂禪師語錄』, 大正藏47, p.541下)

150) 大正藏에 실려 있는 『曹山錄』은 일본의 指月慧印이 校訂한 『撫州曹山元證禪師語錄』과 明나라 郭凝之가 編集한 것을 일본의 宜黙玄契가 校訂한 『撫州曹山本寂禪師語錄』의 두 가지 본이 있다. 전자는 1권으로 구성되어 있고 후자는 上·下 두 권으로 구성되어 있어서 여기서는 편의상 각각 1권본과 2권본으로 부르기로 한다.

151) 이 「註釋洞山五位頌」이라는 제목은 동산의 『五位顯訣』과 함께 거기에 붙인 逐位頌이 같은 洞山의 作이라는 의미로 해석된다. 그러나 1권본 『曹山錄』에 실려 있는 『逐位頌幷注別揀』에서는 別揀이 조산본적의 주석에 해당하므로 여기에서는 逐位頌이 曹山本寂 作으로 해석된다. 종래 逐位頌의 작자에 대해서는 洞山說과 曹山說이 전승되어 왔다. 그러나 오늘날의 연구로는 보통 曹山說로 보는 견해가 지배적이다.

러나 같은 책의 「오위지결」에서는 정중래 · 편중지 · 정중
편 · 편중정 · 겸중도라 배열하여 편중지라는 용어를 달리
사용하고 있다. 또한 1권본 『조산록』의 「축위송병주별간」
에서도 편중지라는 용어를 사용하고 있다. 이처럼 겸중지
와 편중지의 두 경우는 이미 『조산록』에서도 나타나 있다.

그리고 이처럼 겸중지와 편중지라는 용어상의 차이는 단
순히 용어의 차이에 그치지 않고 오위에 대한 해석의 차이
로도 대두되고 있다. 바로 이러한 편정오위에 대한 이설오
위(異說五位)는 편정오위가 창창(創唱)된 이후 곧 임제종
파에서 특히 본격적으로는 분양선소(汾陽善昭)에서부터 일
어났으며, 그것이 다시 조동종파에게까지 영향을 끼쳤다.
중국에서 최초로 이것이 문제가 된 것은 각범혜홍(覺範慧
洪)이었고, 일본에서는 성등(省燈)의 『오위도설(五位圖說)
』과 걸당(傑堂)과 남영(南英)의 『군척고(攈撫藁)』 등이라
할 수 있다.152) 이제 편정오위에 나타난 이러한 용어의 차
이와 그로 인한 오위의 해석에 차이가 생기는 것에 대하여
살펴보기로 한다.

(1) 정통 편중지설

편정오위 가운데 제사위의 용어에 있어서 겸중지와 편중
지의 문제는 일본의 연보 8년(1680)에 현봉연룡(玄峰淵
龍)에 의해서 재편찬된 회연(晦然, 一然)의 『중편조동오위
』「축위송」에 「편중지」라 명기되어 있는 것으로부터, 일본

---

152) 石附勝龍, 「偏正五位異說の源流 –汾陽·慈明兩偏正五位をめぐつて–
」,(『宗學研究』12, 駒澤大學. 1970)

당시에는 오위설의 제사위에 대한 명칭이 편중지라고 기록되어 있다. 이로부터 편중지를 정통설(正統說)로, 겸중지를 이설(異說)로 간주하는 것이 주종을 이루었다. 이것은 오위의 원류인 동산의 『오위현결』과 조산의 「축위송」에서 이미 오위의 제사위에서 편중지라는 용어가 사용되어 있는 것으로부터 그 증거를 삼을 수가 있기 때문이다.

그러나 현루(玄樓)가 지적하고 있는 것처럼 금봉종지(金峰從志)가 편찬한 『조산록』에는 양자가 병용되어 있다. 또한 동산과 조산 이후 이 겸중지설(兼中至說)도 많은 사람에 의해서 주장되어 왔다. 그러나 특히 투자의청(投子義靑: 1032−1083)과 굉지정각(宏智正覺: 1091−1157) 등은 금봉종지(金峰從志)가 편찬한 『조산록』과 마찬가지로 양자를 병용하여 사용하고 있다. 양자 병용은 편중지와 겸중지의 각각을 살펴봄으로써 그것을 사용한 각각의 경우를 이해할 수 있을 것이므로 우선 조동종에서 오위의 정통으로 간주되어 있는 편중지설의 용례를 살펴보기로 한다.

오위의 시초인 동산양개의 『오위현결』은 조산의 「축위송」에 의해서 편정오위라는 이름으로 정착되었다 할 수 있다. 그래서 조산의 「축위송」이 오위의 역사에서 차지하고 있는 의의는 참으로 중요하다. 바로 그 「축위송」[153]에서는 오위의 명칭이 편중지로 나타나 있다. 한편 대양경현(大陽警玄)도 편정오위에 대한 송(頌)[154]에서 마찬가지의 편중지라는 용어를 사용하고 있지만 아직은 편중지와 겸중지라는 의식은 분명하지 않았다.

---

153) 『人天眼目』卷3,(大正藏48, p.514下)
154) 『五燈會元』卷14「大陽警玄禪師章」,(卍續藏138, p.523上)

　이후 임제종파에서는 겸중지의 용어가 활발하게 사용되어 가는데 이에 대하여 각범혜홍은 임제종파 소속임에도 편중지의 사용이 올바르다는 견해를 주장하는 그 선구가 되었다. 우선 이 겸중지설과 편중지설에 대한 논의는 임제종 소속의 각범혜홍(1071-1128)의 『석문문자선(石門文字禪)』 권25의 「제운거홍각선사어록(題雲居弘覺禪師語錄)」에서 그 일단을 찾아볼 수 있다.

　　이제 도가 점점 멀어져 각 位의 명칭에 있어서도 혼란이 생겨나게 되었다. 정중편, 편중정, 정중래, 편중지 그리고 겸중도로써 모두 다섯을 이룬다. 이제 이 가운데 편중지를 겸중지로 바꾸어 사용하는 경우가 있는데 그 이유를 모르겠다. 더구나 대납노사(大衲老師)들도 이처럼 괴이한 것을 알 수가 없다. 참으로 가소로운 일이다.155)

　위의 문장 가운데서 각범은 오위의 명칭에 있어서 편중지를 겸중지로 바꾸어 사용하고 있는 것은 잘못된 것임을 주장하고 있다. 각범의 이 주장은 『인천안목』 권3에도 「적음이 오위의 잘못을 바로잡았다[寂音正五位之訛]」라는 제목으로 수록하고 있다. 이러한 각범의 주장의 근거는 명확하지 않지만 그의 『임간록』156)에 「축위송」을 기록하여 그 제사위에 겸중지라는 용어를 구사하면서 조산의 「축위송」을 그대로 인용하고 있다. 이 각범의 편중지설은 『인천안목』 등의 유포본과 함께 선문에서는 익히 알려져 있는 주

---

155)『禪門逸書』初編, 제4책, p.344. "道愈陵遲 至於列位之名件 亦訛亂不次 如正中偏偏中正又正中來偏中至然後以兼中到總成五位 今乃易偏中至爲兼中至 不曉其何義也 而老師大衲 亦恬然不知怪 爲可笑也"

156)『林間錄』卷下,(卍續藏148, p.322) "兼中至 兩刀交鋒不須避 好手猶如火裏蓮 宛然自有衝天氣 … 而是偈語 世俗傳寫 多更易之 以狥其私 失先德之意 子竊惜之 今錄古本於此 正諸傳之誤"

장이다. 각범은 임제종파의 사람으로는 겸중지를 부정하고 편중지를 주장한 대표적인 사람으로서 회연의 『중편조동오위』 권중에 실려 있는 『보협론(寶篋論)』157)을 서술한 서은자연(棲隱自然)과 더불어 드물게 보는 사람이다. 그러나 각범의 편중지설은 중국 조洞종의 쇠퇴와 함께 단절되어 버렸다.

그런데 이후 일본의 현루오룡(玄樓奧龍)은 그의 저술인 『편정론(偏正論)』의 「발(跋)」158)에 각범이 위에서 지적한 바를 상기시키면서 『조산록』 속에서 병용되고 있는 겸중지와 편중지에 대해 주목하고 있다. 이에 회연은 「축위송」에 대하여 조산의 저작임을 언급하면서 「축위송」의 내용적인 측면만의 주장이 아니라 그 속에 사용되고 있는 다섯 가지 각 위(位)의 용어상에 있어서도 주목할 필요가 있음을 말하고 있다. 회연이 조산의 「축위송」에 근거하여 거기에 광휘(光輝)의 「석(釋)」을 싣고 자신의 「보(補)」를 붙여 설명한 것은 바로 이러한 정황을 말해주는 것이다.

그 「축위송」 가운데 제사위의 편중지라는 용어의 사용은 곧 동산과 조산의 오위를 원래 그대로 보려 했기 때문이었다. 즉 동산의 『오위현결』에서 제사위에 대하여 '편위중래(偏位中來)'라 하여 '단지 편위만 있어 반연을 겸대(兼帶)한 가운데서 진리를 드러내므로 유어중무어(有語中無語)라 할 수 있다.'라는 설명을 가하고 있다. 여기에서 '편위중래'는 조산이 정립한 용어로는 편중지가 되는데 바로 이 편중지는 정중래가 정위의 일방적인 입장과는 대조적으로 편위

---

157) 『曹洞宗全書』「註解」 5, pp.26-29.
158) 『續曹洞宗全書』「語錄」 3, p.458.

의 일방적인 입장이다.

따라서 현실적인 모든 현상을 통하여 진리의 절대경지에 이르는 명제이다. 정중래가 정과 편의 닫힌관계로서 정을 정의 측면만으로 궁구한 것이라면 편중지는 정과 편의 닫힌관계로서 편을 편의 측면만으로 궁구하여 지성독탈(至誠獨脫)159)한 것이다. 이리하여 궁극적으로는 편정이 원만한 경지에 이르는 길을 보여주고 있다. 따라서 유위의 현상 속에서 무위 진제를 실현하므로 유어중무어(有語中無語)라 한 것이다.

편위중래는 곧 반연에 의거한 것이다. 언설은 그 자체가 사대의 성색(聲色)을 반연한 것이므로 시비의 대상이 아니다. 그러므로 반연 가운데서 진리를 체득함을 편위중래라 한다. 이 편위중래는 편중지로서 흔히 바깥 부분만 흑원(○)으로 도시한다. 현상의 편위가 본체의 정위로 승화됨을 나타낸다. 이 편중지는 편위의 입장에서 진리를 파악한 명제다. 그래서 유구중래(有句中來)이다.160)

그러나 대양경현(大陽警玄)에게는 임제의 사요간(四料簡)과 오위(五位)를 비교하여 송한 「오위빈주(五位賓主)」161)가 있는데, 그 가운데서는 다시 겸중지를 사용하고 있다. 여기에서 겸중지를 사용하고 있는 것은 조동종파에서 겸중지와 편중지가 병용되어 나타나는 그 처음이라 할 수 있다.

---

159) 至誠獨脫은 지극한 마음을 다하여 일체의 번뇌로부터 훤칠하게 초연한 모습이다.
160) 「註釋洞山五位頌」,(大正藏47, pp.542中-下)
161) 『人天眼目』 卷3,(大正藏48, p.315下)

(2) 이설 겸중지설

임제종파에서의 오위설은 임제에게 참문하여 사요간(四料簡)에 의해 깨침을 얻은 극부도자(克符道者) 즉 지의도자(紙衣道者)로부터 그 시작을 볼 수 있다. 이 극부도자에게는 오위에 대한 게송 1수가 『인천안목』 권3[162)에 전해지고 있는데 여기에서 겸중지의 용어를 사용하고 있다.

극부도자의 오위송에서는 정중편과 편중정은 분명하게 상대를 이루어 나타나 있다. 그래서 이로써 보자면 제삼위의 정중래와 제사위의 겸중지는 서로 호응하는 관계에 서 있다. 그래서 제오위의 겸중도에 이르러서는 왕의 깃발과 궁전과 천자의 지존(至尊) 등이 조동오위에서 나타내는 구극적 진리의 현성으로 표현되어 있다. 따라서 겸중지를 내세워 정중래중시설(正中來中心說)을 주장하는 이후의 구조와는 내용상의 차이를 보게 된다. 이러한 까닭으로 제사위에 겸중지라는 용어가 사용되고는 있지만 아직은 내용상 편중지를 사용하는 것과는 별다른 차이가 없는 것으로 보아 임제종파의 오위 가운데서도 극히 초기의 것임을 알 수 있다. 이것은 극부도자가 임제와 조동을 넘나들면서 두 종지를 두루 참하여 오위와 사요간에 모두 역량 있는 사람으로 취급되고 있다는 사실로부터도 짐작할 수 있는 사실이다.

다음 임제종파에서 의용하고 있는 오위의 두 흐름으로서 언급될 수 있는 것으로 이전의 명칭과 위치의 내용에 있어서 대담하게 개정을 가하여 완전히 독자적인 五位를 주장

---

162) 『人天眼目』 卷3,(大正藏48, pp.314下-315上)

한 인물이 바로 분양선소(汾陽善昭)의 오위와 자명초원(慈明楚圓)의 오위라 할 수 있다. 그런데 분양선소의 오위에서는 정중래를 제일위로 삼고 그것을 닫힌관계의 정위로 보고 있다. 이에 반하여 자명초원의 오위는 정통오위와 마찬가지로 정중래를 제삼위로 삼으면서 성격적으로는 진퇴를 그대로 맡겨두어 조도(鳥道)에 통하는 근원적인 원리로 주장하고 있다.

분양선소의 오위의 특징은 자명초원이 대장부들 사이에서 모순을 교호(交互)하는 것을 묘용으로 삼는 것과는 달리 겸중지가 자기 한 사람에 의한 작용에 중점을 두고 있으며, 겸중도도 귀가온좌(歸家穩坐)보다는 몰종적(沒蹤跡)한 대용(大用)을 서술하는 것으로 되어 있다. 따라서 분양의 겸중지는 일체가 정위의 역량을 갖추고 있는 자리에서 모든 번뇌를 물리치고 공능을 드러내는 편중지 본래의 뜻이 잘 나타나 있다.

이 겸중지는 편중지에서의 편과 같이 닫힌관계를 나타내는 것이 아니다. 오히려 분양이 송에서 말한 '한소리에 모두 절복시킨다[哮吼一聲皆伏地]'는 것과 같은 것으로서 겸중도의 경우와 동등한 입장에서의 진인(眞人)의 구경위(究竟位)를 나타내고 있다 해야 할 것이다. 그래서 이것은 편정오위에서 겸중도 중심의 구조와 틀을 같이 하고 있으면서도 정위를 구족한 편위라는 점에서 이후 임제종파의 겸중지 중심으로 옮겨가는 과정을 암시해 주고 있다.

이러한 분양선소의 오위설에 대하여 다시 개별적인 입장에서 오위에 해석을 가한 인물이 자명초원이다. 자명은 분양의 법사(法嗣)로서 다년 간에 걸쳐 분양의 오위를 공부

123

했음에도 불구하고 그와는 다른 오위를 주장하였다. 분양
선소는 편중지의 성격이 농후한 겸중지라면 그의 사법제자
이면서도 자명초원은 그로부터 탈피 내지는 정통오위설의
배제로 볼 수가 있을 것이다. 그래서 자명의 오위는 편정
오위의 정통설과 그 명목은 대략 동일하지만, 그 내용에
있어서는 방제(傍提)163)를 무시하고 공훈(功勳)의 단계를
강조하는 기봉중심(機鋒中心)이어서 정통설과 크게 다르다
할 수 있을 것이다. 이것이 이후 특히 중국의 오위의 역사
에 있어서 하나의 전통으로 정착되어 갔다. 그러한 흐름이

---

163) 傍提는 「八要玄機」 가운데 하나이다. 「팔요현기」는 曹山本寂의 교
화방편에서 「오위」와 「삼종타」와 「사종이류」와 더불어 가장 특징적인
것이다. 그것은 조동종의 교의가 거의 동산과 그의 가르침을 이어받은
조산에게서 찾을 수 있는데, 조산의 이 「팔요현기」는 바로 그것을 응
축하고 있다. 「팔요현기」는 여덟 가지 현묘한 기관을 의미한다. 기관
은 공안의 구조를 설명함에 있어서 그 공안의 체계화를 가장 잘 나타
내고 있는 용어 가운데 하나이다. 여덟 가지의 현묘한 기관이란 回互
· 不回互 · 宛轉 · 傍參 · 樞機 · 密用 · 正按 · 傍提를 말한다. 「회호
」는 열린 관계로서 피와 차가 서로 융통하기 때문에 저것(彼) 속에 이
것(此)이 들어있고 이것(此) 속에 저것(彼)이 들어있어서 피가 곧 차가
되고 차가 곧 피가 되는 도리이다. 곧 오위로 말하자면 정중편과 편중
정의 모두를 가리키는 말이다. 「불회호」는 닫힌 관계로서 피와 차가
각각의 존재로서 피는 피이고 차는 차로서 서로가 완연한 존재가 되는
도리이다. 곧 오위로 말하자면 정중래와 편중지의 모두이다. 「완전」은
회호하기도 하고 불회호하기도 하는 자유자재의 경지로서 피는 피이면
서 동시에 차이고 차는 차이면서 동시에 피가 되는 도리이다. 곧 오위
로 말하자면 겸중도이다. 「방참」은 그윽한 진리의 세계를 차별적인 현
상 속에서 事의 측면으로 취해 나타내는 도리이다. 곧 오위로 말하자
면 편중지이다. 「추기」는 현상으로 나타나는 작용의 근본으로서 주체
적인 원리이다. 곧 오위로 말하자면 정중래이다. 「밀용」은 주도면밀하
고 몰종적한 작용으로서 객체적인 원리이다. 곧 오위로 말하자면 정중
편이다. 「정안」은 진리를 추기의 상태 그대로 현성하는 원리이다. 곧
오위로 말하자면 정중정이다. 「방제」는 진리를 일상의 차별현상(事) 속
에서 理의 측면으로 은밀하게 현성하는 원리이다. 곧 오위로 말하자면
편중편이다. 『曹山錄』 卷下,(大正藏47, p.544中)

이후 거의 모든 오위설에 나타나게 된다.

부산법원(浮山法遠, 圓鑒法遠: 991-1067]의 「오위송(五位頌)」164)은 제사위인 겸중지와 제오위인 겸중도가 완전하게 호응의 관계에 있다. 즉 제사위인 겸중지에서의 묘용(妙用)과 격외(格外)·교전(交戰)과 만휘(萬彙)·현현(玄玄)과 불능해(不能該)·신봉(神鋒)과 현오(玄奧) 등이 각각 호응관계를 이루고 있다. 따라서 이 겸중지에서의 묘용의 자유자재는 바로 우뚝 선 칼날과도 같은 능작(能作)의 현현이고, 겸중도는 격외의 밝은 기(機)가 일체의 작용을 구비하고 있으면서도 그윽한 진리를 드러내지 않는 작위(作爲)를 배제한 공능으로 드러나 있다.

이러한 겸중지와 겸중도의 호응은 결과적으로 제삼위의 정중래를 결론적인 위(位)로 이끌어내기에 좋은 배열이다. 그래서 정중래에서는 만고에 길이 비취는 원광(圓光)은 인간세계의 사(事)를 두루 섭(攝)하되 어느 기봉(機鋒) 하나 건드리지 않고 손상됨이 없이 일체의 점애(點埃)를 초월하는 입장에 있다. 그래서 위의 정중편과 편중정에서의 상대적인 작용과 겸중지와 겸중도에의 초절(超絶)된 호응관계에 있는 능작략(能作略)을 모두 갈무리하고 있다. 이것은 바로 겸중지 중심을 겨냥한 본격적인 오위의 구조라 할 수 있다.

그런데 대양경현의 영향을 받은 투자의청(投子義靑)은 그 둘을 병용하면서도 실제적으로는 겸중지중심(兼中至中心)으로 기울고 있음을 보게 된다. 아울러 투자의청은 자명초원의 겸중지설의 영향을 강하게 받은 인물이다. 법계

---

164) 『人天眼目』 卷3,(大正藏48, p.315上-中)

상으로는 대양경현의 법사이면서도 임제종파의 자명초원에
게 참하여 배운 것은 마치 부산법원의 경우와 흡사하다.
그리하여 투자의청의 오위165)는 이후 단하자순(丹霞子
淳)166) - 굉지정각(宏智正覺) 등으로 이어져 조동종파에
서도 임제종파에서와 마찬가지로 겸중지설로 이어지는 계
기가 되었다. 투자의청의 「오위송」167)은 그 일례이다.

(3) 편중지와 겸중지 병용설

한편 이러한 오위송이 이제 조동과 임제의 종파를 막론
하고 어디에서나 겸중지중심(兼中至中心)으로 바꾸어 간
예는 많이 있다.168) 그러나 이러한 겸중지중심설 가운데에
서도 특히 굉지정각의 또 하나의 오위송169)은 단순히 겸
중지라는 용어만을 고수한 것이 아니었다. 굉지는 같은 겸
중지의 용어를 사용하면서도 다른 곳에서는 편중지를 사용
하고 있는데, 그것은 바로 동산과 조산의 겸대사상(兼帶思
想)을 충실하게 이어받고 있기 때문이다. 또한 굉지는 그
의 소참법문에서는 편중지라는 용어도 사용하고 있다.170)

---

165) 「曹洞五位要解」,(『梅月堂學術叢書』「附錄」pp.100-101)
166) 위의 책, pp.101-102.
167) 『五燈會元』卷14,(卍續藏138, pp.525下-526上)
168) 普賢善秀, 『五燈會元』卷14,(卍續藏138, p.537下) ; 智通景深,(卍續
藏138, p.544上) ; 自得慧暉,(卍續藏138, p.548下) ; 自得慧暉, 『人天
眼目』卷3,(大正藏47, p.315下) ; 汾陽善昭,(大正藏47, p.314上-中) ;
道吾悟眞,(大正藏47, p.314上-中) ; 宏智正覺,(大正藏47, p.314上-中)
; 聞庵嗣宗,(大正藏47, p.314上-中) ; 華嚴祖覺,(大正藏47, p.314上-
中) ; 草堂善淸,(大正藏48, p.315中)
169) 『宏智錄』卷8,(大正藏48, p.99上)
170) 『宏智錄』卷1,(大正藏48, p.16上)

이처럼 굉지가 제시한 오위의 특징은 제사위에서 편중지를 사용하건 겸중지를 사용하건 간에 내용상에 있어서는 겸중도중심(兼中到中心)의 겸대구조(兼帶構造)라는 점이다. 곧 제1위와 제2위의 관계는 밤으로부터 잠을 깨는 정위로부터 편위가 현현하는 정중편과 구름과 흰머리의 편위로부터 명경으로 이르는 정위의 편중정으로서 정과 편이 서로 열린관계에 있다. 제3위와 제4위의 관계는 달밤이라는 비할 바 없는 순수한 정위만의 실체와 정교(政敎) 내지 교화(敎化)라는 편위만의 현현으로서 서로 각각의 위(位)에 머무는 닫힌관계이다. 이것은 동산과 조산이 각각 『현결』과 「축위송」에서 말하는 열린관계와 닫힌관계의 역동적인 관계를 표현하고 있는 것과 동일하다. 그리고 제5위의 겸중도는 북두성과 잠을 깬 학이 둘이 아닌 관계이면서 또한 옛집을 벗어나는 출진(出塵)의 대용(大用)을 나타내고 있어 오위의 궁극적으로 열린관계와 닫힌관계의 승화가 나타나는 경지이다.

여기에서 제일위와 제삼위의 정위적(正位的) 성향과 제이위와 제사위의 편위적(偏位的) 성향은 각각을 고집하지 않는다. 밤하늘의 북두성이라는 정중편과 잠을 깨어 있으나 아직 추위속에 떨고 있는 편중정의 열린관계가 옛집을 벗어나는 초탈(超脫)로 승화되어 있기 때문이다. 또한 굉지 소참법문의 오위에 있어서도 제삼위의 편중지는 '기연(機緣)을 맞이해서는 열린관계가 없고, 적(敵)을 만나서는 앞뒤가 없다.'라는 표현처럼 오직 편위만이 현현해 있어서 달리 정위와 열린관계라든 내지 화합이 전혀 드러나지 않은 위(位)이다. 이것이 제오위의 겸중도에 있어서는 작위적(作爲的)인 행위가 없을뿐더러 왕과 시중드는 사람 그리고 오동나무와 봉황과 같은 상대적인 자취가 전혀 드러나 있지 않은 위(位)로 되어 있다. 곧 '궁전에 왕이 없으니 시중드는 사람 하나 없고, 오동나무를 심지 않으니 봉황이 오지 않는구나.'라고 표현되어 있다. 그래서 앞의 겸중지의 용어사용이 정중래중심으로만 흐르지 않고 겸대사상으로 표현될 수 있었던 것은 겸중지의 지(至)가 일방적인 입장의 지(至)라면 겸중도의 도(到)는 양방적 입장의 도(到)로서 정편오위의 제5위이면서 동시에 열린관계와 닫힌관계를 함축한 구경위에 자리매김되어 있다.

이전 동산과 조산으로 비롯되는 편정오위에서의 편중지가 바로 대양경현을 전후로 하여 임제종 계통에서는 극부도자 이후 분양선소(947-1024) · 부산법원(991-1067) · 자명초원(986-1039) · 굉지정각(宏智正覺) · 자득혜휘(自得慧暉) · 도오오진(道吾悟眞) · 취미사종(翠岩嗣宗) · 화엄조각(華嚴祖覺) · 초당선청(草堂善淸) 등[171]이 모두 겸중지를 사용하고 있는데 이것은 이후에도 마찬가지이다. 이러한 분위기 영향인지 대양경현은 편정오위에서는 편중지를 사용하면서도 오위빈주[172]에서는 겸중지라는 용어를 사용하여 겸용하고 있다.

이에 대해서는 조동종 계통에서는 대양경현이 처음으로 겸용하고 있음을 앞서 언급한 적이 있듯이 그의 제자인 투자의청(1032-1083)은 아예 겸중지와 편중지를 병용하고 있다. 또한 굉지정각과 자득혜휘도 마찬가지로 겸중지와

---

171) 이들 모두의 頌은 晦巖智昭가 편찬한 『人天眼目』 권3에 兼中至로 기록되어 실려 있다.

172) 『人天眼目』 卷3,(大正藏48, p.515下)

편중지를 병용하고 있어 이후에는 조동종 계통에서도 거의 가 양자를 함께 쓰고 있다. 이 겸중지와 편중지의 문제는 일본 현봉연룡(玄峰淵龍)이 회연의 『중편조동오위』의 「축위송」에서 '편중지'라고 명기한 것으로부터 당시 오위설의 제사위의 명칭이 편중지가 옳다고 하여 이로부터 편중지를 정통설로 삼고, 겸중지를 이설(異說)로 간주하는 것이 주종을 이루었다. 그러나 또한 현루(玄樓)가 지적하고 있듯 이 금봉종지가 편찬한 『조산록』에는 양자가 병용되어 있다. 또한 동산과 조산 이후 이 겸중지설도 많은 사람에 의해서 주장되어 왔다.

그러나 편중지를 사용한다고 해서 그것이 반드시 조동종파의 정통설이고 겸중지 내지는 병용하는 것이 이설(異說)이라는 의미로 볼 수는 없다. 왜냐하면 편중지를 사용하는 경우에는 동산과 조산의 정통설이라는 의미가 있어 정중편과 편중정이 상대를 이루고 정중래와 편중지가 상대를 이루며 이 전체의 근본적인 성격으로서 겸중도가 있다는 것이 되기 때문이다. 이것은 동산오위의 궁극적인 성격이 곧 조동종지의 겸대사상에 있다고 볼 때 겸중도중심은 그 타당성을 인정할 수 있다. 그러나 한편 같은 조동종의 종지를 거양하면서도 명나라 때 영각원현(永覺元賢)은 그의 『동상고철(洞上古轍)』에서는 편중지를 겸중지로 바꾸어 정중편과 편중정이 상대를 이루고 겸중지와 겸중도가 상대를 이루어 그 가운데에 있는 제삼위인 정중래가 그 근본원리로서 중심을 이룬다는 정중래중심설을 주장하여 겸중지가 타당하다는 주장을 폈기 때문이다.

이처럼 일시 조동의 선풍을 불러일으켰던 명대 말기에

영각원현과 위림도패(爲霖道霈) 등은 조동의 선풍을 진작함과 함께 그 중요한 교의인 오위에 관심을 기울여 동상(洞上)의 가르침을 진작시키기에 노력하게 된다. 그러나 각범의 편중지설과 반대로 사제지간인 영각원현과 위림도패의 오위설은 겸중지설이며, 게다가 정중래중심설과 강하게 결부되어 있다. 결국 정중래중심설을 이끌어 내기 위하여 겸중지가 주장된 느낌이다. 그러나 이러한 겸중지설과 정중래중심설은 바로 일본 조동종학자들에 의하여 다시 부정되고 있다. 이러한 일례의 과정에 대하여 영각원현은 다음과 같이 말한다.

> 적음(寂音, 혜홍)은 겸중지를 고쳐서 편중지로 삼아 이로써 정중래에 상대시켜 후학들을 크게 오도(誤導)하였다. 이제 적음의 그것을 고쳐 정중래의 일위(一位)는 곧 나머지 사위(四位)의 추요(樞要)로서 앞의 이위(二位)는 이 정중래로 들어가고 뒤의 이위(二位)는 정중래로부터 나온다. 정은 지존(至尊)의 위(位)로서 상대적인 유(有)가 있을 수 없으니, 그것이 인정할 수 없는 그 첫째 이유이다. 또한 편중지로써 정중래를 상대할 때에는 곧 중간에 양위(兩位)가 있게 되어 금강저의 모습이 아니니 그것이 인정할 수 없는 그 둘째 이유이다. 또한 편중지는 전백(全白)의 모습인데 정중래는 내흑외백(內黑外白)이 모습으로서 전백(全白)에 상대되지 않으니 이것이 인정할 수 없는 그 셋째 이유이다. 또 겸중도는 전흑(全黑)의 모습으로 겸중지의 전백(全白)의 모습과 정면으로 상대되는 것이니 어찌 겸중도 홀로 맨 뒤에 있어 상대가 없다고 할 수 있겠는가. 이것이 인정할 수 없는 그 넷째 이유이다.173)

여기에서 영각원현은 적음[각범혜홍]의 편중지설을 비판하여 겸중지로 삼는 논거로써 네 가지를 들고 있다. 요컨대 영각원현은 오위의 각 위에 대하여 앞과 뒤가 넓고 가운데가 오목한 금강저의 형태라 말하고 있다. 그 때문에

---

173) 『洞上古轍』,(『曹洞宗全書』「註解」5, p.286)

앞에 정중편과 편중정을 상대시키고 뒤에 겸중지와 겸중도
를 상대시키며 한 가운데에는 정중래를 배치하는 정중래중
심설을 주장하고 있다.

이처럼 영각원현으로 대표되는 겸중지 및 정중래중심설
은 일본의 천계전존(天桂傳尊) 등에 의해서 단순히 형태상
의 논의라 하여 전면적으로 부정되고 있다. 이것은 회연의
주장에 부합하는 바가 있다. 이와 같이 정중래중심설을 이
끌어 내기 위하여 주장된 겸중지설은 명쾌하지 않는 의문
점을 남겨 놓고 있다. 그리고 겸중지와 편중지의 문제는
이미 오위의 역사에 있어서 조산본적 · 투자의청 · 굉지정
각 등에 의해 이 양자가 병용되고 있었다.

그러나 회연은 『중편조동오위』에서 편중지설을 주장하고
있다. 그 근거는 회연의 『중편조동오위』의 의도에서 알 수
있다. 곧 회연이 동산의 『오위현결』과 조산의 「축위송」에
근거하여 거기에 광휘(光輝)의 「석(釋)」을 싣고, 나아가서
자신의 「보(補)」를 붙여 설명한 것은 바로 동산과 조산의
정통성을 인정하고 있기 때문이다. 따라서 오위의 용어도
동산과 조산의 것을 그대로 수용하였다. 곧 「축위송」 가운
데 제사위의 편중지라는 용어의 사용은 곧 동산과 조산의
오위를 원래 그대로 보려 했기 때문이었다. 즉 동산의 『오
위현결』에서 제사위에 대하여 '편위중래'라 하여 '단지 편
위만 있어 반연을 겸대(兼帶)한 가운데서 진리를 드러내므
로 유어중무어(有語中無語)라고 할 수 있다.'라는 설명을
가하고 있는 것이 그것이다. 여기에서 동산의 '편위중래'는
조산이 정립한 용어로는 편중지가 되는데, 바로 이 편중지
는 정중래가 정위의 일방적인 입장과는 대조적으로 편위의

일방적인 입장을 말한 것이다. 따라서 현실적인 모든 현상을 통하여 진리의 절대경지에 이르는 명제이다. 정중래가 정과 편의 닫힌관계로서 정을 정의 일방적인 입장으로 궁구한 것이라면, 편중지는 정과 편의 닫힌관계로서 편을 편의 일방적인 입장으로 궁구하여 지성독탈(至誠獨脫)[174]한 것이기 때문이다. 이리하여 궁극적으로는 편정이 원만한 경지에 이르는 길을 보여주고 있다. 따라서 유위의 현상 속에서 무위의 진제(眞諦)를 실현하므로 유어중무어(有語中無語)라고 한 것이다.

이러한 회연의 주장 이후부터는 편중지설의 정통설이 되어 이전에 있어 정중래중심의 겸중지설과 양자병용설(兩者倂用說)은 배척되었다. 곧 회연은 그의 「서(序)」에서 '요즈음 보법선사(普法禪師) 노겸(老謙)이라는 사람이 송본(宋本)[175]을 얻어 중간(重刊)하였다. 또한 조동의 유문(遺文) 및 소산(疎山)과 말산(末山)의 어결(語訣)을 주워모아 배열하여 하편(下篇)을 만들었다.'라고 기록하고 있다. 또한 회연은 노겸본(老謙本)을 검열하고 그 배열을 변경시키고 생략하기도 하였으며 새로이 후세의 오위설을 첨가하기도 하였다. 이리하여 『중편조동오위』는 대부분 노겸(老謙)과 회연(晦然)의 손이 가해져 만들어졌다. 이 『중편조동오위』

---

174) 至誠獨脫은 지극한 마음을 다하여 일체의 번뇌로부터 훤칠하게 초연한 모습이다.
175) 宋本 「五位顯訣」의 유통은 다음과 같다.

「五位顯訣」 - 洞山良价(807-869) ┐
「逐位頌」 - 曹山本寂(840-901) ┤──→ 宋本 「五位顯訣」 ┐
「揀語」 - 曹山慧霞 ┐│ │
「釋」 - 光輝 ┘┘ │
淵龍 『重編曹洞五位』 ←── 晦然 『重編曹洞五位』 ←──┘
(1643-?) (1206-1289)

는 일본의 현봉연룡(玄峰淵龍)에 의해 연보 8년(1680)에
일본에서 간행되어 오늘날의 모습을 보이게 되었다. 회연
의 말대로라면 『중편조동오위』가 나타나기 이전에 송본이
유행하고 있었던 것 같다. 그러나 그 송본은 조산본적의
법사인 조산혜하가 편집한 『동산오위현결병선조산간출어요
(洞山五位顯訣幷先曹山揀出語要)』가 그 최초의 형태이고,
다음에 광휘(光輝)가 석어(釋語)를 가한 『중집동산편정오
위조산간어(重集洞山偏正五位曹山揀語)』가 송대에 간행된
것임을 가리킨다. 여기에 회연이 보법노겸본(普法老謙本)
을 교정하고 스스로 여기에 「서(序)」와 「보주(補注)」를 붙
여 중통 원년(1260)에 간행한 것이 바로 『중편조동오위』
이다. 이 책은 당시 오위설에 있어서 하나의 문제가 되었
던 오위의 명칭 가운데 편중지의 주장과 겸중지에 근거한
정중래중심설의 주장에 대하여 『중편조동오위』에서 편중지
를 주장하여 이후에는 편중지의 주장으로 일관되는 중요한
역할을 하게 되었다.

　조동오위는 중국선종의 5가7종 가운데 조동종에서 형성
되어 전승된 교의이다. 그 원류는 석두희천의 『참동계』로
부터 유래하는 열린관계와 닫힌관계의 원리에서 찾아볼 수
있다. 동산양개는 『보경삼매』를 비롯하여 열린관계와 닫힌
관계의 원리를 설명하였다. 그러나 동산은 더욱 구체적으
로 설명하기 위하여 『오위현결』을 통해서 많은 비유와 법
을 사용하기도 하였다.
　그 가운데는 중리육효(重離六爻)와 같이 한 구절이 열린
관계의 중심내용을 대변하고 있는 것도 있다. 이와 같은

동산의 저술에 대하여 그의 제자 조산본적은 오위에 대한 「축위송」을 지어 오위의 용어를 정형화했을 뿐만 아니라 오위의 행상과 사상까지도 정립하여 오늘날 조동오위의 완전한 틀을 잡았다.

오위가 처음에는 조동의 은밀한 가르침으로 시작되었으나 시대가 흘러가면서 점차 공개화되어 조동종 이외의 종파에서도 널리 의논되었다. 이에 따라 오위의 각 다섯 가지 위상에 대해서도 새로운 용어의 출현과 더불어 그 용어에 따른 해석상의 차이까지 등장하게 되었다. 이 가운데 제4위에 해당하는 편중지를 사용하는 정통오위의 구조는 마지막 제5위의 겸중도를 중심으로 하는 겸중도중심의 구조임에 비하여, 제4위에 겸중지를 사용하는 이설오위(異說五位)의 구조는 중앙에 있는 정중래를 중심으로 하여 제1위인 정중편과 제2위인 편중정이 상대하고, 제4위인 겸중지와 제5위인 겸중도가 상대하는 금강저와 같은 정중래중심의 구조가 도출된다.

한편 편중지와 겸중지의 용어를 혼용해 사용하면서 나름대로의 의미를 부여한 병용설도 등장하는 한 종파에 국한되지 않고 두루 사용되어 갔다. 그러나 고려의 회연은 『중편조동오위』를 통하여 편중지 용어를 사용하는 정통오위설을 옹호하기도 하였다.

2. 편정오위의 구조에 대한 논쟁

1) 오위논쟁의 발단

오위사상의 원형은 동산양개의 『오위현결』에서부터 비롯한다. 그러나 동산양개의 『오위현결』176)에서는 그 용어가 정위각편(正位却偏, 正中偏) · 편위수편역원양의(偏位雖偏亦圓兩意, 偏中正) · 정위중래(正位中來, 正中來) · 편위중래(偏位中來, 偏中至) · 상겸대래(相兼帶來, 兼中到)이다. 그래서 후대에 말하는 바와 같은 편정오위의 명칭 즉 정중편 · 편중정 · 정중래 · 편중지 · 겸중도로 정형화되기 이전이었다. 실로 동산의 『오위현결』에 「축위송」을 붙이고 용어를 정형화한 것은 동산의 제자였던 조산본적이었다. 그래서 그 제자인 저산혜하(曹山慧霞)는 회연(고려 시대의 일연존자)이 편찬한 『중편조동오위』의 「서」177)에서 동산과 조산의 오위사상을 '아버지가 일을 도모하고 아들이 도와 완성한다.'는 말로 표현하고 있다. 이처럼 오위사상은 바로 통산과 조산의 부자에 의해서 조동의 종지 가운데 가장 중요한 교의의 하나로서 전해져 내려오고 있다.

그러나 이 편정오위의 각 명칭에 대하여 후대에는 약간의 변화가 생기기도 하고 그에 따라서 오위의 해석에도 차이가 생겨나게 되었다. 특히 다섯 위(位) 가운데서 순서상 넷째에 배열되어 있는 편중지와 겸중지가 그 대표적인 것

---

176) 洞山의 『五位顯訣』의 내용은 曹山本寂이 『五位顯訣』에 붙인 『解釋洞山五位顯訣』 속의 내용으로 살펴볼 수 있다.(『撫州曹山本寂禪師語錄』, 大正藏47, p.541下)
177) 一然의 『重編曹洞五位』 慧霞 序.(『韓國佛敎全書』6-217中-下)

으로서 이에 대한 설이 분분하였다.

이처럼 여러 가지의 오위설에 있어서 그 흐름은 동산양개 – 조산본적 – 조산혜하·광휘의 계통, 청림사건(靑林師虔) – 석문헌온(石門獻蘊) – 석문혜철(石門慧徹)의 계통, 또한 같은 조동종파이면서도 후에 정통으로 자처하는 운거도응(雲居道膺) 계통인 대양경현(大陽警玄) – 투자의청(投子義靑) – 단하자순(丹霞子淳) – 굉지정각(宏智正覺)의 계통 등이 있었다. 특히 임제종파의 경우 그 처음으로 볼 수 있는 것은 수산성념(首山省念)이었다. 수산성념으로부터는 이후 조동종파와 임제종파에 관계없이 공통으로 의용한 분양선소(汾陽善昭) 계통과 그의 법사였던 자명초원(慈明楚圓, 石霜楚圓) 계통으로 귀착되어 가게 되었다. 이러한 관계 속에서 여기서는 '편중지'와 '겸중지'라는 용어 사용에 있어서 그 흐름에 대하여 살펴보고자 한다.

특히 오위설에 대한 관심은 일본 에도 시대에 이르러 가장 빛을 보게 된다. 에도 시대의 의묵현계(宜黙玄契)가 교정한 2권본 『조산록』 권하178)에 기록되어 있는 「주석동산오위송(註釋洞山五位頌)」179)에서는 정중편 · 편중정 · 정

---

178) 大正藏에 실려 있는 『曹山錄』은 일본의 指月慧印이 校訂한 『撫州曹山元證禪師語錄』과 明나라 郭凝之가 編集한 것을 일본의 宜黙玄契가 校訂한 『撫州曹山本寂禪師語錄』의 두 본이 있다. 전자는 1권으로 구성되어 있고 후자는 上·下 두 권으로 구성되어 있어서 여기서는 편의상 각각 1권본과 2권본으로 부르기로 한다.

179) 이 「註釋洞山五位頌」이라는 제목은 동산의 『五位顯訣』과 함께 거기에 붙인 逐位頌이 같은 洞山의 作이라는 의미로 해석된다. 그러나 1권본 『曹山錄』에 실려 있는 『逐位頌幷注別揀』에서는 別揀이 조산본적의 주석에 해당하므로 여기에서는 逐位頌이 曹山本寂 作으로 해석된다. 종래 逐位頌의 작자에 대해서는 洞山說과 曹山說이 있었다. 그러나 오늘날의 연구로는 보통 曹山說로 보는 견해가 지배적이다.

중래 · 겸중지 · 겸중도라 하여 제사위에 겸중지를 사용하
고 있다. 그러나 같은 책의 「오위지결(五位旨訣)」에서는
정중래 · 편중지 · 정중편 · 편중정 · 겸중도라 배열하여
제이위에 편중지라는 용어를 달리 사용하고 있다.

또한 1권본 『조산록』의 「축위송병주별간(逐位頌并注別
揀)」에서도 편중지라는 용어를 사용하고 있다. 그래서 겸
중지와 편중지의 두 경우가 나타나고 있다. 그리고 이처럼
겸중지와 편중지라는 용어상의 차이는 거기에 그치지 않고
오위에 대한 해석의 차이까지도 대두되고 있다. 바로 이러
한 편정오위에 대한 이설(異說)은 편정오위가 창창(創唱)
된 이후 곧 임제종파에서 특히 본격적으로는 분양선소에서
부터 일어났으며 그것이 다시 조동종파에게까지 영향을 끼
쳤다.

중국에서 최초로 이것이 문제가 된 것은 각범혜홍(覺範
慧洪)이었고, 일본에서는 성등(省燈)의 『오위도설(五位圖
說)』과 걸당(傑堂)과 남영(南英)의 『군척고(攈撫藁)』 등이
라 할 수 있다.180) 그러면 편정오위에 나타난 이러한 용어
의 차별에 대하여 그 예를 들고 거기에서 유추할 수 있는
이유는 무엇인지에 대하여 살펴보기로 한다.

2) 편중지설

이 겸중지와 편중지의 문제는 일본 에도 시대 연보 8년
(1680)에 현봉연룡(玄峰淵龍)에 의해서 편찬된 회연의 『

---

180)石附勝龍,　「偏正五位異說の源流」-汾陽·慈明兩偏正五位をめぐつて-,
　　(『宗學硏究』12, 駒澤大學, 1970)

중편조동오위』의 「축위송」에 '편중지'라 명기되어 있는 관계로 이도 시대에는 오위설의 제사위의 명칭이 편중지라 되어 있어 이로부터 편중지를 정통설로 간주하고, 겸중지를 이설(異說)로 간주하는 것이 주종을 이루었다. 이것은 오위의 원류인 동산의 『오위현결』과 조산의 「축위송」에서 이미 오위의 제사위에서 편중지라는 용어가 사용되어 있음으로부터 그 증거를 삼을 수가 있기 때문이다.

그러나 현루가 지적하고 있는 금봉종지(金峰從志)가 편찬한 『조산록』에는 양자가 병용되어 있다. 또한 동산과 조산 이후 이 겸중지설도 많은 사람에 의해서 주장되어 왔다. 그러나 특히 투자의청(投子義靑: 1032-1083)과 굉지정각(宏智正覺: 1091-1157) 등은 금봉종지가 편찬한 『조산록』과 마찬가지로 양자를 병용하여 사용하고 있다. 양자병용은 편중지와 겸중지의 각각을 살펴봄으로써 그것을 사용한 각각의 경우를 이해할 수 있으리라 생각하기 때문에 우선 조동종에서 오위의 전통으로 되어 있는 편중지설의 용례를 살펴보기로 한다.

오위의 시초인 동산양개의 『오위현결』은 조산의 「축위송」에 의해서 편정오위로 정착되었다 할 수 있다. 그래서 조산의 「축위송」이 오위의 역사에서 차지하고 있는 의의는 참으로 중요하다 할 수 있다. 바로 그 「축위송」에서는 오위의 제사위 명칭이 다음과 같이 편중지로 나타나 있다.

정중편
삼경 초야 달 밝기 전이라서
서로 마주쳐도 몰라보는 것 이상할 것 없다.
오히려 은은하게 옛날의 아름다운 추억을 간직하고 있는 것을.

편중정
늦잠을 잔 노파가 고경을 들여다보니
거울 속에 비취는 모습이 타인은 아니로다.
아서라, 거울 속의 그림자를 참자기라 여기는 일.

정중래
무어 속에 출진의 길이 있나니,
다만 천자를 저촉하지만 않으면
전왕조의 혀 잘린 사람보다 나으리.

편중지
두 칼날이 교차하니 회피할 수가 없도다.
막상막하의 적수를 만나니 불 속에서 핀 연꽃과 같아
그 기운은 마치 하늘을 찌를 듯하구나.

겸중도
유무를 초월한 자 그 누구인가.
보통사람들은 제각기 깨침을 구하지만
임운자재하게 진속에 화동하네.[181]

　이 「축위송」은 동산의 『오위현결』의 각 오위의 제목인
① 정위가 도리어 편이 된다(正位却偏). ② 편위는 비록
편위로 있을지라도 또한 정편이 모두 원만한 상태다(偏位
雖偏 亦圓兩意) ③ 정위만 있다(正位中來). ④ 편위만 있
다.(偏位中來). ⑤ 서로 겸대한다(相兼帶來) 등 다섯 가지
의 위(位)에다 조산이 각각 정중편·편중정·정중래·편
중지·겸중도 등 외형적으로 이해가 쉽도록 제목을 붙여

181)『人天眼目』卷3,(大正藏48, p.514下)
　“正中偏　三更初夜月明前　莫怪相逢不相識　隱隱猶懷舊日嫌
　　偏中正　失曉老婆逢古鏡　分明覿面更無眞　爭奈迷頭還認影
　　正中來　無中有路出塵埃　但能不觸當今諱　也勝前朝斷舌才
　　偏中至　兩刀交鋒不須避　好手猶如火裏蓮　宛然自有衝天氣
　　兼中到　不落有無誰敢和　人人盡欲出時流　折合還歸炭裏坐”

139

이후 오위에 대한 체계적인 구조를 완성한 것이다. 그래서 동산의 『오위현결』과 함께 오위사상의 원전이라 할 수 있다. 『오위현결』에 있어서 맨 처음 축위송을 붙인 조산 「축위송」의 가치가 바로 여기에 있다고 할 수 있을 것이다.

여기에서 편중지의 내용을 보면 두 칼날이 교차하는 것이 불 속에서 핀 연꽃과도 같아 그 기운이 하늘을 찌를 듯하다는 것은 편위 일변도의 닫힌관계로서 앞 구절의 정중래가 정위 일변도인 닫힌관계인 것과 상대적인 호응관계에 서 있음을 알 수 있다. 검도의 달인 두 사람이 서로 한 치도 양보할 수 없는 긴박한 순간의 모습은 두 사람에게 있어 온 마음이 칼날의 대립이라는 양상 가운데 다 녹아 있다. 이것은 두 사람에게 있어 전체작용이 그대로 현현해 있는 것을 말하고 있다. 조산의 이 편정오위설은 이후 조동종의 형성과 함께 조동종의 교의로 전승되고 나아가 임제종파에게까지 영향을 끼치게 되었다. 그러나 편정오위는 '종래 물체(物體)로부터 현전한다(明從上物體現前)'고 하듯이 수행의 단계가 아니라 본증(本証)의 입장에서의 진리를 파악하여 서술한 것이다.

한편 대양경현도 편정오위에 대한 송을 남기고 있다. 여기에서 대양경현은 제사위에서 다음과 같이 송하고 있다.

정중편
맑고 밝은 보름달이 중천에 떠 있으니
온전히 텅비어 티끌 하나 보이지 않네
다만 명암은 그림자 속에만 분명할 뿐

편중정
자세하게 바라보니 명경의 보름달일세
그윽이 비추는 것 태양에 등불 같으니

밝음과 어두움을 누가 알아차리겠는가

정중래
깨달음은 그윽하여 자취를 단절했으니
고요하고 사심 없이 비친 곳 나타나네
그 작용 속세에서 조도를 행한 것이네

편중지
법이란 법 의지가 없어 본래 지혜이다
물외에 노는 몸 법과 지혜에 무애하니
묘용은 현현하여 시방법계에 두루하네

겸중도
열십자로의 대로에서 중앙이 어디인가
찬 바위 붙들려 말라 녹초가 못자란다
백운을 쫓다 보면 끝내 중묘에 못간다[182]

　　객관의 갖가지 법은 무의적(無依的)하고 독립적(獨立的)
인 존재방식이기 때문에 그대로가 지혜의 독립이다. 그리
고 행위는 물외에 뛰어나기 때문에, 행위의 주관으로부터
법의 객관에 이르는 작용은 그 관계가 주객이 원융하고 묘
용이 그윽하여 이르지 않는 곳이 없다. 바로 주객의 분리
를 인정하면서도 스스로 자재한 묘용을 구비하여 그것을
유감없이 드러내고 있다. 이처럼 사(事)의 현현을 대양경
현은 편중지로 나타내고 있다.
　　이후 임제종파에서는 겸중지의 용어가 활발하게 사용되

---

182) 『五燈會元』卷14 「大陽警玄禪師章」,(卍續藏138, p.523上)
　　"五位頌曰
　　正中偏　一輪皎潔正當天　宛轉虚玄事不彰　明暗祇在影中圓
　　偏中正　休觀朗月秦時鏡　隱隱猶如日下燈　明暗混融誰辨影
　　正中來　脈路玄玄絶迂迴　靜照無私隨處現　如行鳥道入塵開
　　偏中至　法法無依卽智智　横身物外兩不傷　妙用玄玄善周備
　　兼中到　叶路當風無中道　莫守寒巖異草青　坐却白雲宗不妙"

어 가는데 이에 대하여 각범혜홍은 임제종파 소속임에도 편중지의 사용이 올바르다는 견해를 주장하는 그 선구가 되었다.183)

우선 이 겸중지설과 편중지설에 대한 논의는 임제종 소속의 각범혜홍(1071-1128)의 『석문문자선』 권25의 「제운거홍각선사어록(題雲居弘覺禪師語錄)」에서 그 일단을 찾아볼 수 있다.

> 이제 도가 점점 멀어져 각 위(位)의 명칭에 있어서도 혼란이 생겨나게 되었다. 정중편 · 편중정 · 정중래 · 편중지 · 겸중도로써 모두 다섯을 이룬다. 이제 이 가운데 편중지를 겸중지로 바꾸어 사용하는 경우가 있는데 그 이유를 모르겠다. 더구나 대납노사(大衲老師)들도 이처럼 괴이한 것을 알 수가 없다. 참으로 가소로운 일이다.184)

위의 문장 가운데서 각범은 오위의 명칭에 있어서 편중지를 겸중지로 바꾸어 사용하고 있는 것은 잘못된 것임을 주장하고 있다. 각범의 이 주장은 『인천안목』 권3에도 '적음이 오위의 잘못을 바로잡았다.(寂音正五位之訛)'라는 제목으로 수록하고 있다. 이러한 각범의 주장의 근거는 명확하지 않지만 그의 『임간록』 권하에 「축위송」을 기록하여 그 제사위를에 대하여,

> 겸중지
> 두 칼날이 교차하니 회피할 수가 없도다.

---

183) 이러한 논의의 흐름에 대해서는 佐橋法龍, 「正偏五位說の硏究」,(『宗學硏究』2, 駒澤大學). 石附勝龍, 「洞上古轍における復古とその影響」, (『宗學硏究』10, 駒澤大學) 등이 있다.
184) 『禪門逸書』初編, 제4책, p.344. "道愈陵遲 至於列位之名件 亦訛亂不次 如正中偏偏中正又正中來偏中至然後以兼中到總成五位 今乃易偏中至爲兼中至 不曉其何義也 而老師大衲 亦恬然不知怪 爲可笑也"

막상막하의 적수를 만나니 불 속에서 핀 연꽃과 같아
그 기운은 마치 하늘을 찌를 듯하구나.[185]

라고 소개하여 조산의 「축위송」을 그대로 인용하고, 이어서 다음과 같이 서술하고 있다.

이 게송의 구절은 세인(世人)들이 베껴쓰는 과정에서 수없이 뒤바꾸게 되었고, 자신들의 견해를 고집하느라 선덕(先德)의 뜻을 잃기까지 하였다. 나는 이 점을 안타깝게 생각해 오다가 오늘에야 여기에 고본(古本)을 기록하여 많은 전사본(傳寫本)의 오기(誤記)를 바로잡는다.[186]

여기에서 각범이 말한 고본도 명확하지는 않지만, 이 각범의 편중지탈은 『인천안목』 등의 유포본과 함께 선문에서는 익히 알려져 있는 주장이다. 각범은 임제종파의 사람으로는 겸중지를 부정하고 편중지를 주장한 대표적인 사람으로서 회연의 『중편조동오위』 권중에 실려 있는 『보협론(寶篋論)』[187]을 서술한 서은자연(棲隱自然)과 더불어 드물게 보는 사람이다.

그러나 각범의 편중지설은 중국의 조동종의 쇠퇴와 함께 단절되어 버렸다. 그런데 이후 일본의 현루오룡(玄樓奧龍)은 그의 저술인 『편정론(偏正論)』의 「발」[188]에 각범이 위에서 지적한 바를 상기시키면서 『조산록』 속에서 병용되고 있는 겸중지와 편중지에 대해 주목하고 있다. 또한 회연도 『중편조동오위』 권중에서 조산의 「축위송」의 「보(補)」를

---

185) 『林間錄』 卷下,(卍續藏148, p.322) "兼中至 兩刀交鋒不須避 好手 猶如火裏蓮 宛然自有衝天氣"
186) 『林間錄』 卷下,『卍續藏』148, p.322. "而是偈語 世俗傳寫 多更易之 以狥其私 失先德之意 子竊惜之 今錄古本於此 正諸傳之誤"
187) 『曹洞宗全書』「註解」5, pp.26-29.
188) 『續曹洞宗全書』「語錄」3, p.458.

통하여 「축위송」이 조산본적의 설임을 주장하면서 이에 잘못을 바로잡는다고 다음과 같이 말하고 있다.

선조산본적선사의 축위송과 주(註)와 별간(別揀)
이 제목은 곧 혜하공 백미가 붙인 것이다. 그러므로 그 「서」에서 또한 다음과 같이 말하고 있다. '조산대사는 동산양개의 적사(嫡嗣)이다. 오위를 설명하려고 게송으로 오편(五篇)을 송했다' 광휘도 또한 「서」에서 다음과 같이 말했다. '송을 짓고 문장을 배열한 것은 마치 바닷속에서 여의주를 찾아낸 것과 같다. 운운.' 조산부자는 동산의 가풍을 전승한 후예로서 동산의 지결(旨訣)을 상승하였다. 그런즉 이것은 선조산(先曹山, 조산본적)이 지은 것임에 틀림없다. 그러나 각범은 『임간록』에서 동산이 오위군신의 표준을 지었다고 말하고, 또한 그에 따라 거기에 게송을 지었다고 말하고 있다. 또 여러 기록에서는 모두 동상종(洞上宗)의 축위송에 대하여 말한다. 그러나 그 설이 이와 같이 달라 분명히 정해져 있지 않다. 비록 그렇긴 하나 어찌 가히 수백 년이 지난 후현(後賢)들이 전한 기록을 옳다 하여 우리 종가의 전승을 그르다 할 수 있겠는가. 이제 이것을 기록하여 게재함으로써 올바른 표준으로 삼는 바이다.189)

이로써 보면 우선 「축위송」의 작자에 대해 그것이 조산본적임을 분명히 하고 있다. 이것은 축위송의 내용적인 측면만의 주장이 아니라 그 속에 사용되고 있는 다섯 가지 각 위(位)의 용어에 있어서도 주목할 필요가 있다. 회연이 조산의 「축위송」에 근거하여 거기에 광휘의 「석」을 싣고 자신의 「보」를 붙여 설명한 것은 바로 이러한 정황을 말해

---

189) 『重編曹洞五位』 卷中,(『重編曹洞五位』 卷中,(韓佛全6, p.229上-中) ; 『曹洞宗全書』 「註解」5. pp.18下-19上) "先曹山本寂禪師逐位頌并註別揀 補云 此題洒霞公白眉所置也 故其序亦云 曹山大師 新豊嫡嗣 將明五位 頌出五篇 輝序亦云 制頌排章 若獲神珠出海云云 且曹山父子 是傳家兒孫 自有相承旨訣 則是先曹山之作必矣 而林間錄 洞山作五位 君臣標準 又作偈系其下云 又諸皆云 洞上逐位頌 其說不同如此 未敢詳定 雖然豈可以數百年外後賢傳記爲是 而以家之所傳爲非 今且以此錄所載爲正"

주는 것이다. 그 축위송 가운데 제사위의 편중지라는 용어
의 사용은 곧 동산과 조산의 오위를 원래 그대로 보려 했
기 때문이었다.

　즉 동산의 『오위현결』에서 제사위에 대하여 '편위중래'
라 하여 '단지 편위만 있어 반연을 겸대(兼帶)한 가운데서
진리를 드러내므로 유어중무어(有語中無語)라 할 수 있다.'
라는 설명을 가하고 있다. 여기에서 '편위중래'는 조산이
정립한 용어로는 편중지가 되는데, 바로 이 편중지는 정중
래가 정위의 일방적인 구진(究盡)과 대조적으로 편위의 일
방적인 구진(究盡)이다. 따라서 현실적인 현상을 통하여
진리의 절대경지에 이르는 명제이다. 정중래가 정과 편의
닫힌관계로서 정을 정편으로 궁구한 것이라면 편중지는 정
과 편의 닫힌관계로서 편을 편으로 궁구하여 지성독탈(至
誠獨脫)190)한 것이다. 이리하여 궁극적으로는 편과 정이
원만한 경지에 이르는 길을 보여주고 있다. 따라서 유위의
현상 속에서 무위의 진제(眞諦)를 실현하므로 유어중무어
(有語中無語)라 한 것이다. 편위중래에 대해 조산본적은
"편위중래는 사물에 나아가 진리의 본체를 밝히는 입장이
라 할 수 있다"고 해석한다.191)

　이처럼 편중지의 편은 감각적인 만유세계의 모든 현상을
가리킨다. 즉 진리는 어느 때나 장소에도 다 현현해 있다.
그것을 터득해 감에 있어 단순히 현상의 모습만을 보는 것
이 아니라 그 자체가 곧 진리의 체현임을 잊지 않는 것이

---

190) 至誠獨脫은 지극한 마음을 다하여 일체의 번뇌로부터 훤칠하게 초
　　연한 모습이다.
191) 『重編曹洞五位』卷中,(『韓國佛教全書』6, p.222) "偏位中來者　就物
　　明體"

다. 앞의 정중래가 정위즉공계(正位卽空界)의 본래무물(本來無物)임에 비하여, 편중지는 편위즉색계(偏位卽色界)의 만유형상이다. 그래서 편중지는 흔히 둘레를 흑원(○)으로 도시한다. 현상의 편위가 본체의 정위로 승화됨을 나타낸다. 여기에 조산은 다음과 같이 송한다.

> 두 칼날이 교차하니 어디 회피할 수가 없도다
> 막상막하의 적수를 만나 불 속에 핀 연꽃이니
> 그 기운은 마치 하늘을 찌를 듯이 대단하구나[192]

검도의 두 명인이 대결하면서 칼날이 맞부딪치는 입장이므로 조금의 방심도 허용되지 않는다. 거기에는 승부나 우열이 없다. 이 비장한 모습은 마치 불 속에서 피어나는 연꽃처럼 희유하여 결코 무너지지 않는 절대경지를 나타낸다. 일촌도 틈을 용납하지 않는 그 위용은 마치 하늘을 찌를 듯한 기봉이다.

또한 불립문자의 선이 단순히 암묵의 선에 떨어지는 것이 아니라 항상 견강불식하여 선지식을 참문하고 경전을 가까이 하면서 주야로 참선변도에 힘쓰는 모습이 바로 편중지의 입장이다. 이에 대하여 조산본적은 "유구(有句)만의 것이라서 주객이 서로 저촉하지 않고 각각이 상해하지 않는다. 이 모습은 마치 화살끝이 서로 맞부딪치고 맥맥이 끊어지지 않아 서로 대적할 대상이 없다."[193]고 주석한다.

이 편중지는 편위의 입장에서 진리를 파악한 명제다. 그

---

192) 『瑞州洞山良价禪師語錄』「洞山五位頌」,(大正藏47, p.525上) "兩刀
交鋒要迴避 好手還同火裏蓮 宛然自有衝天氣"
193) 『註釋洞山五位頌』,(大正藏47, pp.542中-下) "有句中來 主客不相觸
彼彼不傷也 箭箭相拄脈脈不斷 不相敵者"

래서 유구중래(有句中來)이다. 정위와 편위가 상촉(傷觸)
을 거부한다. 비유를 들자면 화살촉이 서로 마주치듯 하고
칼날이 서로 번득이는 모습이다. 그 팽팽한 긴장 속에서는
어느 한쪽에도 강약이 없다. 서로 한 치도 물러섬이 없이
전체용(全體用)으로 현성해 있다. 따라서 편중지의 사용은
동산과 조산의 오위에 대한 본래의 의미를 오위의 주창자
라고 하는 그들 자신의 입장으로 가장 잘 표현한 것이라
할 수 있을 것이다.

　그러나 대양경현에게는 임제의 사요간(四料簡)과 오위를
비교하여 송한 「오위빈주(五位賓主)」가 있는데 이 가운데
서는 다시 겸중지를 사용하고 있다. 그것을 표로 보이면
다음과 같다.

　① 정중편은 자비로써 교화를 펴는 것이니, 주중빈으로서 주관을 배제
하는 것에 해당한다. ② 편중정은 조(照)와 용(用)을 구사하는 것이니,
빈중주로서 경계를 배제하는 것에 해당한다. ③ 정중래는 기특(奇特)
을 수용(受容)하는 것이니, 주중주로서 주관과 경계를 모두 배제하는
것에 해당한다. ④ 겸중지는 유도 무도 아니니, 빈중빈으로서 주관과
객관을 모두 배제하지 않는 것에 해당한다. ⑤ 겸중도는 격을 벗어나
자재한 것이니, 사구(四句)를 여의고 백비(百非)를 끊는 것에 해당한
다.194)

보는 바와 같이 여기에서는 겸중지를 사용하고 있는데 이
것은 조동종파에서 겸중지와 편중지를 병용하고 있는 그
처음이라 할 수 있다. 여기에서 대양경현이 주중빈(主中

---

194) 『人天眼目』 卷3.(大正藏48, p.315下)
　"正中偏 乃垂慈接物 卽主中賓 第一句奪人也
　偏中正 有照有用 卽賓中主 第二句奪境也
　正中來 乃奇特受用 卽主中主 第三句人境俱奪也
　兼中至 乃非有非無 卽賓中賓 第四句 人境俱不奪也
　兼中到 出格自在 離四句絶百非 妙盡本無之妙也"

賓)·빈중주(賓中主)·주중주(主中主)·빈중빈(賓中賓)·출격자재(出格自在)를 각각 정중편·편중정·정중래·겸중지·겸중도에 배열한 것은 충분히 수긍이 가는 일이다. 그러나 그 각각을 탈인(奪人)·탈경(奪境)·인경구탈(人境俱奪)·인경구불탈(人境俱不奪)·이사구절백비(離四句絶百非)에 배열한 것은 쉽게 수긍하기 어려운 점이 있다. 왜냐하면 탈(奪)이 불립(不立)의 의미인 이상 탈인(奪人)은 닫힌관계의 편중지이고, 탈경(奪境)은 닫힌관계의 정중래이지 않으면 안 되기 때문이다. 또한 인경구탈과 인경구불탈은 상대적인 인(人)과 경(境)의 부정(否定, 人境俱奪)과 초탈(超脫, 人境俱不奪)인 이상 이것은 열린관계도아니고 닫힌관계도 아닌 구족원융(具足圓融)한 겸중도의 입장이기 때문이다. 게다가 동산과 조산의 편정오위는 정과 편의 열린관계와 닫힌관계 그리고 그 겸대를 중심으로 하여 『보경삼매』의 내용 가운데 '첩이위삼(疊而爲三)'이라는 삼위중심(三位中心)이기 때문에 제1위·제2위는 열린관계를 설하고, 제3위·제4위는 닫힌관계를 설하며, 제5위는 이사(理事)와 사사(事事)의 원융무애를 설한 삼단구성이다. 그러나 대양경현의 경우는 제1위, 제2위는 닫힌관계를 설하고, 제3위·제4위·제5위가 모두 겸대를 설하는 구성이 되어버렸기 때문이다. 그럼에도 불구하고 오위의 명칭과 위차와 내용에서는 앞의 편중지설의 경우와 같이 편정오위를 계승하고 있다.

3) 겸중지설

임제종파에서의 오위설은 임제에게 참문하여 사요간(四料簡)에 의해 깨침을 얻은 극부도자(克符道者, 紙衣道者)로부터 그 시작을 볼 수 있다. 이 극부도자에게는 오위에 대한 게송 1수가 『인천안목』에 전해지고 있다.

정중편
깊은 밤에 맑은 연못에 비친 보름달이요
문수의 갑 속에서 푸른 뱀이 울부짖으니
비로자나가 놀라 옛동산으로 뛰쳐나가네

편중정
연야달다의 고운 얼굴 고경에 비친 미혹
가소롭다 소를 타고 소를 찾는 꼴이라니
깨침은 본래 고요하여 전혀 움직임 없네

정중래
낚시터에 앉아서 봉을 잡고 용을 낚으니
큰스님은 결코 천자를 저촉함이 없는 법
꽃 관을 둘러쓰고 한바탕 크게 웃는구나

겸중지
자라가 노하고 용이 뒤척이니 강물 끓네
장건장군은 나루터의 끝까지 찾아나서다
곤륜산에 걸려 넘어지니 의지할 곳 없네

겸중도
임금의 깃발을 아침 일찍 거리에 내걸어
천자의 위엄을 궁전 앞에다 펼쳐 놓으니
지존한 천자를 어찌 저촉할 수가 있으랴[195]

---

195) 『人天眼目』卷中,(大正藏48, pp.314下-315上)
"半夜澄潭月正圓 文殊甲裏靑蛇吼 驚得毘盧出故園(一作故關).
演若玉容迷古鏡 可笑騎牛更覓牛 寂然不動毘盧印.
鳳竹龍絲坐釣臺 高僧不觸當今諱 藏却花冠笑一回.

극부도자의 오위송에서는 정중편과 편중정은 위의 내용에서처럼 분명하게 상대를 이루고 있다. 정중편의 밤과 맑은 연못과 보름달 모두는 정위의 상징이고 그것이 편위를 나타내는 고원(故園)으로 표현되어 있다. 편중정에서는 고경으로 말미암아 그 속에 비친 자신의 얼굴을 보고 좋아하다가 거울의 뒷면을 보니 자신의 얼굴이 없어지는 이유를 모르는 연야달다(演若達多)[196]의 모습이 그 편위로부터 진리의 원상(原狀)은 본래 고요하고 부동한 이치라는 것에 이르는 정위로 나아가는 모습이다. 그러나 다음에 나오는 정중래에서의 봉을 잡고 용을 낚는 기틀과 화관(花冠)을 쓰고 웃음을 짓는 것은 편위가 배제된 정위만의 공능을 나타낸다. 이에 상응하듯이 겸중지의 강물이 끓어오르고 장건(張騫) 장군의 활약과 곤륜산에 걸려 넘어지는 것은 정위가 배제된 편위만의 모습을 나타내고 있다.

이로써 보자면 제삼위의 정중래와 제사위의 겸중지는 서로 호응하는 관계에 서 있다. 그래서 제오위의 겸중도에 이르러서는 왕의 깃발과 궁전과 천자의 지존(至尊) 등이 조동오위에서 나타내는 구극적 진리의 현성으로 표현되어 있다. 따라서 겸중지를 내세워 정중래중심설을 주장하는 이후의 구조와는 내용상의 차이를 보게 된다. 이러한 까닭으로 제삼위가 겸중지라는 용어가 사용되고는 있지만, 아

鰲怒龍奔九江沸 張騫尋得孟津源 推倒崑崙絶依倚.
龍旗排出御街早 略開仙仗鳳樓前 尋常却諱當今號"

[196] 演若達多는 거울을 보니 자신의 눈과 눈썹이 있는데도 불구하고 정작 일상에서 자기의 눈과 눈썹이 보이지 않는다고 하며 그것을 찾으러 다녔던『수릉엄경』에 나오는 演若達多의 고사이다.

직은 내용상 편중지를 사용하는 것과는 별다른 차이가 없
는 것으로 보아 임제종파의 오위 가운데서도 극히 초기의
것임을 알 수 있다. 이것은 극부도자가 임제와 조동을 넘
나들면서 양 종지를 두루 참하여 오위와 사요간에 모두 역
량 있는 사람으로 취급되고 있다는 사실로부터도 짐작할
수 있는 사실이다.

다음 임제종파에서 의용하고 있는 오위의 두 흐름으로서
언급될 수 있는 것으로 이전의 명칭과 위차와 내용에 있어
서 대담하게 개정을 가하여 완전히 독자적인 오위를 주장
한 인물이 바로 분양선소의 오위와 자명초원의 오위라고
할 수 있다. 분양선소의 오위에는 게송 뒤에 해설이 붙어
있다. 그런데 분양선소의 오위에서는 정중래를 제일위로
삼고 그것을 닫힌관계의 정위로 보는 것에 비하여, 자명초
원의 오위는 정통적인 오위와 마찬가지로 정중래를 제삼위
로 삼으면서 성격적으로는 진퇴를 그대로 맡겨두어 조도
(鳥道)에 통하는 근원적인 원리로 주장하고 있다.

우선 분양의 게송을 살펴보면 다음과 같다.

> 정중래
> 금강보검으로 하늘을 열어젖히고
> 한줄기 신령한 빛은 세계를 비추니
> 섬세하고 분명한 빛은 티끌도 남기지 않는다[197]

차별진애(差別塵埃)의 세계를 초월하여 그 흔적마저도
남기지 않는 불가득한 평등의 이치를 알지 않으면 안 된
다. 그렇지만 여기에서 자명초원에 상대한 제일위가 정중

---

197) 『汾陽無德禪師語錄』卷上,(大正藏47, p.605下) "正中來金剛寶劍。
拂天開一片神光。橫世界晶輝。朗耀絕塵埃"

래로 되어 있는 것과 그 내용이 초절일편(超絶一片)을 강
조하고 있는 것이 문제가 된다. 자명의 정중래의 비언설
(非言說) 속에서 유연(有緣)에로의 조망(眺望)을 인정하고
있는 것과는 달리 여기에서의 정중래는 다르며, 또한 자명
의 정중편이 명암쌍쌍(明暗雙雙)의 유현(幽玄)을 추구하는
것과는 달리 비합리성의 정위와 휴헐적인 측면만을 강조한
점이 독특하다.

> 편중정
> 윤왕의 가르침이 바르게 행해지고 있는 것을 보라
> 거기에 재산과 자식복이 통째로 따른다
> 그것은 마치 자기 집안에서 거울을 찾는 바와 같다[198]

　일체의 공덕을 갖추고 있으면서 향상일로(向上一路)를
정면으로 행하면서 나아가는 입장이지만, 이 두 위(位)는
자명초원의 어떤 위(位)에도 합치하지 않는다. 군이 말하
자면 기중심(機中心)으로서 경(境)과 성상불이(性相不二)
를 부르짖고 있다고 할 수 있을 것이다.

> 정중편
> 벽력과 같은 기봉으로 살펴보라
> 전광과 석화가 오히려 무색하구나
> 사량으로는 어찌할 수 없는 경지이다[199]

　사량분별을 초월한 기봉(機鋒)을 잃어서는 안 된다. 그
기봉이란 제법실상(諸法實相)의 운행 그 자체를 말한다.

---

198) 『汾陽無德禪師語錄』 卷上,(大正藏47, p.605下) "偏中正看取輪王。
　　行正令七金千子。總隨身途中。猶自覓金鏡"
199) 『汾陽無德禪師語錄』 卷上,(大正藏47, p.605下) "正中偏霹靂鋒機。
　　著眼看石火電光。猶是鈍思量。擬擬隔千山"

겸중지
세 살 먹은 금사자 이빨과 발톱 구족하고 있으니
일체의 번뇌에 부딪히더라도
한소리에 모두 절복시킨다200)

    미완성이면서도 어떤 것에도 의존함이 없는 의기(意氣)
로부터 일체의 번뇌를 파척(破斥)하는 타수용(他受用)을
서술하고 있다.

겸중도
공능이 없는 양 크게 드러내 일체 작위 멈추면
마치 나무소가 불 속에서 뚜벅뚜벅 걸어가듯이
이것은 참으로 법왕의 묘법 가운데 묘법이로다201)

    편과 정을 승화시킨 몰종적(沒功跡)한 대공(大功), 불가득
(不可得)한 행(行), 법왕의 묘중묘(妙中妙)만 설하고 있다.

오위를 잘 참구하고자 하거든
털끝만치라도 움직임이 있으면 곧 어긋나고야 만다
금강으로 만든 투명한 법기를 누가 쓸 수 있겠는가
오직 제일의의 기틀이 있는 자라야 가능하리라
눈을 들어 돌아보면 삼계가 고요하니
가르침을 떨쳐 본래 자리에 돌아온다
정중묘협은 열린관계에 통하는 것이니
무어라 작위를 가하려 하면 위의를 잃고 만다202)

---

200) 『汾陽無德禪師語錄』 卷上,(大正藏47, p.605下) "兼中至三歲金毛。
　　牙爪備千邪百怪。出頭來哮吼。一聲皆伏地"
201) 『汾陽無德禪師語錄』 卷上,(大正藏47, p.605下) "兼中到大顯無功。
　　休作造木牛步步。火裏行真箇。法王妙中妙"
202) 『汾陽善昭禪師語錄』 卷上,(大正藏47, p.605下) ; 『汾陽善昭禪師語
　　錄』 卷上,(卍續藏120, p.514 이하) ; 『古尊宿語錄』 卷10,(卍續藏118,
　　p.274) ; 『人天眼目』 卷3,(大正藏48, p.315上)
　　"正中來 金剛寶劍拂天開 一片神光橫世界 晶輝朗輝絶纖埃
　　偏中正 看取法王行正令 七金千子總隨身 猶自途中覓金鏡

이것은 위 다섯 위(位)의 총송으로서 일체의 작위를 떠난 제일의제에서의 능활능작(能活能作)의 위의를 나타내고 있다. 그 가운데 활약하면서도 정중묘협(正中妙叶)의 열린 관계야말로 깨달음의 분상에서 설파한 오위의 진정한 견해임을 피력하고 있다. 정중묘협은 '마음자리도 아니고 대상경계도 아니며 사(事)도 아니고 이(理)도 아니라서, 종래부터 이름과 모양을 떠나 있으니 천진하여 성(性)과 상(相)을 잊은 자리'[203]라고 할 수 있다.

이처럼 분양의 오위의 특징은 뒤에 언급하겠지만 자명초원이 대장부들 사이에서 모순을 교호(交互)하는 것을 묘용으로 삼는 것과는 달리 겸중지가 자기 한 사람에 의한 작용에 중점을 두고 있으며, 겸중도도 귀가온좌(歸家穩坐)보다는 몰종적(沒蹤跡)한 대용(大用)을 서술하고 있다. 따라서 분양의 겸중지는 일체가 정位의 역량을 갖추고 있는 자리에서 모든 번뇌를 물리치고 공능을 드러내는 편중지 본래의 뜻이 잘 나타나 있다.

이 겸중지는 편중지에서의 편과 같이 닫힌관계를 나타내는 것이 아니다. 오히려 분양이 게송에서 말한 '한소리에 모두 절복시킨다.(哮吼一聲皆伏地)'와 같은 것으로서 겸중도의 경우와 동등한 입장에서의 진인의 구경위를 나타내고

正中偏 霹靂機鋒著眼看 石火電光猶是鈍 思量擬議隔千山
兼中至 三歲金毛爪牙備 千妖百怪出頭來 哮吼一聲皆伏地
兼中到 大顯無功休作造 木牛步步火中行 眞箇法王妙中妙
五位參尋切要知 絲毫纔動卽相違 金剛透匣誰能用 惟有那吒第一機擧目
便令三界靜 振鈴還使九天歸 正中妙叶通回互 擬議鋒鋩失却威(總頌)"
[203] 『五位旨訣』,(大正藏47, p.544中-下) "不是心 不是境 不是事 不是理
從來離名狀 天眞忘性相"

있다 해야 할 것이다. 그래서 이것은 편정오위에서 겸중도 중심의 구조와 틀을 같이 하고 있으면서도 정위를 구족한 편위라는 점에서 이후 임제종파의 겸중지중심으로 옮겨가는 과정을 암시해 주고 있다.

이러한 분양선소의 오위설에 대하여 다시 개별적인 입장에서 오위에 해석을 가한 인물이 자명초원(慈明楚圓)이다. 자명의 오위를 보면 오위의 게송과 그 설명으로서의 「도송(都頌)」이 있다. 자명은 분양의 법사로서 다년간에 걸쳐 분양의 오위를 공부했음에도 불구하고 그와는 다른 오위를 주장하였다.

> 정중편
> 한밤중 검은 닭이 방안에서 울고 있으니
> 바다 밑은 연등 빛 세계요
> 바위 위에 심은 꽃이 가지가 잘도 자란다[204]

아주 깜깜한 무차별 속의 차별과 불가득의 존재를 설한 것이므로 「도송(都頌)」은 이것을 편중귀정극유현(偏中歸正極幽玄)이라 말하고 있다.

> 편중정
> 서산으로 해가 져 기이한 그림자 늘어지니
> 그 모습은 분명 종승(宗乘)의 가르침이라
> 번뇌일랑 잠재우고 우물 속의 달구경 하네[205]

---

204) 『慈明四家錄』(卍續藏120, p.183下) ; 『古尊宿語錄』 卷11(卍續藏 118, p.289) ; 『天聖廣燈錄』 卷18,(卍續藏135, p.772中) ; 『人天眼目』 卷3(大正藏48, p.315上)에는 「都頌」만 실려 있다.
"五位有頌 正中偏 半夜烏鷄室裡鳴 海底然燈光世界 石上栽華長枝靈"
205) 『慈明四家錄』(卍續藏120, p.183下) "偏中正 日落西山觀異影 分明 景像顯宗乘 休把迷頭窺月井"

편 가운데에 본래면목인 이영(異影)이 나타나 있기 때문에 앞의 위(位)와 같이 우물 속의 달을 엿보듯이 유현(幽玄)한 일편(一片)을 추구하는 것일랑은 그만두라는 뜻으로서 「도송」에서는 정거편래(正去偏來)라 하여 이사(理事)가 완전하다고 주를 붙이고 있다.

이로써 보면 영각원현의 『동상고철』[206])에서와 같이 정중편에서 유현한 이(理)의 자각으로부터 편중정에서 사(事)와 융합한 이사(理事)가 완전한 것으로 향하는 진전으로 보고 있다. 그 때문에 제일위와 제이위가 상대해야 할 것이 없이 다만 종적(縱的)인 진전만을 엿볼수 있을 뿐이다. 게다가 자명초원 자신이 『동상고철』과는 달리 그 두 위(位)의 명칭으로 보아서 두 위(位)를 상대적으로 보고 있지는 않다는 것은 아래의 「도송」에서 제일위와 제이위의 명칭이 바뀌어 배치되어 있는 것으로부터도 알 수 있다.

> 정중래
> 목마가 새끼를 낳아 온 세계를 두루 뛰어놀되
> 나아가고 물러남에 흔적하나 남기지 않네
> 그러니 어찌 둥지에만 머물러 경계에 얽매이겠는가[207])

이치가 통하지도 않고 가히 붙잡을 수도 없는 주체가 전체의 세계에 통하고 있지만 그것은 몰종적(沒蹤跡)한 조도(鳥道)이며, 또한 「도송」은 그것을 불립언설(不立言說)이지만 짐조(眹兆)나 사(事)로 나타난 것으로 보고 있어 『동상고철』과 합치되어 있다.

---

206) 『曹洞宗全書』 註解5, p.287.
207) 『慈明四家錄』,(卍續藏120, p.183下) "正中來 木馬生兒遍九垓 進退任行通鳥道 豈竝巢居界內隈"

겸중지
대장부가 서로 모든 의기를 다투는데
모순되고 회호하여 기봉을 저촉하지 않고
종횡으로 펴고 넓히지만 서로 그 자리에 있네[208]

이것은 선지식들이 서로 응수하되 어디에도 얽매이지 않는 자재무애한 위(位)로서, 「도송」에서는 행묘용(行妙用)이라 하여 『동상고철』과는 그 자구(字句)마저 비슷하게 기록되어 있다.

겸중도
흑백이 나뉘기 이전 벌써 작위를 멈춘다
모름지기 노주는 새끼를 낳을 수 없는 법
착각으로 인하여 함부로 질주하지 말라[209]

이것은 공작과 언설 이전에 벌써 계합되지 않으면 안 된다고 하여, 「도송」에서도 조도현(鳥道玄)이라 하여 같은 뜻을 보여주고 있는 것은 『고철』에서의 탄리온좌(炭裏穩坐) · 자수용삼매(自受用三昧)와 부합되어 있다.

도송
편위로부터 정위로 돌아가니 그것은 지극히 현요하고
정위로부터 편위로 나아가니 이와 사가 완전하다
모름지기 알라. 정위는 언설에 있지 않으니
짐조는 오히려 반연을 의지한 것이라
겸중지는 오고 감에 언제나 묘용을 일으키고
겸중도는 어찌 언전을 따르고 출몰에 어찌 세계가 나타나랴
탕탕하여 의지할 것이 없으니 바로 조도의 지극한 진리이다[210]

---

208) 『慈明四家錄』,(卍續藏120, p.183下) "兼中至 彼彼大夫全意氣 矛盾
交互不傷鋒 展拓縱橫不相離"
209) 『慈明四家錄』,(卍續藏120, p.183下) "兼中到 黑白巳前休作造 須明
露柱未生兒 莫認狂辭途路走"
210) 『慈明四家錄』,(卍續藏120, p.183下) "都一頌 偏中歸正極幽玄 正去

여기에서는 지(至)와 도(到)의 두 위(位)를 극묘의 구경위로 간주하고 있다는 점은 조금도 차이가 없다. 오히려 여기에서 주목해야 할 것은 정중래이다. 정중래는 동산과 조산과 분양의 경우에 닫힌관계의 정위(正位)이다.

그러나 자명은 「도일송(都一頌)」부분에서 정중래를 구체적으로 게송하지 않았으며, 그의 오위송의 정중래 부분인 '목마가 새끼를 낳아 온 세계를 두루 뛰어놀되 나아가고 물러남에 흔적하나 남기지 않네. 그러니 어찌 둥지에만 머물러 경계에 얽매이겠는가.'에서 생각해 보면 '소거(巢居)'와 '계내우(界內隅)'를 끊고 '구해(九垓)'를 벗어나서 임운무작(任運無作)의 행위에 통하는 근원적인 원리로 표현되어 있음을 볼 수 있다. 그래서 자명의 오위는 정중래 중심설이면서도 그 정중래가 다시 겸대를 겨냥하고 있다는 점에서 독특하다 할 수 있다. 이것을 도시해 보면 다음과 같다.

```
正中偏  ↔  偏中正     <回互>
     ↘   ↙
      正中來        <眞如法性>
    ↙     ↘
兼中至  →  兼中到     <兼帶>
```

이러한 구조의 오위로는 정중래에 대하여 『동상고철』에서는 세 단계로 전개되고 있음을 언급하고 있다. 즉 『동상고철』은 정중래를 ① 득법신위(得法身位) ② (絶慮의) 법신존귀위(法身尊貴位) ③ (偏에 대한 것만) 전위취공위(轉

偏來理事全 須知正位非言說 朕兆依稀屬有緣 兼至去來興妙用 到兼何
更逐言詮 出沒豈能該世界 蕩蕩無依鳥道玄"

位就功位) 등 세 단계로 나누고 있다. 조산의 간(揀)에서
는 이것을 '불겸연(不兼緣)'·유차사(有借事)·'수향편위
중명기체물(須向偏位中明其體物)'이라 하여 무설(無舌)의
측면으로 그것을 편에서 표명해야 한다는 점으로 방제(傍
提)·회호(回互)의 입장에서 서술하고 있는 것은『동상고
철』과 비슷하다.

　그러나 내용은 전혀 다르다.『오위현결』은 일물(一物)의
체(體)에 대한 표현이었지만,『동상고철』은 일위(一位) 속
의 단계적인 위(位)의 진행에 대하여 서술하고 있다. 또한
『동상고철』은 겸중지를 정중래로부터 나온 타수용삼매(他
受用三昧)·입속(入俗)·대기대용(大機大用)의 위(位)로
보아 '공위제창시(功位齊彰時)'로 하고 겸중도를 귀가온좌
(歸家穩坐)·자수용삼매(自受用三昧)의 '공위구은시(功位
具隱時)'라 하여 상대시키고 있다. 이로써 보면 창(彰)과
은(隱), 타(他)와 자(自) 등으로 대척적(對蹠的)인 것이라
할 수 있다.

　그러나『오위현결』이 전술한 정중래를 유어(有語)·연
(緣)까지도 무어(無語)임을 보여주어 편중지와 상대시키면
서 겸중도에 대해서는 유어시임마래(有語是恁麼來) 무어시
임마거(無語是恁麼去)라 하여 결국 '불섭유어무어전무적적
(不涉有語無語全無的的)'의 겸대를 보여주고 있는 것으로
삼아 오위 전체의 총괄적인 위치에 있다고 한 것과 비교해
보면 위의『동상고철』에서는 겸중도는 조도(鳥道)의 궁극
으로서 창(彰)을 수용하고 있는 무종(無跡)·은(隱)이며
자타(自他)의 대립을 지양(止揚)한 자수용삼매(自受用三
昧)이기 때문에 이 지(至)와 도(到)는 상대하는 것이 아니

라 종적(縱的)인 심천(深淺)의 관계라 할 수 있다.

이리하여 『오위현결』은 일물(一物)의 체(體)에서 오위를 용융시키고 있기 때문에 금강저의 모습이라 해도 타당하겠지만, 『동상고철』은 오위의 전체에서 비가역적(非可逆的)인 일직선상의 단계를 설한 것이기 때문에 『동상고철』의 기조를 고철(古轍)이라고 자칭하는 정중래중심설에 있어서 그 설명은 피상적인 설이 되고 만다.

이에 대하여 『동상고철』 자신은 정중래를 '지존의 지위라서 상대할 그 무엇이 존재하지 않는다(至尊之位不可有對)'라고 하기 때문에 전체에 통하는 중심이지 않으면 안 된다고 주장하고 있는 것은 단계의 사적(事的)인 설에다 근거로서의 이중시설(理重視說)을 혼동시키고 있는 것으로서 임제종에서의 이중시적(理重視的)인 것이라 할 수 있다. 결국 단계설을 무리하게 전통적인 흑백도(黑白圖)로 나타내려고 한[211) 결과 생겨난 혼동이라 할 수 있다. 즉『고철』의 본질은 정중래중심의 단계설이 아니라 방제(傍提)를 이해하지 못한 이중시(理重視)의 단계설이라 해야 할 것이다.

또한 겸중지와 겸중도에 대해서도 겸중지의 유작적(有作的)인 미도(未到)를 벗어나 유무(有無)에 자재한 현리(玄理)를 획득하는 것이 바로 겸중도라 하고 있기 때문에 정중래를 중심으로 하여 지(至)와 도(到)가 상대하는 것이 아니라 앞서 설명한 바와 같이 전체가 일직선상의 단계적인 것으로 간주되어야 할 것이다.

---

211) 偏正五位는 『寶鏡三昧』로부터 나온 것이라 할 수 있기 때문에 金剛杵說 · 芝草說고 그 合否는 曹山本寂의 『五相圖』의 해석과 함께 중시되고 있다.

이로 보자면 분양선소의 경우는 편중지의 성격이 농후한 겸중지이므로 완곡한 견중지의 주장을 했음에 비하여, 그의 사법제자인 자명초원은 분양선소의 견해로부터 탈피하여 정통오위설을 온전히 배제한 것으로 볼 수가 있을 것이다. 그래서 자명의 오위는 편정오위의 정통설과 그 명목은 대략 동일하지만, 그 내용에 있어서는 방제(傍提)를 무시하고 공훈의 단계를 강조하며 기봉중심(機鋒中心)이므로 정통설과 크게 다르다 할 수 있을 것이다. 이것이 이후 특히 중국선종의 오위의 역사에 있어서 하나의 전통으로 정착되어 가게 된다. 그러한 흐름이 이후 거의 모든 오위설에 나타나게 되는데 그 예를 살펴보기로 한다.

부산법원(浮山法遠, 圓鑒法遠: 991-1067)은 임제종파의 선사이면서 조동종파의 대양경현(大陽警玄)으로부터 법을 받은 사람이었다. 곧 부산법원은 임제하 수산성념파인 삼교지숭(三交智嵩)에게 출가하고, 후에 수산성념의 아래에 있던 분양선소에게 참문하였고, 아울러 분양과는 동문인 섭현귀성(葉縣歸省)에게도 참문하였다. 『선림승보전』 권13212)에서는 '동상(洞上)의 지결(旨訣)을 섭현귀성의 자식인 법원에게 주노라.'라는 대목을 보면 부산법원은 조동의 종지에 대해서도 이해가 깊었음을 볼 수가 있다.

그리하여 분양과 섭현으로부터 인가를 받았다. 또한 곡은온총(谷隱蘊聰)의 제자인 달관담영(達觀曇穎)과도 교유를 하고 있었고, 다시 대양경현에게 나아가 그에게서 법을 받았다. 이에 『선림승보전』에서는 대양경현이 부산법원에

---

212) 『禪林僧寶傳』 卷13.(卍續藏137. p.496上) "以洞上旨訣 寄葉縣歸省 公之子法遠"

게 가죽으로 만든 신발과 베로 만든 옷을 주면서 다음과
같은 게송을 내려주었다.

훗날에 법을 얻은 제자를 두게 되면 나의 게송으로
증명을 삼거라. 게송은 다음과 같다.
양이 너른 산에서 풀을 뜯고 있으니
그대에게 의지하여 진가를 기대하노라
다른 밭의 싹이 되레 무성한 곳에
깊고 튼튼한 뿌리를 내리고 싶구나[213]

곧 한 마리의 양이 넓고 푸른 들녘에서 한가로이 맘껏
풀을 뜯고 있으니 우리의 가풍은 이제 그대가 진가를 발휘
해 줄 것을 기대하고 있다. 그러니 다른 지역에서 자란 싹
이 오히려 이 곳에서 무성하게 자라고 있으니 부디 이곳에
다가 튼튼하고 깊은 뿌리를 내려 탐스런 열매를 주렁주렁
맺어주려므나. 대양경현은 부산법원에게 이렇게 게송으로
법을 부촉하고 있다. 또한 저주(滁州)의 낭야혜각(瑯琊慧
覺)에게 나아갔으며, 서주(舒州)의 태평흥국사(太平興國
寺)에서 진산식(晉山式) 때 비로소 섭현의 법사임을 분명
히 하였다.
우선 그는 자신이 참문했던 스승인 대양경현에 대하여
다음과 같은 찬(贊)[214]을 짓고 있다.

똥개가 찬란한 은굽을 신었고
백상은 곤륜산을 타고 가네
개와 코끼리는 서로 방해하지 않고
목마는 불 속에서 우짖는구나[215]

---

213) 『禪林僧寶傳』 卷17,(卍續藏137, p.510上) "他日果得人 出吾偈爲證
偈曰 楊廣山前草 憑君待價煒 異苗翻茂處 深密固靈根"
214) 『禪林僧寶傳』 卷17,(卍續藏137. p.511上) "黑狗爛銀蹄 白象崑崙騎
於斯二無礙 木馬火中嘶"

　여기서　제1구와　제2구는　흑과　백이　서로　열린관계임을
나타낸　구절이고,　제3구와　제4구는　제1구와　제2구의　개와
코끼리가　서로　원융무애하는　겸대를　표현하고　있다.　부산
법원에게　있어　이러한　견해는　특히　공(空)의　정위와　편의
일용사의　어디에도　떨어지지　않는　열린관계의　겸대라는　조
동종지를　표현하기도　했음은　주지의　사실이다.

　이로써　대양경현,　분양선소,　자명초원,　낭야혜각　등의　편
정오위를　알고　있었다고　볼　수　있다.　이에서　임제의　편정
오위는　겸중지로서　단계적이고　공훈적인　오위설을　설하고
있다는　것은　주목할　필요가　있다.　여기에서　부산법원이　조
동종지와　임제종지를　두루　배웠다는　것을　어렵지　않게　짐
작할　수　있겠지만　그의　사승(嗣承)으로부터　알　수　있듯이,
임제종지가　중심이　된　기봉중심(機鋒中心)이라는　것이　부
산법원의　편정오위의　특질임을　엿볼　수　있다.　이제　그가
붙인　오위에　대한　게송을　보면　다음과　같다.

　　정중편
　　아득한　공겁부터　본래　적연하였으나
　　금강산에서　곤두박질한　꼴이라
　　그러나　손으로는　영기(靈機)를　삼천대천세계에　펼치네216)

　　편중정
　　아득한　진겁(塵劫)　동안에도　청정하게　수행해　왔건만
　　기로에　이르러서는　그것마저　포기하고　옛길로　돌아서니
　　그림자　없는　집에서　정령(正令)을　간직하고　있네217)

---

215)『禪林僧寶傳』卷17,(卍續藏137. p.511上)"黑狗爛銀蹄　白象崑崙騎
　　於斯二無礙　木馬火中嘶"
216)『人天眼目』卷3,(大正藏48. p.315上)"空劫迢迢本寂然　金剛際下翻
　　筋斗　掌上靈機遍大千"
217)『人天眼目』卷3,(大正藏48. p.315上-中)"浩浩塵中劫淸淨　臨岐撒手
　　便回途　無影堂前提正令"

정중래
정수리 뒤의 원광은 만고에 빛나네
그리하여 비록 인간세를 남김없이 비추고는 있지만
기봉을 꺾지 않은 채 흔적도 남기지 않다네[218]

겸중지
자유자재한 묘용은 일체의 사량을 끊었으니
무엇에 부딪쳐도 내내 흔들림이 없고
우뚝 세운 묘용의 칼날은 남김없이 베어버리네[219]

겸중도
격외의 밝은 기(機)와 뛰어난 역량은
삼라만상을 알면서도 굳이 그대로 내버려 둘 뿐
뉘라서 그 오묘한 기량을 지닐 수 있으랴[220]

　　여느 것과 마찬가지로 정중편과 편중정은 정위로부터 편
위지향과 편위로부터의 정위지향을 말하고 있다. 그러나
제사위인 겸중지와 제오위인 겸중도가 완전하게 호응하는
관계에 서 있다. 즉 제사위인 겸중지에서의 묘용(妙用)과
격외(格外), 교전(交戰)과 만휘(萬彙), 현현(玄玄)과 불능
해(不能該), 신봉(神鋒)과 현오(玄奧) 등이 각각 호응하
ㄴ 관계를 이루어 겸중지에서는 묘용의 자유자재는 바로
우뚝 선 칼날과도 같은 능작(能作)의 현현이고, 겸중도는
격외의 밝은 기(機)는 일체의 작용을 구비하고 있으면서도
그윽한 진리를 드러내지 않는 작위(作爲)를 배제한 공능으
로 드러나 있다.

---

218)『人天眼目』卷3,(大正藏48, p.315中)"頂後圓光耀古臺　雖然照徹人
　　間世 不犯鋒鋩絶點埃"
219)『人天眼目』卷3,(大正藏48, p.315中)"妙用縱橫休擬議　始終交戰自
　　玄玄　壁立神鋒皆猛利"
220)『人天眼目』卷3,(大正藏48, p.315上)"格外明機長節操　了知萬彙不
　　能該 誰能更守於玄奧"

이러한 겸중지와 겸중도의 호응은 결과적으로 제삼위의 정중래를 결론적인 위(位)로 이끌어내는 좋은 배열이다. 그래서 정중래에서는 만고에 길이 비취는 원광은 인간세의 사(事)를 두루 섭(攝)하되 어느 기봉(機鋒) 하나 건드리지 않고 손상됨이 없이 일체의 점애(點埃)를 초월하는 입장이다. 그래서 위의 정중편과 편중정에서의 상대적인 작용과 겸중지와 겸중도에서의 초절된 호응하는 관계에 있는 능작략(能作略)을 모두 갈무리하고 있다. 이것은 바로 겸중지중심을 겨냥한 본격적인 오위의 구조라 할 수 있다.

그런데 대양경현의 영향을 받은 투자의청(投子義靑)은 그 둘을 병용하면서도 실제적으로는 겸중지중심으로 기울고 있음을 보게 된다. 아울러 투자의청은 자명초원의 겸중지설의 영향을 강하게 받은 인물이다. 법계로는 대양경현의 법사이면서도 임제종파의 자명초원에게 참하여 배운 것은 마치 부산법원의 경우와 흡사하다. 그리하여 투자의청의 오위는 이후 단하자순 - 굉지정각 등으로 이어져 조동종파에서도 임제종파에서와 마찬가지로 겸중지설로 이어지는 계기가 되었다. 투자의청에게는 「오위송(五位頌)」, 「오위편정요(五位偏正謠)」, 「사요간(四料簡)」, 「사빈주(四賓主)」 등이 있는데, 그 가운데 대양경현의 오위를 전승하고 있는 「오위송」은 다음과 같다.

오위송병서(五位頌幷序)
대저 깨침의 눈으로 보면 넓은 하늘은 하나이니 어찌 별과 달을 따로 나눌 수 있으랴. 미혹한 눈으로 보면 대지는 한량없으나 영고성쇠가 각기 다르다. 따라서 객관적인 법에는 다른 법이 없이 동일하니 어찌 미혹과 깨침이 따로 있으랴. 그러나 주관적인 심(心)은 천연적인 심(心)이 아니라서 언(言)과 상(象)을 빌려 표현한다. 그 언(言)이란 편과 정이 올바르게 행해져야 비로소 겸대하여 합치한다. 그 법이란 시비에 떨어지지 않는 것이니 어찌 삼라만상에 한정되겠는가. 그윽한 진리는 이미 물과 달의 관계처럼 서로 투영하는 것이고, 근원적인 흐름은 니련선하로부터 파생되었다. 그래서 근원적인 진리는 허울에 떨어지지 않고 본래의 묘중(妙中)으로 되돌아간다.

정중편
은하수만 반짝이고 달이 뜨기 전
으스름한 안개 이슥한 밤이라 새벽이 멀었건만
이윽고 원만한 본 모습이 어둠으로부터 은은하게 드러나네

편중정
밤이 지새고 먼동이 터 본래의 모습 나타나나
짙은 안개 속에 무엇을 분간하랴
혼연하여 명경도 비추지 못할레라

정중래
불길 속에서 금닭은 봉황루에 앉아 있고
현로(玄路)는 허공과 같아 진리에 통하며
구름을 가르는 조도(鳥道)는 진속(塵俗)을 벗어났네

겸중지
예리한 칼날아래 묶인 몸이라 피할 수가 없는데
타고난 맹장(猛將)은 칼과 몸을 다치지 않는 법
어둠속에 칼을 휘둘러도 한 치도 어긋남이 없네

겸중도
깨침을 얻은 자는 길에 발자국을 내지 않고
똑같이 수행을 하더라도 어딘가 다른 법
시비에 물들지 않아야 묘용이라 하리라[221]

---

221) 『五燈會元』 卷14,(卍續藏138, pp.525下-526上) "夫長天一色 星月何分. 大地無偏 枯榮自異. 是以法無異法 何迷悟而可及 心不自心 假言象而提唱. 其言也 偏圓正到 兼帶叶通 其法也 不落是非 豈關萬象. 幽旨旣融於水月 宗源派混於金河. 不墜虛擬 回途復妙. 正中偏 星河橫轉月明前 彩氣夜交天未曉 隱隱俱彰暗裡圓 偏中正 夜半天明羞自影 朦朧霧色辨何分 混然不落秦時鏡 正中來 火裡金鷄坐鳳臺 玄路倚空通陌上 披雲鳥道出塵埃 兼中至 雪刃籠身不回避 天然猛將兩不傷 暗裡全施善周備 兼中到 解走之人不觸道 一般拈掇與君殊 不落是非方始妙"

한편 이러한 「오위송」이 이제 조동과 임제의 종파를 막
론하고 어디에서나 겸중지중심으로 바꾸어 간 예를 아래에
서 열거해 보기로 한다.

보현선수선사오위송(普賢善秀禪五位頌)

정중편
용이 울부짖는 초야 무렵
호랑이 우짖는 자정 무렵

편중정
희멀건 연기 밝은 달을 감싸고
으스름 안개 찬 바위를 잡아두네

정중래
소나무가 말랐다 한들 언제 일찍이 늙었다 하리
꽃은 피었으되 발아도 하지 않았구나

겸중지
잔나비 우는 소리 알 수가 없고
학이 우는 소리 가물가물하네

겸중도
구름 밖의 길을 열어 젖히고
달 뜨기 전 어둠도 없애 버리네222)

지통경심선사(智通景深禪師)

정중편
검은 얼굴 노파가 밤새도록 옷을 깁는다

---

222)『五燈會元』卷14,(卍續藏138, p.537下)"正中偏 龍吟初夜後 虎嘯五
更前 偏中正 輕煙籠皓月 薄霧鎖寒巖 正中來 松瘁何曾老 花開滿未萌
兼中至 猿啼音莫辨 鶴唳響難明 兼中到 撥開雲外路 脫去月明前"

편중정
흰머리 할애비 하인의 옷을 짓네

정중래
똥 속에도 **뼈**가 있다

겸중지
눈과 칼이 서로 상처내지 않는다

겸중도
밤길에 곤륜산에 간다[223]

자득혜휘선사오위송(自得慧暉禪師五位頌)

정중편
어제 밤중에는 하늘에 별들이 가득했네.

편중정
흰구름이 묏부리에 걸려 있어
좀체로 봉우리가 드러나지 않네

정중래
곤이와 고래에게 깃과 날개가 없다 말하지 말라
오늘은 친히 조도(鳥道)를 통해 나타나리니

겸중지
나타나되 자취가 없고
작용하되 낌새가 없다

겸중도
돌장승이 적삼을 찢으니
대지가 사람을 삼켜 버리네[224]

---

223) 『五燈會元』卷14,(卍續藏138, p.544上) "正中偏 黑面老婆披白練 偏
中正 白頭翁子著皂衫 正中來 屎裡飜筋斗 兼中至 雪刃籠身不自傷 兼
中到 崑崙夜裡行"
224) 『五燈會元』卷14,(卍續藏138, p.548下) "正中偏 昨夜三更星滿天 偏
中正 白雲籠嶽頂 終不露崔嵬 正中來 莫謂鯤鯨無羽翼 今日親從鳥道來

또한 자득혜휘(自得慧暉)에게는 다음과 같은 「오위송」이
있다.

정중편
혼돈 속에서 밤을 맞으니
뒤척이면 허수아비 잠을 깨고
눈 속의 하얀 갈대 밝고 밝아 잠을 못이루네

편중정
휘영청 보름달 궁전에 싸늘한데
달빛을 피하려고 몸을 감추네.
눈동자 돌이키니 그림자는 벌써 서산에 지네

정중래
천자가 명령하니 천하에 두루 퍼지고
해가 떠오르자 온 세계가 고요하며
신령한 기운은 먼지 끝에도 머물지 않네

겸중지
장안대로에 싫증나게 노닐다 보니
곳곳에 욕심 없이 허허롭게 공에 드네
진리는 진리로 돌아가듯 물은 바다로 돌아가네

겸중도
흰구름 스러진 곳에 초막이 좋은 것은
여룡의 명월주보다 오래가기 때문이네
곤륜산이 닳아서 바다가 된다 해도 초막은 여전하네225)

한편 조산본적의 「축위송」 앞에다 단하자순은 그의 '서'
를 다음과 같이 붙이고 있다.

兼中至 應無跡 用無痕 兼中到 石人衫子破 大地沒人縫"
225)『人天眼目』卷3(大正藏47, p.315下) "混沌初分半夜前 轉側木人驚
夢破 雪蘆滿眼不成眠 寶月團團金殿冷 當明不犯暗抽身 回眸影轉西山
頂 帝命傍分展化才 杲日初升沙界靜 靈然曾不帶纖埃 長安大道長遊戲
處處無私空合空 法法同歸水歸水 白雲斷處家山好 撲碎驪龍明月珠 崑
崙入海無消耗"

대저 흑과 백이 나뉘기 이전에는 이것이다 저것이다 하기 어렵다. 검고 누런 것이 나뉘고 나고서야 비로소 자와 타의 자리가 생기는 법이다. 이에 흑을 정으로 삼고 백을 편으로 삼는다. 그래서 정은 정위에 앉지 못하니 밤에도 텅 비어 밝고, 편은 편위에 앉지 못하니 날이 새어도 어둡다. 이 모든 체가 용에 즉(卽)하면 마른 나무에 꽃이 피고, 모든 용이 진(眞)에 즉(卽)하면 온갖 꽃에 색이 없다. 겸대마저 꺾어 없애면 모든 현(玄)과 미(微)에 다다를 수 있으니 옥으로 만든 봉새와 금으로 만든 난새를 분간할 수가 없게 된다. 이런 까닭에 위음나반이 설법을 그만두어도 상관이 없다. 오늘의 사람들을 위하여 방편을 시설하여 간략하게 관견을 피력함으로써 일조하고자 한다. 바라건대, 모두 한마음으로 되새겨 논의할 일이다.[226)]

곧 단하자순은 조산의 「축위송」에 대하여 「서」를 쓰면서 조산의 「축위송」에 표현되어 있는 상징적인 의미를 각각 정과 편에 대하여 흑과 백으로 그대로 인정하고 있다. 그러면서 그 흑과 백이 결국은 단순한 흑과 백을 벗어나 각각이 체에 즉한 용이 이루어질 때 비로소 진리가 겸대의 입장으로 현현하는 것임을 말하고 있다. 그러나 어디까지나 이것은 방편시설임을 강조하고 있다. 단하자순에게 있어서 오위는 바로 미혹한 사람에게는 방편의 시설이고 깨친 사람에게는 본증(本証)의 현현이었다.

이하의 오위송은 조산이 정리한 동산의 오위의 각각의 위(位)에 대하여 한 승의 질문에 그에 응답하는 형식으로 분양선소(汾陽善昭), 도오오진(道吾悟眞), 굉지정각(宏智正覺), 문암사종(聞庵嗣宗), 화엄조각(華嚴祖覺), 초당선청

---

226)『人天眼目』卷3,(大正藏47, p.314中-下)“夫黑白未分 難爲彼此 玄黃之後 方位自他 於是借黑權正 假白是偏 正不坐正 夜半虛明 偏不坐偏 天曉陰晦 全體卽用 枯木花開 全用卽眞 芳叢不艶 催殘兼帶 及盡玄微 玉鳳金鸞 分疎不下 是故威音那畔 休話如何 曲爲今時 由人施設 略陳管見 以是方隅 冀諸同心 幸毋撫掌”

（草堂善淸）등이 각각 게송을 붙인 것이다.

분양선소의 오위송

정중편
달이 이미 밝았고 초저녁이 지났다
금닭은 모름지기 날이 밝기 전에 울어야 하리라

편중정
터럭 끝만한 것이 자라서 큰 나무가 되고
한 방울의 물이 강과 호수가 된다

정중래
메마른 땅에 연꽃이 줄기마다 벙글었다
한 승이 물었다.
연꽃이 핀 후에는 어떻습니까.
분양이 답했다.
금꽃술과 은실은 이슬방울 머금었고, 큰스님은 봉황대에 앉지 않는다

겸중지
의기는 자연적으로 이루어지지 않는 법이다
영웅이 어찌 세월의 재촉에 의지하랴

겸중도
옥녀는 베틀에 북을 넣어 덜커덩덜커덩 베를 짜고
돌장승은 동동동 북장단을 치누나227)

도오오진의 오위송

---

227) 『人天眼目』卷3,(大正藏47, p.314上-中) 이 頌은 원래 『古尊宿語錄
』 권10, 「汾陽善昭章」,(卍續藏118, p.274)에 실려 있는 汾陽善昭의 「
逐位頌」 바로 뒤에 이어진 내용이기도 하다. "正中偏 玉兔旣明 初夜
後金雞須唱五更前 偏中正 毫末成大樹 滴水作江湖 正中來 旱地蓮華朵
朵開 僧云 開後如何 汾云 金蘂銀絲承玉露 高僧不坐鳳凰臺 兼中至 意
氣不從天地得 英雄豈藉四時催 兼中到 玉女抛梭機軋軋 石人打鼓韻鼕
鼕"

정중편
모든 사람이 와서 부처님을 뵙네

편중정
모든 물과 산이 거울 속의 모습처럼 뚜렷하네

정중래
하늘은 희고 대지는 맑은데 땅을 흔드는 우뢰소리라

겸중지
종횡으로 방편을 시설하되 걸림이 없다

겸중도
흑과 백이 나뉘기 이전 벌써 지나쳐 버렸다[228]

굉지정각의 오위송

정중편
구름 흩어진 빈 하늘이요
텅 빈 집에 달이 밝구나

편중정
백발의 노파가 거울을 들여다 본다

정중래
새하얀 눈썹 머릿결 불속에서 나오는데
당당할손 그 모습 이 세상 사람이 아니구나

겸중지
대용은 현전하되 궤칙에 얽매이지 않는다

겸중도
야명렴(夜明簾) 밖에 새벽을 밀쳐 두고
법당에서는 지음을 끊노라.[229]

---

228) 『人天眼目』 卷3,(大正藏47, p.314上-中) "正中偏 諸子投來見大仙
偏中正 萬水千山明似鏡 正中來 皎潔乾坤震地雷 兼中至 施設縱橫無所
畏 兼中到 黑白未分前已過"

문암사종(일명 翠岩嗣宗)의 오위송

정중편
물풀꽃이 피기 이전

편중정
단란나무는 아구가 딱 들어맞네

정중래
온세계 티끌을 여의었네

겸중지
화살을 입으로 받아내는 공능은 모든 희론을 끊었다

겸중도
천지에 다하고도 남음이 있다[230)

화엄조각의 오위송

정중편
다시 짙게 드리운 야명렴이라

편중정
날이 밝자 도적이 옛 우물에 풍덩

정중래
온갖 풀이 봄을 만나 제자리에서 피어나네

---

229) 『人天眼目』卷3,(大正藏47, p.314上-中) "正中偏 雲散長空後 虛堂
夜月明 偏中正 白髮老婆羞看鏡 正中來 霜眉雪鬂火中出 堂堂終不落今
時 兼中至 大用現前 不存軌則 兼中到 夜明簾外排班早 空王殿上絶知
音"

230) 『人天眼目』卷3,(大正藏47, p.314上-中);『五燈會元』卷14,(卍續藏
138, p.547下) "正中偏 菱花未照前 偏中正 團欒無少剩 正中來 遍界
絶塵埃 兼中至 嚙鏃功前戱 兼中到 十道不通耗"

겸중지
  비와 눈이 번갈아 오니 피할 곳이 없다

  겸중도
  둘 모두 끊어버리니 의지할 곳이 없구나
  마음과 법을 다 잊어야 현묘를 얻는다[231]

초당선청의 오위송

  정중편
  우뚝 솟은 곤륜산은 허공의 눈이요
  석녀가 베짜는 소리는 덜커텅 덜커덩하고
  허수아비 춤을 추니 옷소매가 마당까지 뻗치네

  편중정
  맑은 연못엔 하늘의 달그림자 박혀 있으니
  모든 사람이 연못 속의 보름달 구경하네
  달은 사라져도 연못은 그대로 남으니 뉘라서 알겠는가

  정중래
  불 속에 핀 연꽃은 꽃망울이 주렁주렁하니
  뿌리와 싹이 어찌 보통 물건이랴
  그 大用일랑은 세간의 것이 아니라네

  겸중지
  기봉을 서로 다툼에 꺼리지 않으니
  대장부가 서로를 영웅이라 일컫네
  이렇게 인정받지 못하면 부질없는 일일 뿐

  겸중도
  무쇠소가 난간 주위의 풀을 다 먹어 치워버리는 사이
  목동은 어디서 무얼 하였던고
  이리저리 헤매면서 보배 하나 얻었어라[232]

---

231) 『人天眼目』卷3,(大正藏47, p.314上-中)"正中偏 更深垂却夜明簾
    偏中正 天曉賊人投古井 正中來 百卉承春在處開 兼中至 雨雪交加無處
    避 兼中到 兩頭截斷無所奇 心法雙忘始得玄"

그러나 이러한 겸중지중심설 가운데에서도 특히 굉지정
각의 오위송은 단순히 겸중지라는 용어만을 고수한 것이
아니었다. 굉지는 같은 겸중지의 용어를 사용하면서도 다
른 곳에서는 편중지를 사용하고 있는데 이것은 바로 동산
과 조산의 겸대사상을 충실하게 이어받고 있기 때문이다.

굉지정각의 오위송

정중편
맑게 개인 밤하늘에 은하수가 쫙 나타나고,
늦은 밤 목동은 달빛을 받으며 귀가하니
사립문 여는 소리에 주인은 잠에서 깨어나네

편중정
구름은 아득히 신선의 머리에 걸려 있고
머리가 하얗게 세어서야 집에 돌아오네
밝은 큰 거울 속에 모든 것이 조용히 드러난다

정중래
달밤에 큰 고래는 허물을 벗고
등이 하늘에 닿을 듯 날개짓 하니
날아오르는 새 가운데에도 비할 바 없네

겸중지
얼굴을 보아도 모름지기 서로 회피할 일 없으니
정교(政敎)가 거슬리지 않아 왕의 뜻이 바로 서네
교화 속에 길이 있음은 힘만으로는 안 되네

겸중도
북두성 걸린 곳에 아침은 아직 멀어

232) 『人天眼目』卷3,(大正藏48, p.315中)"丫角崑崙空裏眼 石女機梭聲
軋軋 木人舞袖出庭前 澄潭印出桂輪影 人人盡向影中圓 影滅潭枯誰解
省 火裏蓮花朶朶開 根苗豈是尋常物 大用非同應世材 交互機鋒絶忌諱
丈夫彼彼逞英雄 點著不來成粉碎 銕牛喫盡欄邊草 却問牧童何處居 指
點東西得一寶"

175

잠을 깬 학은 추위 속에 떨고 있네
옛집을 벗어나자 구름 속에 소나무 쓰러지네[233]

또한 굉지는 그의 소참법문(小參法門)에서는 다음과 같이 편중지를 사용하고 있다.

한 승이 물었다. "정중편이 뭡니까." "하늘과 백운이 참으로 밝구나." "편중정이 뭡니까." "물과 명월이 함께 흐르는구나." "정중래가 뭡니까." "곤이와 고래에 날개가 없다 말하지 말라. 오늘은 친히 조도(鳥道)를 따라 돌아오리라." "편중지가 뭡니까." "기연을 당해서는 회호가 없고, 적(敵)을 만나서는 앞과 뒤가 따로 없다." "겸중도가 뭡니까." "궁전에 왕이 없으니 시중드는 사람 하나 없고, 오동나무를 심지 않으니 봉황이 오지 않는구나."[234]

굉지오위에 있어서의 특색은 제사위에서 편중지를 사용하건 겸중지를 사용하건 간에 내용상에 있어서는 겸중도중심의 겸대구조라는 점이다. 곧 제1위와 제2위의 관계는 밤으로부터 잠을 깨는 정위로부터 편위가 현현하는 정중편과 구름과 흰머리의 편위로부터 명경으로 이르는 정위의 편중정으로서 정과 편이 서로 회호의 관계에 있다. 제3위와 제4위의 관계는 달밤과 비할 바 없는 순수한 정위만의 실체와 정교(政敎)와 교화(敎化)라는 편위만의 등장으로서 서

---

233) 『宏智錄』 卷8,(大正藏48, p.99上) ; 『人天眼目』 卷3,(大正藏48, p.315中) "正中偏 霽碧星河冷浸天 夜半木童敲月戶 暗中驚破玉人眠 偏中正 海雲依約神仙頂 婦人鬢髮白垂絲 羞對奏臺寒照影 正中來 月夜長鯨蛻甲開 大背摩天振雲翼 翔遊鳥道類難該 兼中至 覿面不須相忌諱 風化無傷的意玄 光中有路天然異 兼中到 斗柄橫斜天未曉 鶴夢初醒露葉寒 舊巢飛出雲松倒" 한편 宏智에게는 또 다른 五位頌이 있는데 『人天眼目』 卷3,(大正藏48, p.314上-中)에 실려 있는 五位頌이 그것이다.
234) 『宏智錄』 卷1,(大正藏48, p.16上) "僧問 如何是正中偏 師云 天共白雲曉 進云 如何是偏中正 師云 水和明月流 進云 如何是正中來 師云 莫道鯤鯨無羽翼 今日親從鳥道迴 進云 如何是偏中至 師云 當機不迴互 敵面無先後 進云 如何是兼中到 師云 寶殿無人不侍立 不種梧桐免鳳來"

로 각각의 위(位)에 머무는 닫힌관계의 입장이다.

이것은 동산과 조산이 각각 『현결』과 「축위송」에서 말하는 열린관계와 닫힌관계의 역동관계를 표현하고 있는 것과 동일하다. 문제는 제5위의 겸중도로서 북두성과 잠을 깬 학이 둘이 아닌 관계이다. 또한 옛집을 벗어나는 출진(出塵)의 대용(大用)을 나타내고 있다. 그런데 제1구·제2구의 정위적(正位的) 성향과 제3구의 편위적(偏位的) 성향이 각각을 고집하지 않는다. 밤하늘의 북두성이라는 정중편과 잠을 깨어 있으나 아직 추위에 떨고 있는 편중정의 회호가 옛집을 벗어나는 초탈로 승화되어 있기 때문이다.

또한 「소참법문」의 오위에 있어서도 제삼위의 편중지는 '기연을 당해서는 회호가 없고, 적(敵)을 만나서는 앞뒤가 없다.'라는 표현처럼 오직 편위만 현현해 있어 달리 정위와 열린관계라든가 화합이 전혀 드러나지 않은 위(位)이다. 이것이 제오위의 겸중도에 있어서는 작위적인 행위가 없을 뿐더러 왕과 시중드는 사람 그리고 오동나무와 봉황과 같은 상대적인 자취가 전혀 드러나 있지 않은 위(位)라서 '궁전에 왕이 없으니 시중드는 사람 하나 없고, 오동나무를 심지 않으니 봉황이 오지 않는구나'라고 표현하고 있다. 그래서 앞의 겸중지의 용어사용이 정중래중심으로만 흐르지 않고 겸대사상으로 표현될 수 있었던 것은 겸중지의 지(至)가 일방구진(一方究盡)의 지(至)라면 겸중도의 도(到)는 양방구진(兩方究盡)의 도(到)로서 정편오위의 제5위이면서 동시에 열린관계와 닫힌관계를 함축한 구경위에 자리매김한 까닭이라 할 수 있다.

한편 굉지는 앞의 대양경현이 오위송을 그의 「소참법문」

177

에서 인용235)하면서 정중편의 '맑고 밝은 보름달이 중천에 떠올라 있으니, 온전히 텅 비어 티끌 하나 보이지 않네. 다만 명암은 그림자 속에만 분명할 뿐」이라는 구절을 터득한다면 곧 어(語)에 있어도 묘(妙)가 되고 묵(默)에 있어도 묘(妙)가 되어 설(說)할 때가 곧 항상 묵(默)이고 묵(默)할 때가 항상 설(說)이어서 능히 삼계를 벗어난다.'고 말하고 있다.

그리하여 굉지에게 있어서의 정과 편은 상호간에 열린관계로서 정과 편임을 전제하면서 정은 정으로 그리고 편은 편으로서 드러나 있다. 이 가운데에 편이 편으로만 드러나 있는 경우가 바로 편중지이고, 편위로서 정위를 배제하지 않는 경우의 표현이 바로 겸중지라는 용어로 나타나 있다고 말할 수가 있다. 따라서 이것을 도해로써 나타내 보면 다음과 같다.

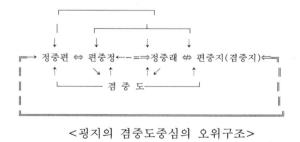

<펑지의 겸중도중심의 오위구조>

---

235)『宏智錄』卷5,(大正藏48, p.58中)

4) 편중지설의 수용

그래서 이에 대한 견해의 하나라 할 수 있는 일본에서 본격적인 오위설의 복고를 목표로 한 만실조개(卍室祖价)는 편정오위설의 본래의 모습을 18위(位)로 삼고 있다. 그것은 편·정·겸의 3위(位)를 각각 6위(位)로 전개하여 도합 18위(位)로 삼는 설이다.[236]

만실조개는 위의 18위 가운데 편중정·편중지·정중편·정중래·겸중도의 오위로부터 편정오위설이 형성되었다고 보는 것이다. 만실조개의 18위설은 편중편으로부터 출발하여 겸중래의 구극에 이르는 수행의 단계성을 설한 것이다. 만실조개는 18위 가운데 종래의 편정오위설에서는 활용되지 않은 각각의 위(位)에 대하여 질의응답의 형식으로 설명하고 있다. 가령 편중편에 대하여는 다음과 같이 말하고 있다.

> 혹 묻는다. 편위에서 편중편이라 이름한 것은 예로부터 듣지 못했는데 어찌하여 새로이 내세웠는가. 답한다. 고래로 편중편의 이름을 내세우지 않은 까닭은 본래 편중편은 목석위(木石位)로서 발심수행을 하는 데 있어 도움이 되지 않으면 생략하기 때문이다.[237]

만실조개에 의하면 편중편이란 명칭은 본래는 있는 것이지만 무정(無情)의 목석위(木石位)를 가리키는 것이기 때

---

236) 『曹洞五位鈔』 卷1, pp.1-4. 偏·正·兼의 각 位를 분류해 보면 다음과 같다.
　(偏) 偏中偏 偏中正 偏中圓 偏中到 偏中至 偏中來
　(正) 正中偏 正中正 正中來 正中到 正中至 正中圓
　(兼) 兼帶　 兼中到 兼中至 兼中圓 兼中兼 兼中來
237) 위의 책, 권1, p.4.

문에 편정오위설에서는 생략했다는 것이다. 또한 편중내의 명칭에 대해서는 다음과 같이 말한다.

> 만약 곧장 정위에 깊이 들어간다면 정위 쪽에서는 이 사람을 편중내라 하고, 편위중에서 정위에 들어오면 그것도 역시 편중래(偏中來)라 이름해야 할 것이다.[238]

이것은 그 명칭의 존재를 주장하고 있다. 다시 정중정 · 정중도 · 정중지의 각 위의 존재에 대하여 다음과 같이 말하고 있다.

> 묻는다: 정위 가운데에 정중정 · 정중도 · 정중지의 명칭도 신설된 것인데 그것은 어떻습니까. 답한다: 겸중도의 도(到)는 편에서도 정에서도 도(到)가 붙는 것을 알아야 한다. 편중지가 어느 정도 정중지에 통하는 만큼 물론 겸중지에도 마찬가지이다.[239]

이와 같이 만실조개는 정 · 편 · 겸의 3위를 기본으로 하여 종래 오위설에서 사용되어 온 명칭의 상관속에서 도합 18위를 이끌어 내었다. 다만 편정오위설에서는 정통으로 간주되고 있는 정중편 · 편중정 · 정중래 · 편중지 · 겸중도의 오위 이외에 겸대(兼帶) · 겸중원(兼中圓)[240] · 겸중지(兼中至) 등의 명칭도 여러 곳에 나타나 있다.

만실조개는 스스로 설정한 18위의 계급에 기초하여 편정오위설의 제사위를 편중지라 주장하고 있다. 이 점에 대하여는 즉 편중지를 겸중지로 고친 것은 오위의 각 위의 내용을 알지도 못하고 순서와 계급을 혼동한 것이라고 주

---

238) 위의 책. 권1, p.6.
239) 위의 책. 권1, p.6.
240) 金峰從志가 編纂한 『曹山錄』에 「師新出○兼中圓明五位大意」라 하여 兼中圓의 說이 나타나 있다.

장한다. 또한 각범도 '어떤 뜻인지 알지도 못하고'라고 서
술하고 있어 의의와 내용상으로 겸중지설을 비판하고 있
다. 전술한 바와 같이 만실조개는 18위 속에 겸중지와 편
중지를 모두 기록하여 그 명치의 존재를 인정하고 있다.
그러나 편정오위설의 제사위는 순서와 내용상으로부터 편
중지라 주장하는 것이다. 전술한 바와 같이 만실조개는 겸
위(兼位)를, 겸대(兼帶)·겸중도(兼中到)·겸중지(兼中
至)·겸중원(兼中圓)·겸중겸(兼中兼)·겸중래(兼中來)
등 여섯 가지로 분류하고 있다. 이 가운데 겸대에 대해서
는 정과 편을 겸합(兼合)하는 것인데, 대(帶)란 본지(本
智)로써 편과 정을 협대(挾帶)하여 색공(色空)과 이사(理
事)를 함께 비추는 것이라고 말한다.

결국 겸대위(兼帶位)는 정편을 열린관계로 간주하고 이
사(理事)를 원융하는 것이다. 조산본적이 이 겸대위를 최
묘최현(最妙最玄)으로 설하고 이로부터 위의 겸중도(兼中
到)·겸중지(兼中至)·겸중원(兼中圓)·겸중겸(兼中兼)
·겸중래(兼中來) 등을 지극(至極)으로 삼지 않은 것은 어
십성(語十成)을 꺼리기 때문이라고 한다. 또한 동산이 겸
중도를 설한 것도 조산과 마찬가지로 어십성을 꺼리는 입
장이었다고 한다.241)

또 만실조개는 이 겸위에 있어서 겸중겸을 중심으로 하
여 이 겸중겸의 도리에 이르는 것을 겸중도라 하고 있다.
다시 겸중겸의 도리에 원만한 것을 겸중원이라 설하고, 또
겸중겸의 진여에 자재한 것을 겸중래라 설하고 있다.242)

241) 卍室祖价 撰,『曹洞五位鈔』卷1, pp.11-12.
242) 위의 책, 권1, p.14.

이 만실조개의 설명으로 보자면 겸위에 있어서 겸중도와 겸중지는 큰 차이가 없다. 결국 만실조개가 설한 겸중지는 조산의 겸대와 동산의 겸중도와 동등하게 취급되고 있다 할 수 있다. 그러나 편위 가운데서 발심수행하여 정위의 이치에 도달한다는 편중지와 분명히 구별된다.243) 이상과 같이 만실조개가 겸중지와 편중지를 명확하게 분류하여 도리상(道理上) 각범의 편중지의 주장에 찬동하고 있는 점은 주의할 필요가 있다.

그러나 조동종의 종지를 거양하면서도 명나라 때 영각원현은 그의 『동상고철』에서는 편중지를 겸중지로 바꾸어 정중편과 편중정이 상대를 이루고 겸중지와 겸중도가 상대를 이루어 그 가운데에 있는 제삼위인 정중내가 그 근본원리로서 중심을 이룬다는 정중래중심설을 주장하여 겸중지가 타당하다는 주장을 폈다.

이처럼 일시 조동의 선풍을 불러일으켰던 명대 말기에 영각원현과 위림도패 등은 조동의 선풍을 진작함과 함께 그 중요한 교의인 오위에 관심을 기울여 동상(洞上)의 가르침을 진작시키기에 노력하게 된다. 그러나 각범의 편중지설과는 반대로 영각원현과 위림도패의 오위설은 겸중지설이며 게다가 정중래중심설과 강하게 결부되어 있다. 결국 정중래중심설을 이끌어 내기 위하여 겸중지가 주장된 느낌이다. 그러나 이러한 겸중지설과 정중래중심설은 바로

---

243) 위의 책, 권1, p.2에서 偏中至에 대하여 「偏中에서 正位의 이치를 원만하게 하여 正位의 이치에 도달하는 도달할 때 … 偏中至의 見道位라 하며 心王의 출현이라고도 하고 佛出現이라고도 한다」라고 설명하고 있다. 卍室祖价의 18位는 단계성을 서술한 것으로서 偏位로부터 正位를 거쳐 兼位에 이른다는 것이다. 卍室祖价의 경우 偏中至와 兼中至는 位次의 계급상으로 분명히 구별된다고 말할 수 있다.

일본 에도 시대의 조동종학자들에 의하여 다시 부정되고
있다. 이러한 일례의 과정에 대하여 우선 영각원현의 주장
을 살펴보기로 한다.

> 적음(寂音)은 겸중지를 고쳐서 편중지로 삼아 이로써 정중래에 상대시
> 켜 후학들을 크게 오도(誤導)하였다. 이제 적음의 그것을 고쳐 정중래
> 의 일위(一位)는 곧 나머지 사위(四位)의 추요(樞要)로서 앞의 이위(二
> 位)는 이 정중래로 들어가고 뒤의 이위(二位)는 정중래로부터 나온다.
> 정은 지존의 위(位)로서 상대적인 유(有)가 있을 수 없으니 그것이 인
> 정할 수 없는 그 첫째 이유이다. 또한 편중지로써 정중래를 상대할 때
> 에는 곧 중간에 양위(兩位)가 있게 되어 금강저의 모습이 아니니 그것
> 이 인정할 수 없는 그 둘째 이유이다. 또한 편중지는 전백(全白)의 모
> 습인데 정중래는 내흑외백(內黑外白)이 모습으로서 전백(全白)에 상대
> 되지 않으니 이것이 인정할 수 없는 그 셋째 이유이다. 또 겸중도는
> 전흑(全黑)의 모습으로서 겸중지의 전백(全白)의 모습과는 정면으로 상
> 대되는 것이니 어찌 겸중도 홀로 맨 뒤에 있어 상대가 없다고 할 수
> 있겠는가. 이것이 인정할 수 없는 그 넷째 이유이다.[244]

여기에서 영각원현은 적음(寂音, 覺範慧洪)의 편중지설
을 비판하여 겸중지로 삼는 논거로써 네 가지를 들고 있
다. 영각원현의 설은 오위의 각 위에 대하여 앞과 뒤가 넓
고 가운데가 오목한 금강저의 형태라 말하고 있다. 그 때
문에 앞에 정중편과 편중정을 상대시키고 뒤에 겸중지와
겸중도를 상대시키며 한 가운데에는 정중래를 배치하는 정
중래중심설을 주장하고 있다.

이처럼 영각원현으로 대표되는 겸중지 및 정중래중심설
은 일본 에도 시대의 천계전존(天桂傳尊: 1648-1735)
등[245]에 의해서 단순히 형태상의 논의라 하여 전면적으로

---

244)『洞上古轍』,(『曹洞宗全書』註解5, p.286)
245) 石附勝龍, 「初期江戶宗學の一考察」-偏正五位說よりみた天桂和尚の
   地位-,(『宗學研究』9. 駒澤大學, 1969)

부정되고 있다. 이와 같이 정중래중심설을 이끌어내기 위하여 주장된 겸중지설은 의문점을 남겨 놓고 있다. 그러나 겸중지와 편중지의 문제는 이미 오위의 역사에서 조산본적, 투자의청, 굉지정각 등이 양자를 병용하고 있으며, 겸중지를 이설(異說)로 삼고 편중지만 전통설로 삼는 견해도 충분히 검토되지 않으면 안 될 것이다.

연대적으로는 전후가 되지만 걸당(傑堂)과 남영(南英)의 『군척고(攈摭藁)』에서도 이 겸중지와 편중지의 병용이 문제가 되어있다. 가령 「조산오상송(曹山五相頌)」을 주해함에 있어서, 『동산공훈오위(洞山功勳五位)』에서는 편중지라 한 것이 조산의 경우 겸중지로 사용되고 있는 점에 대하여 남영겸종(南英謙宗)이 다음과 같이 서술하고 있다.

> 자세하게 점검해 보면 편중지를 겸중지로 삼은 것은 겸이라는 글자에 여러 가지의 뜻이 포함되어 있다. 첫째는 일월(日月)의 공(功)이 같다는 뜻을 겸하고 있다. 둘째는 편중지와 겸중지의 뜻을 겸하여 그것을 본다. 셋째는 도출(蹈出)과 도입(蹈入)하는 공훈(功勳)의 뜻을 겸하고 있다. 넷째는 사리겸대(事理兼帶)의 뜻을 겸하고 있다. 이러한 뜻을 지니고 있기 때문에 겸중지라 한다. 또한 조산의 「간출(揀出)」에서는 다음과 같이 말한다. '편중래는 곧 반연을 겸한다. 그 때문에 또한 편중지를 겸중지라 한다. 다만 달자(達者)여야만 그것을 알 수가 있다.'[246]

남영은 '겸'이라는 글자에 겸하여 포함한다는 뜻이 있다고 갖가지로 주해를 붙이고 있다. 전체에서 보자면 편중지가 겸중지로 변화된 것을 옳다고 하는 입장의 설명이며, '달자여야만 그것을 알 수가 있다.'는 말이 나타내고 있듯이 남영겸종 자신은 편중지와 겸중지의 병용을 여기에서는 인정하고 있는 것이다.

---

246) 南英謙宗, 『攈摭藁』 p.177.

　다시 안택유안(岸澤惟安)이 지은 『원자각갈등집(元字脚
葛藤集)』에서도 이 겸중지와 편중지의 혼용의 문제에 대하
여 언급하여 양자를 동의(同議)로 삼아 그 병용을 인정하
고 있다.247) 또한 투자의 수시(垂示)에는 편중지라 되어
있고, 게송에는 겸중지라 되어 있어 양자가 병용되었다는
점에 대하여 말하고 있다.248) 이처럼 편중지와 겸중지가
동일하다고 단정하고 있다. 안택유안이 양자를 동일하다는
이유를 명확하게 보여주고 있지 않은 점은 문제가 될 수
있지만 오위참구에 대한 하나의 견해로서 주목할 필요가
있다.

　종래 오위의 역사에서는 겸중지와 편중지가 병용되었지
만, 회연의 『중편조동오위』의 출현에 의해서 편중지설이
정통설이 되어 영각원현 등에 의해서 주장된 정중래중심설
과 결부된 겸중지설은 배척되었다. 곧 회연은 그의 「서」에
서 '요즈음 보법선사(普法禪師) 노겸(老謙)이라는 사람이
송본을 얻어 중간(重刊)하였다.

　또한 조동의 유문(遺文) 및 소산(疎山)과 말산(末山)의
어결(語訣)을 주워모아 배열하여 하편(下篇)을 만들었다.'

---

247) 이 偏中至와 兼中至에 대하여 岸澤惟安 著,『五位顯訣元字脚葛藤
集』권13, p.3에서는『五燈會元』卷14의 大陽警玄이 편중지를 사용하
고, 投子義靑이 겸중지를 사용하고 있는 점에 착안하여 다음과 같이
서술하고 있다.「本師 大陽警玄은 편중지라 제목하고 있음에도 불구하
고 그의 수제자인 投子義靑은 겸중지라 제목하고 있다. 그런데 편중지
라 하건 겸중지라 하건 宗意에 있어서는 그 궤를 같이 하고 있어서
다를 바가 없다」.
248) 위의 책. p.3. 垂示의 편중지와 偈頌의 겸중지가 宗意에 이르러서는
마치 符節을 합해 놓은 것처럼 똑같다는 것에 주목하지 않으면 안 된
다. 宗意가 符節을 합해 놓은 것과 같게 되면 偏中至라 해도 兼中至
라 해도 특별히 내세워 논의할 문제는 아니기 때문이다.

고 기록하고 있다. 또한 회연은 노겸본을 검열하고 그 배열을 변경시키고 생략하기도 하였으며 새로이 후세의 오위설을 첨가하기도 하였다. 이리하여 『중편조동오위』는 대부분 노겸과 회연의 손이 가해져 만들어졌다.

이 『중편조동오위』는 일본의 현봉연룡(玄峰淵龍)에 의해 연보 8년(1680)에 일본에서 간행되었다. 회연의 말대로라면 『중편조동오위』가 나타나기 이전에 송본이 유행하고 있었던 것 같다. 그러나 그 송본은 조산본적의 법사인 조산혜하가 편집한 『동산오위현결병선조산간출어요(洞山五位顯訣幷先曹山揀出語要)』가 그 최초의 형태이고 다음에 광휘(光輝)249)가 석어(釋語)를 가한 『중집동산편정오위조산간어(重集洞山偏正五位曹山揀語)』가 송대에 간행된 것을 가리킨다. 여기에 회연이 보법노겸본을 교정하고 스스로 여기에 「서」와 「보주(補注)」를 붙여 중통 원년(1260)에 간행한 것이 바로 『중편조동오위』이다.

바로 이 회연에 대해서는 이미 민영규 교수가 밝힌 바대로250) 고려의 일연(一然)임이 명백해졌다. 또한 『조선선교사(朝鮮禪敎史)』의 '일연의 출세 및 저작' 부분에서 『중수조동오위(重修曹洞五位)』 2권251)이 있었다고 하는데, 이 『중수조동오위』는 바로 『중편조동오위』임도 아울러 밝혀졌

---

249) 光輝의 전기는 분명하지 않다. 宇井伯壽의 『第三禪宗史硏究』에서는 光輝가 撰한 그의 「序」에 '門人光輝'라는 말에 착안하여 '문인광휘라는 점에 있어서는 혜하의 제자라 할 수 있다. 또 조산의 제자라고 볼 수도 있다'라하였다. 그러나 결론적으로는 조산본적의 제자일 것이라고 추정하고 있다. 한편 일본의 江戸時代에 晦道本光이 撰한 『五位旨訣退步就己參』(『曹洞宗全書』 註解5 수록)에는 '曹山第三世光輝 二世慧霞神足'이라 하여 혜하의 제자로 기록하고 있다.

250) 閔泳珪, 「一然 重編曹洞五位 重印序」(『學林』7) 1992.

251) 忽滑谷快天 著, 鄭湖鏡 譯, 『朝鮮禪敎史』 p.326.

다. 그러나 이 책이 우리나라에서는 이미 분실되어 일본에서만 존재하고 있음이 알려져 있다. 일본의 동수월담(洞水月湛)은 이와 관련하여 『현결』이 중국 본토에서는 상실되었다고 서술하고 있다.252)

당시 오위설에 있어서 하나의 문제가 되었던 오위의 명칭 가운데 편중지의 주장과 겸중지에 근거한 정중래중심설의 주장에 대하여 『중편조동오위』에서 편중지를 주장하여 이후에는 편중지의 주장으로 일관되는 중요한 역할을 하게 된다. 그리하여 일본 에도 시대의 종학자(宗學者)들은 『중편조동오위』에 근거하여 『동상고철』에 비판을 가하고 있다.

이것은 특히 오위설의 전승에 있어서 『중편조동오위』가 차지하고 있는 중요한 의의이기도 하다. 그런데 이것이 어떻게 일본에 전승되었는가 하는 것에 관련하여 『중편조동오위』의 일본 전래에 대해서는 이미 석부승룡(石附勝龍)이 세 가지 관점에서 자세하게 고찰한 바가 있다.253) 그러나 편중지설만을 정통설로 삼는 명확한 이유는 분명치가 않다. 이 겸중지와 편중지의 문제도 아직 불명료한 점을 남겨 놓고 있다.

이상과 같이 편중지와 겸중지의 용어의 사용에 있어서의 구별은 다음과 같이 두 가지 입장에서 연유한 것이라 생각된다. 첫째는 오위가 조동종에서의 중요한 교의임에도 불

252) 洞水月湛, 『五位顯訣元字脚』(『曹洞宗全書』 註解5, p.562)
253) 志部憲一, 「『重編曹洞五位』について」,(『宗學研究』28, 駒澤大學, 1986) 여기에서 志部憲一은 첫째는 道元禪師, 둘째는 大智和尙, 셋째는 傑堂得能 등이라고 말한다.

구하고 임제종에서도 널리 의용되었다. 따라서 종파상의 이해에서 오는 차이를 생각할 수 있다.

　대부분 초기 조동종 계통에서는 편중지를, 임제종 계통에서는 겸중지를 사용하고 있다. 그러나 임제종 계통임에도 불구하고 편중지의 용어를 사용하고 있는 경우도 있고, 조동종파에서도 투자의청 이후부터는 두 가지를 겸용하는 추세가 된다.

　둘째는 용어의 사용에 따른 오위사상의 해석상의 차이로 보는 입장이다. 이것은 특히 이설오위(異說五位)와 같은 갖가지 입장으로 나타나는데, 겸중지의 경우는 제오위의 겸중도와 호응하여 제삼위인 정중래중심설로 대두된다. 편중지는 제오위인 겸중도중심설로 귀착된다. 이처럼 용어의 차이는 그에 따라 오위 전체에 대한 해석의 차이를 수반하고 있다 할 것이다.

　따라서 오위의 전승에 있어서 동산오위, 조산오위, 분양오위, 자명오위 등을 언급할 수 있다. 그러나 분양오위는 분양 당대(當代)에 그치고 말았기 때문에 자명오위의 출현과 더불어 이후의 오위는 자명오위 일색으로 흘러갔다 할 수 있을 것이다.

　이것이 중세 일본에 있어서는 조동종학의 주요한 교의의 하나로서 활발하게 연구됨과 아울러 편중지와 겸중지라는 용어의 사용에 있어서도 위의 만실조개의 견해에서 살펴본 바와 같이 오위에 대한 갖가지의 해석이 등장하게 되었다. 그 모든 해석은 내용에 따른 해석이라기보다는 용어의 사용에 따른 해석이 이루어졌기 때문이다.

　그래서 동산양개의 『오위현결』과 조산본적의 「축위송」에

서 강조하는 겸대사상에서 보자면 이설(異說)로 간주되어
나타나게 된 것이다. 그러나 회연은 조동오위의 집대성이
라 할 만한 그의 『중편조동오위』서 편중지설을 주장하고
있는 점은 바로 이러한 점을 대변해 주고 있다 할 것이다.

<임제종파의 오위의 흐름>

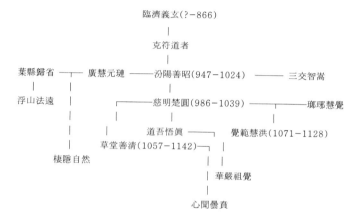

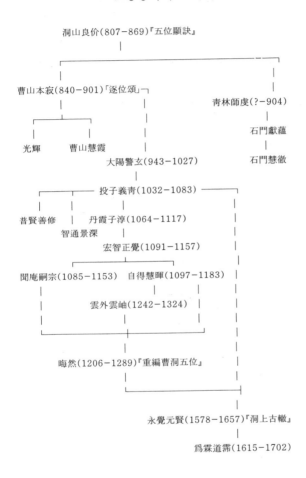

<조동종파의 오위의 흐름>

洞山良价(807-869)『五位顯訣』

曹山本寂(840-901)「逐位頌」┐

靑林師虔(?-904)

石門獻蘊

光輝　　　曹山慧霞

石門慧徹

大陽警玄(943-1027)

投子義靑(1032-1083)

普賢善修　丹霞子淳(1064-1117)

智通景深

宏智正覺(1091-1157)

聞庵嗣宗(1085-1153)　自得慧暉(1097-1183)

雲外雲岫(1242-1324)

晦然(1206-1289)『重編曹洞五位』

永覺元賢(1578-1657)『洞上古轍』

爲霖道霈(1615-1702)

조동오위 연구　　190

3. 삼첩(三疊)과 오변(五變)의 원리

1) 오위구조의 원리

신풍의 동산양개는 그의 저술인 『보경삼매』와 『오위현결』에서 오위를 제창하였다.254) 동산오위는 정위각편(正位却

---

254) 그러나 그 오위의 원형은 洞山良价의 스승인 雲岩曇晟에게도 나타나 있다는 주장이 있었다. 이에 대한 일례로는 晦然ㄴ의 『重編曹洞五位』,(『曹洞宗全書』「註解」5. pp.4-5)의 「서문」에서 찾아볼 수 있다. 그 전문을 옮겨보면 다음과 같다. <양개선사가 처음에는 新豊에 住했으나, 후에 洞山으로 옮겨 그 도가 크게 일어났다. 이리하여 그 당시에 편정오위로써 지도방법의 으뜸을 삼았다. 그것을 지금은 「洞山顯訣」이라고 부른다. 따라서 오위의 시설은 동산으로부터 시작하여 천하의 通論이 되었다. 그것이 「寶鏡三昧歌」와 「玄中銘」과 더불어 雪子가 읊은 綱宗三偈라고 불린다. 말[詞語]은 다양하나 그 모습[相]은 동일하여 모두 洞山悟本禪師한테서 나왔다는 것에는 의심의 여지가 없다. 그러나 『선림승보전』에서는 다음과 같이 말하고 있다. "조산이 洞山을 하직하려 하자 동산이 말했다. '삼경에 찾아오면 그대에게 자세히 설명해 주리라' 삼경이 되자 동산은 자기의 스승인 운암스님께서 부촉한 「보경삼매」와 「오위현결」과 「삼삼루」를 조산에게 주었다. 贊한다 : 「보경삼매」는 그 詞가 肝要하고 奧妙하다. 운암스님께서 동산에게 주셨으나 약산스님이 지은 것인가 한다. 옛 스님네들은 유포하기를 꺼려서 대부분 그것을 비밀스레 간직하였다. 그러나 다만 五位偈나 三滲漏의 말들은 禪書에서 보자면 모두 이 「보경삼매」, 「오위현결」, 「축위송」, 「삼삼루」 등은 다 약산스님으로부터 나온 것이다." 이로써 본다면 위의 善卿이 지적한 바와 『선림승보전』의 내용이 다른데 어느 것을 따라야 하는가. 이제 그것을 따져보기로 한다. 비록 「보경삼매」, 「오위현결」, 「삼삼루」 등의 내용이 다 약산으로부터 유래되었다 할지라도 文을 짓고 오위를 시설하여 총림에 유포한 것은 처음 동산으로부터 시작된 것이다. 따라서 천하에서 그것을 「동산오위」라고 부르는 것이다. 또한 친히 법을 이어받은 조산의 父子가 다 「동산현결」이라고 부르고 있는 것도 이것을 증명해 주는 것이다. 그런데 왜 하필 후대에 나온 설을 따를 필요가 있겠는가. 다만 조사들께서는 그것을 비밀히 간직하여 세상에 유포하는 것을 염려하였으나, 동산대사께서는 문을 활짝 열어 보여 꺼리는 법이 없었다. 이에 名을 세우고 位를 정하여 그것을 시설하는데 주저하지 않았다. 그러므로 이로써 「오위현결」의 의미를

偏) · 편위각정(偏位却正) · 정위중래(正位中來) · 편위중
래(偏位中來) · 상겸대래(相兼帶來)의 용어로 유통되었는
데, 이것을 그의 제자 조산본적은 스승의 가르침을 온전하
게 이어받아 새롭게 오위를 정립함에 있어 오위의 각 위
(位)마다 축위송(逐位頌)을 지어 정중편 · 편중정 · 정중
래 · 편중지 · 겸중도의 다섯 용어를 완성시켰다. 조산오위
는 이후 그의 제자 조산혜하(曹山慧霞)에게로 전해져 혜하
는 동산오위와 조산오위를 편찬하였다. 다시 거기에 광휘
(光輝)가 「석(釋)」을 가하여 『동산오위현결』이라는 이름으
로 세상에 유포시켰다. 여기에 다시 고려의 회연은 「보
(補)」를 붙이고 새롭게 『중편조동오위』를 세상에 내놓았
다.

이와 같은 조동오위의 내용에 있어서 중심이 되었던 것
은 삼첩(三疊)과 오변(五變)이었다. 처음 동산이 납자를
교화하는 가르침의 방편으로 오위를 시설하는 데 있어 그
준칙이 되었던 것은 열린관계[回互]와 닫힌관계[不回互]였

가히 알 수 있으리라. 혹자는 '보경삼매는 약산스님께서 짓고 그 밖의
것은 동산스님께서 이어받아 저술한 것으로 아버지가 기초를 닦고 자
식이 이룩한 것이다'라고 말한다. 이 말은 그럴 법하게 들린다. 그러나
약산의 문하에는 두 갈래가 있다. 하나는 天皇道悟로부터 石霜末山[九
峰]으로 이어지는 것으로 대부분이 君臣五位와 父子五位를 말하고 있
다. 다른 하나는 雲岩曇晟으로부터 동산과 조산 부자로 이어져 내려오
는 것으로 대부분 편정오위를 말하면서 아울러 군신오위도 포함하고
있다. 만약 보경삼매가 약산유엄 때에 이미 있었다면 정편회호 등 몇
몇 說者가 지혜를 감추면서 전하지 않고 홀로 운암담성만이 그 가풍
을 사용한 것이 되어 내용이 일치하지 않으니 그것은 어인 까닭인가.
또한 동산이 지은 것이 아니라면 어떻게 처음 동산이 그것을 부르짖었
다는 말이 있을 수 있겠는가. 그런즉 「보경삼매」의 작자에 대한 의심
은 이로써 해결되는 것이다. 「오위현결」과 「삼삼루」는 동산오본선사께
서 曹山耽章에게 부촉하여 드날린 것이다. 『선림승보전』 가운데서 근
거가 없는 것을 가지고 의문을 갖게 한 것은 안타까운 일이다.>

다. 그 원류를 석두희천의 『참동계』에서 찾기도 하지만, 동산은 그 열린관계[回互]와 닫힌관계[不回互]의 교섭을 갖가지가[類] 똑같지[齊] 않고 뒤섞여 있지만 각각의 위치를 알아 현요(玄要)를 잃지 않는다는 도리를 역(易)의 괘 가운데 중리(重離)를 통해서 설명한 것이다.

그런데 편정오위의 편정이라는 말은 『동산록』의 『보경삼매가』에 그 이름이 나타나 있다. 곧 '중리육효(重離六爻) 편정회호(偏正回互) 첩이위삼(疊而爲三) 변진성오(變盡成五) 여치초미(如芝草味) 여금강저(如金剛杵) 정중묘협(正中妙俠) 고창쌍거(敲唱雙擧)'255)라 하여 편과 정의 관계를 서로 다섯 가지로 구분하여 그 원리와 현상을 설명한 동산 양개의 설로서 후에 조동종의 오위사상의 근간이 되었다. 이것은 편과 정을 다섯 측면에서 법과 비유를 섞어가면서 설명하고 있는데, 그 비유로는 보경(寶鏡)·영아(嬰兒)·중리(重離)·치초(芝草)·금강저(金剛杵) 등 다섯 가지를 들고 있다.

비유를 든 까닭은 오위의 원리가 단지 추상적인 것만은 않다는 것을 현실에서 내보여주고 문장에 집착하여 뜻을 잘못 이해할까 하는 염려 때문이었다. 그 가운데서 '중리육효'의 비유는 '중리육효(重離六爻) 편정회호(偏正回互) 첩이위삼(疊而爲三) 변진성오(變盡成五)'라 하여 『보경삼매

---

255) 『洞山錄』.(大正藏47, p.515上). 여기에서 正中이란 正位中에서 이른 다는 뜻이다. 正位는 이른바 靈源이다. 空界無物의 體이다. 妙挾이란 正位中에 부사의한 自然妙德이 있음을 말한 것이다. 一切有爲諸法의 萬差支派를 지니고 있으면서도 어지럽지[紊] 않은 것이다. 鼓라는 것은 학자[제자]가 와서 스승에게 묻는 것으로 偏을 말한다. 唱은 스승이 학자[제자]의 물음에 답하는 것으로 正을 말한다. 雙擧란 스승과 제자가 投機義合하고 손님과 주인이 交參하는 것이다.

가』의 의미를 가장 함축적으로 나타낸 말이라 할 수 있다. 바로 이 어구에 의하여 오위의 원리가 도출되었기 때문이다.

여기에서 삼첩(三疊)과 오변(五變)은 이것이 법수(法數)이지 괘수(卦數)가 아니라는 점에 유의해야 한다. 왜냐하면 만약 각각 자기의 위치[本位]에만 거(居)한다면 곧 촉(觸)과 배(背)에 갇혀 있을 뿐이므로 이에 범오(犯忤)의 허물을 초래하고 만다. 그런 까닭에 이것은 기(奇)와 우(偶)만 취한 것이지 괘의(卦義)를 취한 것이 아님이 분명해진다. 저 정편오위 또한 화엄의 주(住)·행(行)·회향(廻向)·지(地)·등(等)·묘(妙)를 종(宗)으로 삼은 것이다. 그렇지 않다면 어찌 넷에 머물지 않고 여섯까지 이를 수 있었겠는가. 이로써 선덕(先德, 동산양개)이 이에 준하여 오위를 삼아 오위정편을 건립한 것이다.[256] 다시 말하면 이것은 음(陰)과 양(陽)의 두 효(爻)를 가지고 세 번 첩(疊)하고 다섯 번 그 위(位)를 변환시켜 편(偏)과 정(正)이 열린관계[回互]에 있다는 뜻을 설명한 것이기 때문이다. 이제 이 삼첩오변(三疊五變)의 구조와 이를 중심으로 한 오위의 형성 및 오위 각각의 의미에 대하여 살펴보고자 한다.

2) 삼첩의 구조

중리(重離)의 육효(六爻)를 가지고 『보경삼매가』에서는 그 편과 정의 열린관계를 설명하는 데 있어 우선 삼첩(三

---

256) 淨訥, 『寶鏡三昧原宗辨謬說』, (卍續藏111, p.278)

疊)의 비유를 사용하고 있다.

초첩(初疊)은 중리(重離)의 초효(初爻)와 제이효(第二爻)의 둘이고, 제이첩(第二疊)은 제삼효(第三爻)와 제사효(第四爻)의 둘이며, 제삼첩(第三疊)은 제오효(第五爻)와 제육효(第六爻)의 둘에 각각 배대되고 있다. 여기에서 매 하나의 첩(疊)마다 음(陰)과 양(陽)의 두 효를 비유로 취하고 있다. 여기에서 '이(離)는 남방의 괘로서 불[火]을 나타내는데 마음[心]을 비유한 것이다」257). 그것은 불꽃이라서 불가촉(不可觸)한 것이니, 어찌해야 첩변(疊變)을 멈추게 할 수 있겠는가. 말하자면 묘수(好手)의 수중(手中)에 호수(好手)를 드러내는[呈] 것이며, 홍심(紅心)의 심리(心裏)에 홍심(紅心)을 일치시키는[中] 것과 같다.

이처럼 중리라는 하나의 괘가 삼첩하여 육효의 원리로 나타난 것으로 이해되고 있다. 중리효(重離爻)의 육획(六劃)이 회호(回互)하여 다섯 괘를 형성하고, 중첩하여 세 괘를 형성한다. 곧 중리(重離 ☲/☲)가 그 하나이고, 다음 제이효와 제삼효와 제사효가 하나의 괘를 형성하니 그것이 손(巽 ☴)이며, 제삼효와 제사효와 제오효가 하나의 괘를 형성하니 그것이 태(兌 ☱)이다. 이것을 소위 '첩이위삼(疊而爲三)'이라 한다.

그러나 삼첩 가운데 손삼효(巽三爻)의 원리는 본래 중리의 제이효를 제일효에 겹치고, 제사효를 제삼효에 겹치며, 제육효를 제오효에 겹치는 하첩(下疊)의 원리로 형성된 것이다. 반대로 태삼효(兌三爻)의 원리는 중리의 제일효를 제이효에 겹치고, 제삼효를 제사효에 겹치며, 제오효를 제

---

257) 覺範慧洪, 『智証傳』,(卍續藏111, p.222)

육효에 겹치는 상하첩(下疊)의 원리로 형성된 것이다.

　그 초첩에서 두 괘가 가리키는 뜻은 하나는 양(陽)이고 다른 하나는 음(陰)이다. 맨 처음은 건(乾)의 초구(初九)로서 소양(少陽)이 되므로 양위(陽位)에 해당한다. 이것은 화엄의 수행계위로 말하자면 초주(初住)의 근본지(根本智)로서 일법(一法)도 그에 짝할 것이 없는 정위(正位)이다. 다음 둘째는 곤(坤)의 육이(六二)로서 소음(少陰)이 되므로 음위(陰位)에 해당한다. 이것은 초주(初住)에서의 보현행(普賢行)으로서 큰 공훈을 이루어 편위(偏位)가 된다. 이처럼 맨 처음과 둘째는 지(智)와 행(行)이 호참(互參)하는 것을 나타낸다.

　제이첩에서 두 괘는 모두 순양(純陽)을 나타낸다. 그 처음은 이것은 건(乾)의 구삼(九三)으로서 태양(太陽)이 되어 양위(陽位)에 해당하고, 그 둘째는 노양(老楊)으로서 음위(陰位)에 해당한다. 여기에서는 강(剛)과 유(柔)가 호철(互徹)하고 이(理)와 사(事)가 합명(合明)하여 대행(大行)이 원만하고 증정각(等正覺)이 원만하게 성취된다.

　제삼첩의 그 첫째는 음(陰)이고 그 둘째는 양(陽)이다. 음은 육오(六五)로서 태음(太陰)이고 양은 상구(上九)로서 노양(老陽)이다. 이것은 동이무동(動而無動)이고 정이무정(靜而無靜)하여 동과 정이 여여하니 부정[離]도 아니고 긍정[卽]도 아니다. 이로써 불과(佛果)를 마치고 승(勝)을 감추고[隱]하고 열(劣)을 드러내어[顯] 이류중행(異類中行)한다.

　이와 같이 삼첩은 육효를 가지고 각각의 음과 양에 따라 그 위(位)를 말한 것으로, 각각이 독립적이면서 서로의 관

계에서 비로소 완성을 이룬다. 이리하여 보경삼매가 지니
는 각각의 열린관계를 나타내는 체성으로서 그 위에 다시
오위의 원리를 세우는 근거가 된다. 이 삼첩의 원리를 괘
(卦)의 위(位)로 표현한다면 다음과 같다.

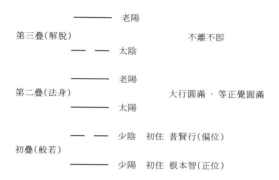

이 '편정회호 첩이위삼'이라는 것은 제이를 제일[初]에
겹쳐 두고, 제사를 제삼에 겹쳐 두며, 맨 위의 제육을 제
오에 겹쳐 두면 여섯 개의 효[六爻]가 곧 세 짝의 효[三
爻]가 된다. 천(天) · 지(地) · 인(人)이 각각 위로부터 아
래로 짝을 지은 것이다.[下疊] 이러한 때 육오(六五)의 정
(正)이 변환하여 그 하나가 되고, 초구(初九)의 편이 변환
하여 그 둘이 되니, 이것이 이른바 정(正)이 회(回)하고
편(偏)이 호(互)하는 것으로 손(巽 ☴)이다. 차례로 자세
히 그것을 살펴보면 태(兌 ☱)는 손(巽 ☴)의 아래에 위치
한다.

다시 제오를 맨 위에[第六]에 겹쳐 두고, 제삼을 제사에
겹쳐 두며, 제일[初]을 제이에 겹쳐 두어 천 · 지 · 인이

각각 아래로부터 위로 짝을 짓는다.[上疊] 이러한 때 육이
(六二)의 정(正)이 변하여 그 하나가 되고, 상구(上九)의
편(偏)이 변하여 그 둘이 되니, 이것이 이른바 정(正)이
회(回)하고 편(偏)이 호(互)하는 것으로 태(兌 ☱)이다.

　그러므로 첩하여 삼이 된다[疊而爲三]는 것은 다음과 같
다.

　첫째는 여섯 개의 효[六爻]가 (겹쳐져) 세 짝의 효[三]
가 되니[六爻爲三] 이 뜻이 곧 그 일(一)이다. 둘째는 손
(巽 ☴)이 되고 태(兌 ☱)가 된 것은 합(合)하고, 이(離)
하여 손(巽☴)과 태(兌 ☱)의 세 효[三]가 되니, 이 뜻이
곧 그 이(二)이다. 셋째는 태(兌 ☱_가 이미 손(巽 ☴)의
아래에 위치한즉 태하손상(兌下巽上)이 되어 중부(中
孚)258)를 이룬다. 이것이 곧 첩(疊)하여 세 짝의 효(爻)가
되어 손(巽)·태(兌)·중부(中孚)의 세 괘가 되니 이 뜻
이 그 삼(三)이다. 이런 까닭에 첩이위삼(疊而爲三)이라고
말한 것이다.

　그래서 본괘(本卦)의 육효를 삼첩으로 나누어 각각 삼덕
(三德)의 상(象)에 배대해보면 위의 도표에서 나타낸 바처
럼 다음과 같다.

　곧 처음과 두 번째의 두 효는 초첩으로서 열린관계[回
互]에 있다. 그러므로 순차적으로는 정중편이 되는 상(象,
順象正中偏)과 회호(回互)해서는 편중정이 되는 상(象, 互
象偏中正)이 오변(五變) 가운데 첫 번째와 두 번째의 두
변(變)의 효와 더불어 마땅히[正同] 반야덕(般若德)의 상
(象)이다.

---

258) 中孚의 괘는 ☴/☱이다.

세 번째와 네 번째의 두 효는 제이첩으로서 열린관계[回互]가 된다. 이것은 순전히 양(陽)만 있고 음(陰)은 없다. 다만 네 번째 효는 양(陽)이 음위(陰位)에 거(居)하는데 이것은 정(正)과 편(偏)의 묘협(妙叶)을 말한다. 정중래의 상(象)은 즉 세 번째 변(變)의 효로서 법신덕(法身德)의 상(象)이다. 다섯 번째와 여섯 번째의 두 효는 제삼첩이 되는데 열린관계[回互]로서 편중지가 되는 상(象, 互象偏中至)과와 순차적으로는 겸중도가 되는 상(象, 順象兼中到)이 네 번째와 다섯 번째의 두 변(變)의 효와 더불어 마땅히[正同] 해탈덕(解脫德)의 상(象)이다.

3) 오변의 구조

앞의 삼첩의 구조에서 다시 거기에 손(巽)의 괘가 아래 있고 태(兌)의 괘가 위에 있는 모습[下巽上兌 ☰/☰]이 하나의 괘를 형성하니 이것이 대과(大過 ☰/☰)이고, 반대로 손(巽)의 괘가 위에 있고 태(兌)의 괘가 아래 있는 모습[上巽下兌 ☰/☰]이 하나의 괘를 형성하니 이것이 중부(中孚 ☰/☰)이다. 이것을 소위 '변진성오(變盡成五)'라고 한다. 여기에서 '변진'은 다섯 차례에 걸쳐 묘용의 변환을 다 한다는 의미이다. 그래서 이것을 오위와 배대시켜 도식화하면 다음과 같다.

兼中到	重離	☰/☰	●○●
正中偏	巽	☰	○○●
偏中正	兌	☰	●○○
正中來	大過	☰/☰	○○●
偏中至	中孚	☰/☰	●○○

이른바 '변진성오'는 중리육효의 위치를 다섯 번 변환시
킨다는 뜻으로서, 이를테면 다음과 같다. 중리육효에서 제
이의 효를 제일의 효에 겹치고, 제사의 효를 제삼의 효에
겹치며, 제육의 효를 제오의 효에 겹치는 하첩(下疊)으로
내괘(內卦)와 외계(外卦)의 체(體)를 호(互)하면 손(巽)의
삼효(≡)가 되니 이것이 정중편이다. 다시 반대로 제오의
효를 제육의 효에 겹치고, 제삼의 효를 제사의 효에 겹치
며, 제일의 효를 제이의 효에 겹치는 상첩(上疊)으로 내괘
(內卦)와 외계(外卦)의 체(體)가 호(互)하여 태(兌)의 삼
효(≡)가 되니 이것이 편중정이다.

이처럼 이(離)·손(巽)·태(兌)의 첩을 삼첩이라 한다.
곧 이처럼 '첩이위삼'이 될 때 손(巽)이 아래에 짝을 짓고
태(兌)가 위에 짝을 지어 손(巽)이 도리어 태(兌) 아래에
있게 되면, 곧 손하태상(巽下兌上)으로 택풍대과(澤風大
過)를 이룬다. 이 택풍대과를 이룰 때 중리(重離)의 초구
(初九)와 육이(六二)가 변하여 초육구이(初六九二)를 형성
하고, 육오상구(六五上九)가 변하여 구오산육(九五上六)을
형성하여 택풍대과(澤風大過)가 되니, 이것이 정중래이다.

다시 곧 '첩이위삼'이 될 때 태(兌)가 아래에 짝을 짓고
손(巽)이 위에 짝을 지어 태(兌)가 도리어 손(巽) 아래에
있게 되면 곧 태하손상(兌下巽上)으로 풍택중부(風澤中孚)
를 이룬다. 이 풍택중부를 이룰 때 중리(重離)의 구삼구사
(九三九四)가 변하여 육삼육사(六三六四)를 형성하고, 육
오육이(六五六二)가 변하여 구오구이(九五九二)를 형성하
여 풍택중부(風澤中孚)가 되니 이것이 편중지이다.

이처럼 이(離)의 일괘(一卦)가 손(巽)·태(兌)·대과

(大過)·중부(中孚)의 사괘(四卦)가 되고, 이 사괘(四卦)가 일괘(一卦)로 돌아가니 이것이 곧 겸중도이다. 이처럼 구(九)와 육(六)의 양(陽)과 음(陰)이 그 위(位)를 네 번 변환하여 네 괘를 이루고, 그 네 괘가 하나의 괘로 돌아가니, 그것이 다섯 번째의 변환으로서 도합 다섯 차례의 변환이 이루어지는 것이다. 이것이 '변진성오'의 의미이다.

이것은 역(易)의 도리로서 역(易)이면서 불역(不易)하고 불역(不易)이면서 역(易)함으로써 천지의 묘(妙)를 표현한 것이다. 그러나 비록 일사(一事)에 다섯 가지 뜻의 비유가 있으나, 그것을 괘효(卦爻)의 이합(離合)으로 논할 수는 없는 것이다. 영아(嬰兒)의 오상(五相)과 치초(茎草)의 오미(五味)도 마찬가지이다. 그래서 이 원리를 오변(五變)에 관련하여 다시 도식화하면 다음과 같다.

여기에서 초변은 체에서 용을 일으키는[從體起用] 것으로서 적이상조(寂而常照)이고, 제이변은 용을 섭수하여 체로 돌아가는[攝用歸體] 것으로서 조이상적(照而常寂)이며, 제삼변은 체와 용이 원명해지고[體用圓明] 공과 위가 나란히 드러나는[功位齊彰] 것으로서 적조일여(寂照一如)이고, 제사변은 감추고 드러남이 자재하고[隱顯自在] 촉과 배가

모두 부정되며[觸背俱非] 이것과 저것이 남아있지 않는[機彼無遺] 것으로서 비적비조(非寂非照)이며, 제오변은 부처와 범부가 나란하고[聖凡一齊] 중생과 부처를 모두 잊으며[生佛兩忘] 법계도 헤아릴 수가 없는[法界量滅] 것으로서 적조동민(寂照同泯)이다.

여기에서 다섯 번 그 위(位)를 변환하는 오변이 용(用)으로서 편(偏)이라면, 세 변 겹치는 삼첩은 체(體)로서 정(正)이다. 그래서 이 편과 정은 같은 구조에서 다른 작용과 위치로 변용되면서도 각각의 위(位)를 잃지 않는다. 이것은 『참동계』의 구절에서 말하는 열린관계[回互]의 원리 그대로이다.

> 밝음 속에는 본래 어둠이 있으니, 어둠이라는 상(相)으로 헤아리지 말라. 어둠 속에도 또한 본래 밝음이 있으므로, 밝음이라는 상(相)으로 찾으려 하지 말라. 밝음과 어둠의 관계는 마치 걸음걸이와 같아서 서로 앞뒤가 없다.259)

이것은 즉 삼첩의 육효가 다섯 번 그 위(位)를 변환하여 오위가 되는 것을 나타낸 것이다. 오위에 대하여 그 하나하나의 효를 펼쳐보면 즉 십효가 되는데, 이것이 다시 서로 상(象)을 취하기 때문에 본괘(本掛)는 육효를 벗어나지 못한다. '첩'과 '변'의 교묘함이 바로 여기에 있다.

그러나 변(變)에도 두 가지 뜻이 있다. 하나는 변화(變化)한다는 뜻이고, 다른 하나는 변역(變易)한다는 뜻이다. 변역의 뜻에 대하여 설명하자면 가령 42위(位)에서 인

---

259)『明覺禪師語錄』卷4「明覺禪師瀑泉集」,(大正藏47, p.697上-中)"當明中有暗 勿以暗相遇 當暗中有明 勿以明相覩 明暗各相對 比如前後步"

(因)과 과(果)가 서로 역(易)하는 것을 일컬어 변역생사(變易生死)라고 하는 바와 같다. 이미 변(變)이 바로 역(易)의 의미임을 알면 즉 효(爻)는 역(易)하고 괘(卦)는 역(易)하지 않는 것을 알게 된다. 만약 따로 오괘(五卦)를 내지 않는다면 오위의 명칭과 뜻[名義]과 더불어 아무런 관련도 없어지고 말 것이다. 하물며 위(位)의 차례가 혼란스러우면 도(圖)의 상(象)도 합치되지 못하고 또한 그런 경우는 생각할 수도 없을 것이다.

또한 분명히 저 이(離)의 육효가 편정으로 열린관계[回互]라고 설했으면 어찌 많은 괘(卦)와 많은 효(爻)를 취했겠는가. 천고(千古)에 병의 근원은 다만 변(變)이 다하면 오(五)가 되는 일구(一句)를 잘못 간파한 데에 있을 뿐이다. 동산의 본의는 이른바 모든 육효가 역(易)하여 흡사 오위(五位)를 이루는 것인데, 이미 변역(變易)의 진(盡)을 잘못 변화(變化)의 진(盡)으로 삼는다는 데 있다. 또한 오위가 잘못 오괘를 이룸으로써 몇 가지 이(離)의 배석(配釋)이 출(出)하면 출(出)할수록 잘못되어 간다는 것이다. 만약에 다시 위(位)를 배대하고자 한다면 모름지기 서로 십효(十爻)를 취하지 말고 단지 육효(六爻)에만 나아가야 오위의 뜻이 만족스럽게 된다.

그래서 처음의 일효(一爻)는 정중편이 되는데, 이것은 대개 모든 이(理)가 사(事)가 되기 때문이다. 이 정 가운데 곧 편이 있다는 것은 다만 편의 상(相)이 보이지 않는다는 것뿐이다. 비유하자면 마치 그믐날의 달처럼 어둠 속에 밝은 상(相)이 나타나지 않을 뿐이지 그렇다고 달이 없다고는 말할 수 없는 것과 같다. 그러므로 『참동계』에서

'어둠 속에도 또한 본래 밝음이 있으므로, 밝음이라는 상(相)으로 찾으려 하지 말라'고 말하는 경우와 같다. 이런 까닭에 모름지기 서로 제이의 음(陰)의 효(爻)를 취하지 말라는 것이다.

다음 두 번째의 일효(一爻)는 편중정이 되는데, 대개 모든 사(事)가 곧 이(理)가 되기 때문이다. 이 편 가운데 곧 정이 있다는 것은 다만 정의 상(相)이 보이지 않는다는 것뿐이다. 비유하자면 마치 보름날의 달이 밝음 가운데 어두운 상(相)이 나타나지 않을 뿐이지 그것이 영원히 결정적으로 정해져 있다는 것은 아니다. 그러므로 『참동계』에서 '밝음 속에는 본래 어둠이 있으니, 어둠이라는 상(相)으로 헤아리지 말라.'고 말하는 경우와 같다. 이런 까닭에 서로 세 번째의 양(陽)의 효(爻)를 취하지 말라는 것이다.

다음 세 번째와 네 번째의 이효(二爻)는 정중래이다. 이 위(位)는 반드시 두 효가 서로 방(方)을 취하여 위(位)가 이루어지는 것을 나타낸다.

다음 다섯 번째의 일효(一爻)는 편중지이고, 여섯 번째의 일효(一爻)는 겸중도이다. 대개 이 편중지와 겸중도의 두 위(位)는 정중묘협(正中妙叶) 이후에야 가능하다. 그러므로 이 두 가지의 도(圖)가 비록 순백(純白)과 순흑(順黑)일찌라도 그 하나는 묘협(妙叶)으로 작용[用]을 일으켜서 이(理)와 사(事)가 쌍으로 드러나고, 다른 하나는 묘협(妙叶)으로 본체[體]에 돌아가 이(理)와 사(事)가 쌍으로 소멸한다. 그러므로 전자는 겸지(兼至)라 하고 후자는 겸도(兼到)라 한다. 겸(兼)은 곧 서로[互]라는 뜻이다. 이러한 까닭에 모름지기 서로 네 번째와 다섯 번째의 두 효를 취하지 말라고 한 것이다.

이미 그렇다면 왜 첩(疊)과 변(變) 가운데에서 모두 복(複)으로 취하고 단(單)으로 취하지 않았는가. 그것은 대개 하나[單]의 효는 비록 뜻을 갖추고는 있으나 상(相)이 나타나지 않아 열린관계[回互]의 상(象)을 분명하게 얻을 수 없기 때문이다. 또한 정중래의 일위(一位)에서는 단(單)과 복(複)이 같지가 않다. 이러한 뜻이 담겨있는 까닭에 단(單)을 버리고 복(複)을 사용한 것이다. 그러나 실(實)에 의거하여 그것을 말하자면, 위(位)와 위(位)가 열린관계[回互]이고 효(爻)와 효(爻)가 열림관계[回互]로서 단(單)은 곧 복(複)을 갖추고 있어 복(複)은 곧 단(單)을 갖추고 있다. 단과 복 그리고 복과 단이 두루 중중무진의 뜻을 이루는 것이다. 중리(重離)의 효(爻) 육획(六劃)이 열린관계[回互]가 되어 5괘가 되고 중첩(重疊)하면 3괘가 된다는 도리를 나타내는 중리(重離)260)에서 제2효 · 제3효 · 제4효가 하나의 괘[巽 ☴]를 이루고, 제4효 · 제5효 · 제6효가 하나의 괘[兌 ☱]를 이룬다. 이 셋을 '첩이위삼'이라고 한다. 여기에서 다시 손(巽 ☴)을 아래에 두고 태(兌 ☱)를 위에다 두면 대과(大過)261)가 되고, 태(兌 ☱)를 아래에 두고 손(巽 ☴)을 위에다 두면 중부(中孚)262)가 되는데, 이 둘을 앞의 셋과 합치면 '변성위오'가 된다. 여기에서 정중래는 대과(大過)이고, 편중지는 중부(中孚)이며, 손(巽)은 정중편이고, 태(兌)는 편중정이며, 중리(重離)는 겸중도를 나타낸다. 이리하여 '삼첩오변'이라는 말이 오위

---

260) 重離의 괘는 ☲/☲이다.
261) 大過의 괘는 ☱/☴이다.
262) 中孚의 괘는 ☴/☱이다.

205

를 형성하는 기반이 되었다.

4) 삼첩·오변의 원리와 오위

『보경삼매』에서 '중리육효(重離六爻) 편정회호(偏正回
互) 첩이위삼(疊而爲三) 변진성오(變盡成五)'의 네 구절을
더욱 상세하게 설명하려고 한 것이 이후의 『오위현결』이라
는 것은 주지의 사실이다.[263] 중리육효는 역(易)의 64괘
가운데 이(離 ☲)를 거듭 위아래로 겹쳐놓은 모습[264]의
여섯 개의 효를 말한다. 이것을 가지고 아래로부터 첫째를
둘째 위에, 셋째를 넷째 위에, 다섯째를 여섯째 위에 올려
놓으면 태(兌 ☱)의 괘가 된다. 이 겉의 태(兌)의 괘를 전
부 제거하고 보면 속에 있던 손(巽 ☴)의 괘가 나온다. 그
런데 이 손(巽)의 윗쪽에 앞의 태(兌)를 올려놓고 보면 즉
택풍대과(澤風大過)[265]의 괘가 된다.

또 이 여섯 개의 효를 앞의 경우처럼 하나씩 위에 겹쳐
놓고 보면 손(巽)의 괘가 되어 태(兌)의 괘가 그 아래에
놓이게 된다. 이것을 앞에서처럼 다시 내려놓고 보면 즉
풍택중부(風澤中孚)[266]의 괘가 된다.

또 이 여섯 효를 하나씩 위에 겹쳐놓으면 즉 이(離 ☲)
의 괘가 된다. 그것을 다시 앞처럼 세 효를 아래로 내려놓
으면 원래의 모습 즉 중리(重離)의 괘가 된다. 이것은 여

263) 若山超關, 「曹洞五位說について」,(『佛教研究』 2号, 大東出版社,
    1938. p.110)
264) 重離六爻의 괘는 ☲/☲이다.
265) 澤風大過의 괘는 ☱/☴이다.
266) 澤風中孚의 괘는 ☴/☱이다.

섯 효를 아래로부터 위로 겹쳐 변환시킨 것이지만, 이외는
반대로 위로부터 아래로 겹쳐 변환시켜도 마찬가지이다.

중리의 괘를 위로부터 하나씩 내려 겹치면 손(巽 ☴)이
된다. 겉에 있는 그 세 효를 내려놓으면 택풍대과(澤風大
過)의 괘가 된다. 또 이 효를 하나씩 아래로 겹쳐놓으면
태(兌 ☱)의 괘가 되고 손(巽 ☴)의 괘가 그 아래에 놓이
게 된다. 이것을 다시 위 세 효를 아래로 내리면 풍택중부
(風澤中孚)의 괘가 된다.

다시 이 여섯 혀를 하나씩 아래로 겹치면 이(離 ☲)가
된다. 다시 겉의 세 효를 아래로 내려놓으면 원래의 중리
(重離)가 된다.

이처럼 아래로부터 위로 겹쳐도, 위로부터 아래로 겹쳐
도 마찬가지가 된다. 겹치는 것은 세 효이지만 그것이 변
환하면서 다섯 가지 모습을 나타낸다. 이것이 무한히 반복
되는 것이 곧 첩이위삼(疊而爲三) 변진성오(變盡成五)이
다. 그것을 오위에 배대시켜 보면 각각 중리(重離 ☲/☲)
는 겸중도, 손(巽 ☴)은 정중편, 택풍대과(澤風大過 ☱/☴)
는 정중래, 태(兌 ☱)는 편중정, 풍택중부(風澤中孚 ☴/☱)
는 편중지가 된다. 이것이 일신즉오상(一身卽五相) 오상즉
일신(五相卽一身)처럼 일위즉오위(一位卽五位) 오위즉일위
(五位卽一位)의 열린관계[回互]이다.

이 오위는 우주만유가 평등의 본체를 떠나지 않는 이른
바 색즉시공 공즉시색으로서 차별 그대로 평등이고 평등
그대로 차별임을 나타낸다. 한편 운외운수(雲外雲岫)가 주
(註)한 『보경삼배현의(寶鏡三昧玄義)』에서는 다음과 같이
말한다.

207

'첩이위삼'의 삼은 정중편 · 편중정 · 정중래이고, 변진성오의 오는 앞의 셋에다 편중지 · 겸중도를 합한 것이다. 삼은 곧 점(漸)으로부터 돈(頓)에 이르는 것이고, 오는 돈(頓)으로부터 점(漸)에 이르는 것인데 둘 다 모두 중생을 교화하여 열반에 이르게 하는 것이다.267)

이것은 비유의 '중리의 여섯 가지 효가 편과 정으로 열린관계가 되어 세 번 겹치고 다섯 번 변환한다.'는 것은 역(易)의 괘를 가지고 편과 정이 열린관계가 되는 원리를 보인 것이다. '세 번 겹치고'라는 것은 중리(重離)가 중손(重巽)이 되고, 중손(重巽)이 중태(重兌)가 되며, 중태(重兌)가 다시 중리(重離)가 되는 것으로서 흔히 '궁하면 통한다[窮卽通]'는 의미를 말한다. 그리고 '다섯 번 변환한다'는 것에 대해서 그것을 도식화하면 다음과 같다.

```
☲/☲重離六爻  ●  兼中到  理事未分
☲/☴重巽下斷  ◐  正中偏  理事體用
☲/☱重兌上缺  ◖  偏中正  事理用體
☱/☴上兌下巽  ●  正中來  全分體
☴/☱上巽下兌  ○  偏中至  全分用268)
```

여기에서 각 오위의 배열은 단계성을 의미하는 것은 아니다. 상호간에 자신이 처한 입장을 무엇으로 보느냐에 따라 겸중도가 가운데 올 수도 있고 맨 아래에 올 수도 있다. 그래서 세존도 그랬듯이 수행의 출발점을 현실에 두고 본다면 아무래도 정중편 · 편중정 · 정중래 · 편중지 · 겸

---

267) 『重編曹洞五位』卷下.(韓佛全6, pp.238下-239上)
268) 全苗月湛, 『五位顯訣元字脚』.(『曹洞宗全書』 註解5, pp.564下-565
上)

중도의 배열이 가능할 것이다. 이것은 상하·좌우·전후의 관계가 아니라 수행자가 바라보는 관점에 따른 위치이다.

곧 이(理)를 체(體)로 간주하고 사(事)를 용(用)으로 간주하는 현실의 입장에서 발심을 하는 신위(信位)의 경우라면 그것이 정중편으로서 이(理) 속에서 사(事)를 체험하는 것으로, 체(體)로부터 용(用)을 터득하는 것이다. 정중편은 이(理)를 버리고[背] 사(事)에 나아가[就]는 것이다. 즉 정(正, 理·眞如·眞性)이 차별적인 사(事, 偏, 現象·存在)를 떠난 다른 것이 아니라 우리의 눈앞에 존재하는 현상적 사물의 낱낱이 진정한 구상자(具象者)이며, 이(理) 그 자체라는 의미다.

결국 정은 편을 여의지 않고 도리어 편에 나아가 파악해야 비로소 정의 원만한 의미가 성취되는 것이다. 이 정중편은 정과 편이 열린관계[回互]가 되고 상즉(相卽)하는 소식을 정의 입장에서 실천적으로 통일한 것이다. 그래서 조산본적은 "정위가 도리어 편이 된다는 것은 물(物)을 상대하지 않기 때문이다. 물(物)을 상대하지 않는 성품이기에 곧 정과 편을 두루 구비할 수 있다. 정 가운데 동(動)이 없는 것을 편이라 하고, 용(用)을 완전하게 되살리는 것을 원(圓)이라 하는데, 이것이 정과 편의 두 측면의 의미이다. 그러면 용(用)을 완전하게 되살린다는 것은 무슨 의미인가. 그것은 정과 편이 열린관계[回互]가 됨에 있어 서로가 상즉(相卽)하고 상입(相入)함을 깨달은 경지를 말한다. 정위는 명(明)으로부터 오는 것이 아니다. 이 도리는 불(佛)이 출세하건 출세하지 않건 간에 관계없다. 그러므로 천성과 만성도 다 이 정위에 안착하여 깨친 것이다."269)고 말했다.

곧 정위는 상대적인 대상을 의지하지 않는 것인데, 그것 마저 타고넘어야만 비로소 원만한 정위로 우뚝 서게 되며, 그 '정' 가운데 작용이 없으면 '편'으로 나타나고 작용을 갖추면 곧 정위가 완전한 정위가 된다는 말이다. 여기에서 '편'은 '정'에 상대되는 개념이지 '정'의 부정을 의미하는 것은 아니다. 즉 정중편은 '정'과 '편'을 '중'으로 초극한 것 이다. 이 경우의 '중'은 정과 편을 회호시키고 구체화시킨 다. 말하자면 본체 곧 물과 현상 곧 파도를 본체인 물의 입장에서 통일적으로 파악한 것이다. 그러나 현상을 머금 은 본체이기 때문에 정이 도리어 편이 된다고 말한 것이 다. 정위는 암(暗)으로도 표현된다. 그 암(暗)은 명(明)으 로부터 온 것이 아니다. 그러나 암(暗)은 명(明)이 있음으 로 암(暗)이 된다. 그래서 정위를 정위 자체가 아니라 편 위인 사(事)에 나아가 생각하지 않으면 안 된다. 이(理)를 버리고 사(事)에 나아간다는 것은 바로 이것을 말한다. 그 래서 조산은 다시 "정위는 공계로서 본래무물이다. 편위는 색계로서 만유의 형상이다. 정중편은 이를 버리고 사에 나 아간다. 편중정은 사를 버리고 이에 나아간다. 겸대는 그 윽이 뭇 반연에 응하면서도 제유에 떨어지지 않고 염정과 정편에 국한되지 않는다."270)고 말한다.

---

269) 『解釋洞山五位顯決』,(大正藏47, p.541下) "正位却偏者 爲不對物 雖 不對物 却具 正中無用爲偏 全用爲圓 是兩意 問如何是全 云不顧者得 底人也 此正位不明來也 若佛出世也恁麽 若佛不出世也恁麽 所以天聖 萬聖皆歸正位承當"

270) 『撫州曹山本寂禪師語錄』卷上,(大正藏47, pp.536下-537上) "正位卽 空界 本來無物 偏位卽色界 有萬象形 正中偏者 背理就事 偏中正者 舍

이처럼 동산의 제일명제인 정중편은 삼라만상의 본체가 현상 가운데 있으며, 차별 없는 이체(理體)는 곧 차별상을 갖추고 있기 때문에 이를 알려거든 사에 나아가 살펴보아야 한다는 것이다. 흔히 정중편은 상반이 흑(●)으로 표현된다. 그것은 곧 원(圓)·암(暗)·정(正)의 흑(黑)으로부터 편(偏)·명(明)의 현상에 이르는 것으로 본체즉현상(本體卽現象)의 진리를 나타낸 것이다.

그것이 점점 진행되어 현실에서 인생과 세계의 도리를 발견하고 보면 그것이 십주(十住)의 편중정으로서 사(事) 속에서 이(理)를 발견하고 용(用)으로부터 체(體)를 수용해 나아가게 된다. 편중정은 편으로부터 정에 이르는 작용이다. 편이 편인 까닭은 정의 편으로서의 편이기 때문이다. 그래서 편으로부터 정으로 열린관계[回互]가 되어 편과 정이 모두 원만할 수 있는 것이다. 이처럼 편을 편이게끔 하는 정은 이 경우 편 그 자체 즉 온갖 '반연' 속에서도 자신의 정을 잃지 않는다. 만반의 현상을 남김없이 현상으로 관찰하고 나면 본체는 스스로 자명해져 숱한 언설 속에서도 언설을 떠난 당체로 자존해야 함을 스스로 요구한다.

이래서 조산본적은 편중정을 "산은 산이고 물은 물이다.[山是山水是水]"[271]고 표현했다. 본체는 법이연한 본체이기 때문에 본체 그대로 깨달을 수는 없다. 오히려 숱한 현상을 올바로 궁구함으로써 자신의 본체를 밝혀야 한다. 이를 버리고 사에 나아간다는 것은 바로 이런 의미에서이다.

事入理 兼帶者 冥應衆緣 不墮諸有 非染非淨 非正非偏"
271) 『五位旨訣』.(大正藏47, p.533中-下)

이로써 이와 사가 명합하게 되면 온전히 탈체현성(脫體現成)의 입장으로서 십행(十行)의 정중래가 되어 나아가되 머물고 머물되 나아가는 사즉진(事卽眞)이고 이즉진(理卽眞)으로서 이사무애(理事無碍)의 현성(現成)에 통한다. 정중래는 모름지기 그 체물(體物)을 밝히기 위해서조차 편위를 향하지 않는다. 그렇다고 정위에만 머물러 있어서는 안 된다. 그 반연[偏位])을 향하지 않고 자신의 정위를 이해할 뿐이디 그것을 공훈으로 여겨 향상사(向上事)로 삼아서는 안 된다.

보다 엄격하게 말하자면 정위중래(正位中來)라는 말조차 어색한 표현이다. 순수주관 그 자체가 지성독탈(至誠獨脫)272)이기 때문이다. 여기에서 '정'은 무상무형(無相無形) 무념무상(無念無想)의 당체로서 현상적인 갖가지 반연에 걸리지 않고, 남을 향해 일구(一句)도 발설하지 않는 묵묵행(黙黙行)이다. 거기에 바로 모든 잠재적인 공(功)이 현재를 향한 근원태로서 자리잡고 있다. 그래서 정중래는 정중편이 보다 심화된 것이라고도 할 수 있다. 진실로 무공용(無功用) 속에서 무연대비(無緣大悲)를 일으켜 깨침을 추구하면서 교화에 매진하는 원륜(願輪)이라고 할 수 있다.273) 순수주관[正]으로서의 본체를 상실하지 않고 그대로를 현현[偏]시키는 공계무물(空界無物)의 즉현(卽現)이다.

나아가서 두두물물이 진리의 현성 아님이 없고 처처가

---

272) 至誠獨脫은 지극한 마음을 다하여 일체의 번뇌로부터 훤칠하게 초연한 모습이다.

273) 石附勝龍, 「偏正五位異說の源流-汾陽慈明兩偏正五位をめぐつて-」, (『宗學研究』12, 駒澤大學, 1970. p.146)

불성의 구현 아님이 없는 십회향(十回向)의 편중지로서 사
사무애(事事無碍)의 도리에 계합된다. 편중지의 편은 감각
적인 만유세계의 제연(諸緣), 제현상(諸現象)을 가리킨다.
즉 진리는 어느 시처(時處)에도 다 현현해 있다. 그것을
터득해 감에 있어 단순히 현상의 모습만을 보는 것이 아니
라 그 자체가 곧 진리의 체현임을 잊지 않는 것이다. 앞의
정중래가 정위즉공계(正位卽空界) 본래무물(本來無物)이라
면 편중지는 편위즉색계(偏位卽色界) 만유형상(有萬象形)
이다.

　이로써 본분수행은 귀가(歸家)의 노래를 부르는데 수행
은 필연적으로 자비를 수반하는 행위여야 한다. 이로써 이
류중행(異類中行)하는 보살도가 현실속에 현성되는 십지
(十地)의 겸중도로서 이사(理事)가 미분(未分)하는 현성공
안(現成公案, 깨달음이 현성함)의 자각이다. 그 자각은 겸
대(兼帶)가 편(偏)·정(正)·존(存)·무(無)에 걸리지
않아 온전하면서 온전하지 않고, 부족하면서도 부족하지
않다. 그러니 오직 흑백미분(黑白未分)이고 이사미분(理事
未分) 그대로 현현하고 그대로 잠몰한다. 정과 편에 열린
관계와 닫힌관계를 따로 두지 않는다. 정과 편이 교참과
고집을 떠나 자유무애하다.

　조산본적은 이러한 겸중도를 가리켜 "그윽이 갖가지 반
연에 상응하면서도 제유(諸有)에 떨어지지 않아 염(染)·
정(淨)·편(偏)·정(正)을 초월한다. 그래서 허현대도(虛
玄大道)요 무착진종(無著眞宗)이다."[274]고 하였다. 이 때

---

274) 『撫州曹山元證禪師語錄』,(大正藏47, P.527上) "冥應眾緣。不墮諸
　　有。非染非淨。非正非偏。故曰虛玄大道無著真宗"

문에 흔히 겸중도는 열은 흑원(◐)으로 도시한다. 정위가 짙은 흑원(●)으로 나타나는 것과는 구분이 된다. 이에 대하여 동산은 다음과 같이 頌한다.

> 유무를 초월한 자 그 누구인가.
> 보통사람들은 제각기 깨침을 구하지만
> 임운자재하게 진속에 화동하네.[275]

이 겸중도에서는 정과 편을 초극해 있다. 그래서 유어 (有語)와 무어(無語)를 설하지 않으며 그에 얽매임이 없이 자유무애하다 이 속에서는 정과 편이 원전(圓轉)한 모습이 지만 그 원전에 머물러 있지 않고 어느 입장도 취하지 않는다. 즉 정과 편의 열린관계와 닫힌관계의 어느 명제도 부정적으로 내장하고 있으면서 각각에게 고유한 생명을 부여한다. 그래서 명안종사(明眼宗師)는 유어(有語)와 무어 (無語)에 초연한 절대적 진리이며 절대적 현상을 언설로 표현하지 않는다. 그대로 전무적적(全無的的)이다. 그래서 조산은 "허(虛)하지도 않고 실(實)하지도 않으며 향(向)과 배(背)도 없다."[276]고 말했다. 이제 겸중도에 대한 조산본 적의 해석을 보면 다음과 같다.

> 정과 편이 함께 진리를 드러낸다는 것은 거기에 편정이나 존무가 없다. 조금도 온전하면서 온전하지 않고 부족하면서도 부족하지 않아서 오직 곧바로 진리를 드러낼 뿐이다. 달리 정과 편을 시설하지 않은 지묘(至妙)한 입장이면서 현상은 현상 그대로다. 운암스승께서 문수끼다 화(文殊喫茶話)에 대어(代語)하여 '그것을 살펴보았느냐.'고 말한 것과,

---

275) 『瑞州洞山良价禪師語錄』, 「洞山五位頌」,(大正藏47, p.525下) "不落有無誰敢和。人人盡欲出常流。折合還歸炭裏坐"
276) 『五位旨訣』,(大正藏47, p.533中-下) "正不必虛 偏不必實 無背無向兼中到"

조동오위 연구   214

취무(翠微) 스님께서 '매일 공양종을 치느냐.'고 물으신 것과 같다.[277]

바로 이와 같은 도리를 펼쳐보인 것이 오위로서의 수행이라면 그 수행은 완성된 수행이면서 겸대를 띤 수행이라 할 수 있다. 그래서 『원각경』에서는 "일체중생이 모두 원각을 증득하니 선지식을 만나서 그가 지은 인지법행을 의지하면 그때 닦아 익힘에 문득 돈과 점이 있을 것이요, 만약 여래의 위없는 보리의 바른 수행의 길을 만나면 근기에 대승과 소승이 없이 모두 불과를 이루리라."[278]고 하였다. 천진이묘(天眞而妙)한 도리를 터득하면 일상생활이 개증원각(皆證圓覺) 아님이 없다. 애써 선지식을 찾아 수습하면 돈점이 되어 그 종취(宗趣)가 극묘(極妙)한 곳에 이르러서는 오히려 이장(理障)이 되어 정지견(正知見)을 의심하게 된다.

현사사비(玄沙師備)는 이러한 도리를 일러 "대법을 들기가 어렵고 상근기는 만나기가 어려우니, 학자가 말에 의지하여 분별지해를 일으키고 비춤에 따라 종을 잃을까 걱정되어 강종삼구(綱宗三句)를 보이며 말하였다. '제일구는 모름지기 스스로 터득하면 모든 진리가 현성하여 진시방세계가 타(他)라 할 만한 것이 없다. 그러니 오직 그대 자신일 뿐인데 다시 누구를 시켜 보게 하고 듣게 하겠는가. 모두

---

277) 『解釋洞山五位顯決』,(大正藏47, pp.541下-542中) "相兼帶來者 爲語勢不偏不正不存不無 如全不全似虧不虧 唯得正面而去也 去則不立的 不立的則至妙之言 境不圓常情之事也 如先師代文殊喫茶語 曰借取這箇 看得麼 亦如翠微曰 每日嚛甚麼"

278) 『圓覺經』「彌勒菩薩章」,(大正藏17, p.916中-下) "一切衆生皆證圓覺 逢善知識 依彼所作因地法行 爾時修習便有頓漸 若遇如來無上菩提正修行路 根無大小皆成佛果"

가 그대의 마음작용 그대로가 완전한 부동지불(不動智佛)인데도 다만 스스로 알아차리지 못할 뿐이다. 방편문을 여는 것은 다만 여러분에게 일분(一分)의 진상유주(眞常流注)가 있는데 이것이 예나 지금이나 옳지 않은 것도 없고 틀리지 않은 것도 없다는 것을 믿어주었으면 해서이다."279)고 하였는데, 이것은 곧 궁좌실제중도상(窮坐實際中道床)의 도리이다.

동산오위의 궁극은 정중묘협(正中妙挾)에 그 있음을 말하는 데 있어 영원(靈源)과 지파(支派)의 현지(玄旨)에 대한 부동본위(不動本位)를 정이라 하고, 방위(傍位)를 편이라 하며, 정의 구경은 정과 편을 원만하게 하는 전시편(全是偏)으로 하고, 편의 구경을 정과 편을 원만하게 하는 전시정(全是正)으로 하며, 정과 편의 열린관계와 닫힌관계의 교섭을 겸대위로 내세웠다.

이에서 처음의 정과 편은 닫힌관계의 원리를 나타낸 것이고, 전시편(全是偏)과 전시정(全是正)은 열린관계의 원리를 나타낸 것이며, 겸대위는 일상(一相)이 무상(無相)이며 항포(行布)가 원융하다는 비유에서 볼 수 있듯이 정은 반드시 허인 것만은 아니고[不必虛] 편은 반드시 실한 것만은 아니며[不必實]므로 무배무향(無背無向)의 입장이다. 경전에서 설하는 무량의(無量義)가 일법(一法)에서 발생하고 그 일법은 무상(無相)에서 유래된다는 원리이다. 이것

---

279)『禪林僧寶傳』卷4,(卍續藏137, p.458上) "大法難遭 罕遇上根 學者依語生解 隨照失宗 乃示綱宗三句 曰第一句 且自承當 現成具足 盡十方世界 更無他故 祇是仁者 更教誰見誰聞 都來是汝心王所爲 全成不動智 只缺自承當 渙作開方便門 使汝信有一分眞常流注 亘古亘今 未有不是 未有不非者"

을 일(一)에 오(五)가 구족되어 있다는 비유로 치초미(芝草味)는 일초(一草)에 오미(五味)의 공능이 있음을 말하고, 금강저(金剛杵)처럼 다섯 갈래가 완연하지만 마침내는 일체(一體)로 돌아가는데 이것은 은현(隱顯)이 서로 묘용을 구사하고 있음을 말하며, 영아(嬰兒)가 일어서고 머물며 가고 오며 말할 줄은 모르지만 오상(五相)을 구비하고 있다는 비유를 들어 설명한다.

이와 같은 오위의 원리는 다름아닌 중리(重離)의 육효에서 삼첩과 오변의 과정을 통하여 유출된 것임을 말한 것이 '중리육효 편정회호 첩이위삼 변진성오'이다.

첩변(疊變)은 일리(一離)가 첩변하여 오괘(五卦)를 형성한 것으로 곧 정(正)·편(偏)·중(中)의 셋이 매 위(位)마다 세 글자의 명칭으로 형성된 것이다. 그러나 이 첩변의 도리는 모두 이(離)를 벗어나지 않으면서 일·이·삼·사·오의 묘용의 변환을 다한다. 그 상하의 첩변은 이리표합(裏離表合)을 대대(待對)하지 않기 때문에 자연히 오위를 형성한다. 동산오위의 그 비유는 법(法)의 묘(妙)이고 자연의 이(理)로서 추호도 인의(人意)로 조작한 것이 아니다. 그렇지만 방편으로 사(事)에 의탁하여 기(機)를 밝혔을 뿐이다.

'첩이위삼'의 삼첩은 중리육효에서 제이의 효를 제일의 효에, 제사의 효를 제삼의 효에, 제육의 효를 제오의 효에 겹치는 하첩(下疊)으로 손(巽)의 삼효(☴)가 되니 이것이 정중편이다. 다시 반대로 제오의 효를 제육의 효에, 제삼의 효를 제사의 효에, 제일의 효를 제이의 효에 겹치는 상첩(上疊)으로 태(兌)의 삼효(☱)가 되니 이것이 편중정이다. 이처럼 이(離)·손(巽)·태(兌)가 각각 세 번 겹친다는 의미에서 삼첩이라고 한다.

여기에서 다시 이처럼 '첩이위삼'이 될 때 손하태상(巽下兌上)으로 택풍대과(澤風大過)를 형성하는데 이것이 정중래이다. 다시 태하손상(兌下巽上)으로 풍택중부(風澤中孚)를 형성하는데 이것이 편중지이다. 또한 이(離)의 일괘(一卦)가 손(巽)·태(兌)·대과(大過)·중부(中孚)의 사괘가 되고, 이 사괘가 일괘로 돌아가니 이것이 곧 겸중도이다. 이처럼 구(九)와 육(六)의 양(陽)과 음(陰)이 그 위(位)를 네 번 변환하여 네 괘를 이루고 그 네 괘가 하나의 괘로 돌아가니 그것이 다섯 번째의 변환으로서 도합 다섯 차례의 변환이 이루어진다. 이것이 '변진성오'의 오변의 의미이다. 여기에서 삼첩으로 형성된 정중편·편중정·정중래의 셋은 점으로 말미암아 돈으로 들어가는 것이고, 오변으로 형성된 다섯은 돈으로 말미암아 점으로 들어가는 것이다. 따라서 중생을 제도하는 것과 열반에 드는 것은 같다는 도리이다.

이와 같이 삼첩과 오변은 위(位)와 위(位)가 열린관계의 도리이고, 효와 효가 열린관계의 도리임을 중리(重離)의 역(易)으로 풀어낸 것이다. 영아(嬰兒)의 오상(五相)과 치초(茎草)의 오미(五味)가 모두 마찬가지이다. 자칫 역(易)을 끌어다 맞춰 그것을 해석하다가는 조사의 뜻을 해칠까 염려된다」고 말한 것처럼 동산이 제시한 오위의 본래의도는 불조가 화도(化道)에 있어서 그 설상(說用)이 있었을 뿐이지 설상이 있었던 것은 아님에 두었다는 것을 주의해야 한다.

4. 편정오위와 「십팔반묘어」

1)「십팔반묘어」의 출현

중국의 선종오가에서 동산양개와 조산본적의 선풍을 중심으로 형성된 조동종의 기본교의에는 수수(垂手) · 불수수(不垂手) · 출세(出世) · 불출세(不出世) 등의 수단이 있는가 하면, 「팔요현기(八要玄機)」인 회호(回互) · 불회호(不回互) · 완전(宛轉) · 방참(傍參) · 추기(樞機) · 밀용(密用) · 정안(正按) · 방제(傍提)가 있으며, 오위에도 군신오위(君臣五位) · 왕자오위(王子五位) · 편정오위(偏正五位) · 빈주오위(賓主五位) · 공훈오위(功勳五位)가 있고, 견루(見漏) · 정루(情漏) · 어루(語漏)의 3종의 삼루(滲漏)가 있으며, 수타(隨墮) · 유타(類墮) · 존귀타(尊貴墮) 의 「삼종타(三種墮)」가 있고, 『오위현결(五位顯訣)』·『보경삼매(寶鏡三昧)』 등이 있다.

이 가운데 조동종의 개조인 동산양개의 『오위현결』로부터 유래하는 오위는 조동의 교의에서도 가장 특징적이고 보편적이다. 그 때문에 여타의 어떤 교의보다도 가장 널리 그리고 오랫동안 조동교의의 기관(機關, 수단 내지 장치)으로서 역할을 해 왔다.

그것이 시대가 내려감에 따라 본질은 그대로이면서 그 모습은 여러 가지의 양상으로 전개되어 갔다. 그 가운데 하나가 조동종의 제6세인 대양경현(大陽警玄: 943-1027)의 법어인 「십팔반묘어(十八般妙語)」이다. 「십팔반묘어」는 제목처럼 18종의 오묘한 가르침이라는 뜻이다. 그러나 그 기본적인 바탕은 소위 편정오위에 근거하고 있다. 오위는 말 그대로 다섯 가지 위상이지만 그 속에 내포되어 있는 위상은 참으로 다양하다. 그 다양한 측면으로 등장한 것 중의 하나가 「십팔반묘어」이다. 따라서 여기에서는 편정오위가 지니고 있는 낱낱의 위상과 18반묘어가 지니고 있는 위상과의 관련성을 살펴봄으로써 단편적으로나마 편정오위가 시대의 흐름에 따라 어떤 모습으로 작용하고 있는가를 엿볼 수가 있을 것이다.

「십팔반묘어(十八般妙語)」280)는 중국 조동종 제6대조사인 대양경현(大陽警玄, 大陽警延: 943-1027)의 설로 간주되는 것으로, 그의 제자인 투자의청(投子義靑: 1032-1088)에게 부산법원(浮山法遠: 991-1067)을 매개로 하여 전승된 가르침이다.281) 여기에서 대양경현이 제시한 「십팔반묘어」는 그 제목처럼 18종류의 가르침으로 간략하게 설해놓은 법어이다. 그리고 맨 뒤에 「이서(二書)」라고 하여 짤막한 내용으로 되어있는 「현서(玄書)」와 「묘서(妙書)」가 가미되어 도합 20권의 묘어(妙語)로 구성되

---

280) 여기에서 논하고자 하는 「十八般妙語」는 『續曹洞宗全書』「宗源補遺.禪戒.室中」 pp.747-757에 의한다.
281) 대양경현은 후계자를 정하지 못하여 부산법원에게 부촉하였다. 그러나 부산법원은 이미 葉縣歸省의 법을 상승하고 있었으므로 대양경현의 부촉을 받아 대양경현이 이적한 이후에 자신의 제자인 투자의청에게 代付相承을 시켰다. 이에 투자의청은 대양경현을 참하지 못했지만 조동의 제7대조사로서 법맥을 이었다. 바로 代付相承의 과정에서 투자의청은 대양경현의 「頂相」과 「十八般妙語」와 「皮履」와 「直綴(布)」를 전해받았다. 鎌田茂雄, 『第三禪宗史硏究』 p.388 이하. 이에 대하여 몇 가지 문제점에 대하여 이의가 제기되기도 하였다. 石井修道, 「大陽警玄の十八般妙語について」,(『宗敎硏究』 통권218, 日本宗敎學會. 1974) 그러나 이 점에 대해서 여기에서는 전적으로 그 논쟁에 맡겨두기로 한다.

어 있다.

본 제목은 「영주대양산명안대사일십팔묘어승구비결도(郢州大陽山明安大師一十八般妙語勝句秘訣圖)」인데, 또한 「명안대사십팔반묘어병이서(明安大師十八般妙語幷二書)」라는 명칭으로도 불리며, 줄여서 「십팔반묘어」라고 한다. 여기에는 대양경현의 제자인 부용도해(芙蓉道楷: 1043-1118)가 붙인 「서문」이 있다. 당시에 대양경현은 부산법원을 통하여 투자의청에게 초상화[頂相]와 가죽신발[皮履]과 가사[直綴(布)] 그리고 다음과 같은 게송을 주고 투자의청으로 하여금 대부상승(代付相承)282)하도록 하였다.

> 양지바른 넓은 산의 초목이
> 그대를 기다려 다투어 피어나리라.
> 다른 풀(임제종의 법손) 무성한 곳에
> 심밀(深密)한 연근(靈根)이 튼튼하리라.283)

곧 양 한 마리가 넓고 푸른 들녘에서 한가로이 맘껏 풀을 뜯고 있으니 조동의 가풍은 이제 그대가 대부상승(代付相承)한 투자의청을 기다려 진가를 발휘해 줄 것을 기대하고 있다. 그러니 다른 지역에서 자란 싹이 오히려 이곳에서 무성하게 자라고 있으니 부디 이곳에다 튼튼하고 깊은 뿌리를 내려 탐스러운 열매를 주렁주렁 맺어주려무나 하는 것이다. 이와 같은 대부상승(代付相承)의 매개자였던 부산

---

282) 代付相承이란 自派의 정법안장의 법맥을 계승할 후계자를 배출하지 못하는 경우에 他派의 인물을 영입하여 자파의 법맥을 相承시키는 행위를 말한다.

283) 『禪林僧寶傳』卷17,(卍續藏137, p.510上) 위의 「십팔반묘어」의 「서문」에서도 이 게송을 그대로 계승하고 있다. "陽廣山頭艸 憑君待煆燉 異苗繁茂處 深密固靈根"

법원은 어떤 사람이었던가. 부산법원은 그 자신이 참했던 대양경현의 선법에 대하여 다음과 같은 「찬(贊)」을 짓고 있다.

흑구는 찬란한 은굽을 신었고
백상은 곤륜산을 타고 가네.
개와 코끼리는 서로 방해하지 않고
목마는 불 속에서 우짖는구나.[284]

여기서 제1구와 제2구는 흑과 백이 서로 회호함을 나타낸 구절이고, 제3구와 제4구는 제1구와 제2구의 개와 코끼리가 서로 원융무애하는 겸대(兼帶)를 표현하고 있다. 부산법원에게 있어 이러한 견해는 특히 공(空)의 정위(正位)와 편(偏)의 일용사(日用事)의 어디에도 떨어지지 않는 열린관계의 겸대(兼帶)라는 조동종지를 표현하고 있다.

그런데 대양경현의 법을 받은 투자의청은 임제종의 법맥을 계승한 것이 걸맞게 겸중지중심(兼中至中心)의 편정오위를 강조한다. 아울러 투자의청은 임제종 내에서도 법계로는 대양경현의 법사이면서도 임제종파의 자명초원(慈明楚圓)의 영향을 깊이 받은 인물이다. 그리하여 투자의청의 오위는 이후 단하자순(丹霞子淳) – 굉지정각(宏智正覺) 등으로 이어져 조동종파에서도 임제종파에서와 마찬가지로 겸중지설로 이어지는 계기가 되었다. 투자의청에게는 오위송(五位頌)·오위편정요(五位偏正要)·사요간(四料簡)·사빈주(四賓主) 등이 있는데 그 가운데 대양경현의 오위를 전승하고 있는 다음과 같은 「오위송」과 그 「서」가 있다.

---

284) 『禪林僧寶傳』 卷17.(卍續藏137. p.511上) "黑狗爛銀蹄 白象崑崙騎 於斯二無礙 木馬火中嘶"

오위송병서
대저 깨침의 눈으로 보면 넓은 하늘은 하나이니 어찌 별과 달을 따로 나눌 수 있으랴. 미혹한 눈으로 보면 대지는 한량없으나 영고성쇠가 각기 다르다. 따라서 객관적인 법(法)에는 다른 법(法)이 없이 동일하니 어찌 미혹과 깨침이 따로 있으랴. 그러나 주관적인 심(心)은 천연적인 심(心)이 아니라서 언어[言]와 모습[象]을 빌려 표현한다. 그 언(言)이란 편(偏)과 정(正)이 올바르게 행해져야 비로소 겸대(兼帶)하여 합치한다. 그 법(法)이란 시비에 떨어지지 않는 것이니 어찌 삼라만상에 한정되겠는가. 그윽한 진리는 이미 물과 달의 관계처럼 서로 투영하는 것이고, 근원적인 흐름은 니련선하로부터 파생되었다. 그래서 근원적인 진리는 허울에 떨어지지 않고 본래의 묘중(妙中)으로 되돌아간다.

정중편
은하수만 반짝이고 달이 뜨기 전
으스름한 안개 이슥한 밤이라 새벽이 멀었건만
이윽고 원만한 본 모습이 어둠으로부터 은은하게 드러나네.

편중정
밤이 지새고 먼동이 터 본래의 모습이 나타나나,
짙은 안개 속에 무엇을 분간하랴.
혼연하여 명경도 비추지 못할레라.

정중래
불 속에서 금닭은 봉황루에 앉아 있고
현로는 허공과 같아 진리에 통하며
구름을 가르는 조도는 진속을 벗어났네.

겸중지
예리한 칼날아래 묶인 몸이라 피할 수가 없는데
타고난 맹장은 칼과 몸을 다치지 않는 법.
어둔 속에 칼 휘둘러도 한 치도 어긋남이 없네.

겸중도
깨침을 얻은 자는 길에 발자국을 내지 않고
똑같이 수행을 하더라도 어딘가 다른 법.
시비에 물들지 않아야 묘용이라 하리라.[285]

223

2) 「십팔반묘어」의 구성

이제 「십팔반묘어」와 「이서(二書)」를 포함한 20종의 목록을 보면 다음과 같다.(일련번호는 편의상 붙인 것임)

① 금제일대연언(今第一大緣焉) ② 금제이중지사(今第二中之思) ③ 금제삼소종숭(今第三小宗嵩) ④ 중제사연지정(中第四緣之正) ⑤ 중제오연지진(中第五緣之眞) ⑥ 중제육연지편(中第六緣之偏) ⑦ 고제칠사지정(古第七思之正) ⑧ 고제팔사지진(古第八思之眞) ⑨ 고제구사지편(古第九思之偏) ⑩ 고제십종지정(古第十宗之正) ⑪ 중제십일종지진(中第十一宗之眞) ⑫ 금제십이종지편(今第十二宗之偏) ⑬ 금제십삼연개정(今第十三緣皆正) ⑭ 중제십사사개정(中第十四思皆正) ⑮ 고제십오종개정(古第十五宗皆正) ⑯ 금제십육연비정(今第十六緣非正) ⑰ 중제십칠사비정(中第十七思非正) ⑱ 고제십팔종비정(古第十八宗非正) ⑲ 현□오담수장(玄□奧談收狀) ⑳ 묘비밀계오전서(妙秘密契悟傳書)

이 제목에서 볼 수 있듯이 금(今)과 중(中)과 고(古)의 3시(時), 연(緣)과 사(思)와 종(宗)의 3단(段), 정(正)과

---

285) 『五燈會元』 卷14,(卍續藏138, pp.525下-526上) "五位頌幷序 夫長天一色 星月何分. 大地無偏 枯榮自異. 是以法無異法 何迷悟而可及 心不自心 假言象而提唱. 其言也 偏圓正到 兼帶叶通 其法也 不落是非 豈關萬象. 幽旨既融於水月 宗源派混於金河. 不墜虛凝 回途復妙. 正中偏 星河橫轉月明前 彩氣夜交天未曉 隱隱俱彰暗裡圓. 偏中正 夜半天明羞自影 朦朦霧色辨何分 混然不落秦時鏡. 正中來 火裡金雞坐鳳臺 玄路倚空通陌上 披雲鳥道出塵埃. 兼中至 雪刀籠身不回避 天然猛將兩不傷 暗裡全施善周備. 兼中到 解走之人不觸道 一般拈掇與君殊 不落是非方始妙"

편(偏)과 진(眞)의 3위(位)의 조합으로 18종의 명칭이 성
립되어 있고, 거기에 「현□오담수장」과 「묘비밀계오전서」
의 2종 등 20종으로 구성되어 있다.

여기에서 첫째의 18종에 해당하는 「십팔반묘어」의 전체
적인 명칭은 연사종(緣思宗)이고, 둘째의 「현□오담수장」
에 해당하는 명칭은 약치초(藥芝草)이며, 셋째의 「묘비밀
계오전서」에 해당하는 명칭은 오상서(悟上書)이다. 이 셋
을 합하여 삼담결(三談訣)이라고도 하고, 또 삼개검(三箇
劍)이라고도 하며, 또 삼묘승(三妙勝)이라고도 한다.

첫째에 해당하는 명칭이 연사종인 이유에 대하여 대양경
현은 다음과 같이 말한다.

> 이 십팔반묘권(十八般妙圈)이야말로 본위(本位)의 진소어(眞紹語)이다.
> 그 때문에 연사종이라는 제목을 붙인 것이다. 연(緣)은 편(偏)이고 백
> (白)이며 신(臣)이고 실(實)이다. 그래서 이것은 반연으로 접근할 수 있
> 는 연(緣)이 아니다. 사(思)는 중(中)이고 흑(黑)이며 군(君)이고 허(虛)
> 이다. 그래서 이것은 분별사량으로 사량할 바가 아니다. 종(宗)은 심
> (深)이고 고(固)이며 유(幽)이고 원(遠)이다. 그래서 이것은 보통의 사
> 람이 도달할 수 있는 종지가 아니다.286)

이로써 연사종의 각 위(位)가 편정오위의 오위와 직접적
으로 관련되어 있음을 알 수 있다. 이 (「十八般妙語의」)
서(書)에는 붙어 있는 세 가지 명칭에 대하여 부용도해는
서문에서 다음과 같이 말한다.

> 연사종이라는 것은 명안대사께서 붙인 제목이고, 약치초라는 것은 선
> 사(先師)인 투자의청화상이 붙인 명칭이며, 오상서(悟上書)라는 것은
> 내(부용도해)가 붙인 명칭이다. 그리고 「현서(玄書)」와 「묘서(妙書)」는

---

286) 『續曹洞宗全書』 「宗源補遺.禪戒.室中」, 芙蓉道楷의 「서문」. p.748上
　　 -下.

(명안대사 이후에) 부가된 서(書)이다.[287]

그리고 삼담결(三談訣)과 삼개검(三箇劍)과 삼묘승(三妙勝)에 대해서도 다음과 같이 말한다.

> 삼담결은 은 연 . 사 . 종의 3단을 가리킨다. 삼개검은 금강검(金剛劍)이다. 삼묘승은 처음에 삼묘승구(三妙勝句)라 명칭한 것을 가리킨다. 치초(芝草)는 이묘(異苗)이고 또한 종묘(種苗)를 가리킨다. 비술법(秘術法)이란 동상가풍의 비밀술법이란 뜻인데 현결(玄訣) . 묘결(妙訣)이 바로 그것이다.[288]

이제 위의 제목에서 언급한 20종 가운데 18반묘어의 각각에 대하여 편정오위의 위상과 어떤 관련성이 있는가에 대하여 살펴보기로 한다.

3) 편정오위와 「십팔반묘어」의 관계

「십팔반묘어」에서 내세우는 18종의 위상이 편정오위와 어떤 관계에 있는가를 살펴보기 이전에 이미 오위의 5종 용어를 더욱 확대하여 논의한 주장이 등장하였다. 곧 일본의 에도 시대에 본격적인 오위설의 복고를 목표로 한 만실조개(卍室祖价)는 편정오위설의 본래의 모습을 18위(位)로 삼고 있다. 그것은 편 · 정 · 겸의 3위를 각각 6위로 전개하여 도합 18위로 삼는 설이다. 곧 그는 편 · 정 · 겸의 각 위를 다음과 같이 분류하였다.

---

287) 위와 같음.
288) 위와 같음.

(편) 편중편 편중정 편중원 편중도 편중지 편중래
(정) 정중편 정중정 정중래 정중도 정중지 정중원
(겸) 겸대   겸중도 겸중지 겸중원 겸중겸 겸중래[289]

만실조개는 위의 18위 가운데 편중정·편중지·정중편
·정중래·겸중도의 오위로부터 편정오위설이 형성되었다
고 보고 있다. 만실조개의 18위설은 편중편으로부터 출발
하여 겸중래의 구극에 이르는 수행의 단계성을 설한 것이
다. 만실조개는 18위 가운데 종래의 편정오위설에서는 활
용되지 않은 각각의 위(位)에 대하여 질의응답의 형식으로
설명하고 있다. 가령 편중편에 대하여는 다음과 같이 말하
고 있다.

혹 묻는다: 편위에서 편중편이라 이름한 것은 예로부터 듣지 못했는데
어찌하여 새로이 내세웠는가. 답한다: 고래로 편중편의 이름을 내세우
지 않은 까닭은 본래 편중편은 목석위(木石位)로서 발심수행을 하는
데 있어 도움이 되지 않으면 생략하기 때문이다.[290]

만실조개에 의하면 편중편이란 명칭은 본래는 있는 것이
지만 무정의 목석위를 가리키는 것이기 때문에 편정오위설
에서는 생략했다는 것이다. 또한 편중래의 명칭에 대해서
는 다음과 같이 말한다.

만약 곧장 정위에 깊이 들어간다면 정위 쪽에서는 이 사람을 편중래
라 하고, 편위중에서 정위에 들어오면 그것도 역시 편중래라고 이름해
야 할 것이다.[291]

---

289) 卍室祖价 撰, 『曹洞五位鈔』 卷1, pp.1-4. "(偏) 偏中偏 偏中正 偏
中圓 偏中到 偏中至 偏中來 (正) 正中偏 正中正 正中來 正中到 正中
至 正中圓 (兼) 兼帶   兼中到 兼中至 兼中圓 兼中兼 兼中來"
290) 위의 책, p.5 이하.
291) 위의 책, p.6.

이것은 그 명칭의 존재를 주장하고 있다. 다시 정중정 · 정중도 · 정중지의 각 위의 존재에 대하여 다음과 같이 말하고 있다.

묻는다: 정위 가운데에 정중정 · 정중도 · 정중지의 명칭도 신설된 것인데 그것은 어떻습니까. 답한다: 겸중도의 도(到)자는 편에서도 정에서도 도(到)자가 붙는 것을 알아야 한다. 편중지가 어느 정도 정중지에 통하는 만큼 물론 겸중지에도 마찬가지이다.[292]

이와 같이 만실조개는 정 · 편 · 겸의 3위를 기본으로 하여 종래 오위설에서 사용되어 온 명칭의 상관 가운데서 도합 18위를 이끌어내었다. 다만 편정오위설에서는 정통으로 간주되고 있는 정중편 · 편중정 · 정중래 · 편중지 · 겸중도의 오위 이외에 겸대 · 겸중원 · 겸중지 등의 명칭도 여러 곳에 나타나 있다.[293]

이와 같은 다양한 용어들은 이미 오위의 다섯 가지 위상 가운데 내포되어 있는 것을 자세하게 나열한 것에 불과하다. 따라서 여기 「십팔반묘어」를 편정오위의 용어와 결부시키는 데 있어 하나의 참고가 되기 때문에 이의 형식을 빌려서 「십팔반묘어」에 대한 각각의 용어를 정의해보고자 한다.

첫째의 금제일도(今第一圖)인 대연언(大緣焉)은 색체의 작용이고 만상의 전신으로서 역력하여 감추어짐이 없고 당당하여 움직임이 없는 것이다. 왜냐하면 위음여래가 옛적에 출세하기 이전에 묘장엄왕의 보위에 거(居)하여 대인의

---

292) 위와 같음.
293) 일례로 金峰從志가 편찬한 『曹山錄』에는 「師新出○兼中圓明五位大意」라 하여 兼中圓의 說이 나타나 있다.

묘상을 드러낸 것으로 천지에 가득하고 내지 초목(草木) · 총림(叢林) · 인비인(人非人) 등이 모두 금색의 진체(眞體)이기 때문이다. 이것은 진리가 온전하게 사(事)로 등장해 있는 모습으로서 편정오위 가운데 편(偏)에 해당한다.

둘째의 금제이도(今第二圖)인 중지사(中之思)는 홀로 목전의 동요(動搖)에서도 다시는 진애(塵埃)에 물들지 않아 요요(了了)하면서 온좌(穩坐)하고 현현(玄玄)하면서 독로(獨露)한 것이다. 왜냐하면 위음여래가 옛적에 출세한 후에 미진찰토에서 보련화대에 앉아계셨을 때 당시의 인(人) · 천(天)들이 감히 친근할 수가 없었었기 때문이다. 이와 같은 대정(大定) 속에서 8만 4천 겁 동안 지속하여 부동존이라 불렸다. 이것은 상하(上下) · 사유(四維) · 초개(草芥) · 인축(人畜)이 모두 부동존(不動尊) 아님이 없고 일광(日光) · 월광(月光)조차 이 생(生)을 이동시킬 수 없는 과정으로서 편정오위 가운데 중(中)에 해당한다.

셋째의 금제삼도(今第三圖)인 소종숭(小宗嵩)은 인인(人人)의 활심(活心)이고 불불(佛佛)의 진의(眞儀)로서 대(大)에 있어도 소(小)와 같고 소(小)에 있어도 대(大)와 같으며 천(天)에 거(居)하면서도 지(地)를 지(指)하고 지(地)에 거(居)하면서도 천(天)을 지(指)하며 목(木)에 의지하여 초(草)를 드러내고 초(草)에 의지하여 목(木)을 드러내는 것이다. 왜냐하면 위음여래가 옛적에 끝을 볼 수 없는 큰 광명으로써 세계의 범우(凡遇)를 관찰했는데, 그들도 모두 불성을 구비하여 좌와(坐臥)에 왕환(往還)하기 때문에 그것을 원융삼매의 사(事)라 일컫는다. 이것은 모두 진리 자체의 존재양상으로서 근본위(根本位)이므로 편정오위 가운데 정(正)에 해당한다.

넷째의 중제사도(中第四圖)인 연지정(緣之正)은 공훈(功勳)의 최초이고 중색(衆色)의 멸진처이다. 왜냐하면 황두세존(黃頭世尊)이 열반에 들어가는 순간 그것은 참모습이 아니었고 금색존자(金色尊者, 摩訶迦葉)가 선정에서 나와 석장을 타고 날아와 (세존의) 관이 있는 곳에 이르자 마침내 관속에서 두 발을 내보였기 때문이다. 이것은 모두 시끄러운 시장 가운데서 이루어지는 소식으로서 삶을 꾸려나가기 위한 근본적인 이유가 있는 것으로 현실에서 진리를 표현하는 방식이므로 편정오위 가운데 편중정(偏中正)에 해당한다.

다섯째의 중제오도(中第五圖)인 연지진(緣之眞)은 자기를 진조(眞照)하는 연원(淵源)이고 도처(到處)가 법신의 도리로서 묘지시(妙至時)에는 하얀 갈대꽃에 다른 색이 없어 백마가 그 속에 있고 백운은 정해진 형체가 없어 청산이 그 속에 있다. 왜냐하면 황두세존(黃頭世尊)이 열반에 든 이후에 보왕대 위에 앉아서 적멸상을 드러내기 때문이다. 이것은 자신의 근원적인 행위로서 법신의 도리를 헤아려 나아가는 과정으로서 편정오위 가운데 편중중(偏中中)에 해당한다.

여섯째의 중제육도(中第六圖)인 연지변(緣之偏)은 무상무애(無相無礙)의 법신에도 오히려 공처(功處)가 있는 것으로 그 까닭은 공처(功處)는 제불의 도량이고 천성(千聖)이 거(居)하는 곳이기 때문이다. 왜냐하면 황두세존이 옛적에 등명불(연등불) 처소에 도착하고자 하는데 길에서 청정보살을 만나 무생법인을 깨치고 범부의 경지를 초월했기 때문이다. 이것은 향상(向上)의 관려자(關梊子)이므로 현상을 통하여 현상이 그대로 지리임을 드러내는 것이므로 편정오위 가운데 편중편(偏中偏)에 해당한다.

일곱째의 고제칠도(古第七圖)인 사지정(思之正)은 위처(位處)의 최초이다. 청산의 정상에 거(居)하지 않으면서 어찌 스스로 발걸음을 시작하지 않는가. 그 때문에 여래가 옛적에 심광(心光)을 내어 비로인(毘盧印)을 조철(照徹)할 때도 만족하지 못했다. 그 까닭은 스스로 심광(心光)을 내는 그것, 곧 현재 드러나 있는 마음이 진여묘법계임을 알지 못하기 때문이다. 이것은 달이 본래의 자상(自相)을 비추는 것을 비유한 것이다. 곧 진여의 광명이 끊임없이 진여 자체를 추구하는 입장으로 편정오위 가운데 중중정(中中正)에 해당한다.

여덟째의 고제팔도(古第八圖)인 사지진(思之眞)은 전본위(全本位)의 묘(妙)로서 묘법성해(妙法性海)이다. 청산은 준초(峻峭)하여 원래 대대(對待)를 갖지 않는다. 왜냐하면 여래가 옛적에 보인(寶印, 왕위)을 물리치고 일찍이 교화에 나선 적이 없기 때문이다. 이런 시절의 소식은 제불도 모르고 제불보살도 보지 못한 것이다. 보살은 그것을 불견지시(不見之時)라 일컫는다. 이것은 모두 진실처에 도달한 것이다. 곧 주인공의 한조각 마음자리[主一片田地]로서 항상 한결같아 처음도 좋고 중간도 좋으며 끝도 좋은 입장으로 편정오위 가운데 중중중(中中中)에 해당한다.

아홉째의 고제구도(古第九圖)인 사지편(思之偏)은 일찍이 향상(向上)의 전지(田地)에 도달하였으나 밀밀(密密)하여 바람도 통하지 않는다. 비록 그렇지만 이 경지에서는

231

위(位)조차 인정하지 않는다. 왜냐하면 여래가 옛적에 법신 보신 화신의 삼두(三頭)를 타파하고 최묘최현(最妙最玄)의 지위에 주(住)하면서도 오히려 세상에 나와 중생제도를 하지 못할까를 염려하기 때문이다. 이것은 모두 귀로(貴路)에 주하는 것을 부정하는 것이다. 곧 스스로 터득한 진리를 중생을 향한 방편으로 돌이켜 나아가는 그 시작이므로 편정오위 가운데 중중편(中中偏)에 해당한다.

열째의 고제십도(古第十圖)인 종지정(宗之正)은 본위에서 현실을 향하는 것[位裡轉側]이고 정중묘현(正中妙現)이다. 왜냐하면 모든 본원(本願)은 무념을 宗으로 삼아 법성토(法性土)를 향하기 때문이다. 그 까닭은 중생을 위한 까닭에 세간에 출현한 것이다. 이것은 모두 종중유정(宗中有正, 宗之正)이다. 곧 진리에서 진리의 본분을 잃지 않으면서 방편을 베푸는 화광동진의 입장으로서 편정오위 가운데 정중정(正中正)에 해당한다.

열한 번째의 중제십일도(中第十一圖)인 종지진(宗之眞)은 허수아비가 걸음을 옮겨 공(功)으로 향하는 때이고 석녀가 북[梭]을 울려 꿈을 깨우는 도리이다. 왜냐하면 제불의 심원(心源)은 자연스레 유출되는 성해(性海)와 같기 때문이다. 이것은 모두 종중유진(宗中有眞, 宗之眞)이다. 곧 진리에서 진리를 적용하는 대상을 파악하고 그 용처를 점검하는 작용이므로 편정오위 가운데 정중중(正中中)에 해당한다.

열두 번째의 금제십이도(今第十二圖)인 종지편(宗之偏)은 니우(泥牛)가 걸음을 옮겨 교화[建化]의 인연을 싹틔우고 옥마(玉馬)가 바람소리를 내며 금시(今時, 중생)의 길

[途]을 벗어나는 것이다. 왜냐하면 제불이 진어복(珍御服)을 벗고 다 낡아빠진 옷을 걸치고서 애써 금시(今時, 중생)를 위하여 바른길[風規]을 드러내기 때문이다. 이것은 모두 종중유편(宗中有偏, 宗之偏)이다. 곧 진리를 터득한 입장에서 이류중행을 실천하는 보살도의 입장으로서 편정오위 가운데 정중편(正中偏)에 해당한다.

열세 번째의 금제십삼도(今第十三圖)인 연개정(緣皆正)은 세간에 출현한 이래로 법법(法法)은 각각의 법위(法位)에 주하는 것이다. 곧 색(色)은 색체(色體)가 아니고 성(聲)도 성체(聲體)가 아니다. 왜냐하면 제불이 욕계에 출세하여 중생을 제도하는 것은 일엽(一葉)에 일석가(一釋迦)가 있고 일화(一華)에 일불국(一佛國)이 있기 때문이다. 이것은 진리의 작용이 일체의 색에 합치되어 현실에 등장하는 입장이므로 편정오위 가운데 편편(偏偏)에 해당한다.

열네 번째의 중제십사도(中第十四圖)인 사개정(思皆正)은 자기의 일편전지(一片田地)이고 백운(白雲)의 일위(一位)로서 한줄기 청풍이고 천봉(千峯)의 한색(寒色)이다. (이러한 모습은 마치) 달 밝은 밤은 가을보다 깨끗하고 정주(汀洲)의 갈대꽃은 눈처럼 희다. 왜냐하면 삼세제불이 보전(寶殿)에 앉아계시니 천상과 지하가 다 일위(一位)로 돌아가는 것으로 말하자면 불가사의한 삼매이기 때문이다. 이것은 함께 뒤섞여 작용하면서 그 본체는 제각각으로 남아 있는 입장이므로 편정오위 가운데 중중(中中)에 해당한다.

열다섯 번째의 고제십오도(古第十五圖)인 종개정(宗皆

正)은 거시기[那邊]의 일위(一位)는 연원(淵源)이고 향상
일규(向上一竅)는 정위(正位)이다. (이러한 모습은 마치)
요요(了了)의 일위(一位)에는 방우(方偶)가 없고 진진(眞
眞)의 묘중(妙中)에는 다른 도리[異玄]가 없다. 왜냐하면
제불이 깊이 심묘법(心妙法)에 들어가 정진(正眞)하고 조
직(調直)하게 사무친 곳에는 더 이상 사무칠 것이 없기 때
문이다. 이것은 진리가 진리를 향하여 진리를 설하는 입장
이므로 편정오위 가운데 정정(正正)에 해당한다.

열여섯 번째의 금제십육도(今第十六圖)인 연비정(緣非
正)은 하늘은 무엇에 의지하였길래 저토록 높고 땅은 무엇
에 의지하였길래 이토록 두터우며 맑은 샘물[淸泉]은 무엇
을 인하여 흘러가고 백운은 무엇을 인하여 일어나며 산은
무엇 때문에 준초하고 사람은 무엇 때문에 오고 가는가 하
는 것이다. 왜냐하면 석가노사는 설하지도 않았고 달마대
사는 알지도 못했으며 유마는 이것을 불가득하고 불가사의
한 心이라 말하였고 용수는 이것을 전할 수도 없고 받을
수도 없는 묘(妙)라고 말하였다. 이것은 세상에 드러난 진
리이면서도 진리라 말할 수 없고 전할 수도 없는 묘처(妙
處)이므로 편정오위 가운데 편중편(偏非偏)에 해당한다.

열일곱 번째의 중제십칠도(中第十七圖)인 사비정(思非
正)은 자기는 어째서 명료(明了)하고 법신은 어째서 무상
(無相)하며 백운은 어째서 무심(無心)하고 노화(蘆花)는
어째서 일색(一色)인가 하는 것이다. 왜냐하면 석가노사도
여기에 이르러서는 (이 도리를) 설법하기 어렵고 달마대사
도 여기에 이르러서는 일찍이 (이 도리를) 볼 수가 없었기
때문이다. 그 까닭은 색체를 내세우지 않아 응신 화신에

떨어지지 않기 때문이다. 또한 차가운 눈은 특별히 겨울에
내리기 때문이고 백우(白牛)는 분외(分外)를 딛고 있기 때
문이다. 이것은 터득된 진리이면서도 터득된 진리로서만
남아있을 수 없는 현처(玄處)이므로 편정오위 가운데 중비
중(中非中)에 해당한다.

열여덟 번째의 고제십팔도(古第十八圖)인 종비정(宗非
正)은 향상(向上)도 향상(向上)이 아니고 나변(那邊)도 나
변(那邊)이 아닌 것으로 그 밀처(密處)와 오처(奧處)의 경
지는 청산도 자리를 물리고 존귀를 두지 않고 어느 때나
항상 묘(妙)하여 한갓질 새가 없다. 왜냐하면 석가노사가
철정(徹頂)한다 해도 볼 수가 없고 철골(徹骨)한다 해도
들을 수가 없으며, 달마대사가 철저(徹底)한다 해도 헤아
리지 못하고 철체(透體)한다 해도 알지 못하기 때문이다.
이것은 진리 자체가 터득된 이상 진리 자체만의 의미가 아
니라 진리가 어떻게든 작용되고 드러나지 않으면 안 되는
오처(奧處)이므로 편정오위 가운데 정비정(正非正)에 해당
한다.

이것이 소위 「십팔반묘어」로서 편정오위에 등장하는 개
념을 대상으로 하여 그 상관성을 살펴본 것이다. 이러한
도리를 대양경현은 ⑲ 오처현담수장(奧處玄談收狀)에서 다
음과 같이 말한다.

과거장엄겁의 천불(千佛)로부터 현재현겁의 제4존(세존)에 이르기까지
는 불신통력으로 이것을 증명해 왔다. 연후에는 제1조 마하가섭에게
부촉하였고, 마하가섭은 아난타에게 부촉하였으며, 아난타는 상나화수
에게 부촉하였고, 상나화수는 우바국다에게 부촉하였으며, (조사들의
寶號는 모두 여기에서는 생략한다) 선사(先師)이신 양산연관에게 부촉
하였고, 양산연관은 나 대양경현에게 부촉하였다. 그래서 이제 나는
또한 법기인 청요자(靑鷂子, 투자의청)가 나오기를 기다리는 바이다.

내(대양경현) 종지는 그(투자의청)에 이르러 깨침의 불이 붙어 무진등으로 전해 나아갈 것이다. 이에 초상화[頂相]과 가죽신발[皮履]과 가사[直綴(布)]와 「십팔반묘어(十八般妙語)」를 원록공(부산법원)에게 부탁하여 그(투자의청)가 오기를 기다려 나(대양경현) 대신 그(투자의청)에게 전해주기를 부탁해 둔다.294)

이로써 「십팔반묘어」는 그 성격과 전승이 세간에서 함부로 상실하거나 왜곡되지 못하도록 이후 10년 동안은 몸을 감추고 종적으로 드러내지 말라는 것으로 말을 마치고 있는데 이것은 편정오위가 은밀하게 실중어(室中語)로서 전승된 것과 같은 취지이다.

조산탐장선사가 동산오본선사에게 처음 작별을 고하자 마침내 동산스님이 부촉하였다. "내가 스승 운암스님의 휘하에 있을 때 친히 보경삼매를 얻었다는 인가를 받고 요점을 애써 공부해 왔다. 그런데 이제 내가 그대에게 이것을 전해주노니 그대는 이것을 잘 보호하여 단절되지 않도록 하라. 그리고 참다운 법기를 만나면 그때 전해주어야 한다. 그러나 반드시 비밀로 하고 드러내서는 안 된다. 그것은 세간에 유포되면 우리의 종문이 없어질까 염려가 되기 때문이다"295)

편정오위를 이와 같이 비밀로 전승한 이유에 대한 단서는 ⑳ 묘비밀계오전서(妙秘密契悟傳書)의 내용에서 유추할 수 가 있다.296) 이로써 보면 비단 「십팔반묘어」와 편정오

---

294) 「十八般妙語」,(『續曹洞宗全書』 pp.755下-756上)
295) 『林間錄』 卷上,(卍續藏148, p.599下) "曹山耽章禪師 初辭洞山悟本 本曰 吾在雲巖先師處 親印寶鏡三昧 事窮摘要 今付授汝 汝善護持無令 斷絶 遇眞法器 方可傳委 直須秘密 不得影露 恐屬流布 喪滅吾宗". 그러나 이것의 원형은 『瑞州洞山良价禪師語錄』(大正藏47, p.525下)의 "師因曹山辭 遂囑云 吾在雲巖先師處 親印寶鏡三昧 事窮摘要 今付於 汝"에서 찾을 수 있다.
296) 「十八般妙語」,(『續曹洞宗全書』 p.756上-下)「(대양경현이 다음과 같이 말한다.) "대저 불법의 妙理는 역겁이 지나도 聽聞하기 어렵다. 그까닭은 왜 그런가. 제불은 일대사인연 때문에 세간에 출현하여 갖가지

위에만 국한되지는 않았던 것 같다. 「십팔반묘어」의 경우
비밀로 전승해야 한다는 것도 이와 같은 맥락에서 생각할
수 있을 것이다. 그러나 편정오위가 더 이상 조동종문의
비밀스런 가르침으로만 남을 수는 없었듯이 「십팔반묘어」
도 일개 문중의 교의로만 남아 있을 수는 없을 것이다. 그
것이 이른바 이시이 슈도[石井修道] 교수가 「십팔반묘어」
가 일본의 조동종 소속의 면산서방(面山瑞方)의 (그 어떤
것으로부터의) 모조였을 가능성이 있다고 진단한 이유이기
도 하다.297)

이것은 「십팔반묘어」가 지니고 있는 성격과 무관하지 않
다. 곧 18종으로 나열한 것은 편정오위가 겸중도중심으로
형성되었음에 비하여 「십팔반묘어」는 어느 하나의 위상을
겨냥하지 않고 제각각이 그대로 독립되어 있고 또한 완전
한 위상을 지니고 있다. 곧 「십팔반묘어」의 각각의 명칭을
순서대로 살펴보면 편(偏)·중(中)·정(正)·편중정(偏中
正)·편중중(偏中中)·편중편(偏中偏)·중중정(中中正)·
중중중(中中中)·중중편(中中偏)·정중정(正中正)·정중
중(正中中)·정중편(正中偏)·편편(偏偏)·중중(中中)·

의 모습으로 나타난다. 그 때문에 우리네 가풍에 垂手·不垂手·出世·不
出世 등의 수단이 있고, 다음으로 八要玄機인 回互·不回互·宛轉·傍參·
樞機·密用·正按·傍提가 있으며, 다음으로 다섯 가지 五位 곧 君臣五
位·王子五位·偏正五位·賓主五位·功勳五位가 있고, 다음으로 三種滲漏
가 있는데 見漏·情漏·語漏이며, 다음으로 三種墮가 있는데 隨墮·類墮·
尊貴墮이고, 다음으로 寶鏡三昧가 있다. 이와 같은 낱낱의 교의를 지
녀 전승해 주어야 한다.」
297) 石井修道, 「大陽警玄の十八般妙語について」,(『宗教研究』 통권218,
日本宗教學會. 1974) 이 논문에서 石井修道씨는 그것과 관련하여 12
가지 이유를 언급하고 있다. 이것은 법맥의 전승에서 스승과 제자 사
이에 소위 合血이라는 의식이 사라진 이유이기도 하다.

정정(正正) · 편중편(偏非偏) · 중비중(中非中) · 정비정(正非正)이다. 이것은 편정오위의 다섯 위상의 명칭과 비교해 보면 각각 정중편 · 편중정 · 정정(正正, 정중래) · 편중지[偏偏]은 있지만 제5위의 겸중도에 해당하는 위상이 없다. 이것은 정(正)은 정(正)대로, 중(中)은 중(中)대로, 편(偏)은 편(偏)대로 각각에 대하여 닫힌관계[不回互]에 있음을 말해주는 것이기도 하다.

따라서 편정오위가 열린관계[回互]와 닫힌관계[不回互]의 계합(契合) 곧 정중묘협(正中妙挾)이라면 「십팔반묘어」는 낱낱에 대한 최대한의 긍정으로 일관하고 있음을 볼 수 있다. 이것은 편정오위를 비롯한 다수의 조동종 교위가 소위 비밀스런 가르침으로 전승되었으면서도 후대로 내려갈수록 점차 공개화되어가는 측면을 보여주는 것이기도 하다.

이상에서 중국 조동종의 근본 교의 가운데 하나인 편정오위와 같은 조동종의 교의 가운데 하나인 대양경현의 18반묘어의 예를 들어 그 명칭상의 관계를 살펴보았다. 편정오위는 정중편 · 편중정 · 정중래 · 편중지 · 겸중도의 5위로만 국한되었으나 오위의 사상에 있어서는 18位의 명칭이 주장되기도 하였다.

이와 관련하여 「십팔반묘어」의 낱낱에 대하여 그에 상응한 용어를 살펴보면 순서대로 편· 중 · 正 · 편중정 · 편중중 · 편중편 · 중중정 · 중중중 · 중중편 · 정중정 · 정중중 · 정중편 · 편편 · 중중 · 정정 · 편비편 · 중비중 · 정비정 등이 해당된다. 이것은 편정오위의 또 다른 모습으로 등장한

것이 곧 「십팔반묘어」임을 말해주는 것으로서 오위사상의
전승성격이면서 특징이기도 하다. 「십팔반묘어」는 그 전체
를 금(今, 今時)과 중(中, 自己)과 고(古, 那邊)의 3時, 연
(緣)과 사(思)와 종(宗)의 3단(段), 정(正)과 편(偏)과 진
(眞)의 3위(位)의 조합으로 표현한 것인데 그것을 도표로
보이면 다음과 같다.

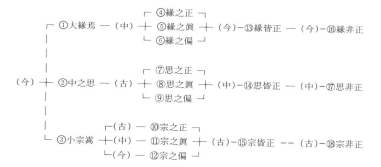

5. 정눌과 일연의 오위설 비교

1) 오위설의 다양한 전개

한국의 고려 시대 가지산파(迦智山派)의 보각일연(普覺一然)은 『중편조동오위』(『중수조동오위(重修曹洞五位)』)를 편찬함으로써 일찍이 중국의 조동종에서 형성되고 전승된 오위에 관련된 자료를 정리하고, 나아가서 오위의 전승에 관한 몇 가지 이견(異見)에 대하여 조동종의 정통성이라는 입장에서 자신의 견해를 주장하였다. 제명에 보이는 '중편(重編)' 내지 '중수(重修)'라는 말에 보여주듯이 기존에 송대에서 편찬되었던 오위설에 문헌을 집대성하여 재편했다는 의의와 함께 한국 선종사에서 오위에 대하여 거의 유일한 문헌으로서 가치를 지니고 있다.

한편 명대 조동종의 정눌(淨訥)은 『보경삼매원종변류설(寶鏡三昧原宗辨謬說)』을 저술하여 『보경삼매』와 오위에 관한 자신의 견해를 기술하고, 그 기준에 부합되지 않는 몇 가지 사항에 대해서는 속이는 말[辯謬]이라는 용어를 구사하여 배척하고 있다. 제명에 드러나 있듯이 '보경삼매의 원래의 종지에 대하여 잘못된 해설들을 판별한다'는 의미로서 기존의 제설(諸說)에 대한 정눌 자신의 견해를 보여주고 있다.

비록 시대와 지역이 다른 상황에서 발생한 주장이기는 하지만, 이와 같은 양자의 견해가 『보경삼매』와 그로부터 연원된 오위설에 대하여 어떤 모습으로 제시되었는지 고찰해보고자 한다. 이들 양자의 몇 가지 주장이 이후에 정눌

과 거의 동시대의 행책(行策: 1626-1682)의 『보경삼매본
의(寶鏡三昧本義)』에서 각각 선별적으로 수용되기도 하였
다는 것은 흥미롭다.

여기에서는 직접적으로는 비교적 관련이 적은 일연과 정
눌 두 선자의 저술을 통해서 각각 주장했던 관점이 상호
대조적인 입장을 살펴보고자 한다. 그럼으로써 『보경삼매』
에 대하여 작자의 문제와 본문의 문구에 대한 해석 내지
이해의 문제 등 몇 가지 견해 가운데 그 전승의 문제를 비
롯하여 『보경삼매』로부터 연유된 오위사상에 대하여 선종
사에서 형상되고 주장되어 온 관점을 보다 분명하게 이해
할 수 있을 것으로 생각한다. 일연의 저술은 고려를 통해
서 전승되었고 이후에 전승되어가는 텍스트가 되었으며,
정눌의 저술은 중국에 전승된 것을 바탕으로 저자의 견해
가 성취되었다는 점은 한국과 중국에서 전승된 『보경삼매』
및 그로부터 연유된 오위관에 대한 성격을 이해할 수 있는
좋은 자료가 된다.

2) 운종정눌의 『보경삼매원종변류설』

(1) 『보경삼매원종변류설』의 내용

운종정눌(雲淙淨訥: 1610-1673)[298]은 『보경삼매원종변

---

298) 『五燈全書』 卷115,(卍新續藏82, pp.698中-699上) ; 『正源略集』 卷
7,(卍新續藏85, p.43中-下) 淨訥(1610-1673)은 조동종의 선사로서 청
원행사의 제38세이다. 호는 且拙이고 雲淙이라고도 불렸다. 호남성 衡
州 安仁 출신으로 속성은 王씨이다. 26세 때 출가하여, 남악의 荊紫
峰에서 구족계를 받았다. 강서성 贛州 崆峒山 瑞白明雪에게 참문하여
언하에 契悟하고 인가를 받았다. 그로부터 호남성 형주 宜陽으로 돌아

류설』을 통해서 『보경삼매』에 대하여 자신의 견해를 피력하여 당시까지 전승된 견해 가운데 몇 사람에 대하여 비판을 가한다. 정눌은 『원종변류설』의 전반부에서는 『보경삼매』의 사구인 '여리육효(如離六爻) 편정회호(偏正回互) 첩이위삼(疊而爲三) 변진성오(變盡成五)'의 구절에 대하여 중리(重離)는 비유로서 육효(六爻)를 삼첩(三疊)에 분배하여 그 상(象)으로써 삼덕(三德)을 삼았고, 다시 육효를 오변(五變)에 분배하여 그 상(象)으로써 오위를 삼았다. 여기에서 부동(不動)의 본괘(本卦)는 삼(三)과 오(五)의 체(體)와 용(用)이 열린관계[回互]이지만 각각의 위(位)는 본자천연(本自天然)함을 설명하였다.

이와 같은 『보경삼매』의 사구에 근거하여 후반부에서는 운암의 중리육효(重離六爻) 편정회호(偏正回互)에 근거하여 동산이 편정오위를 내세웠다.

첫째, 운암이 제시한 '중리의 여섯 효는 편과 정이 회호한다'는 것이다. 이것은 이(離, ☲)효의 모습을 홀[奇]과 짝[偶]으로 단취(單取)하여 오위가 회호함을 해명한 것이다. 그래서 소위 편과 정이 공경하고 삼간[錯然] 즉 길(吉)하여 범접할 수가 없다. 착연(錯然)의 두 글자는 곧 홀과 짝을 가리켜 한 말임을 알 수가 있다. 만약에 오위가 각각 본위(本位)에만 거(居)한다면 곧 촉(觸)과 배(背)에 막혀버려서 범접하는 허물이 되고 만다. 그런즉 이것이 홀과 짝을 취한 것이지 괘의 뜻으로 취한 것이 아님을 알 수가 있다.[299]

가 大義山에서 개법하였다. 후에 弁山에서 주지를 하고, 강희 12년 (1673) 4월 23일에 시적하였다. 세수 64세이고, 弁山에 탑을 건립하였다. 黎元寬이 선사의 탑명을 찬술하였다. 저술에 『寶鏡三昧原宗辨謬說』 1권이 있다.

299) 『寶鏡三昧原宗辨謬說』,(卍新續藏63, p.222下) "第一雲巖如離六爻偏正回互者。所謂錯然則吉。不可犯忤。觀錯然二字。則知指奇偶為言。若各居本位。則滯在觸背。乃犯忤之過也。即此可知。是取奇偶。非取卦義。明矣"

그리고 동산은 다시 편정에 근거하여 공훈오위(功勳五位)를 내세웠다.

둘째, 동산양개 조사는 정과 편에 근거를 두고서, 다시 오위공훈을 건립하였다. 무릇 학인이 정과 편에 집착할 것을 염려하여 마침내 건혜로써 다리를 삼아서는 도과에 도달하기가 어려운 까닭에 각 위(位)마다 공훈을 건립함으로써 오위를 닦아가는[進修] 심·천의 뜻을 설명하였다.[300]

그리고 조산은 공훈에 근거하여 군신오위(君臣五位)를 내세웠다.

셋째, 조산본적 조사도 또한 공훈에 근거를 두고서 오위군신을 내세웠다. 오위군신은 정편오위의 존(尊)·비(卑)·주(主)·반(伴)의 덕상을 설명한 것이다.[301]

그리고 석상(石霜)은 편정과 공훈과 군신에 근거하여 왕자오위(王子五位)를 내세웠음을 해명하였다.

넷째, 석상강제(石霜慶諸) 조사도 또한 정편, 군신, 공훈의 편제에 근거를 두고서 오위왕자를 내세웠다. 그러면서도 이 오위왕자는 앞의 세 가지 경우와는 달리 오위의 권지(權智)와 실지(實智)의 차별만을 설명한 것이다. 이 오위왕자를 모두 발생의 측면을 중심으로 말한 경우에는 권지와 실지의 발생을 드러낸 것이고, 오위왕자를 모두 군왕의 측면을 중심으로 말한 경우에는 존(尊)과 비(卑)가 자재한 뜻을 드러낸 것이며, 오위왕자를 모두 왕자의 측면을 중심으로 말한 경우에는 지혜의 종자가 자식으로 이어졌다는 뜻을 드러낸 것이다.[302]

---

300) 『寶鏡三昧原宗辨謬說』,(卍新續藏63, p.223中) "第二洞山价祖。根正偏。復建五位功勳者。蓋恐學人坐著正偏。遂以乾慧為足。則道果難臻"

301) 『寶鏡三昧原宗辨謬說』,(卍新續藏63, p.223中) "第三曹山寂祖。又根功勳。而立五位君臣者。此明正偏五位尊卑主伴之德相也"

302) 『寶鏡三昧原宗辨謬說』,(卍新續藏63, p.223下中) "第四石霜諸祖。又根正偏功勳君臣之制。而立五位王子者。此單明五位權實二智之差別

그러나 이와 같은 중리(重離)의 비유와 4종오위에 대한 몰이해의 대표적인 예로써 혜홍(慧洪)의 괘의(卦義)와 내소(內紹)·외소(外紹)의 왕종(王種)의 뜻[義], 대혜(大慧)의 재상(宰相)·장군(將軍)·서민(庶民)의 아들[子] 및 흑처설백(黑處說白)·백처설흑(白處說黑) 등을 언급한다.

이쯤 이르고 보면 석문의 각범혜홍이 찬술한 손(巽)·태(兌)·중부(中孚)·대과(大過)로 나타나는 괘의(卦義), 내소(內紹)·외소(外紹)인 왕종(王種)의 뜻[義], 대혜가 주석을 붙인 것으로 재상(宰相)·장군(將軍)·서민(庶民)의 아들[子]에 대하여 흑처에서 백을 설하고 백처에서 흑을 설하여 회호하는 뜻 등은 어찌 터무니없는 잘못이 아니겠는가.303)

이처럼 정눌은 이전에 오위에 대하여 임제종에서 전승되어 온 몇 가지 사례를 통하여 그것이 오류라고 비판하고 있다.

(2) 정눌의 주장

이 가운데서 보경삼매의 구절과 오위의 전개에 대하여 정눌이 주장한 내용을 간추려보면 다음과 같다.

첫째, "운암의 보경삼매는 장(章)으로 26구(節)로 건립되었는데, 널리 대법(大法)을 들어서 안(案)으로 삼았다. 사람들이 문(文)으로써 의(義)를 해치는 것을 염려한 까닭에 영아(嬰兒)의 비유를 가지고 증명을 삼았다."고 하여 『

也。五位皆以生爲言者。顯二智之發生也。五位皆以王爲言者。顯尊卑自在之義也。五位皆以子爲言者"

303) 『寶鏡三昧原宗辨謬說』。(卍新續藏63, p.224上) "至此則知石門所撰。巽兌中孚大過之卦義。內紹外紹之王種義。大慧所註。宰相將軍庶民之子。黑處說白。白處說黑。回互之義。豈不大相刺謬也哉"

보경삼매』를 운암의 저술로 간주한다.304) 여기에서 정눌은
『보경삼매』에서 운암은 오직 중리(重離)의 한 괘만을 취하
여 비유로 들었을 뿐 그밖에는 모두 관계가 없기 때문에
첩은 세 가지 경우고 변은 다섯 경우라는 것을 강조한다.

둘째, 중리괘(重離卦)는 오위가 열린관계[回互]에 있는
묘(妙)를 비유한 것에 불과하다. 따라서 '첩이위삼 변진성
오'는 법수(法數)이지 괘수(卦數)가 아니라는 것이다. 그래
서 "이것은 괘의 음과 양의 두 가지 효에 의거하여 편과
정이 회호하는 도리를 설명한 것인데, 세 가지 첩으로써
삼덕을 비유한 것이고, 다섯 가지 변은 오위를 비유한 것
이다. 오(五)의 근본은 삼(三)이고 삼(三)의 근본은 일
(一)이다"305)고 말한다. 이에 '삼첩'은 삼덕을 비유하고
'성오'는 오위를 비유한 것인데 모두 일심(如是)이 근본이
된다는 것이다.

셋째, 운암의 중리괘에 의거하여 동산이 편정오위를 건
립하였다.306) 이로써 마침내 선덕(先德, 동산)은 이 오위
에 준하여 규식을 삼아서 이에 오위편정을 건립한 것이라
고 말한다.

넷째, 정중편 · 편중정 · 정중래 · 겸중지 · 겸중도는 동
산이 건립한 것이다.307) 그럼으로써 오위군신 · 오위공훈

---

304) 『寶鏡三昧原宗辨謬說』.(卍新續藏63, p.222上) "雲巖寶鏡三昧。建章
　　二十六句。廣擧大法為案。恐人以文害義。故引嬰兒喩作證"
305) 上同. "所云三疊五變。是法數。非卦數。是藉卦之陰陽二爻。以明偏
　　正回互之義。以疊三喩三德。變五喩五位。五本乎三。三本乎一"
306) 『寶鏡三昧原宗辨謬說』.(卍新續藏63, p.223上) "是知先德准此五位為
　　式。乃建立五位正偏"
307) 『寶鏡三昧原宗辨謬說』.(卍新續藏63, p.222上) "何謂五位。曰正中
　　偏。偏中正。正中來。兼中至。兼中到。此洞山之建立也"

· 오위왕자에 이르기까지 모두 그들 근원은 동산의 오위에 근거하여 건립된 것인데, 명칭은 다르지만 체는 동일하다고 말한다. 이에 "정편오위는 또한 화엄의 주 · 행 · 회향 · 지 · 등각 · 묘각을 가지고 종지로 삼은 것이다. 그렇지 않다면 어찌 주 · 행 · 회향 · 지의 네 가지에 그치지 않고, 주 · 행 · 회향 · 지 · 등각 · 묘각의 여섯 가지에 이르렀겠는가. 이로써 선덕(先德, 동산)은 이 오위에 준하여 규식을 삼아서 이에 오위편정을 건립한 것이다."고 하여 오(五)를 들면 곧 일체의 차별이 모두 남김없이 섭수된다는 원리로 설명을 가한다.308)

다섯째, 동산은 정편에 근거하여 오위공훈을 건립하였다.309) 이에 정중편에다 향위(向位)를 배대한 것은 염념에 근본부동지불을 추향(趨向)하여 그 정(正)을 터득하는 것으로서 곧 초위를 이해하여 추향하는 것으로써 공훈을 삼는다.

편중정에다 봉위(奉位)를 배대한 것은 52위의 계급에서 염념에 불과를 봉중(奉重)하는 것을 종지로 삼아서 불과가 원만해지기 때문에 봉중으로써 공훈을 삼는다.

정중래에다 공위(功位)를 배대한 것은 52위 계급에서 수 · 증의 공이 남아있는 경지를 초월하여 수·증이 남아있지 않는 묘각의 과(果)에 이르기 때문에 오직 대공(大功)으로써만 공훈을 삼는다.

---

308) 『寶鏡三昧原宗辨謬說』.(卍新續藏63, p.223上) "即如正偏五位。亦是秉華嚴住行向地等妙為宗。不然。何不停四至六。是知先德准此五位為式。乃建立五位正偏"

309) 『寶鏡三昧原宗辨謬說』.(卍新續藏63, p.223中) "洞山良价 조사는 정과 편에 근거를 두고서 다시 오위공훈을 건립하였다 洞山价祖。根正偏。復建五位功勳者"

겸중지에다 공공(共功)을 배대한 것은 깨친 이후의 보현
행으로 이에 일체중생을 남김없이 섭화(攝化)하여 반드시
도교(道交)를 감응시켜서 바야흐로 수화(受化)를 감당하게
끔 한다. 그래서 빈(賓)과 주(主)가 교광(交光)하고 진
(眞)과 속(俗)이 일치하는 것이다. 그 때문에 공공(共功)
으로써 공훈을 삼는다.

겸중도에다 공공(功功)을 배대한 것은 앞의 네 가지 위
(位)는 모두 유위 내지 무위의 도(道)로서 자리와 이타의
차원에 속한 까닭에 심·불·중생의 관념을 완전히 없애지는
못하였지만, 이 겸중도에다 붙인 공공(功功)은 이에 심
(心)·불(佛)·중생(衆生)이 모두 실제에 돌아가는 경지
로서 지(智)로써 지(智)를 초월하여 여여에 계합[渾合]되
는 까닭에 공공(功功)이라고 말한다.

여섯째, 조산은 공훈에 근거하여 오위군신을 건립하였
다.310) 그 때문에 정중편에다 붙인 군시신(君視臣)은 본체
로부터 작용을 일으키는 덕상을 비유한 것이다.

편중정에다 붙인 신봉군(臣奉君)은 작용을 섭수하여 본
체로 돌아가는 덕상을 비유한 것이다.

정중래에다 붙인 군위거중(君位居中)은 인과 과가 일여
하고 이와 사가 호융함을 비유한 것이다.

겸중지에다 붙인 신위(臣位)는 깨친 이후의 보현보살의
대행이야말로 순수한 이타야말로 군생에 명응(冥應)한 덕
상이라는 것을 비유한 것이다.

겸중도에다 붙인 군신도합(君臣道合)은 범부와 성인이라

---

310) 上同, "曹山本寂 조사도 또한 공훈에 근거를 두고서 오위군신을
내세웠다 曹山寂祖。又根功勳"

247

는 분별이 모두 사라져서 화엄의 육상 가운데 괴상(壞相)에 온전하게 부합됨을 비유한 것이라고 말한다.

일곱째, 석상은 정편, 군신, 공훈에 근거하여 오위왕자를 建立하였다.[311] 초위에다 탄생왕자(誕生王子)를 배대한 것은 근본무명에 즉해 있지만 부동지(不動智)를 성취하고 있는 상태이다. 이 부동지는 이전에는 감추어져 있었지만 지금에야 처음으로 발생한 것으로 곧 근본지(根本智)이다. 그 때문에 탄생에 비유한 것이다.

제이위에다 조생왕자(朝生王子)를 배대한 것은 진제(眞際)로부터 대공훈을 일으켜서 구계의 무명을 타파하고 십바라밀의 대행을 일으켜서 이미 유위에 이르러 있는 까닭에 곧 차별지(差別智)이다. 그 때문에 왕궁에서 태어난[朝生] 것에 비유한 것이다. 앞의 탄생위는 한 밤중이지만 매우 밝은 상태[夜半正明]이지만 이 조생위는 새벽이지만 아직은 분명하게 드러나지 않는 상태[天曉不露]이기 때문에 회호라 말한다.

제삼위에다 말생왕자(末生王子)를 배대한 것은 공위(功位)가 이미 충만되어 보처위(補處位)에 즉한 것이다. 그래서 이 경지는 최후의 일생으로 곧 팔상성도에 즉한 것으로 후득지(後得智)이므로 말생에 비유한 것이다.

제사위에다 화생왕자(化生王子)를 배대한 것은 깨친 이후의 보현행으로서 이에 온갖 근기의 종지(種智)에 계합되어 그 변화를 헤아릴 수가 없다. 그래서 그대로 화생이라 말한다.

---

311) 『寶鏡三昧原宗辨謬說』,(卍新續藏63, p.223下) "石霜慶諸 조사도 또한 정편·군신·공훈의 편제에 근거를 두고서 오위왕자를 내세웠다 石霜諸祖。又根正偏功勳君臣之制"

　제오위에다 내생왕자(內生王子)를 배대한 것은 앞의 네 가지 위(位)를 섭수하여 모두 법계에 이르렀지만 법계라는 생각이 소멸되고 더불어 실제의 경지에 돌아간 것이다. 이 것이야말로 일진법계의 대적멸인으로서 生에 있으면서도 불생(不生)이다. 그래서 진여의 내생에 비유한 것이라고 말한다.

　여덟째, 이로써 4종오위는 모두 운암의 중리괘(重離卦) 에 바탕을 두고 형성되었기 때문에 명칭은 다르지만 체 (體)는 동일하다고 말한다. 그러나 정눌은 각 위(位)의 명 칭이 이치(移置)되었다고 하여 다음과 같이 재배치되어야 할 것을 주장한다.

공훈오위 : 향(向)·봉(奉)·공(功)·공공(共功)·공공(功功)

　　　→ 공(功)·공공(共功)·향(向)·봉(奉)·공공(功功)

군신오위 : 군시신(君示臣)·신군봉(臣奉君)·군위(君位)·신 위(臣位)·군신도합(君臣道合)

　　　→ 군위(君位)·신위(臣位)·군시신(君示臣)·신봉군 (臣奉君)·군신도합(君臣道合)

왕자오위 : 탄생(誕生)·조생(朝生)·말생(末生)·화생(化生)· 내생(內生)

　　　→ 말생(末生)·화생(化生)·탄생(誕生)·조생(朝生)· 내생(內生)

편정오위 : 정중편(正中偏)·편중정(偏中正)·정중래(正中 來)·겸중지(兼中至)·겸중도(兼中到)

　　　→ 정중래(正中來)·겸중지(兼中至)·정중편(正中偏)· 편중정(偏中正)·겸중도(兼中到)

　이들 4종오위에 대한 배치의 공통점은 기존의 제삼위와

제사위를 제일위와 제이위의 앞에 배치함으로써 기존의 제일위와 제이위가 각각 제삼위와 제사위로 바뀌고, 제오위는 그대로 있는 모습이다.

아홉째, 혜홍이 『지증전(智證傳)』에서 손(巽) · 태(兌) · 중부(中孚) · 대과(大過)로 나타낸 괘의(卦義)312) 및 석상경제의 오위왕자에 대한 후인의 설313)을 "석문의 각범혜홍의 찬술 곧 『지증전』에서 손 · 태 · 중부 · 대과로 나타나는 괘의, 그리고 내소 · 외소인 왕종(王種)의 뜻이다"고 비판한다.314) 또한 대혜가 『정법안장(正法眼藏)』에서 붙인 흑백(黑白)의 설명315)에 대하여 "대혜가 주석을 붙인 재상 · 장군 · 서민의 아들 등을 가지고 흑처에서 백을 설하고 백처에서 흑을 설하여 회호하는 뜻이다"고 비판한다.316)

여기에서 정눌이 주장하고 있는 이들 아홉 가지의 내용은 소위 조동오위이면서 당시에 임제종까지 확대되어 전승되고 있는 선종의 오위사상에 대한 수용 내지 긍정의 성격이 강하게 나타나 있다. 이런 점은 고려의 일연이 『중편조동오위』에서 철저하게 원시조동종의 입장을 수용 내지 긍정하고 있는 것과 분명하게 대치되는 내용들이다.

---

312) 『智證傳』,(卍新續藏63, p.194上-中)
313) 『人天眼目』卷3, 「寂音說王種內紹外紹」,(大正藏48, p.317下)
314) 『寶鏡三昧原宗辨謬說』,(卍新續藏63, p.224上) "至此則知石門所撰。巽兌中孚大過之卦義。內紹外紹之王種義"
315) 『正法眼藏』卷三之下,(卍新續藏67, pp.631下-632上)
316) 『寶鏡三昧原宗辨謬說』,(卍新續藏63, p.224上) "大慧所註。宰相將軍庶民之子。黑處說白。白處說黑。回互之義"

3) 보각일연과 『중편조동오위』

조동종의 오위에 관한 문헌으로 일연(一然, 晦然: 1206-1289)의 『중편조동오위』 3권이 전한다. 여기에서 일연은 기존에 편찬된 조동오위에 관한 몇 가지 자료를 중편(重編)한 이유에 대하여 그 「序文」에서 다음과 같이 말한다.

> 첫째는 동산양개 시대의 가르침이 세월이 흘러감에 따라서 어지러워지고 단절될 위기에 처하였기 때문에 사람들로 하여금 오위에 대하여 올바른 이해로 인도하기 위함이다. 둘째는 처음에 조산본적이 갖가지 주석을 붙이고, 그의 제자인 조산혜가 그것을 편집하였으며, 다시 광휘가 그것을 해석하여 세상에 유포하였다. 그러나 그 사어(辭語)가 어려웠기 때문에 보법선사 노겸이 당시에 유행하고 있던 송본을 얻어 중간(重刊)하고, 다시 거기에 조동의 유문(遺文)과 소산 및 말산의 어결(語訣)을 합하여 하편(下篇)으로 삼았는데, 이것도 역시 오류가 많았다. 그 때문에 일연이 조계의 소융화상을 만나서 의기투합하여 오류를 바로잡기 위하여 다시 노겸본을 검열하여 거기에 배열을 변경하고 생략하면서 새롭게 후세의 오위설을 가미하였다.[317]

일연은 이와 같은 원칙을 바탕으로 하여 『중편조동오위』에서 구체적으로 몇 가지를 확정하고 있다. 『보경삼매』에 대한 작자의 문제, 「축위송」에 대한 작자의 문제, 오위에서 제사위 명칭을 무엇으로 확정하느냐의 문제 등이 그것이다. 이들에 대한 일연의 견해는 원시조동종의 오위에 근거하여 동산과 조산의 오위에 대한 제방의 오류를 지적하고 교정한 것이었다.

---

[317] 『重編曹洞五位序』,(韓佛全6, pp.216中-217上) 晦然이 曹洞五位를 重編하면서 붙인 「序」를 雪岑이 그대로 필록한 것으로 보인다. 이에 대한 견해는 柳田聖山, 『唐代の禪宗』 東京 : 大東出版社. 2004. p.13.

또한 구체적인 대목에 대하여 일연은 『동산오위현결』의 경우는 네 군데, 또한 「천동사차송(天童四借頌)」의 경우는 네 군데, 조산의 「축위송」의 경우는 세 군데, 「원진장로간(元眞長老揀)」의 경우는 한 군데, 「보협론(寶篋論)」의 경우는 두 군데, 「동산삼구(洞山三句)」의 경우는 세 군데, 「정재한한거사조동찬(定齋閑閑居士曹洞贊)」의 경우는 한 군데 등 총 18회에 걸쳐서 자신의 견해를 '보왈(補曰)' 혹은 '보운(補云)'이라는 형태로 가미하여 주석을 가하였다.

(1) 『보경삼매』 및 『오위현결』의 작자

일연은 『보경삼매』·『오위송』·『삼종삼루』가 약산유엄의 저작일 것이라고 추정하는 혜홍의 『선림승보전』의 설318)을 반박하며 『보경삼매』·『오위송』·『삼종삼루』이 모두 동산의 저작임을 다음과 같이 주장한다.

> 보경삼매·오위현결319)·삼삼루 등의 종지를 약산으로부터 받았다고 할지라도 문(文)을 짓고 위(位)를 시설하여 총림에 유포한 것은 처음 동산으로부터 시작된 것이다. 따라서 천하에서 그것을 동산오위라고 부른다. 또한 조산은 친히 법을 이어받아 가문을 이루었는데 (동산과 조산의) 부자가 모두 이것을 동산현결이라고 불렀던 것도 이것을 증명해 준다.320)

---

318) 『禪林僧寶傳』 卷1,(卍新續藏79, p.492中) "先雲巖所付寶鏡三昧。五位顯訣(五位頌)。三種滲漏畢"

319) 여기에서 말하는 五位顯訣은 五位頌이다. 柳田聖山, 『唐代の禪宗』 2004. p.117.

320) 『重編曹洞五位』 卷上,(韓佛全6, p.218中-下) "寶鏡顯訣三漏之旨。雖皆稟於藥嶠。至於着文設位流布叢林。則創自洞山。故天下稱洞山五位。又親承克家曹山父子皆云洞山顯訣。此為明證"

이 가운데서 일연은 『보경삼매』의 경우에 대해서는 약산의 작(作)과 동산의 상승이술(相乘而述)이라는 표현에 논란의 여지가 있음을 인정하면서도, 그에 대하여 문(文)을 짓고 서술(敍述)했다는 점에서 동산을 그 작자로 간주하고 있다. 일연의 이와 같은 견해는 후대 행책(行策)의 『보경삼매본의』에서도 "보경삼매는 동산이 친히 운암으로부터 인가받아 은밀히 조산에게 준 것이다."³²¹⁾고 하여 그대로 수용되고 있다. 또한 『오위현결』에 대해서 일연은 자신의 '보(補)'를 통해서 다음과 같이 말한다.

> 선경(善卿)은 다음과 같이 말한다. '양개선사가 처음에는 신풍에 주했으나 후에 동산으로 옮겨 그 도를 크게 일으키고 편정오위를 내세웠는데 당시에 처음으로 주창한 것이다. 지금도 동산현결이라 불리는데, 오위의 시설이 동산으로부터 시작되었다는 것은 천하의 통론이다.'³²²⁾

이로써 일연은 이전에 운암담성의 경우에 『보경삼매』가운데서 『오위현결』의 원류가 되는 '중리육효 편정회호 첩이위삼 변진성오'의 원리를 비밀스럽게 간직하여 세상에 유포되는 것을 꺼렸지만, 동산대사가 문을 활짝 열어서 거기에 명(名)을 세우고 위(位)를 정하여 그것을 시설하는데 주저하지 않았다고 하여 『보경삼매』와 『오위현결』의 실질적인 작자를 동산으로 확정한다.

---

321) 『寶鏡三昧本義』,(卍新續藏63, p.216中) "寶鏡三昧者。洞山親印於雲巖 而密授曹山者也"
322) 『重編曹洞五位』卷上,(韓佛全6, p.218中) "善卿云。价初住新豊。晚遷洞山。大駕其道。立偏正五位。為當時首唱。今此亦云洞山顯訣。則五位之設始自洞山。是天下之通論也"

(2) 「축위송」 작자의 문제

「축위송」의 작자가 동산양개인가 조산본적인가에 대하여 일연은 조산임을 주장한다. 일찍이 「축위송」의 작자를 동산양개로 보는 입장은 몇 가지가 있다.

첫째, 2권본 『조산록』의 「주석동산오위송(註釋洞山五位頌)」의 오위송에 대한 주석을 가하고 있는 대목에서 그 제목이 「동산오위송」이라 보여주고 있듯이 게송의 작자를 동산양개로 간주하고 있다.323)

둘째, 『임간록』에서 무진거사(無盡居士)의 질문에 답하는 대목324) 및 기타에 보인다.

이와 같은 주장에 대하여 일연은 '보(補)'를 통해서 조산혜하(曹山慧霞, 霞公白眉)의 「서문」의 '조산대사는 동산양개의 적사(嫡嗣)로서 오위를 설명하려고 게송으로 오편(五篇)을 송했다.'는 대목을 근거로 하여 "조산부자(조산본적과 조산혜하)는 동산의 가풍을 전승한 후예로서 동산의 지결(旨訣)을 상승하였다. 그런 즉 이것은 선조산(先曹山, 조산본적)이 지은 것임에 틀림없다."325)고 말한다.

또한 "조산대사는 새로 입실한 사람이었다. 일찍이 진리에 통달하였고, 또한 명사(明師)를 만나서 친히 그 문(文)을 받고 은밀히 종지(宗旨)를 전해 받았다. 스승의 도(道)

---

323) 『撫州曹山本寂禪師語錄』 卷下,(大正藏47, p.542中) "註釋洞山五位頌"
324) 『林間錄』 卷下,(卍新續藏87, p.269下) "無盡居士嘗問予曰。悟本大師作五位君臣偈。… 予曰。舊本曰。…"
325) 『重編曹洞五位』 卷中,(韓佛全6, p.229上-中) "故其序亦云 曹山大師新豐嫡嗣。將明五位 頌出五篇。輝序亦云。制頌排章 若獲神珠出海(云云)。且曹山父子是傳家兒孫。自有相承旨訣。則是先曹山之作必矣"

를 타락하지 않게 하려고 학도(學徒)에게 내보였다. 그러
자 상지지인(上智之人)은 한 구절만 내보여도 쉽게 깨닫지
만, 중용지사(中庸之士)는 세 번을 반복해 보여주어도 해
명하기 어려웠다. 이에 게송을 짓고 장(章)을 늘어놓은 것
이다."326)는 광휘(光輝)의 「서문」을 인용하여 오위송의 작
자가 조산임을 거듭 강조한다.

이들 주장을 통해서 보면 우선 「축위송」의 작자에 대해
그것이 조산본적임을 분명히 하고 있다. 이것은 「축위송」
의 내용적인 측면만의 주장이 아니라 그 속에 사용되고 있
는 「선조산본적선사의 축위송과 주와 별간」327)이라는 제
목에도 나타나 있다. 일연이 조산의 「축위송」에 근거하여
조산의 「간(揀)」을 비롯하여 거기에다 다시 광휘의 「석
(釋)」을 싣고, 또한 자신의 「보(補)」를 붙여 설명한 것은
바로 이러한 이유에서였다.

이후 일연의 주장을 이어서 「축위송」의 조산설을 말하고
있는 것으로는 일본으로 전승되어 걸당(傑堂)과 남영겸종
(南英謙宗)의 사자(師資)에 의한 『군척고(攟撫藁)』328) 및
남영겸종의 『정편오위도설힐난(正偏五位圖說詰難)』329) 등
이 계승하고 있다.

---

326) 『重編曹洞五位』卷上,(韓佛全6, p.217下) "次有曹山大師者。新室之
人也。早通真理。復遇明師。親授其文密傳其旨 不欲墜於師道。見示學
徒。上智之人一隅易曉。中庸之士三復難明。於是制頌排章若獲神珠出
海"
327) 『重編曹洞五位』卷中,(韓佛全6, p.229上) "先曹山本寂禪師逐位頌"
328) 『曹洞宗全書』「註解」5, pp.133-249.
329) 『曹洞宗全書』「註解」5, pp.251-279.

(3) 제사위의 명칭 문제

일연은 또한 「축위송」 가운데 제사위에 대하여 편중지라는 용어의 사용을 주장한다. 그 까닭은 동산과 조산의 오위를 원형으로 간주했기 때문이었다. 동산의 「오위현결」에서는 제사위에 대하여 편위중래(偏位中來)라 말한다. 이 편위중래는 조산이 정립한 용어로는 편중지가 되기 때문이다. 이 편중지는 편위의 일방적인 입장으로서 정중래가 정위의 일방적인 입장인 것과는 대조적이다. 조산에 의하면 편중지는 현실적인 모든 현상을 통하여 진리의 절대경지에 이르는 명제이다. 그래서 정중래가 정과 편의 닫힌관계로서 정을 정의 측면으로만 궁구한 것이라면, 편중지는 정과 편의 닫힌관계로서 편을 편의 측면으로만 궁구하여 지성독탈(至誠獨脫)[330]한 것이다. 따라서 유위현상 속에서 무위의 진제(眞諦)를 실현하므로 유어중무어(有語中無語)라 말한 것이다.[331]

일연이 또 한 가지 근거로 들고 있는 것은 『중편조동오위』의 모두(冒頭)에 기록되어 있는 혜하의 「서」에서 "조산대사는 신풍의 적사(嫡嗣)로서 장차 오위를 설명하려고 오편(五篇)을 송출하였다"[332]라는 것과, 또한 광휘의 「서」에

---

330) 至誠獨脫은 지극한 마음을 다하여 일체의 번뇌로부터 훤칠하게 초연한 모습이다.

331) 『重編曹洞五位』 卷上,(韓佛全6, p.222上) "又揀云。語從四大聲色中來。不立處所是非。故云緣中辨得是偏位中來也。引語例者。云如什麼物恁麼來。亦云光境俱忘復是何物。亦云定慧等學明見佛性。此例亦多。喚作有語中無語" 참조.

332) 『重編曹洞五位』 卷上,(韓佛全6, p.217上) "洎曹山大師乃新豊嫡嗣。將明五位。頌出五篇"

서 "송(頌)을 짓고 장(章)을 배열했다"333)는 대목이다.

기타 일연은 위의 세 가지 이외에도 편정오위설에 대하여 기존의 운암설에 대하여 조산혜하의 「서」에서 "동산대사의 적사(嫡嗣)인 조산본적에 이르러서 장차 오위를 밝히기 위하여 오편을 송출하고 아울러 일례의 언(言)을 들어 오문(五門)의 지(旨)를 드러내었다. 첫째는 정위로서 주(主)이다. 둘째는 편위로서 빈(賓)이다. 셋째는 정중각편(正中却偏)으로서 이렇게 와서 위(位)를 드러낸다. 넷째는 편위각정(偏位却正)으로서 이렇게 가서 종(宗)을 밝힌다. 다섯째는 상겸대래(相兼帶來)로서 유무에 걸림이 없고, 빈주를 문득 잊으며, 편도 아니고 정도 아니며, 지묘(至妙)하고 지현(至玄)하며, 혹 그 자리에서 오는 것이니 어찌 어묵(語黙)을 따를 것이며, 혹 정면으로 가니 어찌 언전(言詮)에 있으랴."334)고 주장한다.

또한 광휘의 「서」에서는 "편정오위는 동산대사가 지은 것이다. 대사는 법계의 의왕(醫王)이며 종문의 화주(化主)로서 무릇 일언 내지 일구가 다 골수에 사무치고 정신에 사무친다. 간략히 방편의 문을 열어 이에 편정의 위(位)를 만들었으니, 그 말은 간략하나 이치는 깊어 하늘도 높지 않고 바다도 넓지 않다."335)고 말한다.

---

333) 『重編曹洞五位』卷上,(韓佛全6, p.217下) "於是制頌排章"
334) 『重編曹洞五位』卷上「洞山五位顯訣幷先曹山揀出語要序」,(韓佛全6, p.217上-中) "洎曹山大師乃新豐嫡嗣。將明五位。頌出五篇。兼擧一例之言。以顯五門之旨。一者正位爲之主。二者偏位爲之賓。三者正中却偏是恁麼來而顯位。四者偏位却正是恁麼去以明宗。五者相兼帶來不涉有無頓亡賓主。不偏不正至妙至玄 或當頭而來。寧從語默。或正面而去。豈在言詮"
335) 『重編曹洞五位』 卷上 「重集洞山偏正五位曹山揀語幷序」,(韓佛全6, p.217中-下) "偏正五位者。洞山大師之所作也。大師法界醫王。宗門化

나아가서 『오위현결』에 대한 조산의 「간」에서 "선사(先師, 洞山)는 편정과 겸대 등을 해명하였다."[336) 등을 수용하여 분명하게 편정오위는 동산대사께서 지은 것이라고 주장한다. 이와 같은 일연의 주장은 한결같이 『보경삼매』 및 『오위현결』의 작자가 동산임을 강조한 내용들이다.

4) 정눌과 일연의 오위관

편정오위는 동산양개의 오증(悟證)의 내용을 중심으로 서술된 것으로서 본증의 측면을 보여주고, 공훈오위는 그 것을 체득하는 납자의 수행이 진전해가는 모습을 보여준 측면을 보여주고 있다. 그러나 편정오위란 단순한 증(證)의 이론이 아니라 주체적이고 실천적인 선기 그 자체의 존재방식을 보여준 것이다. 더욱이 공훈(功勳)의 측면 곧 수(修)의 입장에 대해서는 그 미도성(未到性)을 엄격하게 판별하고 이해해가면서 진실한 겸대로 끌어들이려는 것으로서 보다 입체적이고 체계적인 것임을 알 수가 있다.

이렇게 보면 공훈오위란 통상적으로 말하듯이 편정오위가 깨달음에 이르러야 할 수행의 계제는 아니다. 오히려 유병겸대(有病兼帶)를 포함한 넓은 의미의 편정오위 가운데서 진의(眞義)의 겸대에 이르러야 할 수행자의 경지가 어떤 모습으로 진전해가야 할 것인가를 중심으로 설해진 것이기 때문에 공훈오위의 낱낱 위(位)가 그대로 이의(異

生。凡有一言一句皆為入髓入神。略開方便之門。爰制偏正之位。其言約其理深。天不高。海不濶"

336) 『重編曹洞五位』卷上,(韓佛全6, p.219上) "夫先師所明偏正與兼帶等"

義)의 겸대에다 포함시키려는 것이다. 그 때문에 공훈오위
가 전체로서 계점적(階漸的)인 형식을 취하면서 도달하는
곳마다 조동종 사상의 특징이기도 한 괄골(刮骨) · 면밀
(綿密) · 몰종적(沒蹤迹) · 방제(傍提)의 구극적인 종의
(宗義)에 대하여 접촉되어 있는 까닭은 바로 이와 같은 특
질에 의거한 것이다.

　지금까지 살펴보았듯이 일연이 이와 같은 오위사상의 바
탕을 이루고 전승되어 오던 상황에서 『중편조동오위』를 통
해서 보여준 오위관은 원시조동종의 본래의 입장을 정통으
로 간주하려는 견해를 충실하게 반영하고 있다. 그것은 일
연이 주장한 근거가 주로 혜하의 「서」와 광휘의 「서」 그리
고 일연 자신의 「서」와 「보(補)」였다는 제한적인 것이었음
에도 불구하고, 13세기 일연이 살고 있던 당시에 고려가
처해 있던 혼란한 국가의 상황에서 과거 정통성의 회복과
주체성의 강조를 위한 노력의 흔적과 무관하지 않는 것으
로 보인다. 그것은 일연이 『삼국유사』를 편찬한 주체성의
노정시켜주는 의도와도 통한다.
　반면 정눌의 『보경삼매원종변류설』은 대체적으로 송대
이후에 원시조동종의 변용된 교의를 비롯하여 임제종까지
파급되어 전승된 오위의 입장을 수용하고 있다. 이것은 위
에서 언급한 몇 가지를 통하여 확인할 수가 있다. 일례로
각범혜홍의 견해에 대해서도 일연과 정눌이 비판하는 견해
의 관점이 다르다.
　첫째, 혜홍이 보경삼매의 작자를 약산이라고 한 것에 대
하여 일연은 동산으로 간주한다. 혜홍이 오위가 중리(重

離)의 일괘(一卦)에 갖추어져 있는데 오위를 중리(重離) ·
손(巽) · 태(兌) · 중부(中孚) · 대과(大過)의 오괘(五卦)
에 배대한 것에 대하여 정눌은 오위가 일괘에 갖추어 있다
고 본 것이다.

둘째, 혜홍이 제사위의 명칭을 편중지라고 말한 것에 대
하여 일연은 그 견해를 수용하고 있지만 정눌은 이와 달리
겸중지로 보아야 한다고 비판한다.

이와 같은 오위관에 대한 일련의 견해가 일연과 정눌 사
이에는 고려 시대와 명대 곧 시대적으로 약 400여 년이라
는 세월의 간극이 있을 뿐만 아니라, 고려와 중국이라는
지역적인 특수성이 존재하기 때문에 그 결과로 나타난 차
이일 수도 있을 것이다. 그러나 이와 같은 시대적 및 지역
적인 특수성보다는 조동오위를 수용하고 전승하려는 일연
과 정눌의 개인적인 자세와 그에 의거한 주장이 크게 작용
했음을 볼 수가 있다.

제Ⅳ장 한국의 조동종과 오위

1. 조동선법의 전래와 수미산문의 형성

1) 조동선법의 수입

한국선의 수입과 태동의 역사는 중국선과 관련성을 차치하고는 논의하기가 어렵다. 당연한 결과이겠지만 지리적인 조건뿐만 아니라 사상, 문화, 사회 등 여러 측면에서 우리나라보다 일찍 발전을 구가했던 중국의 불교 역사는 자연스러운 현상으로 인근 지역에 보급되어갔다. 신라 말기에 수입된 선법의 경우에도 예외가 아니었다. 그 시작점을 중국선종의 제사조 도신의 동산법문에다 두고 있는 점은 보편적인 상식에 속한다. 이후로 신라 말기 고려 초기에 본격적으로 형성된 소위 구산선문의 성격은 이런 점과 비교하여 한국선의 특수성을 잘 보여주고 있다.

주지하듯이 중국선종의 경우에 당대 말기 및 오대 초기의 백여 년이라는 시기에 걸쳐 형성되었던 선종오가와 거의 동시대에 같은 시기에 걸쳐 신라 및 고려에서 형성되었다는 점에 국한시켜보아도 구산선문은 한국선에서 나름대로 의미를 지니고 있다. 그 가운데서도 중국선의 영향을 지대하게 수용하면서도 고려 시대에 나름대로 독자적인 선풍을 구가했던 조동가풍의 수미산문은 선종오가 가운데 비교적 일찍이 그리고 가장 활발하게 중국법맥을 수용하여 전개시켰다는 점에서 주목된다.

수미산문의 형성은 구산선문 가운데 가장 늦은 시기에

형성되었을 뿐만 아니라 유일하게 중국선 가운데 조동종의 직접적인 영향을 받아 형성되었던 점에서 기타의 여덟 개의 산문과 차별되기도 한다. 중국의 조동종은 동산양개(洞山良价: 807-869)와 그의 문하인 조산본적(曹山本寂: 840-901) 및 운거도응(雲居道膺: ?-902)으로 계승되면서 본격적으로 형성되고 전개되었다. 이 가운데 신라의 유학승이 조산본적의 문하에는 보이지 않음에 비하여 운거도응의 문하로 많이 모여들었다. 거기에는 그만한 이유가 있었다. 그것은 행지면밀(行持綿密)한 조동가풍의 성격이 크게 작용하였기 때문이다.

본서에서는 이와 같은 수미산문에서 보여주고 있는 조동가풍의 양상에 주목하고자 한다. 그 동안 수미산문의 형성과 전개 등에 대해서는 주로 불교의 역사적인 측면에서 논의된 점이 많았다. 이제 여기에서는 그와 같은 바탕에 힘입어 조동가풍이 보여주고 있는 선리의 측면에 초점을 맞추어 보고자 한다. 특히 중국의 선종오가에서 전개된 조동가풍을 고려에 전승한 선자들은 상당수에 해당하지만 그들과 관련된 직접적인 법어는 지극히 제한적이다. 그럼에도 불구하고 단편적인 문답에 드러난 조동가풍의 특성을 살펴보기에는 부족하지 않는 점이 있기 때문이다.

이와 같은 중국 조동종의 선법을 해동에 전래한 신라사문 가운데 그 처음은 낭공행적(朗空行寂: 832-917)이었다. 행적은 중국 선종의 청원계통의 선법을 처음으로 전한 인물이다. 같은 무렵 동산양개에게서 수학한 신라사문 김장(金藏)이 있었다고 하나 그 행업을 알 수가 없다. 따라서 여기에서는 비교적 비문을 통하여 행업이 알려진 행적

(行寂)에 대하여 그 전기를 살펴보면 다음과 같다.337)

행적이 입당하여 석상경제(石霜慶諸)에게 참례하고338) 돌아온 것은 신라 헌강왕 때였다. 낭공대사의 법휘는 행적이고 속성은 최(崔)씨이다. 조상은 경남 하동에 머물렀다. 조부의 휘(諱)로는 전(全)이고, 부(父)의 휘는 패상(佩常)이다. 어머니는 설(薛)씨이다. 당 문종황제 태화 6년(832)에 탄생하였다. 삭발하고 행각하다가 가야산 해인사에 이르러 화엄경을 공부하고, 선종 대중 9년에 복천사(福泉寺) 관단(官壇)에서 구족계를 받았다. 지율(持律)이 매우 청정하였다. 선종의 종지를 배우고자 굴산사(崛山寺)로 가서 통효대사(通曉大師, 朗圓 곧 梵日)를 뵙고 입실을 허락받아 수년 동안 공부하였다. 아직 휴헐(休歇, 깨달음)하지 못하여 서유(西遊)의 뜻을 품고 의종 함통 11년(870)에 39세의 나이로 조공사(朝貢使) 김긴영(金緊榮)에게 부탁하여 같은 배로 입당하여 京에 이르러서 좌가보당사(左街保唐寺) 공작왕원(孔雀王院)에 머물렀다. 그런지 얼마 안되어 칙명을 받고 입내(入內)하였다.

이에 의종이 물었다.

"멀리서 바다 건너 여기까지 무엇을 찾으러 왔습니까"[遠涉滄溟 有何求事]

---

337)「奉化 太子寺 朗空大師白月栖雲之塔碑」, 李智冠, 『歷代高僧碑文』「高麗篇1」pp.363-403.

338) 신라사문으로 石霜慶諸에게 참문한 이는 이 외에도 欽忠, 淸虛, 朗 등이 있었다. 金永斗, 「羅末麗初 曹洞禪」,(『韓國佛敎學』 제16집. 1991. pp.38-64). 김영두는 본 논문에서 黃心川, 「隋唐時期中國與朝鮮佛敎的交流」,(『世界宗敎硏究』中國社會科學院. 1989. pp.56-71) 이에 근거하여 조동선법을 전래한 선자들에 대하여 정리해 놓은 것이라 밝히고 있다.

행적이 답했다.

"소승은 다행스럽게도 상국의 불교에 대하여 조금이나마 들은 바가 있었습니다. 이에 그 도를 묻고자 찾아왔습니다. 그런데 외람되게도 오늘 이렇게 폐하의 은혜를 받고 불교의 풍속을 살펴보는 기회를 얻게 되어 무척 다행스럽습니다. 그러니 여기에서 널리 불적을 돌아보고 마음을 깨치는 구슬을 찾아서 고국으로 돌아가 해동에 법을 전하고자 합니다."

황제가 그 말을 가상하게 여겨 사물(賜物)을 후하게 내렸다. 그로부터 오대산 화엄사에 이르러서 문수를 참하고, 남행하여 희종 건부 2년에 성도부(成都府)에 이르러 정중정사(淨衆精舍)를 참알하고 무상대사(無相大師)의 영당(影堂)에 예배하였다.(875) 이후 석상경제(807-888)[339]의 화문(化門)이 융성함을 듣고 석상에게 나아가 참문하여 마음의 마니주(摩尼珠)를 얻었다. 경제는 도오원지(道吾圓智)의 제자이고, 도오원지는 약산유엄(藥山惟儼)의 제자이며, 약산은 석두희천(石頭希遷)의 제자이고, 석두희천은 청원행사(靑原行思)의 제자이다.

신라승으로서 청원의 문하에 참례한 이는 행적이 처음이었다. 이미 몸과 마음이 형악(衡岳)에 노닐고 멀리 동산홍인의 자취와 조계에도 도달하여 조탑(祖塔)에 예배하였고, 중국의 여러 지역을 두루두루 참심(參尋)한 끝에 희종 광계 원년(885)에 귀국하였다. 그리고 굴령(崛嶺)에 올라가서 거듭 통효(通曉)를 뵌 후에 다시 운수행각(雲水行脚)에

---

339) 석상의 신라 제자로 欽宗·法虛·朗空行寂·朗 등이 있다. 석상의 전기는 『祖堂集』 卷6,(高麗大藏經45, pp.275中-276中)에 자세하다.

나섰다. 그러다가 889년에 통효대사의 열반에 즈음하여 통효의 부촉(付囑)을 받고 전심(傳心)을 받았다. 그후 소종 건녕 원년(894)에 왕성(王城)에 이르렀다.

이후 잠시 낙향하였으나 제52대 효공왕이 즉위하자 (897) 선종을 중히 여겨 사신을 보내 궁궐로 초청하였다. 소선황제 천우 3년(907)에 행적이 서울에 나아가니 효공왕이 국사의 예로써 대우하였다. 908년 김해부의 김율희 (金律熙)가 큰 절에 주석케 하였다. 제53대 신덕왕이 또 행적을 초청하여 부관(赴關)하게 하였고, 정명 원년(915)에 남산 실제사(實際寺)를 선찰(禪刹)로 하여 머물게 하였다. 다시 청신녀 명요부인(明瑤夫人)이 석남산사(石南山寺)로 청하여 주지하게 하였다. 이듬해 정명 2년(917)에 미아(微痾)에 걸려 보령 85세로 좌탈(坐脫)하였다. 낭공 (朗空)이라는 시호를 받았다.

행적의 비는 경북 봉화군 태자사(太子寺)에서 경복궁 근정전으로 이전하였는데, 김생(金生)의 문자로 집각(集刻)한 것이다. 제자로는 행겸(行謙), 양규(讓規), 신종(信宗), 주해(周解), 임엄(林儼) 등을 상수로 하여 5백여 인이 있다. 행적처럼 신라사문으로 석상에게서 득법한 자는 흠종 (欽宗), 법허(法虛), 낭(朗)이 있다. 한편 석상의 제자 구봉도건(九峰道虔)의 문하에 신라의 국청(國淸)이 있고, 운개지원(雲盖志元)의 문하에 신라의 와룡(臥龍)이 있으며, 곡산도연(谷山道緣)의 문하에 신라의 서암(瑞巖), 백암(栢岩, 泊岩 곧 兢讓), 대령(大領)이 있다. 그러나 이들의 행업은 알 수가 없다. 그리고 동산양개의 문하에 신라의 김장(金藏)이 있으나340) 그 행적도 알 수가 없다.

2) 조동종풍의 전승

한국에 선법의 수입기를 나말 및 여초로 간주할 경우에 이것을 보다 구체적으로 살펴보면 시기로 보아 3기로 구분하는 것이 가능하다.

제1기는 8세기 후반에 중국 선종의 동산법문(東山法門)을 수입한 법랑(法朗) 내지 신행(神行: 704-779)으로 대표되는 시기이다[341]. 이 시기는 혈맥으로는 보리달마 법맥의 정통인 대의도신(大醫道信: 580-651)의 법맥이었고, 사상 및 실천적으로는 도신의 교학적인 바탕 및 자교오종(藉敎悟宗)[342]의 전통이 수입된 것이었다.

제2기는 9세기 전반 821년에 설악도의(雪嶽道義)가 전승한 서당지장(西堂智藏)과 백장회해(百丈懷海)의 선법으로부터 10세기 초에 범일(梵日)과 같은 해에 귀국하여 남전보원(南泉普願) 문하의 선법을 전승한 쌍봉도윤(雙峰道允: 798-868) - 휴암절중(鵂巖折中: 826-900)에 이르는 사자산문의 개창에 이르는 시기이다. 이 시기는 다양한 산문의 개창으로 인하여 기존의 교학과 더불어 선법이 병립하던 시기이기도 하다.[343]

제3기는 요오순지(了悟順之: 807-883)의 위앙종풍, 수

---

340) 『傳燈錄』卷17,(大正藏51, p.334上)는 이름만 기재되어 있다.

341) 김호귀, 『인물한국선종사』, (경기도: 한국학술정보, 2010) pp.41-50

342) 藉敎悟宗은 경전 곧 교학의 가르침에 의거하여 선의 宗旨를 깨친다는 보리달마의 법어에 나오는 말이다. 이로써 중국 선종의 초조 보리달마로부터 선종에서는 반드시 경전에 의거해야 함을 보여준 것으로 不立文字의 의미가 경전에 의거하되 그 언어에 얽매이지 말아야 함을 일러준 것이기도 하다.

343) 고익진, 「신라 하대의 선 전래」,(『한국선사상연구』, 서울: 동국대학교출판부, 1984) pp.82-83

미이엄(須彌利嚴: 870-936)의 조동종풍, 도봉혜거(道峯慧炬) 및 지종(智宗: 930-1018)의 법안종풍 등을 수입한 중국의 선종오가의 수입기이다. 이 시기는 선종오가의 수입기에 해당한다. 순지는 중국 위앙종의 선풍을 전승했을 뿐만 아니라, 당시에 팽배해 있던 화엄교학과 선의 융합을 보여주었으며, 선리의 이해를 위하여 다양한 원상(圓相)을 활용했다. 운거도응의 법계 가운데서 소위 해동(海東)의 사무외대사(四無畏大師)라 불리는 이엄(利嚴)·경유(慶猷)·여엄(麗嚴)·형미(逈微) 등과 운주(雲住)와 혜(慧) 등이 운거의 법을 받아 한국에 조동종풍을 전승하였다. 그리고 법안문익의 제자인 영국사의 도봉혜거, 원공국사 지종, 영명연수와 도봉혜거에게서 가르침을 받은 적연국사 영준(英俊: 932-1014), 영명연수의 제자인 진관선사 석처(釋超: 912-964) 등은 법안종풍을 전승하였다.

나말여초에 다양한 산문이 형성되는 시기에 한국에서 형성된 독자적인 산문의 모습을 보여주었던 시기와는 구별되는 선법 수입기의 제3기는 중국의 선종오가에 대한 본격적인 수입의 양상을 보여주었다. 신라 말기에 위앙종을 비롯하여 이후 고려 중기에 이르기까지 조동종, 법안종, 임제종, 운문종 등이 차례로 모두 전승됨으로써 이후로 한국 선법의 다양성과 함께 중국선법과 함께 융합된 모습으로 전개되는 바탕이 되었다.

이 가운데 제3기에 해당하는 조동종풍의 전승자들을 살펴보면 다음과 같다. 신라 말기에 고려에 조동종의 선풍을 전승한 처음은 낭공행적(朗空行寂: 832-917)이었다. 낭공대사 행적은 휘는 행적이고 속성은 최(崔)씨이다. 삭발하고 행각하다 가야산 해인사에서 『화엄경』을 공부하고, 복천사(福泉寺)에서 구족계를 받았다. 굴산사(崛山寺)로 가서 통효대사(通曉大師, 朗圓 곧 梵日: 810-889)에게 공부하였다. 이후에 뜻을 품고 870년 39세의 나이로 조공사(朝貢使) 김긴영(金緊榮)을 따라 입당하였다. 의종(懿宗)을 알현하고 문답을 하였다. 이후에 오대산을 참배하고, 875년에는 성도부(成都府)에 이르러 정중정사(淨衆精舍)의 무상대사(無相大師)의 영당(影堂)에 예배하였다. 이후로 석상경제(石霜慶諸: 807-888)[344]에게 나아가 공부하였다.

신라의 승려로서 청원의 문하에 참례한 이는 행적(行寂)이 처음이었다. 형악(衡岳)을 거쳐 동산홍인의 자취와 조계에도 도달하여 조탑(祖塔)에 예배하였으며, 제방을 유행하고 885년에 귀국하였다. 이에 범일선사를 찾아뵙고 다시 운수납자로서 행각하였다. 889년에 통효대사의 열반에 즈음하여 통효의 부촉을 받고 전심(傳心)을 받았다. 907년에 효공왕으로부터 국사의 예우를 받았고, 908년에는 김해부(金海府)의 김율희(金律熙)의 청을 받아 큰 절에 주석하였으며, 신덕왕의 부름을 받고 915년에는 남산의 실제사(實際寺)에 주석하였고, 이후 석남산사(石南山寺)에 주석하였으며, 85세로 좌탈하였다.[345] 신라의 사문으로 석상경제에게 참문한 인물은 행적 이외에도 흠충(欽忠)·청허(淸虛)·낭(朗) 등이 있었다.

---

344) 석상의 신라 제자로 欽宗·法虛·朗空行寂·朗 등이 있다. 석상의 전기는 『祖堂集』 卷6,(高麗大藏經45, pp.275中-276中)에 자세하다.
345) 「奉化太子寺朗空大師白月栖雲之塔碑」, 李智冠, 『歷代高僧碑文』「高麗篇1」, (서울: 가산문고, 1994) pp.363-403

이후로 조동종풍은 중국 조동종 제2세 운거도응의 문하생들이 주류를 형성하였는데, 특히 해동의 사무외대사로 불렸던 인물로 이엄·경유·형미·여엄 등이 있었다. 조동선법의 전래자들에 대해서는 이 외에도 다수가 확인되고 있다.346)

이엄은 고려 초기에 구산문 가운데 하나인 수미산문의 개창자로서 속성은 金씨이고, 충남 서산 태안면에서 870년에 태어났다. 12세(881)에 가야갑사(迦耶岬寺)에서 닥양법사(德良法師)를 은사로 출가하였고, 17세(886)에 구족계를 받았다. 이후 행각하다가 896년 절강성으로 가는 사신 최예희대부(崔藝熙大夫)를 따라 입당하였다. 거기에서 운거로부터 인가를 받고 911년 귀국하였다. 태조가 칙을 내려 왕사로 불렀고, 태흥사(泰興寺)를 지어 주석케 하였다. 932년 개경의 서쪽 해주의 남쪽에 광조사(廣照寺)를 짓고 주석하였고, 936년에 좌화(坐化)하였다.347)

경유는 법휘는 경유이고 속성은 장(張)씨이다. 15세(885) 이후부터는 선지식을 참하였고, 18세(888) 때에 근도사(近度寺) 영종율사(靈宗律師)에게서 구족계를 받았다. 입당하여 운거도응에게 참문하여 심인(心印)을 받았다. 38세(908) 때 귀국하였고, 태조가 왕사로 대우하였다.

형미는 법휘가 형미이고 속성은 최(崔)씨이다. 장흥 보림사(寶林寺)에 가서 보조체징(普照體澄)을 친견하여 입실을 허락받고 법을 전수하였다. 19세(882) 때 화엄사에서 구족계를 받았다. 이후 입당하여 운거도응을 친견하고, 42

---

346) 金永斗, 「羅末麗初 曹洞禪」,(『韓國佛敎學』 제16집, 1991) pp.38-64
347) 김영두, 「나말여초의 조동선」,(『조동선학논총』 서울: 불교춘추사, 2004) pp.134-136

세(905) 때 귀국하여 무위(無爲)의 갑사(甲寺)에 주석하
였다. 54세(917)의 나이로 입적하였다.348)

　여엄의 법휘는 여엄이고, 속성은 김(金)씨이다. 9세
(870) 때 무량수사(無量壽寺)의 주종법사(住宗法師)에게
출가하여 그로부터 『화엄경』을 공부했다. 19세(880) 때
구족계를 받고, 이후에 선종에 입문하였다. 보령(保寧) 성
주사의 무염국사에게 참문하고 입당하여 운거도응을 친견
하여 법을 전수받고 48세(909) 7월에 귀국하였다. 69세
(930) 때 2월 17일 입적하였다.349)

　이들 사무외대사 가운데 형미와 여엄은 공사상에 바탕한
가르침을 펼쳤고, 이엄과 경유는 심법의 본성을 깨쳐 일상
화에 근거한 법을 펼쳤다. 따라서 사무외대사가 지니고 있
는 사상적인 전반적인 기조는 당시 전란으로 혼란했던 국
내의 상황에 적절하게 대처하는 방식에서 기인한 것으로
볼 수가 있다. 이와 같은 점은 중국에서 선종이 일찍이 경
험했던 상황과 아주 유사한 점에서 찾아볼 수가 있다. 기
타 초종월조(超宗越祖)하는 선기를 발휘했던 운주(雲住),
그리고 소산광인(疎山匡仁: 837-909)의 법사로서 후백제
견훤(甄萱)의 예우를 받았던 경보(慶甫) 등도 조동종풍을
현창한 인물이었다.350)

---

348) 「康津無爲寺先覺大師遍光塔碑文」, 李智冠, 상동, pp.310-319
349) 「砥平菩提寺大鏡大師玄機塔碑文」, 李智冠, 상동, pp.77-108
350) 김호귀, 「고려초기 조동선풍의 전래성격」,(『한국선학』4, 한국선학회,
2002.8) pp.31-32

3) 수미산문의 조동선풍 인식

　김영두는 앞의 논문에서 황심천의 논문을 분석하여 나말
· 여초 및 수 · 당 구법승려 가운데 조동선과 관련된 인물
을 16명으로 파악하고, 더욱이 거기에 누락된 경보(慶甫)
를 합치면 17명이 되는 것으로 비정하였다.351) 그런데 밝
혀진 대부분의 인물은 명칭만 언급되는 경우가 많고 단편
적이나마 법어를 엿볼 수 있는 경우는 형미, 이엄, 경유,
여엄, 운주, 경보 등 극히 제한적이다. 따라서 여기에서는
이들 단편적인 법어의 내용을 분석하여 수미산문 및 기타
중국의 조동종풍을 전승한 선자들의 조동종지의 인식에 대
하여 고찰해보고자 한다.
　형미는 해동의 사무외대사 가운데 한 명으로 일컬어지는
인물이다. 운거도응을 참문했을 때 친견했을 때, 대사가
말했다.

　　그대가 돌아왔으니 미리 올 것을 알았다. 그대가 승당(昇堂)하고자 하
　　니 그 보배가 감추어진 곳을 가르쳐 주겠다. 바라는 바는 … 실가(室
　　家)의 아름다움을 보고 선교의 종지를 전해받도록 노력하라.352)

　이 말은 도응이 형미를 만나자마자 벌써 그 선기를 알아
차리고 선의 오의(奧義)를 지시하겠다는 말에 해당한다.
나아가서 형미가 이후에 반드시 승당(昇堂)할 것을 예견하

---

351) 김영두, 「나말여초의 조동선」,(『조동선학논총』, 서울: 불교춘추사,
　　2004) p.128
352) 「康津無爲寺先覺大師遍光塔碑文」, 李智冠, 상동, pp.313-319. "大
　　師謂曰　吾子歸矣　早知汝來　如欲昇堂　指其寶藏　所喜者 … 室家之美
　　… 傳禪敎之宗"해석은 同書 p.325. 참조.

고 그에 상응하는 조처로서 깨침으로 나아가는 길을 보여
주겠으니, 반드시 선교의 종지를 전승하라는 당부이기도
하다. 따라서 형미는 이미 도응으로부터 교학과 선기를 아
울러 전수했음이 드러나 있다. 이것은 일찍이 도응의 경우
에 동산삼로(洞山三路)의 충실한 계승자였음을 감안한다면
자교오종(藉敎悟宗)의 선법을 계승했던 동산법문의 경우처
럼 교학에 대한 흔적마저도 남겨두지 않고 불향상인으로서
형미의 안목을 인정해준 것으로 보인다.

따라서 형미에 대한 도응의 이와 같은 예견은 귀국하여
태조 왕건의 청을 받고 개경에 나아가서 자취가 끊어진 공
사상에 대한 법문을 하고 선리를 설했던 것으로 나타났다.
공사상의 실천이기도 한 동산삼로의 선리가 보여주고 있는
몰종적의 구현이었다. 이로 미루어보자면 형미의 법어는
불도징의 도덕을 뛰어넘었고, 혜소의 인자함을 초월했다는
말에 걸맞는 것이었음을 볼 수가 있다.

이엄도 해동의 사무외대사의 한 사람으로 입당하여 도응
을 친견하였을 때, 도응은 다음과 같이 말했다.

> 도는 본래 사람을 멀리하지 않으나, 사람이 도를 넓히는 것이므로, 동
> 산(東山)의 종지가 타인의 손에 있지 아니하며 불법의 중흥이 나와 너
> 에게 달려 있으니, 나의 도가 동국으로 흘러가리니 이것을 생각하며
> 또한 이 뜻을 놓치지 말라.353)

도응의 이 말은 깨침[道]이 사람을 멀리까지 넓혀주는
것이 아니라 반대로 사람이 도를 멀리까지 넓혀준다는 말

---

353) 「海州廣照寺眞澈大師寶月乘空塔碑文」, 李智冠, 상동, p.20. "道不
　　遠人 人能弘道 東山之旨 不在他人 法之中興 我唯與汝 吾道東矣念玆
　　在玆" 해석은 同書 pp.32-33 참조.

이다. 제아무리 깨침이라고 해도 그것은 바로 사람을 말미암지 않을 수 없다는 것이다. 이것은 인간의 주체적인 자각을 설파한 말로서 현재 생생하게 숨을 쉬면서 살아가고 있는 본래인(本來人)을 의미한다. 깨침은 본래인의 자각을 통하여 현성되고 실천되는 것으로 자유무애한 납자의 면모인 분별심의 몰종적(沒蹤迹)이고 집착심의 단소식(斷消息)을 가리킨다. 이 말은 곧 도응이 이엄에게 인가하고 정법안장을 전승한 것에 해당한다. 여기의 도는 평상심과 마찬가지로 본래의 청정심이다. 그래서 분별과 시비와 조작을 초월해 있는 깨침은 의도적으로 수행할 필요가 없다는 마조의 도불용수(道不用修)의 조사선 가풍을 드러낸 것이므로, 운암과 동산과 운거로 계승되는 선법의 제일의제와 본래무일물의 전승을 보여주고 있다.

특히 동산(東山)의 법문이란 소위 남종과 북종의 분별이전의 순수한 조사선의 가풍인데, 그것이 이엄을 활동을 통하여 해동에 다시 중흥할 것임으로 강하게 인정해주고 있다. 이로써 이엄은 도응으로부터 해동에 조동의 불법을 전승하는 조사로서 중국의 조동가풍을 고스란히 전승함으로써 용의주도하고 주도면밀한 가풍을 고려의 삼국통일 이전의 혼란한 현실생활에다 강한 긍정의 사상으로 승화시켜줄 수가 있었다.

이와 같은 이엄의 보살행은 "대저 도란 마음에 있고 밖에 있지 않으며, 나를 말미암아 얻어지는 것이요, 결코 타인으로 말미암음이 아닙니다. … 불교에서는 모든 선을 받들어 행하는 것이 곧 널리 중생을 제도함이라고 합니다."354)라는 말에 잘 드러나 있다. 특히 전란이 끊이지 않은 고려 초기의 어수선한 정치상황 가운데서 백성을 보살피는 방법으로 제시한 자문의 역할이기도 하였다. 또한 입적에 이르러 태조와 도리지행(忉利之行, 정토세계에 생천하는 것)의 아름다운 인연을 보여주었던 행위[355]는 이후로 오랫동안 세간과 출세간을 이어주는 모습으로 남아있음을 볼 수가 있다.

경유도 또한 마찬가지로 해동의 사무외대사 가운데 한 명이다. 경유에 대하여 도응은 "말을 들으면 선비임을 알고 얼굴을 보면 그 사람의 마음을 알 수 있으므로, 이러한 사람은 만 리가 곧 동풍이고 천년에 한 번 만날 수 있다."[356]고 말했다. 스승과 제자 사이에 의기투합(意氣投合)이 되면 이심전심의 방식으로 전승되는 까닭에 굳이 언설이 필요가 없는 경지에 이른다. 이것은 또한 목격이도존(目擊而道存)의 경지에 다다른 스승과 제자의 아름다운 모습이다.

도응과 경유의 관계가 바로 이와 같은 불립문자의 경지에 도달함으로써 달마는 동토에 오지 않았고 혜가는 서토에 가지 않은 이치를 터득한 경지이다. 이것을 바로 만리동풍이라고 한다. 만리동풍은 만 리에 걸쳐 같은 바람이 분다는 말인데, 천하가 통일되어 만 리나 떨어진 먼 곳까

---

354) 위의 책, pp.21-22. "夫道在心 不在事法 由己不由人 … 所以 諸善 奉行 是爲弘濟" 해석은 同書 p.39 참조.
355) 일찍이 부처님과 파사익왕은 죽음이 가까워지게 되면 서로 소식을 알려주기로 약속한 것을 모방한 것으로 태조 왕건과 이엄도 금생에서 이별에 즈음하여 서로 알려줄 것을 약속한 경우를 가리킨다. 위의 「海州廣照寺眞澈大師寶月乘空塔碑文」 참조.
356) 「長湍五龍寺法鏡大師普照慧光塔碑文」, 李智冠, 상동, p.252. "聞言 識士 見面知人 萬里同風 千年一遇" 해석은 同書 p.263. 참조.

지 풍속이 같아짐을 이르는 말로 쓰인다. 더욱이 선에서는 사방의 천하에 펼쳐진 순일무잡의 선풍을 의미한다. 이에 도응은 "나의 도가 동쪽으로 흘러갔으나 경유 한 사람이 능히 나의 마음을 발명하였다."고 찬탄한 것은 경유에 대하여 정전(正傳)의 제자를 삼았음을 보여준 말이기도 하다. 이것은 불법을 전수하고 연창함에 있어서 가문의 귀천을 따지지 않고 한인과 오랑캐를 나누지 않으며 주객을 분별하지 않는 평등이라는 무차별의 불성을 해동에 널리 펼쳐 보이라는 가르침이었다. 이것은 그대로 수미산문의 조동가풍이 전승으로 계승되었다.

여엄은 도응의 문하에 머물면서 그 인가를 받고 혼란스러운 고국에 대한 사랑을 잊지 못하여 항상 마음에 담아두고 있었다. 이것은 언제나 자기의 본분을 잊지 않고 여일하게 정진하는 납자의 충실한 본모습이었다. 따라서 도응을 참문해서도 그와 같은 마음을 한시도 놓지 않았다.

내 비록 국경이 없는 관공(觀空)의 경지에 있는 종교인이기는 하나, 어찌 본국을 잊을 수 있으리요."하는 마음으로 귀국하려고 도응에게 말씀을 드리자. 도응은 다음과 같이 말했다. "네가 나면서 울 곳은 바로 고국이니, 인순(因循)하여 지체하지 말고 빨리 떠나라. 내가 바라는 바는 진공을 부연 진작하여 우리의 선종을 빛나게 하며 버요를 잘 보존하는 책임이 바로 너희들에게 있음을 명심하라. 그렇게 할 수 있어야 비로소 용이 천지(天池)에서 뛰고, 학이 일역(日域)으로 돌아가는 것과 같으리라.357)

여엄은 자기의 현재를 생생하게 살아가는 직하승당(直下

---

357) 「砥平菩提寺大鏡玄機塔碑文」, 李智冠, 상동, p.80. "大師雖則觀空 豈得忘本 忽然 … (道膺)大師謂曰 飛鳴在彼 且莫因循 所冀敷演眞宗 以光吾道 保持法要 知在汝曹 可謂 龍躍天池 鶴歸日域" 해석은 同書, pp.90-91. 참조.

承當)의 자세로 일관하는 선자였다. 또한 도응을 만나자마자 도응은 "그대와 이별한 지 멀지 아니한데, 여기에서 서로 만나게 되었구려. 내가 대중을 통솔하고[運斤] 있을 때 그대가 찾아온 것을 기뻐한다."는 말로 대우해준 것은 곧 깨침이 바로 그 자리에 드러나 펼쳐지고 있는 현성공안(現成公案)의 의미 그대로였다. 그럼에도 여엄은 도응 곁에서 시종 여일하게 정진하는 모습으로 일관하면서 수년 동안을 지냈다.

일상의 걷고 머물며 앉고 눕는[行住坐臥] 행위 및 보고 들으며 느끼고 아는[見聞覺知] 행위에서 일체사를 조금도 소홀히 여기지 않는 행지면밀(行持綿密)의 가풍을 체득하였다. 이것은 귀국 이후에도 고국의 백성이 도탄에 빠져 있는 모습을 보고 충주 월악산으로, 그리고 영주 소백산으로 전전하면서도 국가를 탓하지 않고 그저 애민의 마음을 지니고 있으면서 선림(禪林)을 버리지 않았던 천연의 선자의 면모를 유지하였다.

운주와 관련된 문답은 『전등록』에 단편적으로 다음과 같은 말이 수록되어 전한다.

신라의 운주화상이 물었다. "제불도 말하지 못한 것은 무가 말해줍니까." 도응이 말했다. "내가 말해준다." 운주가 물었다. "제불도 말하지 않은 것을 화상께서는 어째서 말씀하시는 것입니까." 도응이 말했다. "제불은 내 제자이기 때문이다." 운주가 말했다. "그러면 화상께서 그것을 말씀해주십시오." 도응이 말했다. "군왕을 상대하지 않았던들 20방을 때려주었을 것이다."358)

---

358) 『景德傳燈錄』 卷20,(大正藏51, p.363中) "新羅雲住和尚。問諸佛道不得什麼人道得。師曰。老僧道得。曰諸佛道不得和尚作麼生道。師曰。諸佛是我弟子。曰請和尚道。師曰。不對君王好與二十棒"

이 대목은 제불과 도응으로 대변되는 여래선과 조사선의
가풍을 잘 보여주고 있다. 제불은 49년에 걸쳐 언설을 통
한 자상한 설법으로 일관한 까닭에 노파심이 간절한 스승
을 상징한다. 반면에 도응은 간명직절의 언설을 통하여 상
대방의 마음을 단도직입으로 직지해주는 선지식을 상징한
다. 따라서 직지의 도리를 여래의 언설을 통해서는 들어볼
수가 없지만, 20방을 통한 조사의 방편으로는 일상적으로
제시되는 까닭에 도응이 말해줄 수 있다는 것이다. 여기에
는 조사선이 여래선보다 우월하다는 의미가 강하게 묻어나
있다. 제불이 도응의 제자라는 말이 그것이다. 이 경우에
도 조사선법이 팽배해 있던 만당 및 오대 시대의 중국선종
의 시대적인 상황이 잘 반영되어 있음을 볼 수가 있다. 그
런 까닭에 여래선에서 제불의 입을 통해서 설하지 않은 이
치가 조사선에서 조사의 신체적인 행위 및 일상의 제스처
를 통하여 유감없이 발휘되고 있는 모습이 잘 드러나 있
다.

운주는 바로 도응의 그와 같은 지시를 대번에 이해하고
있는 까닭에 그 자리에서 곧장 숨김이 없이 설해달라고 청
한다. 또한 도응도 운주의 선기를 알고 있었기에 즉시 20
방을 때려준다는 자세를 보여주었다. 여기에서 운주는 군
왕에 비유되어 있다. 도응은 그 어느 누구도 함부로 대할
수 없는 권위를 바로 운주에게 부여하고 있는 것은 운주의
위상이 어떤 것이었는가를 짐작해볼 수 있게 해준다.

한편 통진대사 경보는 법휘는 경보(慶甫)이고 자는 광종
(光宗)이며 속성은 김씨이고 계림 출신이다. 화엄사에서
구족계를 받고, 백학산(白鶴山)으로 도승(道乘)을 참문하

였으며, 제방을 유행하며 무염 및 범일 등을 참방하였다. 입당하여 동산양개의 제자인 소산광인을 친견하고 입실하여 인가를 받았다. 이후에 강서로 가서 노선(老善, 南院慧顒: 860-930) 화상과 문답하였다.

화상이 말했다. "백운이 행인의 길을 봉쇄하여 차단하였구나." 경보가 말했다. "스스로 청소(靑霄)인 공중 길이 있거늘 백운이 어찌 막을 수 있겠습니까."[359]

그리고는 경보를 인가하였다. 이로써 보면 경보는 조동종 계통과 임제종 계통에서 모두 인가를 받은 셈이 된다. 이것은 당시에 제방으로 유행하는 납자들에게 보이는 모습으로 자연스러운 것이기도 하다. 그런 만큼 경보의 수행과 깨침은 그 보편성을 상징한다.

문답에서 백운과 행인은 모두 한곳에 머물지 않고 끊임없이 흘러가는 것처럼 깨침의 작용을 의미한다. 이에 백운은 혜옹선사(임제종 제3세)이고 행인은 경보에 해당한다. 곧 경보 그대는 여기 혜옹의 처소에 머물러 공부할 수 있게 된 것을 기쁘게 생각한다는 것이다. 그러자 경보는 감히 유행하면서 참문하기는 했지만 그것이 한곳에 머물러 있는 것은 아니라는 것으로 말씀드린 것이다. 이것은 경보가 얻은 깨침의 경지가 대자유의 모습으로서 어디에도 얽매이지 않는 활달불기의 공능을 지니고 있음을 의미한다. 그런 까닭에 백운과 행인은 모두 작용하고 있는 점에서는 동(動)이면서 깨침의 속성인 정(靜)에 얽매이지 않고, 깨

---

359) 「光陽玉龍寺 洞眞大師寶雲塔碑文」, 李智冠, 상동, p.409. "謂曰 白雲斷鎖行人路 答曰 自有靑霄路 白雲那得留" 해석은 pp.422-423. 참조.

침의 속성은 불변의 정(靜)이면서 어디에서나 누구에게나 보살행으로 작용하는 동(動)을 지니고 있는 불향상인으로서의 면모를 잘 보여준다. 이와 같은 경보의 안목은 921년에 귀국해서 견훤의 귀의를 받았을 때도 납자의 본분을 상실하지 않고 백학산 옥룡사로 들어가 수행에 전념하게 된 것에서도 잘 드러나 있다. 이러한 경보의 선기는 다름이 아니라 조동가풍에서 전승된 몰종적이고 단소식의 그것이었다.

이들 조동종풍의 전승자들에게서 볼 수 있는 선기는 다양하였다. 곧 공사상으로서 동산삼로의 방편에 근거하여 몰종적의 선풍을 보여준 형미, 자유무애한 납자의 면모인 몰종적이고 단소식을 보여준 이엄, 스승과 제자 사이에 의기투합의 모습으로 불립문자의 이심전심의 경지를 보여준 경유, 시종일관하여 일상의 삶에서 깨침이 바로 그 자리에 드러나 펼쳐지고 있는 현성공안의 의미를 보여준 여엄 등 사무외대사, 그리고 여래선과 조사선의 우열을 간명직절한 비유로 제시한 운주, 깨침에도 머물지 않는 납자로서 불향상인으로 본분인(本分人)을 보여준 경보 등이 그것이다. 이러한 조동선자로서 공통적인 주도면밀한 가풍은 귀국한 이후까지도 국가 및 백성에 대한 자비의 실천으로 승화되기에 충분한 기반이었기에 가능했던 것이지 단순한 우연이 아니었다.

지금까지 수미산문을 중심으로 수미산문의 위상은 한국 선법의 수입기에서 제3기에 해당하는 것으로 중국의 선종 오가의 수입에 해당하는 점을 고찰하였다. 나아가서 수미산문의 사상적인 근간이 되었던 조동가풍에 대하여 중국 조동종지의 면모를 살펴보고, 그 사상을 충실하게 계승한 유학승들 가운데 해동의 사무외대사를 비롯하여 운주와 경보 등 6명의 선자들이 보여준 선풍에 대하여 극히 재한적인 문답을 중심으로 분석해보았다.

이들 한국에 조동종풍을 전승한 선자들은 중국에 유학하여 괄골선으로 대변되는 행지면밀의 조동가풍을 전승하였는데, 그들이 보여준 선풍의 전개에는 몇 가지 공통적인 모습을 보여주고 있다.

첫째는 중국이 조동가풍의 면모를 비교적 충실하게 계승하였다. 사상적으로는 몰종적, 단소식, 불향상, 동산삼로, 현성공안 등이다.

둘째는 귀국해서도 선자의 본분을 잊지 않고 중생을 위하는 보살행과 국가의 안위에 도움을 주는 이타행을 지속하는 방편으로 실질적인 국사의 자문역할을 하였다.

셋째는 수미산의 이엄과 동리산문의 경보를 제외하고는 소위 구산선문과 관련이 거의 보이지 않지만 그 선풍은 조동가풍을 전승하고 전개하였다.

넷째는 본래인의 자각에 따른 자유인으로 살아가는 모습을 현실생활에 대한 강한 긍정의 사고방식으로 보여주었다.

특히 해동의 사무외대사로 불렸던 네 명의 선자를 비롯하여 운주 및 경보, 기타 다수 조동선법의 전래자들이 활동했던 시기는 고려가 삼국통일을 달성하기 이전으로 아직은 전란이 계속되고 있는 무렵이었다. 따라서 현실생활에 대한 강한 긍정의 사상과 아울러 그로부터 초연하려는 공사상의 기반이 동시에 공존할 수 있는 적절한 시절이었기에 가능하였다. 이처럼 조종종풍의 성격이 일상생활 속에서 주도면밀하고 용의주도한 사상이었기에 그 시기에 가장소용되는 가르침으로 역할을 할 수가 있었다. 이것이 바로나말여초의 선법 수입기 제3기에서 선종오가 가운데 조동종풍이 주류로 전래된 이유였다.

2. 고려 초기 조동선풍의 전승

1) 선종오가의 한국 전래

선종의 역사를 살펴보는 한 가지 방법으로 전전대대(轉轉代代)로 상전된 스승과 제자를 통한 방법이 있다. 그리고 그 스승을 거슬러 올라가 보면 계보가 나타난다. 이처럼 선종이 중국에서 성립되고 발전되어 가는 과정에서 스승에게서 제자에게로 전해진 정법의 흐름을 추구해보면 어느 시점에서 항상 분파활동을 볼 수가 있다.

당말 오대 무렵에 성립된 다섯 개의 집단은 그 좋은 예이다. 이것을 흔히 오가(五家)라 하는데 곧 위앙종(潙仰宗)·임제종(臨濟宗)·조동종(曹洞宗)·운문종(雲門宗)·법안종(法眼宗)이다. 오가의 분류는 대단히 편의적인 것으로서 선종의 역사에서는 분양선소(汾陽善昭)의 경우처럼 15가(家)로 분류한 경우도 있다. 그러나 송대 이후의 선종에 대해서는 일반적으로 임제종에서 분화한 황룡파(黃龍派)와 양기파(楊岐派)를 합쳐서 오가칠종(五家七宗)으로 분류하고 있다.

신라 말기에 중국으로부터 본격적으로 도입되기 시작한 선법은 다양한 선풍의 수입으로 나타났다. 그것은 주로 중국의 선종오가에 속하는 선풍이었다. 신라 말기에는 우선 요오순지(了悟順之)를 통하여 위앙종풍이 수입되어 오관산 용암사(龍巖寺)를 중심으로 전개되었는데, 이후에 서운사(瑞雲寺)로 개칭되었다. 이어서 고려 초기 태조 왕건으로부터 크게 후원을 받아 전개된 조동종풍은 중국 조동종 계통의 몇몇 법계로부터 많은 선자들의 수입으로 크게 돋보였다. 이어서 광종대에는 한때 오월국의 후원을 받았던 법안종의 도입이 정책적인 후원과 더불어 널리 보급되었다.

이후에 혜조국사(慧照國師) 담진(曇眞)은 10세기 후반에 입송하여 임제종 계통의 정인도진(淨因道臻: 1014-1093)과 부산법원(浮山法遠: 991-1067), 그리고 운문종 제5세 대각회련(大覺懷璉: 1009-1090) 등에게 사사하였고, 송의 신종 황제로부터 법원대사(法遠大師)의 호를 받았다. 여기에는 당시에 정치적인 측면으로 국가외교의 원만한 이해가 결부된 점도 없지 않아 있었다. 이후 1080년에 귀국하였는데, 1107년에는 왕사로 책봉되었고, 1114년에는 국사로 책봉되었다. 당시 북송 시대 선종은 임제종 계통에서 황룡파(黃龍派)와 양기파(楊岐派)가 출현하였는데, 처음에는 황룡파의 세력이 크게 부각했다가 이후에 양기파의 세력이 주도권을 행사하였다. 이로써 담진은 임제종풍과 운문종풍을 아울러 수입하였는데 국내의 법계로는 사굴산문에 속하는 인물이었다.

이로써 11세기 후반까지는 중국의 선종오가의 선법이 모두 전래되었다. 9세기 중반부터 10세기 중반까지 백여 년의 세월에 걸쳐 형성된 중국 선종오가의 순서는 위앙종을 비롯하여 임제종, 조동종, 운문종, 법안종의 차례였다. 이것이 신라 및 고려에 수입된 것은 9세기 후반부터 11세기 후반에 이르는 이백여 년에 걸쳤는데, 그 순서는 위앙종, 조동종, 법안종, 임제종과 운문종의 차례였다.360)

이제 여기에서는 선종오가 가운데 중국의 조동종에 대한

---

360) 김호귀, 『강좌 한국선』, (토파민, 2022) pp.83-84.

그 형성과 입장을 살펴보고, 그 전승으로서의 해동의 조동 선법의 일반적인 사상과 전래의 성격에 대한 특징을 살펴 보고자 보고자 한다.

2) 해동의 사무외대사

이와 같은 운거도응의 휘하에서 공부했던 인물로 소위 해동의 사무외대사라 불렸던 인물로 이엄, 경유, 형미, 여 엄 등이 있었다.[361] 이엄의 속성은 김(金)씨이고, 조상이 웅천(熊川, 충남 공주)에 머물렀다. 부(父)의 이름은 장 (章)이었는데 부성(富城, 충남 서산)에 머물렀다. 이엄은 소태(蘇泰, 충남 서산 태안면)에서 870년에 태어났다. 12 세(881)에 가야갑사(迦耶岬寺)에서 덕양율사(德良法師)를 은사로 출가하여 삼장을 두루 배웠다. 17세(886)에 가야 갑사의 도견율사(道堅律師)에게서 구족계를 받았다. 이에 지율청정하여 일찍부터 주도면밀하고 용의주도한 조동의 가풍을 지녔다.

이후 행각하다가 896년 절강성으로 가는 사신 최예희대 부(崔藝熙大夫)를 따라 입당하였다. 거기에서 운거로부터 인가를 받고 911년 나주의 회진(會津)으로 귀국하였다. 김 해부(金海府) 지군사(知軍事) 소(김)공(蘇(金)公) 율희(律 熙)의 귀의를 받아 승광산(勝光山)의 한 사찰에 주석하였

---

361) 조동선법의 전래자들에 대해서는 이 외에 黃心川, 「隋唐時期中國與 朝鮮佛敎的交流」,(『世界宗敎硏究』 中國社會科學院. 1989. pp.56-71) 에 근거하여 金永斗 교수는 羅末麗初의 조동선법을 전래한 선자들에 대하여 정리해 놓은 것이 도움이 된다. 金永斗, 「羅末麗初 曹洞禪」,(『 한국불교학』 제16집. 1991) pp.38-64

다. 12년을 머물고 나서 영동군(永同郡) 남쪽 영각산(靈覺山) 남쪽에 토굴을 짓고 잠시 머물자 귀의자가 많았다. 이때 태조가 칙을 내려 왕사로 불렀다. 태조는 태흥사(泰興寺)를 지어 주석케 하였다. 이에 태조에게 법을 설하면서 여러 해를 지냈다. 932년 개경의 서쪽 해주의 남쪽에 광조사(廣照寺)를 짓고 주석하였다. 936년 67세에 좌화(坐化)하니 태조가 진철대사(眞澈大師)라 시호하였다.

이엄의 사상은 고려 태조의 질문을 받고 다음과 같이 말한 부분에서 단편적이나마 엿볼 수가 있다.

> 대저 도란 곧 사람들의 마음에 있는 것이지 대상경계에 있는 것이 아니다. 그리고 나 자신을 말미암아 얻어지는 것이지 결코 타인으로부터 얻어지는 것이 아니다.362)

이것은 곧 이엄이 운거로부터 받은 가르침을 고스란히 수용했음을 보여주고 있다. 일찍이 이엄이 운거를 친견했을 때 이엄은 운거의 다음과 같은 말로 인가를 받은 일이 있다.

> 도가 사람을 멀리하는 것이 아니다. 그리고 사람이 도를 넓히는 것이다. 동산(東山)의 종지가 다른 사람에게 있는 것이 아니다. 동산의 법을 중흥시킬 자는 바로 그대이다. 이제 내 가르침은 그대로 말미암아 동국으로 흘러갈 것이니, 시절인연을 놓치지 말라.363)

이와 같이 면밀한 괄골선(刮骨禪)의 전승자로서 운거의

---

362) 「海住廣照寺眞澈大師寶月乘空塔碑」,(李智冠,『歷代高僧碑文』「高麗篇1」) p.21
"夫道在心 不在事法 由己不由人"
363) 위의 책, p.20. "道不遠人 人能弘道 東山之旨 不在他人 法之中興唯我與汝 吾道東矣 念茲念在"

인가를 받은 이엄은 귀국하여 행한 위의에 잘 나타나 있다.

> 이엄은 사람을 제접함에 있어 게으름이 없었다. 마치 거울이 사람의 얼굴을 비추되 조금도 피로를 느끼지 않는 것과 같았다.[364]

이후 이엄은 태조의 후원을 받아 그 법이 상전(相傳)하여 수미산의 일파를 이루었다. 수미산은 지금의 황해도 해주군 首陽山 내에 있는 수미산 광조사의 터이다. 광조사는 소위 선문구산 가운데 유일하게 조동종 계통의 법을 계승하였다.

경유(慶猷)는 법휘는 경유이고 속성은 장(張)씨이다. 15세(885) 이후부터는 선지식을 참하였고, 18세(888) 때에 근도사(近度寺) 영종율사(靈宗律師)에게서 구족계를 받았다. 그리고 선법을 배우기 위하여 입당하였다. 운거도응에게 참하니 운거도응은 '말을 걸어보면 선비임을 알고 얼굴을 보면 그 사람의 마음을 알 수 있는 법이다. 그러니 이러한 사람이라면 그는 곧 만 리에 떨어져 있어도 그 교화를 떨치는 사람이기 때문에 천 년에 한 번 만날까 말까 하는 사람이라 할 수가 있다.'라고 하면서 심인(心印)을 전하였다. 운거도응은 경유에게 '경유 한 사람이 능히 내 마음을 열었구나.'라고 말하면서 심요(心要)를 전해주었다. 38세(908) 때 무주(武州)의 회진(會津)으로 귀국하였다. 이후 전란을 피하여 산속에 묻혀 살았으나 고려태조는 경유를 왕사(王師)로 대우하였다.

형미(逈微)는 법휘가 형미이고 속성은 최(崔)씨이다. 장

---

364) 위의 책, p.22. "所以誨人不倦 如鏡忘疲"

홍 보림사에 가서 보조체징 선사를 친견하자 체징선사는 「비록 처음 만나기는 하지만 오래전부터 서로 잘 아는 사이 같다. 옛날 서로 이별한 지 오래인데 왜 이리 늦었는가」라는 말을 하고는 입실을 허락하여 법을 전수하였다. 19세(882) 때 화엄사에서 구족계를 받았다.

이후 입당하여 운거도응을 친견하자, '그대가 돌아왔으니 미리 올 것을 알고 있었다. 그대가 법을 펴고자 하니 법의 보배가 감추어져 있는 곳을 알려 주겠다.'라고 말했다. 42세(905) 때 무주의 회진으로 귀국하여 무위의 갑사에 주석하여 크게 교화를 떨쳤다. 이 후 고려태조의 청을 받고 개경에 나아갔다. 궁중에서 자취가 끊어진 공사상에 대한 법문을 하고 선리를 설하였다. 54세(917)의 나이로 입적하였다.365)

여엄(麗嚴)의 법맥은 청원행사 - 석두희천 - 마곡보철 - 운암담성 - 동산양개 - 운거도응 - 여엄으로 이어진다. 법휘는 여엄이고, 속성은 김(金)씨이다. 9세(870) 때 무량수사(無量壽寺)의 주종법사(住宗法師)에게 출가하여 그로부터 『화엄경』을 공부했다. 19세(880) 때 구족계를 받고 이후 안거를 나면서 계를 철저하게 지켰다. 그러나 교종이 최상승이 아님을 느끼고 선종에 입문하였다.

보령 성주사의 광종무염국사(廣宗無染國師)에게 참문하고 나서 입당하여 운거도응을 참문하였다. 이에 운거도응은 '그대와 이별한 지가 그다지 멀지 않은데 여기에서 다시 만나게 되었구나. 내가 여기에 있을 때 그대가 찾아온 것이 다행이구나.'라고 하면서 여엄을 위하여 법을 아끼지

---

365)「康津無爲寺先覺大師遍光塔碑文」, 위의 책. pp.310-319.

287

않았다. 그후 운거도응의 법을 전수받고 귀국할 즈음에 이별을 고하니, 운거도응이 '그대가 나면서 울 곳은 바로 고국이니 속히 돌아가거라. 내가 바라는 바는 진공(眞空)을 진작하여 우리의 선종을 빛나게 하며 법요를 잘 보존하는 책임이 그대에게 있음을 명심하라. 그리고 시기를 놓치지 말라.라고 하였다. 48세(909) 7월에 귀국하여 충주 월악산과 경북 영주에 머물다가 소백산으로 들어갔다. 그후 고려태조의 초청을 받아 개경에 나아갔다. 이리하여 태조의 주선으로 지평의 보리사(菩提寺)에 들어가 크게 교화를 떨쳤다. 69세(930) 때 2월 17일 입적하였다.366)

이상 비문의 전기를 통해서 알 수 있는 것은 사무외대사 가운데 형미와 여엄은 공사상에 바탕한 가르침을 펼쳤고, 이엄과 경유는 심법의 본성을 깨쳐 일상화에 근거한 법을 펼쳤다. 따라서 사무외대사가 지니고 있는 사상적인 전반적인 기조는 당시 전란으로 혼란했던 국내상황에 적절하게 대처하는 방식에서 기인한 것으로 볼 수가 있다. 이와 같은 점은 중국에서 선종이 일찍이 경험했던 상황과 아주 유사한 점에서 찾아볼 수가 있다.

곧 중국의 불교사에 있어서 소위 삼무일종(三武一宗)으로 대표되는 4대 법난(法難) 가운데 가장 규모가 큰 당무종의 회창폐불(會昌廢佛)은 현종 말년에 일어난 안사(安史)의 란(亂) 이후 당나라 왕실의 실추된 권위와 더불어 점차로 쇠퇴의 길을 걷고 있는 당 말기의 불교의 제종파에 결정적인 타격을 가한 대사건이었다. 그러나 그 가운데에

---

366) 「砥平菩提寺大鏡大師玄機塔碑文」, 위의 책. pp.77-108 참조.

서도 당시까지는 주로 산악형의 자급자족을 유지하고 있었
던 선종의 교단은 오히려 이 사건을 계기로 새롭게 번창하
여 독자적이고 개성 있는 선풍을 드날리게 되었다. 그 이
유는 회창폐불을 통해서 당시까지 내려오던 불교교단은 그
존립의 위협마저 느낄 만큼 큰 타격을 받았기 때문이었다.
곧 전통적인 경전의 연구나 주석과 틀에 박힌 계율의 생활
을 벗어나 임운무작(任運無作)한 일상생활 그대로의 불교
를 실행하고, 그러한 평상시의 생활 속에서 불법의 참된
정신을 구현하는 데 앞장섰던 선자들의 입장에서는 오히려
그때까지의 일체의 형식과 교의에 걸림없이 자유로운 선풍
을 펼칠 수 있는 전환기가 되었기 때문이다.

3) 기타 조동선법의 수용자

운주(雲住)는 운거도응의 법손으로서 그의 설법은 초종
월조(超宗越祖)하는 선기가 적나라하게 드러나 있다. 이것
은 『동산록』에 나타나 있는 그의 스승이었던 운거도응의
설법이 대체적으로 향상의 진리와 몰종적한 수행과 주도면
밀한 실천, 제일의제와 본래무일물(本來無一物)한 본증(本
證), 직하승당(直下承當)과 현성공안(現成公案)의 체험 등
으로 요약되고 있는 것을 감안한다면 충분히 짐작할 수 있
다. 곧 운거도응의 법문에 나타나 있는 현실에서의 철저한
공안의 현성이 운주에게는 제일의제의 입장으로 드러난 것
이다. 제일의제의 입장에서의 진리는 자기와 제불 간의 분
별이 없기 때문이다. 그래서 제불을 벗삼아 자연을 유유자
적하는 본분종사(本分宗師)의 기풍을 말하여 운주는 자신

이 군왕이 되기도 하고 제불의 스승이 되기도 하는 것이다.

경보(慶甫)는 소산광인(疎山光仁)의 법사로서 자는 광종(光宗)이고, 속성은 김(金)씨이며, 전남 영암 사람이다. 868년에 태어나 어려서 부인사(夫仁寺)에서 출가하고 백학산(白鶴山)에 가서 도승(道承, 智詵)을 참하고, 18세(885) 때 월유산(月遊山) 화엄사(華嚴寺)에서 구족계를 받았다. 성주산의 무염국사와 사굴산의 범일국사 등을 참하여 현기(玄機)를 개발했다.

26세(893) 때 입당하여 무주의 소산광인을 참문했다. 소산광인은 동산양개의 사법제자로서 조동의 선지에 밝은 사람으로서 경보에게 「그대는 바다의 용과 같구나」라 하여 입실을 허락하였다. 이후 경보가 심법을 터득하자 소산광인이 기뻐하면서 '해동인으로서 법거량을 할 자가 그대뿐이구나.라고 말하며 인가하였다. 경보는 중원의 여러 승지(勝地)를 유행하면서 선지식을 참하고 54세(921) 때 귀국하여 전주 근방의 임피군(臨陂郡)에 도착하였다.

당시는 견훤이 후백제의 주(主)로 있으면서 경보의 귀국 소식을 듣고 영을 내려 전주의 남선선원(南禪禪院)에 머무르게 하였다. 경보는 남선선원에 잠시 머물다가 옥룡사(玉龍寺)로 옮겨 크게 교화를 떨쳤다.367)

이처럼 나말 여초에 입당하여 중국의 조동선법을 전래한 자들의 공통점은 다음과 같이 이끌어낼 수가 있다.

첫째는 이전 제1기 선법의 전래자들과 마찬가지로 국내

---

367) 「光陽玉龍寺洞眞大師寶雲塔碑」, 위의 책. pp.406-413.

에서의 교학을 공부하고 새로이 눈뜬 선법에 대하여 그 한계를 느끼고 입당하였다.

둘째는 귀국해서 왕실과의 유대관계에 의하여 왕사 내지는 국사에 책봉되어 실질적인 국사의 자문역할을 하였다.

셋째는 수미산의 이엄과 동리산문의 경보를 제외하고는 소위 구산선문과 관련이 거의 보이지 않고 있다.

넷째는 현실생활에 대한 강한 긍정의 사고방식을 지니고 있었다. 사무외대사를 비롯하여 조동선법의 전래자들이 활동했던 시기는 선법의 유입시기를 제1기 마조문하의 선법의 전래와 제2기 석두문하의 조동선법의 전래로 규정지을 경우 제2기에 해당한다.[368] 이 시기는 고려가 삼국의 통일을 달성하기 이전 아직 전란이 계속되고 있는 무렵이었다. 따라서 현실생활에 대한 강한 긍정의 사상과 아울러 그로부터 초연하려는 공사상의 기반이 동시에 공존할 수 있는 적절한 시절이었기에 가능하였다. 앞서 언급한 조종종풍의 특징인 일상생활 속에서 주도면밀하고 용의주도한 사상이야말로 그 시기에 가장 소용이 되는 가르침이었음이 분명하다. 이것이 제2기 선법의 전래가 거의 조동종풍일 수밖에 없는 이유였다.

---

368) 그러나 반드시 제2기에만 국한된다는 것은 아니다. 곧 희양산문의 제2조 靜眞兢讓은 石霜慶諸의 계통인 谷山道緣의 법을 받았다. 그리고 봉림산문의 제3조인 璨幽는 청원계통의 법을 이었다. 圓鑒玄昱(馬祖道一 - 章敬慧暉) - 眞鏡審希(국내) - 證眞璨幽(元宗璨幽, 石頭希遷 - 丹霞天然 - 翠微無學 - 投子大同의 법을 이음)

3. 보각일연의 『중편조동오위』

1) 『중편조동오위』의 출현

조동오위는 조동종파에서 설하고 있는 오위라는 의미이다. 그래서 조동오위는 조동종파에서는 가장 기본적이고 중요한 교의(敎義) 가운데 하나로서 수행인이 닦아가는 수행의 위상(位相)을 정과 편을 가지고 다섯 측면으로 나타낸 것이다. 그래서 달리 편정오위 혹은 정편오위라고도 한다.369)

이 편정오위설은 동산양개의 창설로 공인되어 있지만 이에 대하여 전혀 이의가 없었던 것은 아니다370). 그러나 편정오위의 모체는 동산양개의 『오위현결』 1편과 『정편오위송』 5수가 기본을 이루고 있기 때문에 동산으로부터 비롯되었다고 볼 수 있다.

이 편정오위의 내용은 현상과 본체, 그리고 현상과 본체의 자기와의 관계 등이 상징적으로 서술되어 있다. 따라서 이 오위의 상징적인 뜻을 이용하여 수행자들의 안목으로 삼으려는 것이 동산의 『오위현결』 1편이었다. 『오위현결』

---

369) 보다 엄밀하게 말하자면 五位에도 洞山良价의 功勳五位와 偏正五位, 曹山本寂의 君臣五位, 石霜慶諸의 王子五位 등 四種五位가 있다. 그러나 功勳五位·君臣五位·王子五位 등은 洞山의 偏正五位에 기초하여 나온 것들이다.

370) 覺範慧洪은 雲巖으로부터 비롯된 것으로 기록하고 있다. 『禪林僧寶傳』卷1. "中夜授章先雲巖所付寶鏡三昧 五位顯訣 三種滲漏畢 矮師叔引頸呼曰 洞山禪入我手矣" 그러나 慧洪의 다른 저서인 『林間錄』卷上에서는 "昔洞山悟本禪師 立五位偏正 以標準大法約 三種滲漏 以辨衲子非意斷 苟爲皆本佛之遺意"라 하여 洞山으로부터 偏正五位가 비롯되었다고 하여 모순된 의견을 드러내고 있다.

은 214자의 단편이지만 그것이 포함하고 있는 내용은 위에서 언급한 제문제를 나타내고 있으므로 이후에 오위연구의 성행은 대단히 활발하였다. 심지어 임제종파에서까지도 유행하였다371).

그리고 동산에게는 편정오위 이외에도 「공훈오위송」 5수가 있다. 게다가 동산을 이은 조산본적은 「오위군신지결」 1편 ·「오상게」 5수 ·「정편오위지결」 1편 ·「해석동산오위현결」 1편 ·「축위송병별간」 1편 등을 저술하여 동산대사의 오위에 관한 주석을 대성시켰다. 이후 송대에는 안국(安國)의 『오위보협론(五位寶筐論)』 1편 · 명대 말기에는 영각원현의 『동상고철』 2권 등이 저술되어 오위사상에 대한 관심은 계속 이어졌다.

이에 그치지 않고 동산양개의 겸중도중심설과 정중래중심설, 그리고 그 내부의 명칭도 제4위에 해당하는 편중지는 겸중도라는 용어로 사용되는 등 오위의 용어사용에도 변화가 있었다. 이에 명대의 영각원현은 『동상고철』을 저술하여 종래의 오위에 관한 평(評)과 소(疏)의 오류를 바탕으로 그 올바른 뜻을 천명하기 위하여 노력한 사람 가운데 한 사람이었다.

한편 오위에 관한 저술이 우리나라에서는 고려 시대 회연(晦然)372)의 『중편조동오위』 3권 이외에는 아직 발견되

---

371) 臨濟宗 제6세인 汾陽善昭의 五位는 正中來·正中偏·偏中正·兼中至·兼中到가 있으며, 汾陽의 제자인 石霜楚圓에게도 正中偏·偏中正·正中來·兼中至·兼中到가 있다. 宋代 이후에는 주로 石霜楚圓의 五位를 따르고 있다.

372) 『重編曹洞五位』의 편자인 晦然이 고려의 一然이라는 것은 민영규 교수가 밝혀두었다. 또한 忽滑谷快天의 『朝鮮禪敎史』의 「一然의 出世 및 著作」 부분에서 『重修曹洞五位』 2권이 있었다고 하는데(忽滑谷快

지 않고 있다. 그러나 회연의 『중편조동오위』는 당시까지 유행하던 조동종의 오위사상의 집대성이라 할 수 있다. 따라서 여기에서는 회연의 『중편조동오위』에 나타난 오위사상의 특징에 대하여 살펴보고자 한다.

우선 회연이 『중편조동오위』를 편찬한 이유는 무엇인가. 이에 대해서는 그 「서문」373)에서 분명히 말해주고 있다. 첫째는 동산양개 시대에 큰 흐름을 이루던 가르침이 많은 세월이 흘러 자못 어지러워지고 그 가르침이 끊길 위기에 처하여 사람들이 미혹하여 그들을 바른길로 인도하기 위해서였음을 말하고 있다.

둘째는 동산양개의 오위에 대하여 처음 그의 제자인 조산본적이 갖가지로 주석을 붙이고, 조산본적의 제자인 조산혜하가 그것을 편집하였으며, 법계가 분명치 않은 광휘가 다시 그것을 해석한 것이 세상에 유통되었다. 그러나 그 말이 난삽하여 쉽지 않아서 이에 보법선사 노겸이 당시에 유행하고 있던 송본을 얻어 중간(重刊)하고, 다시 거기에다 조동의 유문(遺文)과 소산·말산의 어결(語訣)을 합하여 하편(下篇)으로 편집하였다.

그러나 이것도 역시 오류가 많이 있어서 크게 도움이 되지 못했다. 이에 조계의 소융화상이 그 오류를 바로잡기로 마음먹었다. 이러저러한 이유로 인하여 다시 회연은 노겸본을 검열하여 거기에 배열상의 변경을 가하고 생략할 것

天 著, 鄭湖鏡 譯, 『朝鮮禪敎史』 p.326.) 이 『重修曹洞五位』는 바로 『重編曹洞五位』임도 아울러 밝혀졌다.
373) 『重編曹洞五位』의 처음에 나오는 「重編曹洞五位序」,(『重編曹洞五位』 「晦然序」 ; 『曹洞宗全書』 「註解」 p.1下)는 晦然이 曹洞五位를 重編하면서 붙인 序를 雪岑이 그대로 필록한 것이다.

은 생략하면서 새로이 후세의 오위설을 가미하여 편찬한 것이 곧 『중편조동오위』였다. 이와 같은 이유로 인하여 『중편조동오위』는 노겸과 회연의 손에 의해서 거의 그 편제가 완성되었다.

여기에서 말하는 조동오위라는 말이 조동종의 선리(禪理)에서 논의되는 오위라는 의미이다. 그리고 이러한 의미 이외에도 동산과 조산을 통해서 정립되고 유포되었다는 의미로도 사용할 수 있다. 사실 조동오위라는 말이 사용되기 이전에 동산의 『오위현결』 및 조산의 「편정오위」라는 말이 먼저 사용되고 있었다[374]. 그것은 두 사람의 저술 명칭으로부터 유래된 것으로서 조동종이 형성된 이후에는 그 오위를 갈무리하여 조동오위라는 말로 대신 부르게 되었다.

그리고 한편 공훈오위 · 군신오위 · 왕자오위 · 부자오위 등의 4종오위의 다양한 명칭과 함께 오위의 다각적인 면모가 등장하게 된 것도 모두 이 동산과 조산의 오위로부터 연유한 것이다[375]. 따라서 여기에서 조동오위는 동산의 『

---

[374] 一然은 『重編曹洞五位』 卷上,(『曹洞宗全書』 「註解」 5, p.4下)에서 善卿의 다음과 같은 말을 인용하고 있다. "良价禪師가 처음에는 新豊에 住했으나 후에 洞山으로 옮겨 그 道가 크게 일어났다. 이리하여 당시에 偏正五位로써 지도방법의 으뜸을 삼았다. 그것을 지금은 洞山顯訣이라 부른다. 따라서 五位라는 施設은 동산으로부터 시작하여 천하의 通論이 되었다. 그것은 寶鏡三昧歌·玄中銘과 더불어 雪子가 읊은 綱宗三偈라 불린다. 말[詞語]는 다양하나 그 모습[相]은 동일하여 모두 洞山悟本禪師에게서 나왔다는 것에는 의심의 여지가 없다."
[375] 위의 책. "비록 寶鏡三昧·五位顯訣·三滲漏 등의 내용이 모두 藥山으로부터 유래되었다고 하더라도 文을 짓고 五位를 施設하여 叢林에 유포한 것은 처음 洞山으로부터 시작된 것이다. 따라서 천하에서 그것을 洞山五位라고 부른다. 또 친히 법을 이어받은 曹山父子가 다 洞山顯訣이라 부르고 있는 것도 이것을 증명해 주고 있다. … 다만 祖師들께서 그것을 비밀히 간직하여 세상에 유포하는 것을 꺼렸으나 洞山大師께서는 문을 활짝 열어 보여 꺼리는 일이 없었다. 이에 名을 세우고

오위현결』을 대표로 삼는다고 말할 수 있다. 그리고『중편
조동오위』가『오위현결』의 성격을 이어받았다는 것은 다음
과 같은 설잠(雪岑)의「서」에서 미루어 짐작할 수 있다.

살펴보니 석두일파의 근원은 조계에 있다. 4세를 내려가 동산에 이르
러 그 흐름이 비로소 크게 퍼졌다. 그리하여 점차 나아가 크게 넘쳤으
나 조리가 있어 어지럽지 않았다. 동산대사가 세상을 뜬 이후로 5세를
내려가 대양경현에 이르러 기(機)와 법(法)이 융합하지 못하여 그 가르
침이 적요(寂寥)하였다. … … 그래서 신라에는 김장(金藏) · 영암(靈
巖) · 청허(淸虛) · 운주악(雲住嶽) · 수미엄(須彌儼) · 무위미(無爲微)
· 연구혜(燕口慧) · 허봉담(虛鳳湛), 대령(大嶺) · 청원(淸院) · 와룡(臥
龍) · 해룡(海龍) · 서암(瑞巖) · 계암(洎巖) 등이었다. 전적에는 20여
존숙이 확인되고 있다. 이들은 모두 완전히 통달한 사람들이다. 각자
가 나룻터를 물어 나룻터를 알고 어리석음을 돌이켜 어리석음을 지혜
로 변화시켰다. 그러므로 정(正) 가운데서 묘(妙)한 화협(和協)을 얻어
우리나라에 퍼뜨린 자가 이렇듯 굉장하였다. 그러나 후대로 내려오
면서 동산이 서술한 그 오위를 기둥에 붙이고 배에다 새기면서 일미의
뜻이 더욱더 퇴색해 갔다. 어떤 사람들은 혹 그것을 경초선(莖草禪)이
라 하여 이른바 의상(意想)의 말장난으로 도외시한 것이다. 혹은 원기
(元氣)의 혼돈한 상태처럼 아득하게만 간주하기도 하였다.[376]

이것은 회연 당시 동산의 가르침에 대한 형편을 엿볼 수
있는 하나의 단서로 볼 수 있을 것이다. 이제 회연이 주장
하고자 했던 점을 두 가지 점에서 살펴보고자 한다. 그 하
나는 오위의 각 명칭 가운데 정중래중심설의 주장인 제사
위의 명칭이 겸중지인 경우 및 겸중도중심설인 제사위의
명칭이 편중지인 경우에 대한 회연의 입장이다. 또 하나는
「축위송」의 작자문제로서 동산양개의 저술이라는 것과 조
산본적의 저술이라는 것에 대한 회연의 입장이다.

位를 정하여 그것을 施設하는 데 주저하지 않았다"
376)『重編曹洞五位』「序」,(『曹洞宗全書』註解 5, p.1)

2)「축위송」의 작자

우선 「축위송」의 작자를 동산양개로 보는 가장 오래된 기록은 각범혜홍의 『선림승보전』 권1의 「무주조산본적장」[377)이다. 『분양록』 권상[378)에 그 화송(和頌)이 나타나 있는데 동산양개의 게송은 보이지 않는다. 그리고 편과 정의 입장을 흑과 백의 원으로 도시한 방법은 각범혜홍의 『지증전』[379)이 그 처음이다. 대혜종고의 『정법안장』 권6의 말미에 수록되어 있는 시중(示衆)[380)에서도 이러한 사실을 설명해 주고 있다. 동산오위에 대한 「축위송」은 정중편・편중정・정중래・편중지・겸중도 등 각각의 오위에 대하여 7언 3구의 「송」과 「간(揀)」을 붙인 것이다.[381) 우선 2권본 『조산록』에서는 「주석동산오위송」이라 제목하여 오위송에 대한 주석을 가하고 있는 곳에서 그 제목이 「동산오위송」이라 보여주고 있듯이 게송의 작자를 동산양개로 간주하고 있다.[382) 그러나 이러한 것에 대하여 회연은 먼저 제사위의 명칭에 대해서『중편조동오위』권중에서 조산의 「축위송」에 대한 「보」를 통하여 「축위송」이 조산본적의

377)『禪林僧寶傳』卷1,(卍續藏137, p.444上)
378)『汾陽無德禪師語錄』卷上,(大正藏47, p.605中-下)
379)『禪林僧寶傳』卷1,(卍續藏111, pp.221上-226下)
380)『正法眼藏』卷6,(卍續藏118, pp.152上-153上)
381) 『撫州曹山元證禪師語錄』「逐位頌竝注別揀」,(大正藏47, pp.532下-533中) 이것은 洞山良价의「五位顯決」에 대해 曹山本寂이 偏正五位로 정리한「逐位頌」을 붙이고 여기에 다시 曹山慧霞가 各 位마다「揀」을 붙인 것이다. 또한『撫州曹山本寂禪師語錄』卷下「註釋洞山五位頌」,(大正藏47, p.542中-下)과『重編曹洞五位』卷中,(『曹洞宗全書』「註解」5, pp.19上-20下) 에도 같은 내용이 실려 있다. 이 세 자료에는 모두「逐位頌」이 曹山의 作으로 되어 있다.
382)『撫州曹山本寂禪師語錄』卷下,(大正藏47, p.542中)

설임을 주장하면서 이에 잘못을 바로잡는다고 다음과 같이 말하고 있다.

선조산본적선사의 축위송과 주와 별간
이 제목은 곧 혜하공(慧霞公) 백미(白眉)가 붙인 것이다. 그러므로 그 「서」에서 또한 다음과 같이 '조산대사는 동산양개의 적사(嫡嗣)이다. 오위를 설명하려고 게송으로 오편을 송했다.'라고 말하고 있다. 광휘도 또한 「서」에서 다음과 같이 '송을 짓고 문장을 배열한 것은 마치 바닷속에서 여의주를 찾아낸 것과 같다. 운운.'이라고 말했다. 조산부자는 동산의 가풍을 전승한 후예로서 동산의 지결(旨訣)을 상승하였다. 그런즉 이것은 선조산[曹山本寂]이 지은 것임에 틀림없다. 그러나 각범은 『임간록』에서 동산이 오위군신의 표준을 지었다고 말하고, 또한 그에 따라 거기에 게송을 지었다고 말하고 있다. 또 여러 기록에서는 모두 洞上의 「축위송」에 대하여 말한다. 그러나 그 설이 이와 같이 달라 분명히 정해져 있지 않다. 비록 그렇긴 하나 어찌 가히 수백 년이 지난 후현들이 전한 기록을 옳다 하여 우리 종가의 전승을 그르다 할 수 있겠는가. 이제 이것을 기록하여 게재함으로써 올바른 표준으로 삼는 바이다.[383]

이로써 보면 우선 「축위송」의 작자에 대해 그것이 조산 본적임을 분명히 하고 있다. 이것은 「축위송」의 내용적인 측면 만의 주장이 아니라 그 속에 사용되고 있는 「선조산 본적선사의 축위송과 주와 별간」이라는 제목에도 나타나 있다.

또한 다섯 가지 각 위(位)의 용어에 있어서도 주목할 필요가 있다. 회연이 조산의 「축위송」에 근거하여 거기에 광

---

383) 『曹洞宗全書』 「註解」 5, p.19. "先曹山本寂禪師逐位頌幷註別揀 補云 此題洒霞公白眉所置也 故其序亦云 曹山大師新豊嫡嗣 將明五位 頌出五篇 輝序亦云 制頌排章 若獲神珠出海云云 且曹山父子是傳家兒孫 自有二相承旨訣 則是先曹山之作必矣 兩林間錄 洞山作五位君臣標準 又作偈系其下云 又諸錄皆云 洞上逐位頌 其說不同如此 未敢詳定 雖然豈可以數百年外後賢傳記爲是 而以家之所傳爲非 今且以此錄所載爲正"

휘의 「석」을 싣고 자신의 「보」를 붙여 설명한 것은 바로
이러한 정황을 말해주는 것이다. 그 「축위송」 가운데 제사
위의 편중지라는 용어의 사용은 곧 동산과 조산의 오위를
원래의 모습 그대로 보려 했기 때문이었다. 즉 동산의 『오
위현결』에서 제사위에 대하여 '편위중래' 라 하여 '단지 편
위만 있어 반연을 겸대한 가운데서 진리를 드러내므로 유
어중의 무어라 할 수 있다.'라는 설명을 가하고 있다.

　여기에서 '편위중래'는 조산이 정립한 용어로는 편중지가
되는데, 바로 이 편중지는 정중래가 정위의 일방적인 입장
인 것과는 대조적으로 편위의 일방적인 입장이다. 곧 편중
지는 현실적인 제현상을 통하여 진리의 절대경지에 이르는
명제이다. 정중래가 정과 편의 닫힌관계로서 정을 정의 측
면만으로 궁구한 것이라면 편중지는 정과 편의 닫힌관계로
서 편을 편의 측면만으로 궁구하여 지성독탈(至誠獨
脫)384)한 것이다. 이리하여 궁극적으로는 편정이 원만한
경지에 이르는 길을 보여주고 있다. 따라서 유위현상 속에
서 무위의 진제(眞諦)를 실현하므로 '유어중무어'라고 한
것이다.

　회연이 또 한 가지 근거로 들고 있는 것은 『중편조동오
위』의 서두에 기록되어 있는 혜하의 「서」에 '조산대사는
신풍(동산양개)의 적사(嫡嗣)로서 장차 오위를 설명하려고
오편을 송출하였다.'라고 한 것, 또한 광휘의 「서」에서는
'송을 짓고 장(章)을 배열하고 ….' 등을 들 수가 있다. 결
국 회연은 '오편을 송출했다'는 것과 '송을 짓고' 등에 있

---

384) 至誠獨脫은 지극한 마음을 다하여 일체의 번뇌로부터 훤칠하게 초
　　연한 모습이다.

어서 송을 「축위송」으로 주장하고 있다. 그리하여 회연은 다음과 같은 결론을 내리고 있다.

> 비록 보경삼매 · 오위현결 · 삼삼루 등의 내용이 약산으로부터 유래되었다 할지라도 문(文)을 짓고 오위를 시설하여 총림에 유포한 것은 처음 동산으로부터 시작된 것이다. 또한 친히 법을 이어받은 조산의 부자가 다 『오위현결』이라 부르고 있는 것도 이것을 증명해 준다. 그런데 왜 하필 후대에 나온 설을 따를 필요가 있겠는가. 다만 조사들께서는 그것을 비밀히 간직하여 세상에 유포하는 것을 염려하였으나, 동산대사께서는 문을 활짝 열어 보여주는 데 거리낌이 없었다. 이에 명(名)을 세우고 위(位)를 정하여 그것을 시설하는데 주저하지 않았다. 그러므로 이로써 『오위현결』의 의미를 가히 알 수 있으리라. 혹자는 '보경삼매는 약산스님께서 짓고 그 밖의 것은 동산스님께서 이어받아 저술한 것이다. 마치 아버지가 기초를 닦고 자식이 이룩한 것과 같다.'라고 말한다. 이 말은 그럴 법하게 들린다. 그러나 약산의 문하에는 두 갈래가 있다. 하나는 도오원지(道吾圓智)로부터 석상경제(石霜慶諸) · 구봉도건(九峰道虔)으로 이어지는 것으로 대부분이 군신오위와 부자오위를 말하고 있다. 다른 하나는 운암담성으로부터 동산량개와 조산본적 부자로 이어져 내려오는 것으로 편정오위를 말하면서 아울러 군신오위도 포함하고 있다. 만약 『보경삼매』가 약산유엄 때에 이미 있었다면 정편회호 등 몇몇 설자(說者)가 지혜를 감추면서 전하지 않고 홀로 운암담성만 그 가풍을 사용한 것이 되어 사실과 다르게 되고 마니, 그것은 어인 까닭인가. 또한 동산이 지은 것이 아니라면 어떻게 처음 동산이 그것을 부르짖었다는 말이 있을 수 있겠는가. 그런즉 『보경삼매』의 작자에 대한 의심은 이로써 해결되는 것이다. 『오위현결』과 「삼삼루」는 동산오본대사께서 조산탐장에게 부촉하여 드날린 것이다. 그러니 『선림승보전』에서 근거 없는 것을 가지고 의문을 갖게 한 것은 안타까운 일이다.385)

이처럼 몇 개의 「서」를 통해서 볼 때 회연은 분명하게 정편의 오위설은 설령 이전에 유행하고 있었다 하더라도 동산양개로터 그 체계가 잡혔다는 것을 구체적으로 보여주고 있다 할 것이다. 또한 조산혜하의 「서」를 보면 분명히 편정오위는 동산대사께서 지은 것이라고 확정하고 있다.

---

385) 『重編曹洞五位』 卷上 「洞山五位顯訣」,(韓佛全6, p.218中)

이에 혜하의 「서」386)와 광휘의 「서」387)는 각각 다음과 같
다.

동산오위현결 병 선조산간출어요서 문인후조산요오대사 혜하 술
달마대사께서 전해 온 꽃은 일진(一眞)으로서 명상(名相)을 끊었고 혜
능대사의 원만한 깨달음은 오엽(五葉)으로 나뉘어 전해졌다. 그것이
동산에 이르러 그 강요가 크게 일어났다. 그것을 원융하면 일구요 나
누면 오문이다. 동산대사의 적사(嫡嗣)인 조산본적에 이르러서 장차
오위를 밝히기 위하여 오편을 송출하고 아울러 일례의 언(言)을 들어
오문의 지(旨)를 드러내었다. 첫째는 정위로서 주(主)이다. 둘째는 편
위로서 빈(賓)이다. 셋째는 정중각편으로서 이렇게 와서 위(位)를 드러
낸다. 넷째는 편위각정으로서 이렇게 가서 종(宗)을 밝힌다. 다섯째는
상겸대래로서 유무에 걸림이 없고, 빈주를 문득 잊으며, 편도 아니고
정도 아니며, 지묘(至妙)하고 지현(至玄)하며, 혹 그 자리에서 오는 것
이니 어찌 어묵(語黙)을 따를 것이며, 혹 정면으로 가니 어찌 언전(言
詮)에 있으랴. 저 「약산대도(藥山帶刀)」와 「포납세불(布衲洗佛)」과 같
은 형절(逈絶)한 가르침 가운데의 법칙[則]이요, 탁연한 격외의 기(機)
여서 진실로 상도(常途)를 벗어나고 온전히 이로(異路)를 초월하며 영
원히 종지를 말한다. 이 위(位)는 가장 현묘하여 위(位)를 빌려 공(功)
을 밝히고 공(功)을 빌려 위(位)를 밝히며, 연(緣)을 따라 정(正)을 가
리고 묘(妙)를 체험하여 귀(歸)를 알며, 이어져 현담에 이르러 모두 위
(位)의 차례를 표(標)한다. 그 지요(旨要)를 인하여 감히 서제(序題)로
삼는 바이다.388)

---

386) 「洞山五位顯訣 幷 先曹山揀出語要序」,(『曹洞宗全書』「註解」 p.3下)
는 曹洞本寂이 洞山의 『五位顯訣』에 「揀語」를 붙이면서 쓴 「序」를 了
悟(慧霞)가 필록한 것이다.

387) 「重集洞山偏正五位曹山揀語幷序」,(『曹洞宗全書』「註解」 p.3上-中)
는 「洞山五位顯訣 幷 先曹山揀出語要序 門人後曹山了悟大師 慧霞 述
」에 대해 慧霞가 그대로 編集하면서 붙인 「序」를 光輝가 필록한 것이
다.

388) 韓佛全6, p.217. "西祖持來花 一眞而截名相 南華圓去3)果 五葉以散
師承 迨及新豊 宏提4)綱要 圓融一句 分列五門 泊曹山大師 乃新豊嫡
嗣 將明五位 頌出五篇 兼擧一例之言 以顯五門之旨 一者正位爲之主
二者偏位爲之賓 三者正中却偏是恁麽來而顯位 四者偏位却正 是恁麽去
以明宗 五者相兼帶來 不涉有無 頓亡賓主 不偏不正 至妙至玄 或當頭
而來 寧從語默 或正面而去 豈在言詮 如藥山帶刀 布衲洗佛 逈絶教中
之則 卓然格外之機 誠出常途 全超異路 永言宗旨 此位寂玄 其有借位

중집동산편정오위조산간어 병 서 문인 광휘 술
심히 기이하도다. 세존께서 무언의 설법을 능히 언설로써 일체법을 건
립하셨다. 이것은 지인(至人)이 설교한 방편의 문으로서 후대의 조사
들이 높은 산처럼 우러르게 되었다. 편정오위는 동산대사가 지은 것이
다. 대사는 법계의 의왕(醫王)이며 종문의 화주(化主)로서 무릇 일언
일구가 다 골수에 사무치고 정신에 사무친다. 간략히 방편의 문을 열
어 이에 편정의 위(位)를 만들었으니, 그 말은 간략하나 이치는 깊어
하늘도 높지 않고 바다도 넓지 않다. 만약 일찍이 조실(祖室)을 참문
하지 않았다면 누가 능히 그 나룻터를 헤아리랴. 그러던 차에 조산대
사가 새로이 입실한 사람이었다. 조산대사는 일찍이 진리를 통하고 밝
은 스승[洞山]을 만나 친히 동산의 문(文)을 받고 은밀히 그 뜻[旨]을
전해받았다.[389]

이처럼 각각의 「서」를 통해서 나타난 내용을 보면 편정
오위는 동산대사께서 지은 것임을 말하고 있다. 동산대사
는 법계의 의왕(醫王)이며 종문의 화주(化主)로서 무릇 한
마디 한 구절이 모두 골수에 사무치고 마음에 사무친다.
따라서 간략히 방편의 문을 열어 정편의 위(位)를 끌어들
였다. 그 언(言)은 간략하면서도 그 이치는 깊어 하늘이
높지 않고 바다가 넓지 않을 정도였다. 만약 일찍이 조실
(祖室)을 참문하지 않았다면 누가 능히 그의 마음을 헤아
릴 수 있겠느냐는 것이다.

그리고 조산본적대사는 새로 입실한 사람으로서 일찍이
진리에 통달하였으나 다시 눈밝은 스승[洞山]을 만나 친히
동산의 글을 받아 은밀히 그 지(旨)를 전하였다. 그러나

明功 備功明位 從緣辨正 體妙知歸 迺至玄談 咸標位次 因披旨要 敢有
序題矣"
389) 韓佛全6, p.217. "甚奇 世尊於無言說法 能以言說建立一切法 此是
至人說教方便之門後代師承高山仰止也 偏正五位者 洞山大師之所作也
大師法界醫王 宗門化主 凡有一言一句 皆爲入髓入神略開方便之門 爰
制偏正之位 其言約其理深 天不高海不闊 若不曾叅祖室 誰能測彼津涯
次有曹山大師者 新室之人也 早通眞理 復遇明師 親授其文 密傳其旨"

스승의 가르침에 만족하지 않고 학도들에게 가르침을 보였으나 상근기의 사람들은 한 번에도 쉽게 깨우치지만 중근기의 사람들은 세 번을 반복해도 깨우치지 못하였다. 이에 게송을 지어 문장으로 적절하게 배열하였다. 만약 번뇌의 바다를 벗어나는 신령스런 구슬을 얻으려면 문장을 따라 잘 해석하면서 밝은 거울이 사람을 비추듯이 살피라고 하는 것이다. 흔히들 아버지가 일을 도모하고 자식이 그 일을 성사시킨다고 말하듯이 동산이 창창한 편정오위를 조산이 정형화시켜 조동의 기관(機關)으로 성립시킨 의의가 잘 나타나 있다.

이것을 결택한 사람은 아침 다르고 저녁 다르게 배부르면 가고 배고프면 와서 문 두드리는 일이 일정하지 않으니 그 선후를 간별한다고 해도 언사가 번거로울 뿐이다. 그러나 추요(樞要)의 문을 알게 되면 쉽게 지름길을 알게 되리니, 아직 강종(綱宗)의 취(趣)에 나아가지 못하게 되면 길이 언구 속에 미혹하게 된다. 그리하여 혜하(慧霞)는 남북으로 20여 년 동안 스승과 도반을 찾아다니고 참된 종지를 추구하다가 홀연히 편정의 글을 만나 선현들의 자취를 문득 알게 되어 그에 대한 것들을 모아 오위를 편집하였던 것으로 보인다.

그러나 정작 혜하가 거기에 「주석」이나 「간」을 붙였다는 흔적은 찾아볼 수가 없다. 회연은 『중편조동오위』 권중에서 조산의 「축위송」의 「보」를 통하여 「축위송」이 조산본적의 설임을 주장하면서 이에 잘못을 바로잡는다고 하였던 것이다. 이로써 보면 우선 『오위현결』의 작자는 동산양개이고, 「축위송」의 작자에 대해서는 그것이 조산본적임을 분명히 하고 있다.

  3) 제4위의 명칭

  다음으로 회연이 『중편조동오위』에서 주장했던 또 하나의 입장으로는 오위의 명칭 가운데 제사위를 편중지로 규정하고 있는 점이다. 동산양개의 『오위현결』390)에서는 오위의 용어는 정위각편(正位却偏, 正中偏) 편위수편역원양의(偏位雖偏亦圓兩意, 偏中正) 정위각래(正位中來, 正中來) 편위중래(偏位中來, 偏中至) 상겸대래(相兼帶來, 兼中到)라고 되어있다.

  그래서 후대에 말하는 바와 같은 편정오위의 명칭 즉 정중편 · 편중정 · 정중래 · 편중지 · 겸중도 등이 아직 정형화되기 이전이었다. 그러나 이 편정오위의 각 명칭에 대해서도 후대에는 약간의 변화가 생기기도 하고 그에 따라서 오위의 해석에도 차이가 생겨나게 되었다. 특히 다섯 위(位) 가운데서 순서상 넷째에 배열되어 있는 편중지와 겸중지가 그 대표적인 것으로서 이에 대한 설이 분분하였다.

  특히 오위설에 대한 관심은 회연 이후에도 계속되는데 일본 에도 시대에 이르러 가장 빛을 보게 된다. 에도 시대의 의묵현계(宜黙玄契)가 교정한 2권본 『조산록』 권하391)

---

390) 洞山의 「五位顯訣」의 내용은 曹山本寂이 「五位顯訣」에 붙인 「解釋
    洞山五位顯訣」 속의 내용으로 살펴볼 수 있다.(『撫州曹山本寂禪師語
    錄』, 大正藏47, p.541下)
391) 大正新脩大藏經에 실려 있는 『曹山錄』은 일본의 指月慧印이 校訂
    한 『撫州曹山元證禪師語錄』과 明나라 郭凝之가 編集한 것을 일본의
    宜黙玄契가 校訂한 『撫州曹山本寂禪師語錄』의 두 본이 있다. 전자는
    1권으로 구성되어 있고 후자는 上·下 두 권으로 구성되어 있어서 여기

에 기록되어 있는 「주석동산오위송(註釋洞山五位頌)」392)에서는 정중편 · 편중정 · 정중래 · 겸중지 · 겸중도라 하여 겸중지라는 용어를 사용하고 있다. 그러나 같은 책의 「오위지결」에서는 정중래 · 편중지 · 정중편 · 편중정 · 겸중도라고 배열하여 편중지라는 용어를 달리 사용하고 있다. 또한 1권본 『조산록』의 「축위송병주간별(逐位頌幷注別揀)」에서도 편중지라는 용어를 사용하고 있다. 그래서 겸중지와 편중지의 두 경우가 나타나고 있다.

그리고 이처럼 겸중지와 편중지라는 용어상의 차이는 단순히 용어의 차이에 그치지 않고 오위에 대한 해석의 차이로도 대두되고 있다. 바로 이러한 편정오위에 대한 이설(異說)은 편정오위가 창창된 이후 곧 임제종파에서 특히 본격적으로는 분양선소에서부터 일어났으며 그것이 다시 조동종파에게까지 영향을 끼쳤다. 중국에서 최초로 이것이 문제가 된 것은 각범혜홍이었고, 일본에서는 성등(省燈)의 『오위도설(五位圖說)』과 걸당(傑堂)과 남영(南英)의 『군척고(攟摭藁)』 등이라 할 수 있다.393) 이제 편정오위에 나타난 이러한 용어의 차이와 그로 인한 오위의 해석에 차이가 생기는 것에 대하여 회연이 『중편조동오위』에서 밝힌 입장에 대하여 살펴보기로 한다.

서는 편의상 각각 1권본과 2권본으로 부르기로 한다.
392) 이 「註釋洞山五位頌」이라는 제목은 동산의 『五位顯訣』과 함께 거기에 붙인 逐位頌이 같은 洞山의 作이라는 의미로 해석된다. 그러나 1권본 『曹山錄』에 실려 있는 『逐位頌幷注別揀』에서는 別揀이 조산본적의 주석에 해당하므로 여기에서는 逐位頌이 曹山本寂 作으로 해석된다. 종래 逐位頌의 작자에 대해서는 洞山說과 曹山說이 있어 왔다. 그러나 오늘날의 연구로는 보통 曹山說로 보는 견해가 지배적이다.
393) 石附勝龍, 「偏正五位異說の源流 -汾陽·慈明兩偏正五位をめぐつて-」,(『宗學研究』12, 駒澤大學. 1970)

(1) 편중지설

편정오위 가운데 제사위의 용어에 있어서 겸중지와 편중지의 문제는 일본 에도 시대 연보 8년(1680)에 현봉연룡(玄峰淵龍)에 의해서 재편찬된 회연의 『중편조동오위』 「축위송」에 「편중지」라 명기되어 있는 것으로부터 에도 시대에는 오위설의 제사위의 명칭이 편중지라 되어 있어 이로부터 편중지를 정통설로 간주하고 겸중지를 이설(異說)로 간주하는 것이 주종을 이루었다. 이것은 오위의 원류인 동산의 『오위현결』과 조산의 「축위송」에서 이미 오위의 제사위에서 편중지라는 용어가 사용되어 있는 것으로부터 그 증거를 삼을 수가 있기 때문이다.

그러나 현루(玄樓)가 지적하고 있는 금봉종지(金峰從志)가 편찬한 『조산록』에는 양자가 병용되어 있다. 또한 동산과 조산 이후 이 겸중지설도 많은 사람에 의해서 주장되어 왔다. 그러나 특히 투자의청(1032-1083)과 굉지정각(1091-1157) 등은 금봉종지가 편찬한 『조산록』과 마찬가지로 양자를 병용하여 사용하고 있다. 양자 병용은 편중지와 겸중도의 각각을 살펴봄으로써 그것을 사용한 각각의 경우를 이해할 수 있으리라 생각하기 때문에 우선 조동종에서 오위의 정통으로 되어있는 편중지설의 용례를 살펴보기로 한다.

오위의 시초인 동산양개의 『오위현결』은 조산의 「축위송」에 의해서 편정오위라는 이름으로 정착되었다 할 수 있다. 그래서 조산의 「축위송」이 오위의 역사에서 차지하고 있는 의의는 참으로 중요하다 할 수 있다. 바로 그 「축위송」394)에서는 오위의 명칭이 편중지로 나타나 있다. 한편 대양경현도 편정오위에 대한 송395)에서 마찬가지의 편중지라는 용어를 사용하고 있지만 아직은 편중지와 겸중도라는 의식은 분명하지 않다.

이후 임제종파에서는 겸중지의 용어가 활발하게 사용되어 가는데 이에 대하여 각범혜홍은 임제종파 소속임에도 편중지의 사용이 올바르다는 견해를 주장하는 그 선구가 되었다. 우선 이 겸중지와 편중지설에 대한 논의는 임제종 소속의 각범혜홍(1071-1128)의 『석문문자선』권25의 「제운거홍각선사어록」에서 그 일단을 찾아볼 수 있다.

이제 도가 점점 멀어져 각 위(位)의 명칭에 있어서도 혼란이 생겨나게 되었다. 정중편 편중정 정중래 편중지 그리고 겸중도로써 모두 다섯을 이룬다. 이제 이 가운데 편중지를 겸중지로 바꾸어 사용하는 경우가 있는데 그 이유를 모르겠다. 더구나 대납노사(大衲老師)들도 이처럼 괴이한 것을 알 수가 없다. 참으로 가소로운 일이다.396)

위의 문장 가운데서 각범은 오위의 명칭에 있어서 편중지를 겸중지로 바꾸어 사용하고 있는 것은 잘못된 것임을 주장하고 있다. 각범의 이 주장은 『인천안목』권3에도 '적음(寂音, 각범혜홍)이 오위의 잘못을 바로잡았다[寂音正五位之訛].'라고 제목하여 수록하고 있다. 이러한 각범의 주장의 근거는 명확하지 않지만, 그의 『임간록』397)에「축위

<hr>

394)『人天眼目』卷3.(大正藏48, p.514下)
395)『五燈會元』卷14「大陽警玄禪師章」,(卍續藏138, p.523上)
396)『禪門逸書』初編, 제4책, p.344. "道愈陵遲 至於列位之名件 亦訛亂不次 如正中偏偏中正又正中來偏中至然後以兼中到總成五位 今乃易偏中至爲兼中至 不曉其何義也 而老師大衲 亦恬然不知怪 爲可笑也"
397)『林間錄』卷下,(卍續藏148, p.322) "兼中至 兩刀交鋒不須避 好手猶如火裏蓮 宛然自有衝天氣 … … 而是偈語 世俗傳寫 多更易之 以狗

송」을 기록하여 그 제사위에 겸중지라는 용어를 구사하면서 조산의 「축위송」을 그대로 인용하고 있다. 이 각범의 편중지설은 『인천안목』 등의 유포본과 함께 선문에서는 익히 알려진 주장이다. 각범은 임제종파의 사람으로는 겸중지를 부정하고 편중지를 주장한 대표적인 사람으로서 회연의 『중편조동오위』권중에 실려 있는 『보협론』398)을 서술한 서은자연(棲隱自然)과 더불어 드물게 보는 사람이다. 그러나 각범의 편중지설은 중국의 조동종의 쇠퇴와 함께 단절되어 버렸다.

그런데 이후 일본의 현루오룡(玄樓奧龍)은 그의 저술인 『편정론(偏正論)』의 「발」399)에 각범이 위에서 지적한 바를 상기시키면서 『조산록』 속에서 병용되고 있는 겸중지와 편중지에 대해 주목하고 있다. 이에 회연은 「축위송」에 대하여 조산의 저술임을 언급하면서 「축위송」의 내용적인 측면만의 주장이 아니라 그 속에 사용되고 있는 다섯 가지 각 위(位)의 용어에 있어서도 주목할 필요가 있음을 말하고 있다. 회연이 조산의 「축위송」에 근거하여 거기에 광휘의 「석」을 싣고 회연 자신의 「보」를 붙여 설명한 것은 바로 이러한 정황을 말해주는 것이다.

그 「축위송」 가운데 제사위의 편중지라는 용어의 사용은 곧 동산과 조산의 오위를 원래 그대로 보려 했기 때문이었다. 즉 동산의 『오위현결』에서 제사위에 대하여 '편위중래'라 하여 '단지 편위만 있어 반연을 겸대한 가운데서 진리를 드러내므로 유어중의 무어라 할 수 있다.'는 설명을 가

其私 失先德之意 子竊惜之 今錄古本於此 正諸傳之誤"
398)『曹洞宗全書』「註解」5, pp.26-29.
399)『續曹洞宗全書』「語錄」3, p.458.

하고 있다. 여기에서 '편위중래'는 조산이 정립한 용어로는 편중지가 되는데 바로 이 편중지는 정중래가 정위의 일방적인 입장과는 대조적으로 편위의 일방적인 입장이다. 따라서 현실적인 제현상을 통하여 진리의 절대경지에 이르는 명제이다. 정중래가 정과 편의 닫힌관계로서 정을 정의 측면만으로 궁구한 것이라면, 편중지는 정과 편의 닫힌관계로서 편을 편의 측면만으로 궁구하여 지성독탈(至誠獨脫)400)한 것이다. 이리하여 궁극적으로는 편정이 원만한 경지에 이르는 길을 보여주고 있다. 따라서 유위현상 속에서 무위의 진제(眞諦)를 실현하므로 유어중무어라 한 것이다. 편위중래에 대해 조산본적의 해석은 다음과 같다.

> 편위중래는 온전히 현상의 반연을 의지한다. … … 사대의 성색으로부터 왔지만 시비를 두지 않는다. 그러므로 반연중에서 파악한 것을 달리 편위중래라 한다. 편위중래는 편위를 밝힘에 있어 반연을 의지하지만 그 반연하는 본성[緣性]이라는 체성이 없으므로 정위와 동일하다. 그래서 편위중래는 물(物)에 나아가 진리의 체(體)를 밝히는 입장이라 할 수 있다.401)

편위중래는 곧 반연을 의지한 것이다. 언설은 그 자체가 사대성색(四大聲色)을 반연한 것이므로 시비의 대상이 아니다. 그러므로 반연 가운데서 진리를 체득함을 편위중래라 한다. 이것은 곧 편, 즉 물(物)에 나아가 진리[體]를 파악하지만 그 반연하는 본선[緣性]은 정위와 마찬가지로

---

400) 至誠獨脫은 지극한 마음을 다하여 일체의 번뇌로부터 훤칠하게 초연한 모습이다.
401) 『重編曹洞五位』卷中,(韓佛全6, p.222) "偏位中來者則兼緣 … … 語從四大聲色中來 不立處所是非 故曰緣中辨得是偏位中來也 偏位來明偏位涉緣 緣性無體 皆同正位 偏位中來者 就物明體"

공(空)하다. 곧 반연 가운데서 파악한 예는 허다히 많다. 이처럼 편중지의 편은 감각적인 만유세계의 제연·제현상을 가리킨다. 즉 진리는 어느 시처에도 다 현현해 있다. 그것을 터득해 감에 있어 단순히 현상의 모습만을 보는 것이 아니라 그 자체가 곧 진리의 체현임을 잊지 않는 것이다. 앞의 정중래가 정위즉공계(正位卽空界) 본래무물(本來無物)이라면 편중지는 편위즉색계(偏位卽色界) 유만상형(有萬象形)이다. 그래서 편중지는 흔히 둘레를 흑원으로 (○)으로 도시한다. 현상의 편위가 본체의 정위로 승화됨을 나타낸다. 이 편중지는 편위의 입장에서 진리를 파악한 명제다. 그래서 유구중래(有句中來)이다.[402] 정위와 편위가 상촉(傷觸)을 거부한다.

그러나 대양경현에게는 임제의 사요간(四料簡)과 오위를 비교하여 게송을 붙인 「오위빈주」[403]가 있는데 이 가운데서는 다시 겸중지를 사용하고 있다. 여기에서 겸중지를 사용하고 있는 것은 조동종파에서 겸중지와 편중지가 병용되어 나타나는 그 처음이라 할 수 있다.

(2) 겸중지설

임제종파에서 오위설은 임제에게 참문하여 사요간(四料簡)에 의해 깨침을 얻은 극부도자(克符道者) 즉 지의도자(紙衣道者)로부터 그 시작을 볼 수 있다. 이 극부도자에게는 오위에 대한 게송 1수가 『인천안목』[404]에 전해지고 있

---

402) 「註釋洞山五位頌」,(大正藏47, pp.542中-下)
403) 『人天眼目』卷3,(大正藏48, p.315下)
404) 『人天眼目』卷中,(大正藏48, pp.314下-315上)

는데 여기에서 겸중지의 용어를 사용하고 있다.

극부도자의 오위송에서는 정중편과 편중정은 분명하게 상대를 이루어 나타나 있다. 그래서 이로써 보자면 제삼위의 정중래와 제사위의 겸중지는 서로 호응하는 관계에 서 있다. 그래서 제오위의 겸중도에 이르러서는 왕의 깃발과 궁전과 천자의 지존 등이 조동오위에서 나타내는 구극적 진리의 현성으로 표현되어 있다.

따라서 겸중지를 내세워 정중래중심설을 주장하는 이후의 구조와는 내용상의 차이를 보게 된다. 이러한 까닭으로 제삼위가 겸중지라는 용어가 사용되고는 있지만 아직은 내용상 편중지를 사용하는 것과는 별다른 차이가 없는 것으로 보아 임제종파의 오위 가운데서도 극히 초기의 것임을 알 수 있다. 이것은 극부도자가 임제와 조동을 넘나들면서 두 종지를 두루 참하여 오위와 사요간에 모두 역량 있는 사람으로 취급되고 있다는 사실로부터도 짐작할 수 있는 사실이다.

다음 임제종파에서 의용하고 있는 오위의 두 흐름으로서 언급될 수 있는 것으로 이전의 명칭과 위치의 내용에 있어서 대담하게 개정을 가하여 완전히 독자적인 오위를 주장한 인물이 바로 분양선소의 오위와 자명초원의 오위라 할 수 있다. 그런데 분양선소의 오위에서는 정중래를 제일위로 삼고 그것을 닫힌관계의 정위로 보고 있다. 이에 반하여 자명초원의 오위는 정통 오위와 마찬가지로 정중래를 제삼위로 삼으면서 성격적으로는 진퇴를 그대로 맡겨두어 조도(鳥道)에 통하는 근원적인 원리로 주장하고 있다.

분양선소의 오위의 특징은 자명초원이 대장부들 사이에

서 모순을 교호(交互)하는 것을 묘용(妙用)으로 삼는 것과는 달리 겸중지가 자기 한 사람에 의한 작용에 중점을 두고 있으며, 겸중도도 귀가온좌(歸家穩坐)보다는 몰종적(沒蹤跡)한 대용(大用)을 서술하고 있다. 따라서 분양의 겸중지는 일체가 정위의 역량을 갖추고 있는 자리에서 모든 번뇌를 물리치고 공능을 드러내는 편중지 본래의 뜻이 잘 나타나 있다.

이 겸중지는 편중지에서 편과 같이 닫힌관계를 나타내는 것이 아니다. 오히려 분양이 송에서 말한 '한소리에 모두 절복시킨다[哮吼一聲皆伏地]'는 말과 같은 것으로서 겸중도의 경우와 동등한 입장에서의 진인의 구경위를 나타내고 있다 해야 할 것이다. 그래서 이것은 편정오위에서 겸중도 중심의 구조와 틀을 같이 하고 있으면서도 정위를 구족한 편위라는 점에서 이후 임제종파의 겸중지 중심으로 옮겨가는 과정을 암시해 주고 있다.

이러한 분양선소의 오위설에 대하여 다시 개별적인 입장에서 오위에 해석을 가한 인물이 자명초원이다. 자명은 분양의 법사로서 다년 간에 걸쳐 분양의 오위를 공부했음에도 불구하고 그와는 다른 오위를 주장하였다. 분양선소는 편중지의 성격이 농후한 겸중지라면 그의 사법제자이면서도 자명초원은 그로부터 탈피 내지는 정통오위설의 배제로 볼 수가 있을 것이다.

그래서 자명오위는 편정오위의 정통설과 그 명목은 대략 동일하지만 그 내용에 있어서는 방제(傍提)를 무시하고 공훈의 단계를 강조하는 기봉종심(機鋒中心)이어서 전통설과 크게 다르다 할 수 있을 것이다. 이것이 이후 특히 중국의

오위의 역사에 있어서 하나의 전통으로 정착되어 갔다. 그
러한 흐름이 이후 거의 모든 오위설에 나타나게 된다.

부산법원[일명 圓鑒法遠: 991-1067]의 오위송405)은 제
사위인 겸중지와 제오위인 겸중도가 완전하게 호응의 관계
에 서 있다. 즉 제사위인 겸중지에서의 묘용(妙用)과 격외
(格外)·교전(交戰)과 만휘(萬彙)·현현(玄玄)과 불능어
(不能該)·신봉(神鋒)과 현오(玄奧) 등이 각각 호응하는
관계를 이루고 있다. 따라서 이 겸중지에서의 묘용의 자유
자재는 바로 우뚝 선 칼날과도 같은 능작(能作)의 현현이
고, 겸중도는 격외의 밝은 기(機)가 일체의 작용을 구비하
고 있으면서도 그윽한 진리를 드러내지 않는 작위를 배제
한 공능으로 드러나 있다.

이러한 겸중지와 겸중도의 호응은 결과적으로 제삼위의
정중래를 결론적인 위(位)로 이끌어내기에 좋은 배열이다.
그래서 정중래에서는 만고에 길이 비춰는 원광(圓光)은 인
간세의 사(事)를 두루 섭(攝)하되 어느 기봉(機鋒) 하나
건드리지 않고 손상됨이 없이 일체의 점애(點埃)를 초월하
는 입장이다. 그래서 위의 정중편과 편중정에서의 상대적
인 작용과 겸중지와 겸중도에서의 초절된 호응관계에 있는
능작략(能作略)을 모두 갈무리하고 있다. 이것은 바로 겸
중지 중심을 겨냥한 본격적인 오위의 구조라 할 수 있다.

그런데 대양경현의 영향을 받은 투자의청은 그 둘을 병
용하면서도 실제적으로는 겸중지중심으로 기울고 있음을
보게 된다. 아울러 투자의청은 자명초원의 겸중지설의 영
향을 강하게 받은 인물이다. 법계로는 대양경현의 법사이

---

405)『人天眼目』卷3.(大正藏48, p.315上-中)

면서도 임제종파의 자명초원에게 참하여 배운 것은 마치 부산법원의 경우와 흡사하다. 그리하여 투자의청의 오위406)는 이후 단하자순407) - 굉지정각 등으로 이어져 조동종파에서도 임제종파에서와 마찬가지로 겸중지설로 이어지는 계기가 되었다. 투자의청의 「오위송」408)은 그 일례이다.

한편 이러한 오위송이 이제 조동과 임제의 종파를 막론하고 어디에서나 겸중지중심으로 바꾸어 간 일례는 많이 있다.409) 그러나 이러한 겸중지중심설 가운데에서도 특히 굉지정각의 또 하나의 오위송410)은 단순히 겸중지라는 용어만을 고수한 것이 아니었다. 굉지는 같은 겸중지의 용어를 사용하면서도 다른 곳에서는 편중지를 사용하고 있는데, 이것은 바로 동산과 조산의 겸대사상을 충실하게 이어받고 있기 때문이다. 또한 굉지는 그의 소참법문에서는 편중지라는 용어도 사용하고 있다.411)

이처럼 굉지오위에 있어서 오위의 특징은 제사위에서 편중지를 사용하건 겸중지를 사용하건 간에 내용상에 있어서는 겸중도중심의 겸대구조라는 점이다. 곧 제1위와 제2위

---

406)「曹洞五位要解」,(『梅月堂學術叢書』「附錄」pp.100-101)

407) 위의 책, pp.101-102.

408) 『五燈會元』卷14,(卍續藏138, pp.525下-526上)

409) 普賢善秀,『五燈會元』卷14,(卍續藏138, p.537下) ; 智通景深,(卍續藏138, p.544上) ; 自得慧暉,(卍續藏138, p.548下) ; 自得慧暉,(大正藏47, p.315下) ; 汾陽善昭,(大正藏47, p.314上-中) ; 道吾悟眞,(大正藏47, p.314上-中) ; 宏智正覺,(大正藏47, p.314上-中) ; 聞庵嗣宗,(大正藏47, p.314上-中) ; 華嚴祖覺,(大正藏47, p.314上-中) ; 草堂善清,(大正藏48, p.315中)

410) 『宏智錄』卷8,(大正藏48, p.99上).

411) 『宏智錄』卷1,(大正藏48, p.16上)

의 관계는 밤으로부터 잠을 깨는 정위로부터 편위가 현현
하는 정중편과 구름과 흰머리의 편위로부터 명경으로 이르
는 정위의 편중정으로서 정과 편이 서로 열린관계에 있다.
제3위와 제4위의 관계는 달밤이라는 비할 바 없는 순수한
정위만의 실체와 정교(政敎) 내지 교화(敎化)라는 편위만
의 현현으로서 서로 각각의 위(位)에 머무는 닫힌관계의
관계이다. 이것은 동산과 조산이 각각 『오위현결』과 「축위
송」에서 말하는 열린관계와 닫힌관계의 역동적인 관계를
표현하고 있는 것과 동일하다. 그리고 제5위의 겸중도는
북두성과 잠을 깬 학이 둘이 아닌 관계이면서 또한 옛집을
벗어나는 출진(出塵)의 대용(大用)을 나타내고 있어 오위
의 궁극적인 회호와 불회호의 승화가 나타나는 경지이다.

　여기에서 제일위와 제삼위의 정위적 성향과 제이위와 제
사위의 편위적 성향은 각각을 고집하지 않는다. 밤하늘의
북두성이라는 정중편과 잠을 깨어 있으나 아직 추위에 떨
고 있는 편중정의 회호가 옛집을 벗어나는 초탈로 승화되
어 있기 때문이다. 또한 굉지 소참법문의 오위에 있어서도
제삼위의 편중지는 '기연을 맞이해서는 회호가 없고, 적
(敵)을 만나서는 앞뒤가 없다.'라는 표현처럼 오직 편위만
현현해 있어 달리 정위와 열린관계라든가 화합의 측면은
전혀 드러나지 않은 위(位)이다.

　이것이야말로 제오위의 겸중도에서는 작위적인 행위가
없을뿐더러 왕과 시중드는 사람 그리고 오동나무와 봉황과
같은 상대적인 자취가 전혀 드러나 있지 않은 위(位)로 되
어있다. 곧 '궁전에 왕이 없으니 시중드는 사람 하나 없고,
오동나무를 심지 않으니 봉황이 오지 않는구나.'라고 표현

되어 있다. 그래서 앞의 겸중지의 용어사용이 정중래중심으로만 흐르지 않고 겸대사상으로 표현될 수 있었던 것은 겸중지의 지(至)가 일방적인 입장의 지(至)라면 겸중도의 도(到)는 양방적인 입장의 도(到)로서 정편오위의 제5위이면서 동시에 열린관계와 닫힌관계를 함축한 구경위에 자리매김되어 있다.

이전 동산과 조산으로 비롯되는 편정오위에서의 편중지가 바로 대양경현을 전후로 하여 임제종 계통에서는 극부도자 이후 분양선소(947-1024) · 부산법원(991-1067) · 자명초원(986-1039) · 부산법원 · 굉지정각 · 자득혜휘 · 도오오진 · 취암사종 · 화엄조각 · 초당선청 등412)이 모두 겸중지를 사용하고 있는데 이것은 이후에도 마찬가지이다. 이러한 분위기 영향인지 대양경현은 편정오위에서는 편중지를 사용하면서도 「오위빈주」413)에서는 겸중지라는 용어를 사용하여 겸용하고 있다.

이에 대해서는 조동종 계통에서는 대양경현이 처음으로 겸용하고 있음을 앞서 언급한 적이 있듯이 그의 제자인 투자의청(1032-1083)은 아예 겸중지와 편중지를 병용하고 있다. 또한 굉지정각과 자득혜휘도 마찬가지로 겸중지와 편중지를 병용하고 있어 이후에는 조동종 계통에서도 거의가 양자를 함께 쓰고 있다.

이 겸중지와 편중지의 문제는 일본 에도 시대 현봉연룡(玄峰淵龍)이 회연의 『중편조동오위』의 「축위송」에서 「편중지」라 명기한 것으로부터 에도 시대에는 오위설의 제사

---

412) 이들 모든 頌은 晦巖智昭가 편찬한 『人天眼目』 卷3에 兼中至로 기록되어 실려 있다.
413) 『人天眼目』 卷3.(大正藏48, p.515下)

위의 명칭이 편중지가 옳다고 하여 이로부터 편중지를 정통설로 간주하고 겸중지를 이설(異說)로 간주하는 것이 주종을 이루었다. 그러나 또한 현루(玄樓)가 지적하고 있는 금봉종지가 편찬한 『조산록』에는 양자가 병용되어 있다. 또한 동산과 조산 이후 이 겸중지설도 많은 사람에 의해서 주장되어 왔다.

그러나 편중지를 사용한다고 해서 그것이 반드시 조동종파의 정통설이고 겸중지 내지는 병용하는 것이 이설(異說)이라는 의미로 볼 수는 없다. 왜냐하면 편중지를 사용하는 경우에는 동산과 조산의 정통설이라는 의미가 있어 정중편과 편중정이 상대를 이루고 정중래와 편중지가 상대를 이루며 이 전체의 근본적인 성격으로서 겸중도가 있다는 것이 되기 때문이다.

이것은 동산오위의 궁극적인 성격이 곧 조동종지의 겸대사상에 있다고 볼 때 겸중도중심은 그 타당성을 인정할 수 있다. 그러나 한편 같은 조동종의 종지를 거양하면서도 명나라 때 영각원현은 그의 『동상고철』에서는 편중지를 겸중지로 바꾸어 정중편과 편중정이 상대를 이루고 겸중지와 겸중도가 상대를 이루어 그 가운데에 있는 제삼위인 정중래가 그 근본원리로서 중심을 이룬다는 정중래중심설을 주장하여 겸중지가 타당하다는 주장을 폈기 때문이다.

이처럼 일시 조동의 선풍을 불러일으켰던 명대 말기에 영각원현과 위림도패 등은 조동의 선풍을 진작함과 함께 그 중요한 교의인 오위에 관심을 기울여 동상(洞上)의 가르침을 진작시키기에 노력하게 된다. 그러나 각범의 편중지설과는 반대로 영각원현과 위림도패의 오위설은 겸중지설이며 게다가 정중래중심설과 강하게 결부되어 있다.

결국 정중래중심설을 이끌어 내기 위하여 겸중지가 주장된 느낌이다. 그러나 이러한 겸중지설과 정중래중심설은 바로 일본 에도 시대의 조동종학자들에 의하여 다시 부정되고 있다. 이러한 일례의 과정에 대하여 영각원현은 다음과 같이 말한다.

> 적음(寂音, 각범혜홍)은 겸중지를 고쳐서 편중지로 삼아 이로써 정중래에 상대시켜 후학들을 크게 오도(誤導)하였다. 이제 적음의 그것을 고쳐 정중래의 1위는 곧 나머지 4위의 추요(樞要)로서 앞의 2위는 이 정중래로 들어가고 뒤의 2위는 정중래로부터 나온다. 정은 지존의 위(位)로서 상대적인 유(有)가 있을 수 없으니 그것이 인정할 수 없는 그 첫째 이유이다. 또한 편중지로써 정중래를 상대할 때에는 곧 중간에 두 위[兩位]가 있게 되어 금강저의 모습이 아니니 그것이 인정할 수 없는 그 둘째 이유이다. 또한 편중지는 전백(全白)의 모습인데 정중래는 내흑외백(內黑外白)의 모습으로서 전백(全白)에 상대되지 않으니, 이것이 인정할 수 없는 그 셋째 이유이다. 또 겸중도는 전흑(全黑)의 모습으로서 겸중지의 전백(全白)의 모습과 정면으로 상대되는 것이니 어찌 겸중도 홀로 맨 뒤에 있어 상대가 없다고 할 수 있겠는가. 이것이 인정할 수 없는 그 넷째 이유이다.[414]

여기에서 영각원현은 적음[覺範慧洪]의 편중지설을 비판하여 겸중지로 삼는 논거로써 네 가지를 들고 있다. 요컨대 영각원현은 오위의 각 위에 대하여 앞과 뒤가 넓고 가운데가 오목한 금강저의 형태라 말하고 있다. 그 때문에 앞에 정중편과 편중정을 상대시키고 뒤에 겸중지와 겸중도를 상대시키며 한 가운데에는 정중래를 배치하는 정중래중심설을 주장하고 있다.

이처럼 영각원현으로 대표되는 겸중지 및 정중래중심설은 일본 에도 시대의 천계전존(天桂傳尊) 등에 의해서 단

---

414) 『洞上古轍』,(『曹洞宗全書』「註解」5, p.286)

순히 형태상의 논의라 하여 전면적으로 부정되고 있다. 이 것은 회연의 주장에 부합하는 바가 있다. 이와 같이 정중 래중심설을 이끌어내기 위하여 주장된 겸중지설은 명쾌하 지 않는 의문점을 남겨 놓고 있다. 그리고 겸중지와 편중 지의 문제는 이미 오위사상에 있어서 조산본적·투자의청 ·굉지정각 등에 의해 이 양자가 병용되고 있었다.

그러나 회연은『중편조동오위』에서 편중지설을 주장하고 있다. 그 근거는 회연의『중편조동오위』의 의도에서 알 수 있다. 곧 회연이 동산의『오위현결』과 조산의「축위송」에 근거하여 거기에 광휘의「석」을 싣고 자신의「보」를 붙여 설명한 것은 바로 동산과 조산의 정통성을 인정하고 있기 때문이다. 따라서 오위의 용어도 동산과 조산의 것을 그대 로 수용하였다. 곧「축위송」가운데 제사위의 편중지라는 용어의 사용은 곧 동산과 조산의 오위를 원래 그대로 보려 했기 때문이었다. 즉 동산의『오위현결』에서 제사위에 대 하여 '편위중래'라 하여 '단지 편위만 있어 반연을 겸대한 가운데서 진리를 드러내므로 유어중의 무어라 할 수 있다.' 는 설명을 가하고 있는 것이 그것이다. 여기에서 동산의 '편위중래'는 조산이 정립한 용어로는 편중지가 되는데 바 로 이 편중지는 정중래가 정위의 일방적인 입장과는 대조 적으로 편위의 일방적인 입장을 말한 것이다. 따라서 현실 적인 제현상을 통하여 진리의 절대경지에 이르는 명제이 다. 정중래가 정과 편의 닫힌관계로서 정을 정의 일방적인 입장으로 궁구한 것이라면, 편중지는 정과 편의 닫힌관계 로서 편을 편의 일방적인 입장으로 궁구하여 지성독탈(至 誠獨脫)415)한 것이기 때문이다. 이리하여 궁극적으로는 편정이 원만한 경지에 이르는 길을 보여주고 있다. 따라서 유위현상에서 무위의 진제(眞諦)를 실현하므로 유어중무어 (有語中無語)라고 한 것이다.

이러한 회연의 주장 이후부터는 편중지설이 정통설이 되어 이전에 있어 정중래중심의 겸중지설과 양자병용설은 배척되었다. 곧 회연은 그의 「서」에서 '요즈음 보법선사 노겸이라는 사람이 송본을 얻어 중간하였다. 또한 조동의 유문 및 소산과 말산의 어결을 주워모아 배열하여 하편을 만들었다.'라고 기록하고 있다. 또한 회연은 노겸본을 검열하고 그 배열을 변경시키고 생략하기도 하였으며 새롭게 후세의 오위설을 첨가하기도 하였다. 이리하여 『중편조동오위』는 대부분 노겸과 회연의 손이 가해져 만들어졌다. 이 『중편조동오위』는 일본의 현봉연룡(玄峰淵龍)에 의해 연보 8년(1680)에 일본에서 간행되어 오늘날의 모습을 보이게 되었다. 회연의 말대로라면 『중편조동오위』가 나타나기 이전에 송본이 유행하고 있었던 것 같다. 그러나 그 송본은 조산본적의 법사인 조산혜하가 편집한 『동산오위현결병선조산간출어요』가 그 최초의 형태이고 다음에 광휘가 석어(釋語)를 가한 『중집동산편정오위조산간어』가 송대에 간행된 것을 가리킨다. 여기에 회연이 보법노겸본을 교정하고 스스로 여기에 「서」와 「보주」를 붙여 중통 원년(1260)에 간행한 것이 바로 『중편조동오위』이다. 이 책은 당시 오위설에 있어서 하나의 문제가 되었던 오위의 명칭 가운데 편중지의 주장과 겸중지에 근거한 정중래중심설의 주장에 대하

---

415) 至誠獨脫은 지극한 마음을 다하여 일체의 번뇌로부터 훤칠하게 초연한 모습이다.

여 『중편조동오위』에서 편중지를 주장하여 이후에는 편중
지의 주장으로 일관되는 중요한 역할을 하게 되었다.

4) 정통오위설의 확립

이상과 같이 편중지와 겸중지의 용어의 사용에 있어서
그 구별은 다음과 같이 두 가지 입장에서 연유한 것이라
생각된다.

첫째는 오위가 조동종에서의 중요한 교의임에도 불구하
고 임제종에서도 널리 의용되었다. 따라서 종파상의 이해
에서 오는 차이를 생각할 수 있다. 대부분 초기 조동종 계
통에서는 편중지를, 임제종 계통에서는 겸중지를 사용하고
있다. 그러나 임제종 계통임에도 불구하고 편중지의 용어
를 사용하고 있는 경우도 있고, 조동종파에서도 투자의청
이후부터는 두 가지를 겸용하는 추세가 된다.

둘째는 용어의 사용에 따른 오위사상의 해석상의 차이로
보는 입장이다. 이것은 특히 이설오위(異說五位)와 같은
갖가지 입장으로 나타나는데, 겸중지의 경우는 제오위의
겸중도와 호응하여 제삼위인 정중래중심설로 대두된다. 편
중지는 제오위인 겸중도중심설로 귀착된다. 이처럼 용어의
차이는 그에 따라 오위 전체에 대한 해석의 차이를 수반하
고 있다 할 것이다. 따라서 오위의 전승에 있어서 동산오
위 · 조산오위 · 분양오위 · 자명오위 등을 언급할 수 있는
데, 분양오위는 분양 당대(當代)에 그치고 말았기 때문에
자명오위의 출현과 더불어 이후의 오위는 자명오위 일색으
로 흘러갔다 할 수 있을 것이다.

이것이 중세 일본에서는 조동종학의 주요한 교의의 하나로서 활발하게 연구됨과 아울러 편중지와 겸중지라는 용어의 사용에 대해서도 위의 만실조개(卍室祖价)의 견해에서처럼 오위에 대한 갖가지의 해석이 등장하게 되었다. 그 모든 해석은 내용에 따른 해석이라기보다는 용어의 사용에 따른 해석이 이루어졌기 때문이다. 그래서 동산양개의 『오위현결』과 조산본적의 「축위송」에서 강조하는 겸대사상에서 보자면 이설(異說)로 간주되어 나타나게 되는데, 회연이 조동오위의 집대성이라 할 만한 그의 『중편조동오위』에서 편중지설을 주장하고 있는 점은 바로 이러한 점을 대변해 주고 있다 할 것이다.

4. 백파긍선의 조동오위관

1) 백파와 오위

백파긍선(白坡亘璇: 1767-1852)는 『선문오종강요사기』[416]를 저술하였는데, 그것은 환성지안의 『선문오종강요』에 대하여 나름대로 견해를 내세워 주석을 가하면서 멀리 회암지소의 『인천안목』과 천책의 『선문강요집(禪門綱要集)』까지 인용하고 있다. 여기에서 백파는 기존의 선종오가에 대한 견해 가운데 조동종에서 전승되어 오고 있는 오위에 대하여 일률적으로 정중편◒, 편중정◓, 정중래◉, 겸중지○, 겸중도● 등 다섯 개의 동그라미의 형상을 공통된 것으로 적용하고 있다. 그러나 이 가운데서 왕자오위에 대해서는 그 구체적인 내용에 대해서는 아무런 언급도 없다. 그 때문에 여기에서는 왕자오위에 대한 백파의 견해는 생략하기로 한다. 구체적으로는 백파가 제시한 오위는 편정오위에 국한시키고 있지만 다섯 가지 용어는 왕자오위가 생략된 3종의 오위에 두루 그 원리를 포함시켜두고 있다.

이에 여기에서는 백파가 편정오위로 대표되는 조동오위

---

416) 白坡亘璇, 『禪門五宗綱要私記』, 日本 駒澤大學筆寫本. 이하 백파긍선의 『禪門五宗綱要私記』는 『私記』로 약칭한다. 기타 동국대학교 도서관 필사본은 다음과 같다. ① 김환응 필사본 : 不分卷 一冊, 15장(30쪽) 道光 4년(1824) 甲申 7월 일. ② 鏡月 필사본 : 不分卷 一冊, 14장(28쪽). ③ 전남 昌平 용흥사본 : 不分卷 一冊, 22장(44쪽) 이 가운데 앞부분에 수록된 4장(8쪽) 분량은 임제삼구의 圖錄이 5쪽 분량이고, 기타 2쪽 분량이며, 1쪽은 공란이다. 기타 2쪽 분량에는 末後句最初句辨, 傳授無傳授二禪不同·新熏本分亦然, 一鏃破三關有 五義 , 殺活辨 등의 내용이 수록되어 있다. ④ 玉山 필사본 : 不分卷 一冊, 36장(72쪽) 표제는 『五宗綱記』이다.

에 대한 환성지안의 견해를 어떻게 수용하고 있으며, 백파가 이해한 조동오위에 대한 견해의 특징을 크게 두 가지점에서 살펴보고자 한다.

2) 조동오위의 전승

조동오위는 동산양개의 『오위현결』에 그 근원을 두고 있다. 이것은 조동종의 기본적인 교의로서 수행인이 닦아가는 수행의 측면을 정과 편을 가지고 다섯 가지 유형으로 나타낸 것으로 달리 편정오위라고도 한다. 이 편정오위에 근거하여 이후 4종의 오위로 전개되어 갔는데, 그것이 곧 편정오위 · 공훈오위 · 군신오위 · 왕자오위 등이다. 그러나 공훈오위 · 군신오위 · 왕자오위 등은 모두 동산의 편정오위에 기초한 것들이다.[417] 이 가운데 군신오위는 「오위군신(五位君臣)」 곧 조산의 「오위군신지결(五位君臣旨訣)」[418]이라고도 일컬어진다. 또한 동산의 공훈오위는 「동산공훈오위병송(洞山功勳五位幷頌)」으로서 동산의 「공훈오위」에 대하여 대혜가 송을 붙인 것이 있다.[419]

한편 조산은 동산의 「공훈오위」에다 「조산오위군신도송

---

417) 그런데 동산양개의 편정오위설에 대하여 혜홍의 『선림승보전』에는 운암으로부터 시작되었다는 기록도 있다. 『禪林僧寶傳』卷1「曹山章」 "中夜授章先雲巖所付寶鏡三昧 五位顯訣 三種滲漏畢 矮師叔引頸呼曰 洞山禪入我手矣" 그러나 慧洪의 다른 저서인 『林間錄』卷上에서는 "昔洞山悟本禪師 立五位偏正 以標準大法 約三種滲漏 以辨衲子非意斷 苟爲皆本佛之遺意"라고 하여 모순된 의견을 드러내고 있다.

418) 『人天眼目』卷3,(大正藏48, pp.313下-314上)

419) 『筠州洞山悟本禪師語錄』,(大正藏48, p.516上)과 『人天眼目』卷3,(大正藏48, pp.315下-316上)에 수록되어 있으나 『洞山錄』에는 동산의 게송만 있다.

병서(曹山五位君臣圖頌幷序)」라 하여 도형과 함께 게송을
붙였다.420) 그리고 이와 함께 회암지소는 그가 편집한 『인
천안목』에 위의 편정오위 · 군신오위 · 왕자오위 · 공훈오
위 등에 대해 서로 대조하여 다음과 같이 그 제목에 대해
서만 도식으로 나타내고 있다.421)

이와 같은 편정오위는 동산의 「오위현결」 1편으로부터
비롯되었다. 「오위현결」은 214字의 단편이지만 그 내용은
현상과 본체의 관계 그리고 현상과 본체의 자기와의 관계
등을 나타내고 있어서 이후에도 오위연구의 성행은 대단히
활발하였다. 심지어 임제종에서도 조동종 못지않게 유행하
였다.422) 동산양개에게는 편정오위 이외에도 「공훈오위송」
5수가 있다. 그리고 조산본적은 「오위군신지결」 1편과 「오
상게」 5수, 「오위지결」 1편, 「석해동산오위현결」 1편, 「축
위송병별간」 1편 등을 저술하여 동산의 오위에 관한 주석
을 대성시켰다.

이후 송대에는 안국(安國)의 『오위보협론(五位寶筐論)』
1편, 명대 말기에는 영각원현의 『동상고철』 2권 등이 저술
되었다. 이에 그치지 않고 동산의 겸중도 중심설이 정중래

---

420) 『人天眼目』 卷3,(大正藏48, p.316中)
421) 『人天眼目』 卷3 「功勳五位圖」,(大正藏48, p.316中) 참조.

도식	편정오위	왕자오위	군신오위	공훈오위	비고
◖	正中偏	誕生內紹	君位	向	黑白未變時(未分時)
◗	偏中正	朝生外紹	臣位	奉	露
◉	正中來	末生隱棲	君視臣	功	無句有句
○	兼中至	化生神用	臣向君	共功	各不相觸
●	兼中到	內生不出	君臣合	功功	不當頭

422) 臨濟宗 제6세인 汾陽善昭의 五位는 正中來·正中偏·偏中正·兼中至·
兼中到가 있으며, 汾陽의 제자인 石霜楚圓에게도 正中偏·偏中正·正中
來·兼中至·兼中到가 있다. 宋代 이후에는 주로 石霜楚圓의 五位를 따
르고 있다.

중심설로 주창되는 경우도 있었는데, 이것은 그 내부의 명칭이 제4위에 해당하는 편중지는 겸중지로 불리는 경우와 관련이 있었다. 곧 제4위의 명칭이 겸중지의 경우는 정중편 · 편중정 · 정중래 · 겸중지 · 겸중도의 구조이다. 이 경우 정중편과 편중정이 대구를 이루고 겸중지와 겸중도가 대구를 이루며 가운데 정중래가 전체의 중심이 된다는 정중래중심설이 된다. 이것은 임제종 계통의 주장이다.

그러나 조동종의 정통오위의 경우는 제4위의 명칭이 편중지이다. 따라서 정중편 · 편중정 · 정중래 · 편중지 · 겸중도의 구조로서 정중편과 편중정이 대구를 이루고 정중래와 편중지가 대구를 이루며 마지막의 겸중도가 전체의 중심이 된다는 겸중도중심설이 된다.

이하에서 백파긍선은 자신이 임제종 계통의 선자인 까닭으로 정중래중심설의 입장에 해당하는 제4위의 명칭에 겸중지를 배치하여 설명을 가하고 있다. 한편 조동오위만을 다룬 저술이 우리나라에서는 고려 시대 일연의 『중편조동오위』 3권 이외에는 아직 나타나지 않고 있다. 그러나 일연의 『중편조동오위』는 당시까지 유행하던 오위사상의 집대성이라 할 만하다.423)

그런데 오위의 내용에서 보면 조동오위 각 항목의 배열은 단계성을 의미하는 것은 아니다. 상호간에 자신이 처한 입장을 무엇으로 보느냐에 따라 겸중도가 가운데 올 수도 있고 맨 아래에 올 수도 있다. 그렇지만 수행의 출발점을 현실에 두고 본다면 아무래도 정중편 · 편중정 · 정중래 ·

---

423) 一然 이후 日本에서는 五位에 관한 많은 著述과 그에 대한 註釋書들이 있다. 그러나 모두 一然 이후의 것들이다.

편중지 · 겸중도의 배열이 가능하다.

　이것은 상하 · 좌우 · 전후의 관계가 아니라 수행납자가
바라보는 관점에 따른 위치이다. 곧 이(理)를 체(體)로 간
주하고 사(事)를 용(用)으로 간주하는 현실의 입장에서 발
심을 하는 신위(信位)의 경우로 보면 그것이 정중편이 된
다. 이 정중편은 이(理) 속에서 사(事)를 체험하는 것이
고, 체(體)로부터 용(用)을 터득하는 것으로서 이(理)를
버리고[背] 사(事)에 나아가[就]는 것이다. 즉 정(正, 理·
眞如·眞性)이 차별적인 사(事, 偏·現象·存在)를 떠난 다른
것이 아니라 우리의 안전에 존재하는 현상적 사물의 낱낱
이 진(眞)의 구상자(具象者)이며 이(理) 그 자체라는 의미
다.

　결국 정은 편을 여의지 않고 도리어 편에 나아가 파악해
야 비로소 정의 원만한 의미가 성취되는 것이다. 이 정중
편은 정과 편이 열린관계로 작용하고 상즉(相卽)하는 소식
을 正의 입장에서 실천적으로 통일한 것이다. 그래서 조산
본적은 다음과 같이 말한다.

　　정위각편(正位却偏)이란 물(物)을 상대하지 않기 때문이다. 물(物)을 상
　대하지 않는 성품이기에 곧 정과 편을 두루 구비할 수 있다. 정 가운
　데 동(動)이 없는 것을 편이라 하고, 용(用)을 완전하게 되살리는 것을
　원(圓)이라 하는데 이것이 정과 편의 두 측면의 의미이다. 그럼 용을
　완전하게 되살린다는 것은 무슨 의미인가. 그것은 정과 편으로 열린관
　계에 있어 서로가 상즉 · 상입의 관계에 있음을 깨친 것을 말한다. 정
　위는 明으로부터 오는 것이 아니다. 이 도리는 불(佛)이 출세하건 출
　세하지 않건 간에 관계없다. 그러므로 천성과 만성도 다 이 정위에 안
　착하여 깨친 것이다.424)

────────────
424)「解釋洞山五位顯決」,(大正藏47, p.541下)"正位却偏者 爲不對物 雖
　不對物 却具 正中無用爲偏 全用爲圓 是兩意 問如何是全 云不顧者得
　底人也 此正位不明來也 若佛出世也恁麼 若佛不出世也恁麼 所以天聖

곧 정위는 상대적인 대상에 의거하지 않는 것인데 상대적인 개념을 초월해야만 비로소 원만한 정위로 우뚝 서게 되기 때문이다. 그러나 그 정(正) 가운데 용(用)이 없으면 편(偏)으로 나타나고 용(用)을 갖추면 곧 완전한 정위가 된다는 말이 위에서 언급된 조산의 설명이다. 정위는 암(暗)으로도 표현된다. 그 암(暗)은 명(明)으로부터 온 것이 아니다. 그러나 암(暗)은 명(明)이 있음으로 비로소 암(暗)이 된다. 그래서 정위는 정위 자체로서만이 아니라 편위인 사(事)에 나아가 생각하지 않으면 안 된다. '이(理)의 입장으로부터 사(事)를 향해 나아간다.'는 것은 바로 이것을 말한다. 그래서 조산은 다시 말한다.

> 정위는 공계로서 본래무물이다. 편위는 색계로서 만유의 형상이다. 정중편은 이를 버리고 사에 나아간다. 편중정은 사를 버리고 이에 나아간다. 겸대는 그윽이 온갖 연에 응하면서도 제유에 떨어지지 않고 염 · 정과 정 · 편에 국한되지 않는다.425)

이처럼 동산의 제일명제인 정중편은 삼라만상의 본체가 현상 가운데 있으며, 차별이 없는 이체(理體)는 곧 차별상을 갖추고 있기 때문에 이(理)를 알려거든 사(事)에 나아가 살펴보아야 한다는 것이다. 흔히 정중편은 상반이 흑(●)으로 표현된다. 그것은 곧 원(圓) · 암(暗) · 정(正)의 흑으로부터 편(偏) · 명(明)의 현상에 이르는 것으로 본체즉현상(本體卽現象)의 진리를 나타낸 것이다.

그것이 점점 진행되어 현실속에서 인생과 세계의 도리를

萬聖皆歸正位承當"
425) 『撫州曹山本寂禪師語錄』 卷上,(大正藏47, pp.536下-537上) "正位卽空界 本來無物 偏位卽色界 有萬象形 正中偏者 背理就事 偏中正者 舍事入理 兼帶者 冥應衆緣 不墮諸有 非染非淨 非正非偏"

발견하고 보면 그것이 십주(十住)의 편중정으로서 사(事) 속에서 이(理)를 발견하고 용(用)으로부터 체(體)를 수용해 나아가게 된다. 편중정은 편으로부터 정에 이르는 작용이다. 그래서 흔히 편중정은 하반이 흑(◐)으로 표현된다. 여기에서 편이 편인 까닭은 편 독자적인 편이 아니라 정을 수반한 편이다.

이로써 이와 사가 명합하게 되면 정중래가 되어, 나아가 되 머물고 머물되 나아가는 사즉진(事卽眞)이고 이즉진(理卽眞)으로서 이사무애(理事無碍)의 현성에 통한다. 정중래는 모름지기 그 체물(體物)을 밝히기 위해서조차도 편위를 향하지 않는 까닭에 온전하게 정위로 나타나 있다. 그래서 흔히 정중래는 백원(白圓)이 둘레에 있는 것으로 간주되는 입장에서 흑원(◉)으로 표현된다.

다시 나아가면 두두물물이 진리의 현성 아님이 없고 처처가 불성의 구현 아님이 없는 편중지이다. 편중지의 편은 감각적인 만유세계의 제연을 가리킨다. 즉 진리는 어느 시(時)·처(處)에도 다 현현해 있다. 그래서 편중지는 둘레만 흑원으로 둘러쳐 있는 백원(○)으로 표현된다. 그것을 터득해 감에 있어 단순히 현상의 모습만을 보는 것이 아니라 그 자체가 곧 진리의 체현임을 잊지 않는 것이다. 조산 본적의 표현을 빌리자면 앞의 정중래가 '정위는 곧 공계로서 본래무물'의 입장이라면 편중지는 '편의는 곧 색계로서 만유형상'이다.

이로써 본분수행은 귀가의 노래를 부르는데 수행은 필연적으로 자비를 수반하는 행위여야 한다는 것이 드러난다. 이로써 이류중행(異類中行)하는 보살도가 현실속에 현성되는 십지(十地)의 겸중도로서 이사(理事)가 미분(未分)되어 있는 현성공안의 자각에 나아간다. 이 때문에 겸중도는 옅은 흑원(●)으로 도시한다. 정중래가 둘레는 백원이고 가운데만 짙은 흑원(◉)으로 나타나는 것과는 구분이 된다. 정과 편에 치우치지 않고 정과 편을 포함하면서 그 초월하고 있음을 의미한다.

3) 백파의 편정오위 해석

백파는 『선문오종강요사기』에서 선종오가에 대하여 임제의 삼구를 중심으로 그 우열을 판별하고 있다. 그 제일구에는 조사선을 배열하고, 제이구에는 여래선을 배열하며, 제삼구에는 의리선을 배열한다. 그리고 각각 제일구의 조사선에는 임제종과 운문종을 해당시키고, 제이구의 여래선에는 조동종과 위앙종과 법안종을 해당시킨다. 나머지 제삼구의 의리선에는 선종오가 가운데 해당사항이 없다고 판별한다.

그리고 각각의 종지에 대해서는 임제종의 경우는 삼요(三要)와 향상일규(向上一竅)로 간주하고, 운문종의 경우는 삼현(三玄)과 향상일로(向上一路)로 간주하며, 조동종의 경우는 향상일로(向上一路)로 간주하고, 위앙종의 경우는 체(體)와 용(用)을 간주하며, 법안종의 경우는 체(體)를 설명하는 것으로 판별한다. 그리고 백파는 이러한 기준에 대하여 종지가 심오한 것으로부터 얕은 것에 이르는 것으로 판별한 것이라고 말한다.[426)]

---

426) 『私記』, pp.10-11. "如此明之 則五宗深淺煥然無疑也 故綱要 及眼

　백파는 이와 같은 판단에서 조동종의 경우는 여래선으로
서 향상의 종지를 서술한 것으로 파악하여 그것이 임제종
과 운문종에는 미치지 못하지만 위앙종과 법안종보다는 우
월하다고 간주하였다. 이에 백파는 조동종을 운문종 앞에
다 배열하여 서술했던 『선가귀감』의 경우에 대하여 그것은
이해하기 어려운 경우에 해당한다는 견해를 제시하고 있
다.427) 이와 같이 조선후기 당시의 선문 상황으로는 어디
까지나 임제종 정통으로 계승되고 있었음은 법맥의 정통에
대해서도 마찬가지였다.428) 이런 백파는 조동종파의 교의
가운데서 조동오위에 대하여 다음과 같이 평가한다.

　　'정과 편이 유와 무의 기(機)에 떨어지지 않는다.'는 하구는 분별[좌·
　　우]에 떨어지지 않는 것이다. 곧 비록 편정오위를 시설했지만, 그것이
　　유·무의 기관에 떨어진 것이 아니라는 것이다.429)

　이와 같은 기본적인 입장에 근거하여 백파는 조동오위
가운데 근본에 해당하는 편정오위에 대하여 그 나름대로
안목을 가지고 평가하고 있다. 일찍부터 조동오위에서는 4
종의 오위가 전해온다. 첫째는 동산의 편정오위이고,430)

　　目中 皆如是從勝至劣 而編錄也"
427) 『私記』, pp.51-52. "此乃優劣皎然 於龜鑑中 以此宗置雲門宗之上
　　乍可不知也"
428) 김호귀, 『청허휴정의 오가법맥 인식의 배경에 대한 고찰』,(한국선학
　　제22호. 2009.4)
429) 『私記』, p.53. "下句不落左右 雖設偏正五位 而不落有無之機也"
430) 『撫州曹山元證禪師語錄』,(大正藏47, pp.531中-532下)의 [解釋洞山
　　五位顯訣]의 대목이 이에 해당한다. 곧 동산의 오위에 대하여 그 제자인
　　曹山本寂이 逐位頌을 붙여 완성하였다. 이후로 조동종 뿐만 아니라 임제종 계
　　통에서도 중시되어 보편화되었다. 우리나라에서는 조산본적의 제자인 曹山慧
　　霞 및 光輝가 각각 주석을 붙이고 이에 고려의 一然이 補를 붙여 간행한 重編
　　曹洞五位가 전승되고 있다. 기타 『人天眼目』 卷3,(大正藏48, pp.314上

둘째는 조산의 군신오위이며,431) 셋째는 석상의 왕자오위
이고,432) 넷째는 동산의 공훈오위이다.433) 이들 4종 오위
에 대하여 백파는 각각 다음과 같이 평가한다.

> 편정오위는 동산양개가 내세운 것으로 이ㆍ사ㆍ체ㆍ용을 설명하여
> 직접 법체를 드러낸 것이므로 이 편정오위는 통상(通相)이고 나머지
> 세 종류는 별상(別相)이다. 군신오위는 조산본적이 내세운 것으로 유
> 위는 신하이고 무위는 임금으로 설명한다. 그 때문에 또한 이ㆍ사ㆍ
> 법ㆍ체를 설명한 것이다. 왕자오위는 제조사의 행상을 설명한 것이다.
> 공훈오위는 납자의 행리를 설명한 것이다. 뒤의 왕자오위와 공훈오위
> 의 두 경우도 또한 동산양개가 내세운 것이다.434)

편정오위는 조동종의 대표적인 교의로서 '편'과 '정'과
'중'의 관계를 활용하여 수행납자가 지향하는 기본적인 생
활방식을 보살도(菩薩道)의 입장에서 시설한 것이다. 그리
고 조산의 군신오위는 동산의 편정오위에 기초하여 편과
정의 개념을 각각 신(臣)과 군(君)으로 대입하여 설한 것
이다. 그리고 왕자오위는 동산오위설에 기초하여 석상경제
가 독자적인 입장에서 비유의 명칭을 활용하여 처음으로

　　　-315下)；『禪門五宗綱要』,(韓佛全9, pp.462下-464上) 참조.
431) 『瑞州洞山良价禪師語錄』,(大正藏47, p.525下)；『撫州曹山元證禪師
　　語錄』,(大正藏47, p.527上)；『禪門五宗綱要』,(韓佛全9, pp .464下
　　-465上)；『人天眼目』卷,(大正藏48, p.316中)
432) 『人天眼目』卷3,(大正藏48, pp.316中-317下)
433) 『筠州洞山悟本禪師語錄』,(大正藏47, p.516上)；『人天眼目』卷3,(大
　　正藏48, 315下-316中)；『禪門五宗綱要』,(韓佛全9, p.464上-下)
434) 『私記』, p.54. "有四種五位 初偏正五位 洞山所立 而明理事體用 直
　　現法體 故此爲通相 後三爲別相也 二君臣五位曹山所立 而明有爲臣無
　　爲君 故亦明理事法體也 三王子五位 明諸祖行相也 四功勳五位 明學人
　　行李也 後二亦洞山所立也" 이것은 사종오위의 근본은 동산의 편정오
　　위로부터 유래된 것임을 가리킨다. 동산의 편정오위는 그의 제자 조산
　　본적이 逐位頌을 붙임으로부터 정형화되었다.

주창했다는 것은 위에서 주석으로 언급한『인천안목』의 경우를 통해서도 알 수가 있듯이 보편적인 사실이다. 그런데도 무슨 이유에서인지 여기에서 백파는 4종의 오위를 모두 동산의 설로 간주하고 있다. 그 까닭에 대해서는 이하의 오위에 대한 낱낱의 해설과 관련하여 파악해볼 수 있는데 전체적으로 백파는 다음과 같이 말한다.

> 무릇 오위는 모두 본무중(本無中) 곧 향상의 차원에서 창출되었다. 그 때문에 이제 오위의 마지막 겸중도에서는 다시 본무중의 정위로 돌아간다. 그러나 파촉(把觸)하려는 것이 아니기 때문에 '진속에서 화동한다네.'라고 말한다. 곧 향상일로는 언설과 분별사유로써는 미칠 수가 없기 때문이다. 무릇 향상의 경지에 대하여 군·신·편·정 등의 언설로는 그것을 파악할 수가 없는 법이다. 다만 편·정이라는 사신(四臣)에 의거하여 주중주의 향상과 존귀처를 설명할 수 있을 뿐이다. 비록 편·정이라고 말할지라도 그 뜻은 향상의 경지에 있다. 그 때문에 오위에서는 모두 흑과 백이 회호하므로 감히 흑과 백이라는 말을 배척할 수가 없다. 흑과 백이 원래 본무중에서 창출된즉 향상은 본래부터 흑과 백 가운데 있었기 때문이다.435)

말하자면 오위는 모두가 흑과 백이 회호하는 관계이기 때문에 비록 석상경제의 말일지라도 그것이 동산이 창창(創唱)했던 다섯 측면의 원리에 근거를 두고 있다고 간주하는 것이다. 이제 오위의 각각에 대하여 백파가 근거를 두었던 그 구체적인 내용을 살펴보기로 한다.436) 4종의 오

---

435)『私記』, p.65. "盖五位皆從無中(向上)唱出 故今於五位之末 還歸無中之正位 而不欲把觸 故云炭裏坐也 以向上一路言思不及故也 盖在向上 而以君臣偏正言者不欲把中故 但約偏正之四臣 以明主中主之向上尊貴處也 言雖偏正而意在向上 故五位中 皆黑白回互 而不敢斥言黑白也 以黑白元是無中唱出 則向上自在黑白中故也"

436) 백파는 본『私記』에서 오위에 대하여 각각 정중편 ◗, 편중정 ◖, 정중래 ◉, 겸중지 ○, 겸중도 ● 의 도형을 활용하고 있는데, 이것은 조동종에서 전승된 정중편 ◗, 편중정 ◖, 정중래 ●, 편중지 ○, 겸중

위 가운데서 조동오위의 근원에 해당하는 것은 편정오위이다. 편정오위는 동산양개에 연원을 두고 그 제자 조산본적이 정립한 것이다.[437]

여기에서 첫째의 ◕정중편 곧 '초야의 삼경 달빛 없는 어둠이므로, 서로 보고 몰라봐도 이상하지 않네. 오히려 은은한 추억 간직하고 있네'에 대하여 백파는 다음과 같이 말한다.

> 동산이 게송으로 말한 '초야의 삼경 달빛 없는 어둠이므로'라고 말했다. '삼경'은 곧 흑이고, '초하룻날 밤'도 흑이며, '달이 뜨기 이전'도 흑이다. 이것은 곧 일체가 모두 하나로 통하는 회호의 측면으로서 황제의 휘에 저촉되는 것이 아니다. 정중편은 이(理)를 깨침의 체(體)로 간주한다. 그 때문에 '모든 이치가 현상에 즉해 있다.'고 말한다.[438]

첫째로 ◕ 이 도형의 두 부분 가운데 위의 부분인 흑은 正이고 아래의 한 부분은 백으로서 편이다. 그 때문에 정중편이라 말한 것이다.

둘째의 ◖편중정 곧 '늦잠을 잔 노파 고경을 들여다보니, 거울 속의 모습이 타인은 아니로다. 거울 속의 그림자 참자기 아니라네.'에 대하여 백파는 다음과 같이 말한다.

도 ●의 경우와 도형에서 약간의 차이가 보인다.

437) 『瑞州洞山良价禪師語錄』,(大正藏47, p.525下) "正中偏 三更初夜月明前 莫怪相逢不相識 隱隱猶懷舊日嫌 偏中正 失曉老婆逢古鏡 分明覿面別無眞 休更迷頭猶認影 正中來 無中有路隔塵埃 但能不觸當今諱 也勝前朝斷舌才 兼中至 兩刃交鋒不須避 好手猶如火裏蓮 宛然自有沖天志 兼中到 不落有無誰敢和 人人盡欲出常流 折合還歸炭裏坐"

438) 『私記』, p.56. "洞山頌云 三更初夜月明前 謂三更是黑 初夜是黑 月明前是黑 是能回互不觸諱也 正中偏者 以理爲門體也 故云全理卽事" 백파가 근거한 내용은 『禪門五宗綱要』,(韓佛全9, p.462下) 참조.

동산은 게송으로 '늦잠을 잔 노파가 고경을 들여다본다.'고 말했다. 이
것은 명(明)과 백(白)을 말한 것이 아니라 실효(失曉)와 고경(古鏡)을
말한 것이다. 곧 명(明)과 백(白)의 글자가 회호하지만 황제의 휘에 저
촉되는 것이 아니다. 무릇 '실효'는 어둠 속의 밝음인데 '고경'도 또한
밝음 속의 어둠으로서 노파의 머리가 하얀 것은 회호 가운데서 백자
(白字)를 말한 것이다. 편중정은 사(事)를 깨침의 용(用)으로 간주한다.
그 때문에 '모든 현상이 곧 이치로서 전사즉리(全事卽理)'라고 말한
다.439)

둘째로 ◓ 이 도형의 두 부분 가운데 위의 백은 편이고 아
래의 한 부분은 흑으로서 정이다. 그 때문에 편중정이라 말한
다. 그래서 정중편과 편중정 이하의 삼위는 모두 위의 정중편
과 편중정에 합치된다. 이로써 반야의 덕(德)과 지(智)는 십
주(十住) 이전의 공(功)과 행(行)과 더불어 이 편중정에서
성취된다. 곧 일즉이(一卽二)의 이구(二句), 이즉일(二卽一)
의 일구(一句), 불일불이(不一不二)의 쌍비구(雙非句), 이일
이이(而一而二)의 양역구(兩亦句)처럼 이들 사구가 원융한
것이 그대로 곧 반야의 덕이다.

셋째의 ◉정중래 곧 '무어 속에 번뇌 벗어나는 길 있다
네. 다만 천자의 휘를 저촉하지 않으면, 전왕조의 혀 잘린
사람보다 나으리.'에 대하여 백파는 다음과 같이 말한다.

이것은 이와 사가 일여한 것을 설명한다. 중앙의 흑 부분은 정이고,
둘레의 백 부분은 편이다. 편중의 언구는 모두 정위에서 창출된 것으
로 낱낱이 협묘(挾妙)이다. 그 때문에 편과 정을 나눌 수가 없다. 곧
삼구가 모두 소멸되고 오직 일구만 남아 있다. 그 때문에 이와 사 곧
삼구가 일여 곧 일구에 통한다. 또한 정중래라고도 말하는데, 정은 흑

439)『私記』, pp.57-58. "洞山云 失曉老婆達古鏡 不言明與白而言失曉與
古鏡 是能回互明與白字 而不觸諱 盖失曉是暗中之明 古鏡亦暗中之明
老婆頭白謂言回互白字也 偏中正者 以事爲門用也 故云全事卽理"백파
가 근거한 내용은『禪門五宗綱要』,(韓佛全9, p.463上) 참조.

부분이고 래는 백 부분이다.440)

곧 정중편의 경우는 편과 정이 서로 대적하여 성립되어
있으므로 삼구이다. 그러나 백파는 이 정중래의 경우에 대
하여 편 속에 정이 들어있어서 편과 정이 하나이므로 일구
라고 설명한다. 그 때문에 정중편의 경우는 위는 백이고
아래는 흑이었지만, 이 정중래의 경우는 백 가운데 흑이
갖추어져 있다. 나아가서 백파는 조동오위를 제삼위인 정
중래를 중심으로 해석을 가한다.

제일위 곧 정중편은 이이고, 제이위 곧 편중정은 사이다. 이미 이와
사가 있는 즉 거기에는 중간이 있는데 그것이 곧 삼구이다. 이 제삼위
곧 정중래에 이르러서 이와 사가 일여가 된다. 그 때문에 삼구는 상즉
하여 제일구가 된다. 곧 하나의 화살로 세 관문을 타파한다. 제사위
곧 겸중지는 체(體)로부터 용(用)을 일으키는 것이다. 그 때문에 화살
이 뚫고 나간 자리가 분명하다. 제오위 겸중도는 용을 섭수하여 체로
돌아가는 것으로, 곧 삼구와 일구가 융즉하여 끝내 몰파비로서 언설로
미칠 수가 없고 지혜로 도달할 수도 없다. 그 때문에 모색할 수조차
없다.441)
이것은 정통적인 조동오위가 제오위인 겸중도를 중심으로 해석되는 것
과는 달리 임제종 계통에서는 정중래를 중심으로 해석해온 것을 수용
한 것이다.442) 이로써 백파는 정중편과 편중정의 두 가지 경우는 공

---

440)『私記』, p.59. "此明理事一如 中央黑分爲正 四面白分爲偏也 偏中言
　　句 皆從正位唱出 一一挾妙 故偏正不可分 則三句都泯 而唯一句在 故
　　理事(三句)一如(一句) 亦名正中來 正者黑分 來者白分也"
441)『私記』, p.61. "第一位理第二位事也 旣有理事則自有中間故爲三句也
　　至此第三位則理事一如 故三句相卽爲一句也 卽一鏃破三關也 第四位從
　　體起用故分明箭後路第五位攝用歸體則三一融卽了沒把鼻言能及而智不
　　到故摸搙<索?>不着也"
442) 백파가 임제종 계통의 법맥임을 감안한다면 충분히 이해할 수 있는
　　대목이다. 오위에 대한 해석에서 제오위 겸중도 중심설 및 제삼위 정
　　중래중심설에 대해서는 김호귀, 「一然의 曹洞五位觀」,(한국선학 제9
　　호. 2005.2) 참조.

(功)과 위(位)가 상자(相資)하고 사구가 원융하므로 반야의 덕이지만 이 정중래의 경우는 공(功)과 위(位)가 일여하여 오직 하나뿐으로 여타의 수반이 없으므로[獨一無伴] 법신의 덕이라고 해석한다.443)

넷째의 겸중지444) 곧 '칼날이 교차하니 회피할 수가 없네. 적수를 만나니 불속에 핀 연꽃이네. 기운은 마치 하늘을 찌를 듯하구나.'에 대하여 백파는 다음과 같이 말한다.

이 도형은 전백(全白)이기 때문에 대용 이전의 위(位)로서 명(明)에 즉해 있다. 백 가운데 흑을 갖추고 있는 즉 백 밖에는 흑이 없다. 그 때문에 지금은 비록 백뿐이지만 흑이 그 속에 들어있다. 무릇 앞의 정중래의 경우는 권(權)에 즉하여 실(實)을 설명한 것이므로 일구의 체(體)였다. 그러나 이 겸중지의 경우는 실(實)에 즉하여 권(權)을 일으키므로 삼구의 용(用)이다.445)

이처럼 ○겸중지에 대하여 백파는 삼구의 완연한 뜻을 가리키는 것으로 곧 대용을 가리키는 것으로 간주한다. 그러므로 보살행을 의미하는 이류중행(異類中行)으로서 전편(全偏)에 해당한다. 앞의 정중래의 경우는 체(體)였기 때문에 종지(宗旨)에 통하였지만, 지금 여기 겸중지의 경우는 용(用)이기 때문에 도중(途中)에 통한다. '고창(鼓唱)의 쌍거(雙擧)'에서 고(鼓)는 정이고 창(唱)은 편으로서 편을 겸하고 정을 겸하는 까닭에 겸중지가 된다.

443)『私記』, p.62. "前二功位相資四句圓融故爲般若德 此位功位一如獨一無伴故爲法身德也"
444) 조동종의 전통적인 용어로는 제4위의 명칭이 편중지인데도 불구하고『사기』에서 백파가 제4위를 용어를 겸중지로 언급한 것은 백파의 경우 철저하게 임제종지의 입장에서 조동오위를 평가하고 있음을 보여준다.
445)『私記』, p.62. "○ 此圈全白 故爲大用前位卽明 白中具黑則白外無黑 故今雖但白 而黑在其中 盖前位卽權明實 故爲一句體 今卽實起權故爲三句用也"

다섯째의 ●겸중도 곧 '유무를 모두 초월한 자 누구이던
가. 모든 사람 각각 깨침을 추구하지만. 임운자재하게 진
속에서 화동한다네.'에 대하여 백파는 다음과 같이 말한다.

> 이 도형은 전흑(全黑)으로서 편과 정이 모두 사라진 상태다. 그 때문
> 에 용을 섭수하여 체로 돌아간다[攝用歸體]고 말한다. 무릇 정중편ㆍ
> 편중정ㆍ정중래 등 앞의 삼위(三位)에서 이와 사를 편과 정으로 간주
> 한 것은 곧 임제종의 제삼구 가운데 단지 금시(今時)의 삼구에 해당하
> 고, 겸중지ㆍ겸중도 등 뒤의 이위(二位)에서 체와 용을 편과 정으로
> 간주한 것은 곧 제이구의 권ㆍ실 가운데 삼현에 해당한다. 그 때문에
> 이 오위는 단지 제이구의 여래선일 뿐이다. 이에 영원히 체와 용 및
> 향상의 짐적(朕迹)을 벗어난 연후에야 바야흐로 제일구의 조사선에 들
> 어가서 대기ㆍ대용이 된다.446)

이에 대하여 백파는 흑자(黑字)의 도리를 설한 것으로
흑자와 회호하는 까닭에 동산의 게송에는 진속(塵俗, 炭)
이라 말했다는 것이다. 무릇 오위는 모두 본무중(本無中,
향상)에서 창출되었다. 그 때문에 이제 오위의 마지막 겸
중도에서는 다시 본무중의 정위로 돌아간다. 그러나 황제
의 휘에 저촉되는 파촉(把觸)447)이 아니기 때문에 "진속에
서 화동한다네"라고 말한다. 곧 향상일로는 언설과 분별사
유로써는 미칠 수가 없기 때문이다. 무릇 향상의 경지에
대하여 군ㆍ신ㆍ편ㆍ정 등의 언설로는 그것을 파악할 수
가 없는 법이다. 다만 편ㆍ정이라는 사신(四臣)에 의거하
여 주중주의 향상과 존귀처를 설명할 수 있을 뿐이다. 비

---

446) 『私記』, p.64. "此圈全黑 偏正俱泯 故云攝用歸體也 盖初三位中 以
理事爲偏正者 卽臨濟第三句中 但今三句 後二位以體用爲偏正者 卽第
二句權實中三玄也 故此五位 但爲第二句如來禪也 永脫體用及向上之朕
迹故 然後方入第一句祖師禪 而爲大機大用也"
447) 황제의 諱 곧 正位에 저촉되는 것을 가리킨다.

록 편·정이라고 말할지라도 그 뜻은 향상(向上)의 경지
에 있다.

그 때문에 오위에서는 모두 흑과 백이 회호하므로 감히
흑과 백이라는 말을 배척할 수가 없다. 흑과 백이 원래 본
무중에서 창출된 즉 향상은 본래부터 흑과 백 가운데 있었
기 때문이다. 이에 대혜는 조산본적의 군신오위에 대하여
언급하면서 다음과 같이 말한다.

> 이를 설하고 사를 설하는 것은 경교에 글로 설명되어 있다. 그러나 교
> 외별전과 직지의 가르침도 과연 그러한가. 만약에 그와 같다면 조산요
> 오(曹山了悟, 曹山本寂)를 심하게 꾸짖어도 좋을 것이다.448)

이로써 백파는 겸중도에 대하여 용(用)을 섭수하여 체
(體)로 돌아가는 것과 수행[功]과 깨침[位]이 모두 없다고
간주하였다.

4) 군신오위 및 공훈오위 해석

백파가 군신오위의 각각에 붙인 대강의 설명은 다음과
같다. 곧 조산본적의 군신오위449)에 대하여 백파는 "군은
무위이고, 신은 유위에 해당한다. 비록 유위와 무위라고
설명은 했지만 뜻은 유위와 무위의 향상에 간섭받지 않는
다. 그래서 군은 정위로서 오직 무위의 도리 뿐이다.", "臣
은 편위로서 오직 유위의 현상 뿐이다.", "신향군(臣向君)
은 편중정이다.", "군시신(君視臣)은 정중편이다.", "군신도

---

448) 『人天眼目』卷3,(大正藏48, p.316下)
449) 『禪門五宗綱要』,(韓佛全9. pp.464下-465上) ; 『撫州曹山本寂禪師語
　　錄』卷上,(大正藏47, p.537上)

합(君臣道合)은 편과 정의 겸대이다. 겸대란 이와 사가 일시이다. 겸대인 까닭에 반연에 상응해서도 제법에 집착하지 않는다. 그래서 편이 그대로 정인 까닭에 염오가 없고 편이 없으며, 정이 그대로 편인 까닭에 청정이 없고 정이 없다. 이미 고정된 자리가 없기 때문에 그것을 가리켜 허현(虛玄)의 대도(大道)이고 무착(無着)의 진종(眞宗)이라 말한다."450)고 설명한다.

이들 군신오위 각각에 대한 설명에서 위의 제삼위의 신향군(臣向君)과 제사위의 군시신(君視臣)의 이위(二位)는 이와 사가 열린관계에 있음을 설명한 것이라고 말한다. 그러나 신향군(臣向君)은 곧 편중정에 해당하기 때문에 다시는 진리가 없고, 군시신(君視臣)은 곧 정중편에 해당하기 때문에 사상(事相)을 건립하지 않는데, 군시신(君視臣)의 경우는 군향신(君向臣)의 용어를 변형한 것임을 지적한다.451) 그리고 편의 글자 뒤에 위(位)의 글자가 누락되어 있음과452) 진공(眞空)의 공자(空字)를 여기에서는 종자(宗字)로 바꾸었음도453) 지적하고 있다. 이처럼 백파는 환

---

450) 『私記』, pp.73-74. "君是無爲 臣是有爲 雖明爲無爲 而意在不干爲 無爲之向上也 一 君<爲+?>正位 但無爲理也 臣向君 偏中正也 … 君 視臣 正中偏也 … 君臣道合偏正兼帶 兼帶者理事一時 兼帶故應緣而不 墮諸法也 偏卽正故非染非偏 正卽偏故非淨無正 旣定當不得故 謂之虛 玄大道無着眞宗也"

451) 『私記』, p.74. "上二位明理事回互而三則偏中正故 更無眞理四則正中 偏故 不立事相也 向作視" 본래의 君視臣을 환성지안은 君向臣으로 기록하였기 때문에 백파는 여기 『禪門五宗綱要私記』에서 向을 視로 정정했음을 드러낸 것이다.

452) "偏位也"가 『禪門五宗綱要』,(韓佛全9. p.465上)에는 "偏也"라 되어 있음을 가리킨다.

453) 환성지안의 『禪門五宗綱要』에서 眞空이라 말한 것을 백파는 『禪門 五宗綱要私記』에서 眞宗으로 정정했음을 가리킨다.

성지안의 견해를 비판적으로 수용한다.

나아가서 조산의 "군과 신을 편과 정이라 표현한 것은 중(中)을 침범하지 않으려는 것이다. 그 때문에 신을 군이라 일컫는 것은 감히 배척해야 할 말이 아니라는 것은 바로 이런 경우이다. 이것이야말로 우리 조동종의 종요이다."454)는 대목에 대하여 주석을 가한다. 곧 '중(中)을 침범하지 않으려는 것이다.'는 것은 향상의 존귀처인 '중'을 촉범(觸犯)하지 않으려는 것을 가리키고, '신을 군이라 일컫는다.'는 것에서 신은 사신(四臣)455)을 말하는 것으로 곧 군신오위를 가리키며, 군(君)은 향상을 말하는 것으로 곧 주중주(主中主)이고, '감히 배척하는 말이 아니다.'는 것은 향상의 존귀처이기 때문이므로 무릇 군과 신을 편과 정의 입장에서 사신(四臣)으로써 표현한 것이라고 해석한다.456)

다음으로 백파는 공훈오위에 대하여 설명한다. 동산양개의 공훈오위는 납자가 공(功)과 위(位)에 참학하여 궁극적으로 공(功)과 위(位)가 없는 경지에 이르는 것을 설명한 것이다. 우선 동산양개의 설명을 보면 다음과 같다.

동산이 시중설법하였다. '향(向)의 경우는 어떻게 하겠는가, 봉(奉)의 경우는 어떻게 하겠는가, 공(功)의 경우는 어떻게 하겠는가, 공공(共功)의 경우는 어떻게 하겠는가, 공공(功功)의 경우는 어떻게 하겠는

---

454) 『撫州曹山本寂禪師語錄』 卷上,(大正藏47, p.537上) "以君臣偏正言者 不欲犯中 故臣稱君 不敢斥言 是也 此吾法宗要"

455) 君臣五位에서 제이의 臣, 제삼의 臣向君, 제사의 君視臣, 제오의 君臣道合 등 네 차례 등장하는 臣을 가리킨다.

456) 『私記』, p.75. "曹山又云 以君臣偏正言者 不欲犯中故 臣稱君不敢斥言是也 此吾法之宗要因作偈曰 學者先須識自宗莫將眞際(向上)雜頑空 不欲犯中者不欲觸犯於向上尊貴之中也 臣稱君者臣 謂四臣則指君臣 五位也 君謂向上則主中主也 謂不敢斥言向上尊貴處故但以君臣偏正之四臣爲言也" 참조.

가.' 한 승이 물었다. 향시(向時)는 무엇입니까. 동산이 말했다. 그대는 법을 먹을 때 어떻게 하는가. 승이 물었다. 봉시(奉時)는 무엇입니까. 동산이 말했다. 그대는 등질 때 어떻게 하는가. 승이 나서서 물었다. 공시(功時)는 무엇입니까. 동산이 말했다. 그대는 괭이를 내려놓을 때 어떻게 하는가. 승이 나서서 물었다. 공공시(共功時)는 무엇입니까. 동산이 말했다. 그대는 법(法)과 경(境)이 작용하지 않을 때 어떻게 하는가. 승이 나서서 물었다. 공공시(功功時)는 무엇입니까. 동산이 말했다. 그대는 법(法)과 경(境)이 이미 혼연일체가 되어 있어서 다시는 더 불어 할 필요가 없을 때 어떻게 하는가.457)

이에 대하여 백파는 다음과 같은 해석을 붙이고 있다.

첫째의 향시(向時)는 일체의 위(位)에 두루 해당하는 것으로, 위(位)는 진신의 위(位)이므로 작용이 없어도 일체의 위(位)에 통한다.

둘째의 봉시(奉時)는 위(位)를 따라서 공(功)을 내세운 것으로서, 공(功)이란 수행의 공이고, 용(用)은 공용의 작용이 있는 것이다. 배시(背時)458)의 경우도 또한 알 수가 있다.

셋째의 공시(功時)는 공(功)을 전(轉)하여 위(位)로 나아가고 위(位)를 전(轉)하여 공(功)으로 나아가는 것이다. 앞의 향시(向時)와 봉시(奉時)의 두 경우는 공(功)과 위(位)가 별도로 성립되었기 때문에 대공(大功)이 아니었다. 그러나 여기 공시(功時)의 경우는 앞의 공(功)을 놓아버린 것으로 무공(無功)의 공(功)이다. 그 때문에 바야흐로 대공(大功)으로서 공(功)과 위(位)가 열린관계가 된다. 괭이

---

457) 『禪門五宗綱要』,(韓佛全9, p.464上) ; 『人天眼目』 卷3,(大正藏48, pp.315下-316上) ; 『筠州洞山悟本禪師語錄』,(大正藏47, p.510中)

458) "背時 : 佛.祖.世間.出世間은 모두 怨家에 태어나는 것과 비슷하여 일체가 違背이다. 또 저 大五逆人처럼 일체의 존귀인의 분상에 대해서도 받들지 않아야 비로소 효도하여 타인을 받들게 되는 것이다."는 대목을 가리킨다. 『禪門五宗綱要』,(韓佛全9, p.464中)

를 내려놓은 경우459)에 대해서는 알 수가 있을 것이다.

　넷째의 공공시(共功時)는 공(功)과 위(位)가 모두 드러
난 경우이다. 이것은 일색이라고 말하는데 곧 공(功)과 위
(位)가 합성되어 일색이 된 것을 가리킨다. 이 도리는 다
른 사람들이 식심(識心)으로 도달하는 경지가 아니다. 그
러므로 마땅히 불공(不共)이라 말해야 한다. 그렇지만 공
공(共功)이라 말한 것은 어(語)가 십성(十成)을 꺼리기 때
문이다. 그 때문에 의미로 보자면 실로 식심(識心)으로는
함께 할 수 없는 공훈이다. 그리고 무용즉용(無用卽用)이
기 때문에 공(功)과 위(位)가 모두 드러나 있다.

　다섯째의 공공시(功功時)는 공(功)과 위(位)가 모두 없
어서 금시(今時)가 사라진 상태이다. 앞의 공자(功字)는
이전 향시(向時)·봉시(奉時)·공시(功時)·공공시(共功
時) 등 4위(四位)의 공훈이 사라져야 비로소 성립되는 경
지이다. 뒤의 공자(功字)는 공훈이 사라진 불공(不功)의
공(功)으로서 자연히 성립되는 경지이다. 불공시(不共時)
에는 불조와 이승의 경우도 단지 금시일 뿐이었기 때문에
이 공공시(功功時)에 도달하지 못하였다.460)

---

459) 괭이 내지 호미를 내려놓은 경우란 조작적이고 의도적인 행위 곧
　　작용을 초월한다는 것을 의미한다. 『筠州洞山悟本禪師語錄』,(大正藏
　　47, p.510中) ; 『禪門五宗綱要』,(韓佛全9, p.464中) ; 『人天眼目』 卷
　　3,(大正藏48, p.316上) 참조.
460) 『私記』, pp.67-71. "一向時 該一切位位者 眞身位無用 而通一切位
　　也 … 二奉時 隨位立功功者 修行功用卽有用也 … 三功時轉功就位 轉
　　位就功 前二位 功位別立 故非大功也 今則放下前功 而爲無功之功 故
　　方爲大功 故將功位 故將功位回互也 放下钁頭時可知 … 四共功時 功
　　位齊彰 此名一色者 謂功與位合成一色 … 此處非餘人識心所到境 則當
　　云不共 而云共功者 語忌十成 故意實不共識心之功勳也 … 無用卽用也
　　… 功位齊彰 … 五功功時 功位齊泯盡 却今時 上功字 盡却上四位功勳
　　也 始得成立 下功字 功勳盡處 不功之功 自然成立也 … 不共時 佛祖

343

여기에서 백파는 공공시(功功時)의 경우 일개의 공훈에서 공훈이라 말하면 그 공훈은 곧 촉관(觸關)이고, 공훈이라 말하지 않으면 그 공훈은 배관(背關)이 되어버린다고 간주한다. 그래서 만약 공(功)과 위(位)의 짐적(朕迹)을 투과하려면 다만 공훈이라고만 불러야 가능하다. 그 때문에 다시 공공(功功)이라 말하는 것이다. 마치 이와 사가 원융한 이후에는 다만 사사무애라고 부르는 경우와 같다. 곧 어떤 법도 함께하지 않음으로써 단지 공훈이라고만 부르는 까닭이다. 그런데 이미 공훈이라 불렀다면 곧 그 어찌 불공(不共)이 아니겠는가. 이미 공공(功功)뿐이라면 그 것은 곧 온전하게 공훈으로서 마치 사사무애와 같아야 한다. 그래서 노승은 단지 노승이라 불릴 뿐이므로 내 면전에는 그대가 없다. 그대는 단지 그대라고 불릴 뿐이므로 그대 면전에는 내가 없다. 이것은 곧 산은 단지 산일 뿐이고 물은 단지 물일뿐이라는 경우와 같다.

백파는 위의 공훈오위에 대하여 다음과 같이 총평을 한다.

> 만약 공훈오위를 합하여 논하면 다음과 같다. 향시(向時)의 경우는 단지 위(位)뿐이고, 봉시(奉時)의 경우는 단지 공(功)뿐이며, 공시(功時)의 경우는 공(功)과 위(位)가 일여하여 걸림없이 열린관계가 되고, 공공시(共功時)의 경우는 공(功)과 위(位)가 모두 드러난 까닭에 조(照, 位)와 용(用, 功)이 동시(同時)이며, 공공시(功功時)의 경우는 공(功)과 위(位)가 모두 사라진 까닭에 조(照)와 용(用)이 부동시(不同時)이다.[461]

二乘 但今時 故不能到此處也"
461) 『私記』, p.72. "若五位合論 則向時但位 奉時但功 功時功位一如無碍 回互 共功時功位齊彰 故爲照(位)用(功)同時 功功時功位齊泯 故爲照 用不同時也"

그리고 백파는 대혜의 "공훈오위에 대하여 그대가 말한 고인의 뜻도 과연 그러한가. 만약 꼭 그렇게 어떤 기특한 것이라도 있다면 그것은 곧 입으로 전수하고 마음으로 전수하는 갈등일 뿐이다. 그러나 이미 그렇지 못하다면 자, 고인의 의도가 무엇인지 한마디 말해 보거라."462)는 인용문을 들어서 납자들은 모름지기 저 공훈오위라는 언구에조차 얽매여서는 안 된다고 강조한다. 그래야만 동산양개의 골수를 철견하여 향상일로가 된다는 것이다. 그리고 백파는 "이 공훈오위에 대한 본래의 주석463)은 대혜의 해석과 비교하면 약간 다른데 그 의도는 또한 여기에 드러나 있지 않다. 무슨 까닭에 환성지안 노사는 대혜의 해석을 활용하지 않았는지 그 이유에 대해서 나 백파는 차라리 알다가도 모를 일이다."464)라고 말한다.

5) 백파의 조동오위 인식

백파가 붙인 편정오위와 공훈오위와 군신오위 등 조동오위와 관련하여 해석을 붙인 {사기}에 나타난 특징은 두 가지로 요약된다. 첫째의 특징은 다음과 같다. 곧 백파는 4종의 오위에다 모두 ◖ ◗ ◉ ○ ● 등 다섯 개의 동그라미의 형상을 공통으로 적용하고 있다. 이런 까닭에 석상경제의 왕자오위마저도 동산의 오위로 간주할 수 있는 것

---

462) 『人天眼目』卷3,(大正藏48, p.316上)
463) 『禪門五宗綱要』,(韓佛全9, p.464上-下) ; 『人天眼目』 卷3,(大正藏48, pp.315下-316上)
464) 『私記』, p.73. "此五位本註與大慧釋小異 而意亦不現何以喚醒老不用大慧釋乎 乍可不知也"

으로 해석을 하여 "사종오위에 공통되는 형상이므로 제일
앞에 내놓는다."465)고 말한다. 백파는 이하에서 개별적으
로 나열되어 있는 10절의 경우도 이 4종의 오위를 벗어나
지 않는다. 백파에 의하면 4종의 오위에 해당하는 내용으
로 나열되어 있는 다음의 10절이 모두 이에 해당한다.466)

　제일 편정오위에서 "정중편" 및 "모든 이치가 현상에 즉
해 있다."의 2절은 편정오위를 설명한 것이다.

　제이 군신오위에서 "군위(君位), 신위(臣位) 운운" 등 3
절은 군신오위를 설명한 것인데 이하에서 별도로 언급하기
때문에 이에 대한 해석의 말은 생략되어 있다.

　여기 군신오위의 3절 가운데서 "발대심(發大心) 운
운"467)의 1절은 교승(敎乘)에서 설한 것에 배대한 것이고,
"강왕궁(降王宮) 운운"468)의 1절은 본사 석가모니께서 교
화한 행적에 배대한 것이다.

　이상 2절은 비록 이 가운데서 반드시 필요한 대목은 아
닐지라도 의리(義理)가 완비되어 있음을 드러내려는 것이
기 때문에 편집하는 과정에서 또한 편정오위 가운데에 배
속한 것이다. 이로써 여래선이 여래의 교설과 완전히 동일

---

465)『禪門五宗綱要』,(韓佛全9, pp.462下-464上)

466)『禪門五宗綱要』,(韓佛全9, pp.462下-465上) 이하의 설명에 등장하
　는 것으로 편정오위를 비롯한 4종의 오위에 대한 10가지 항목과 그에
　대한 각각의 해설을 가리킨다. 여기 10절 가운데 순서대로 편정오위에
　대해서는 2절, 군신오위에 대해서는 3절, 왕자오위에 대해서는 1절,
　공훈오위에 대해서는 4절이 각각 해당된다.

467) "敎乘의 象을 참구하는 것으로 보자면 이것은 머리로서 문수의 근
　본지에 해당한다. 이것은 마치 선재동자가 처음 문수를 친견하고 본래
　도리[本理]를 頓明하여 발보리심한 것과 같기 때문에 發大心이다."는
　대목을 가리킨다.『禪門五宗綱要』,(韓佛全9, pp.462下-463上)

468) "만약 석가모니본사의 일생교화에 의거하면 곧 왕궁에 처음 하강하
　는 모습이다."는 대목을 가리킨다.『禪門五宗綱要』,(韓佛全9, p.463上)

해진다.

　제삼 왕자오위에서 "탄생내소(誕生內紹) 운운"469)의 1절
은 왕자오위를 설명한 것이다.

　그리고　제사　공훈오위에서　"발명대사(發明大事)　운운
",470)　"향시(向時)　운운",471)　"일체의　위(位)를　다　포함하
고　있어", "깨침에　막　들어가는　문이다"　등의　4절472)은　모
두　공훈오위를　설명한　것이다.　그런즉　이　4절　가운데 "군
위(君位)　운운"　하는　절은　편정오위에다　군신오위를　섞은
것이다.　그것은　마찬가지로　이 · 사에　돌아가기　때문이다.
그리고 "탄생내소(誕生內紹)　운운"　하는　절은　공훈오위에
다　왕자오위를　섞은　것이다.

　이처럼　백파는　4종의　오위에　대하여　낱낱의　속성을 ◒
◖ ◉ ○ ● 등　다섯　개의　동그라미의　형상이　나타내는　상
징이라는　하나의　틀에다　묶어서　해석해버렸다.　그　때문에
4종의　오위가　단순명쾌하게　드러나기는　하지만　각각의　속
성이　특징을　발휘하지　못하게　되었다.　이것은　조동의　가풍
에서　보자면　도저히　용납하지　못할　처사이다.　왜냐하면　조
동의　가풍에서는　4종의　오위에　대하여　편정오위에　대해서
는　순수한　원리의　측면을　표현한　것이고,　군신오위와　공훈
오위와　왕자오위는　편정오위의　실천적인　측면으로　출현한

---

469) "만약 諸祖와 합치되면 곧 그것은 처음에 법왕의 집에 나기 때문에
　　　탄생이라 한다."는 대목을 가리킨다. 『禪門五宗綱要』,(韓佛全9, p.463
　　　上)
470) "만약 참학인이 생사를 痛念하여 선지식의 開示를 만나 身心을 세
　　　계가 형성되기 이전으로 향하면 隻眼이 豁開하여 本有를 頓明할 것이
　　　므로 이 發明大事에 배속된다."는 대목을 가리킨다.
471) "왕자로서 오랫동안 깨침을 등지다가[背覺] 이제야 비로소 깨침에
　　　합치된다.[合覺] 때문에 向이라 한다."는 대목을 가리킨다.
472) 『禪門五宗綱要』,(韓佛全9, p.463上)

것이기 때문이다.

둘째의 특징은 다음과 같다. 곧 환성지안이 『선문오종강요』에서 대혜의 견해를 수용하지 않는 것과는 달리 백파긍선은 『선문오종강요사기』에서 대혜의 견해를 적극적으로 수용하고 있다. 그 때문에 오위 각각에 붙인 설명에서 『인천안목』의 내용을 들어서 빠짐없이 "대혜운(大慧云)"이란 형식으로 그 구절을 19회에 걸쳐 인용하여 자기의 견해를 옹호하는 근거로 활용하고 있다.

우선 정중편에 대해서는 "이에 대하여 대혜는 다음과 같이 말한다. 이분(二分)의 흑 가운데 일분이 백인 도형은 정중편이다. 그래서 백의 부분을 흑이라 설해도 또한 흑자를 침범하는 것은 아니다. 침범하면 곧 황제의 휘를 저촉하는 것이다."473)고 설명한다.

편중정에 대해서는 "이에 대하여 대혜는 다음과 같이 말한다. 이분의 백 가운데 일분이 흑인 도형은 편중정이다. 그래서 흑의 부분을 백이라 설해도 또한 백자를 침범하는 것은 아니다."474)고 설명한다.

정중래에 대해서는 "이에 대하여 대혜는 다음과 같이 말했다. 정중래에 대하여 동산은 '무(無) 가운데 번뇌를 벗어나는 길이 있다.'고 말했다. 말하자면 무릇 어떤 언구든지 모두 무(無) 가운데서 창출되어 곧 협묘(挾妙)가 완수된다는 것이다. 무(無)는 정위에서 오는 것도 아니다. 무(無)

---

473) 『私記』, p.56. "大慧云 以二分黑一分白圈子爲正中偏 却來白處說黑底 亦不犯着黑字犯着 則觸諱矣";『人天眼目』卷3,(大正藏48, p.316下)
474) 『私記』, p.57. "大慧云 以二分白一分黑圈子爲偏中正却來 黑處說白底不得犯着白字";『人天眼目』卷3,(大正藏48, p.316下)

는 명(明) 곧 정중편에 있거나, 암(暗) 곧 편중정에 있거나, 지(至) 곧 겸중지에 있거나, 도(到) 곧 겸중도에 있거나 상관없이 모두 협묘(挾妙)로서 종지에 통한다. 무릇 하나의 계위에는 모두 다섯 가지의 행상이 갖추어져 있다. 마치 하나의 손바닥에 다섯 개의 손가락이 속해있는 것과 같이 모자람도 없고 남음도 없다."475)고 설명한다.

겸중지에 대해서는 "이에 대하여 대혜는 다음과 같이 말한다. 겸중지는 말하자면 백을 겸하고 흑을 겸하며 편을 겸하고 정을 겸하여 지(至)한다. 무엇을 지(至)라 말하는가. 마치 사람이 귀가할 경우에 집에 도착하기 이전에 별업(別業)을 하면서 도중에 남을 위하여 어떤 상황에 있는 것을 말하는데 또한 회호하기도 하므로 그 묘(妙)는 체전(體前)에 있다."476)고 설명한다.

겸중도에 대해서는 "대혜는 다음과 같이 말한다. 겸중도는 말하자면 앞의 정중편・편중정・정중래・겸중지 등 4위(四位)를 겸하는데 모두 협묘(挾妙)하여 정위에 돌아간다."477)고 설명한다.

그리고 백파는 대혜의 견해에 대해서도 낱낱의 코멘트를 가함으로써 백파 자신의 견해에 대한 주장의 근거로 활용하고 있다.

---

475) 『私記』, p.59. "大慧云 正中來 洞山云 無中有路出塵埃 謂凡有言句 皆無中唱出 便有挾妙了也 無不從正位中來 或明或暗 或至<或+?>到 皆挾妙通宗 凡一位皆具此五事 如掌之五指 無欠無餘<剩?>"; 『人天眼目』 卷3,(大正藏48, p.316下)

476) 『私記』, pp.62-63. "大慧云 兼中至 謂兼白兼黑 兼偏兼正而至 何謂至 如人歸家未到而至 別業乃在中<中-?>途爲人邊事 亦能回互 妙在體前"; 『人天眼目』 卷3,(大正藏48, p.316下)

477) 『私記』, p.64. "大慧云 兼中到謂兼前四位 皆挾妙而歸正位故"; 『人天眼目』 卷3,(大正藏48, p.316下)

6) 백파 오위관의 특징

백파는 『선문오종강요사기』를 통하여 조동오위에 대한 신선한 견해를 피력하고 있다. 조동오위를 대표하는 편정오위는 동산양개로부터 유래된 것으로서 이후 출현했던 자신의 공훈오위, 조산본적의 군신오위, 석상경제의 왕자오위 등의 근원이 되었다. 여기에서 백파는 4종의 오위를 언급하고, 모두 일률적으로 정중편◑, 편중정◐, 정중래◉, 겸중지○, 겸중도● 등 다섯 개의 동그라미의 형상을 공통된 것으로 적용하고 있는데 이것은 조동종에서 내세우는 정중편◐, 편중정◑, 정중래●, 편중지○, 겸중도●의 정통오위와 다른 점이다. 이를 통하여 백파긍선의 경우에 임제종 계통이면서도 조동종의 오위를 응용했다는 사실, 그리고 임제종 계통 나름대로 변형시켜서 활용했다는 점, 조선 후기에 이르러서 환성지안(喚醒志安: 1664-1729)을 계승하여 선종오위에 대한 종합적인 이해가 가능했다는 점 등을 고찰할 수가 있었다.

또한 백파는 조동오위에 대한 대혜의 견해를 적극적으로 수용하여 자신의 견해를 옹호하는 근거로 활용하고 있다는 점 및 백파는 『선문오종강요』에 대하여 몇 가지 오자를 지적하기도 한 것이 백파의 공헌이었다. 백파는 기존의 조동종 계통에서 정통으로 주장해 오던 오위사상의 중심 곧 제오위의 겸중도 중심의 견해를 임제종에서 주장하는 견해 곧 제삼위 정중래 중심으로 내세우고, 또한 그에 상응하여 제사위의 용어를 조동종 계통의 편중지에 상대하여 겸중지로 내세우고 있다.

　　그러나 무엇보다도 백파가 중시하는 조동오위에 대한 견해를 처음부터 조사선이 아닌 여래선의 범주에 포함시킴으로써 어디까지나 임제종지보다 하열하다는 견해를 주장한다. 이것은 『선문오종강요사기』에서 백파가 보여준 선종오가에 대한 견해가 그대로 적용된 것으로 파악할 수가 있다. 이것은 비단 백파 혼자만의 입장은 아니다. 조선 후기에 출현한 대부분의 선서가 임제종 계통의 정통을 주장하는 데에서 보이는 일반적인 모습이기도 하다. 그러면서도 이처럼 그런 와중에서도 백파 나름대로 몇 가지 독특한 주장을 고찰할 수 있었다.

참고문헌

『禪林僧寶傳』, 卍續藏經79.

『大般涅槃經』, 大正新脩大藏經12

「解釋洞山五位顯決」, 大正新脩大藏經47.

『撫州曹山本寂禪師語錄』, 大正新脩大藏經47.

『撫州曹山元證禪師語錄』, 大正新脩大藏經47.

『瑞州洞山良价禪師語錄』, 大正新脩大藏經47.

『筠州洞山悟本禪師語錄』, 大正新脩大藏經47.

「解釋洞山五位顯訣」, 大正新脩大藏經47

「五位旨訣」, 大正新脩大藏經47

「註釋洞山五位頌, 大正新脩大藏經47

『汾陽善昭禪師語錄』, 大正新脩大藏經47

「洞山五位頌」, 大正新脩大藏經47

『筠州洞山悟本禪師語錄』, 大正新脩大藏經48.

『都序』, 大正新脩大藏經48

『宗鏡錄』, 大正新脩大藏經48

『人天眼目』, 大正新脩大藏經48.

『六祖大師法寶壇經』, 大正新脩大藏經48

『宋高僧傳』, 大正新脩大藏經50

『景德傳燈錄』, 大正新脩大藏經51

『林間錄』, 卍續藏經148

『五燈會元』, 卍續藏經138

『古尊宿語錄』, 卍續藏經118

『古尊宿語錄』, 卍續藏經118

『汾陽善昭禪師語錄』, 卍續藏120

『慈明四家錄』, 卍續藏經120

『天聖廣燈錄』, 卍續藏經135

『禪林僧寶傳』 卷17, 卍續藏137

『五燈會元』「大陽警玄禪師章」, 卍續藏經138

『寶鏡三昧原宗辨謬說』, 卍新續藏經63

『禪林僧寶傳』, 卍新續藏經79

『五燈全書』, 卍新續藏經82

『正源略集』, 卍新續藏經85

『林間錄』, 卍新續藏經87

『智證傳』, 卍新續藏經63

『正法眼藏』, 卍新續藏經67

『禪門綱要集』, 韓國佛敎全書6.

『禪家龜鑑』, 韓國佛敎全書7.

『禪門五宗綱要』, 韓國佛敎全書9.

『祖堂集』, 高麗大藏經45

『祖堂集』, 大藏經補編25

『洞上古轍』, 『曹洞宗全書』 註解5

白坡亙璇, 『禪門五宗綱要私記』, 日本 駒澤大學筆寫本(동국대
도서관 소장)

李智冠, 『歷代高僧碑文』, 「奉化太子寺朗空大師白月栖雲之塔碑
」, 「高麗篇1」, 1994

李智冠, 『歷代高僧碑文』, 「康津無爲寺先覺大師遍光塔碑文」,
「高麗篇1」, 1994

李智冠, 『歷代高僧碑文』「砥平菩提寺大鏡大師玄機塔碑文」,
「高麗篇1」, 1994

李智冠, 『歷代高僧碑文』「海州廣照寺眞澈大師寶月乘空塔碑文」, 「高麗篇1」, 1994

李智冠, 『歷代高僧碑文』「長湍五龍寺法鏡大師普照慧光塔碑文」, 「高麗篇1」, 1994

李智冠, 『歷代高僧碑文』「光陽玉龍寺 洞眞大師寶雲塔碑文」, 「高麗篇1」, 1994

余靖, 「筠州洞山普利禪院傳法記」, 『武溪集』 卷9

晏殊, 「雲居山重修眞如禪院碑記」, 『雲居山志』 卷7

김호귀, 『묵조선 연구』, 서울: 민족사, 2001

김호귀, 『조동선요』, 서울: 석란, 2007

김호귀 역, 『선가귀감』, 서울: 석란, 2013

김호귀, 『한국 선리논쟁의 전개』, 서울: 중도, 2021

김호귀, 『한국 선리논쟁의 연구』, 서울: 토파민, 2022

김호귀, 『선과 선종』 서울: 토파민, 2022

김호귀, 『인물 한국선종사』, 경기도: 한국학술정보, 2010

김호귀, 『선과 선리』, 서울: 하얀연꽃, 2013

김호귀, 『선리연구』, 서울: 하얀연꽃, 2015

김호귀, 『강좌 한국선』, 서울: 토파민, 2022

이시이 슈도 저, 김호귀 옮김, 『송대 선종사 연구』, 서울: 민족사, 2018

石井修道, 『宋代禪宗史の研究』, 日本: 大東出版社, 1987

柳田聖山, 『唐代の禪宗』 2004.

宇井伯壽, 『第三禪宗史研究』, 日本: 岩波書店, 1966

西田幾多郎, 『善の研究』, 日本: 岩波書店, 1993

김영두, 「나말여초의 조동선」,(『조동선학논총』, 서울: 불교춘

추사, 2004)

김호귀, 「一然의 曹洞五位觀」,(한국선학 제9호. 2005.2. 한국
선학회)

김호귀, 「고려초기 조동선풍의 전래성격」,(한국선학 제4호.
2002.8. 한국선학회)

김호귀, 「백파긍선의 조동오위 해석과 그 특징 고찰」,(한국선
학, 제35호, 2013.8. 한국선학회)

김호귀, 「대양경현의 『18반묘어』와 편정오위」,(한국선학 제11
호 2005.8. 한국선학회)

하미경, 「白坡亘璇의 三種禪 考察」,(한국선학 제15호.
2006.12. 한국선학회)

石井修道, 「雲居山と雲居道膺−中國初期曹洞宗の集團の動向を
考慮して−」,(『宗敎學論集』10. 駒澤大學, 1980)

常盤義伸, 「白隱慧鶴の'偏正回互秘奧'理解と'隻手音聲'公案」,(『
花園大學研究紀要』23, 1991)

若山超關은 ,「曹洞五位說について」(『佛敎研究』2号, p,110. 大
東出版社, 1938)

黃心川, 「隋唐時期中國與朝鮮佛敎的交流」,(『世界宗敎研究』, 中
國社會科學院, 1989)

< 색 인 >

357

361

조동오위 연구

1판 1쇄 인쇄   /   2023년   10월 28일
1판 1쇄 발행   /   2023년   10월 28일

지은이 /   김호귀
발행인 /   향덕성
발행처 /   인쇄출판   토파민
주 소   /   서울 중랑구 용마산로 118길 109
이메일 /   gsbus2003@hanmil.net
등 록   /   제 18 - 63호

ISBN   978-89-88131-87-9

값   35,000원